AF731462

敬献此书给学习编程的朋友们，

祝愿你们

大有作为，造福世界！

以小说的形式道出适用于各种编程语言的通用编程法
适合各类学习编程者

通 用 编 程 法

——以 C++ 编程实践为例

黄品梅 著

西安电子科技大学出版社

内 容 简 介

为了使大家更方便地掌握程序的编写方法，本书以小说形式道出了适用于各种编程语言的通用编程法。作者通过编程教学实践，以学生们在编程乐园的游览为主线展开叙述。全书共分为四部分 20 章，用对 20 个景点进行游览的形式介绍了通用编程法的定义、使用方法、C++ 基础知识、面向过程/对象的程序设计法。

“序幕”鸣响了游览编程乐园的前奏。第 1 章拉开了游览编程乐园的帷幕，说明为什么要用通用编程法，阐述了通用编程法及其优势。第 2~11 章运用通用编程法随师游览和自行游览了面向过程的程序设计景点，如顺序、选择、循环、数组、指针、结构、函数、引用和多文件等景点。第 12～17 章继续运用通用编程法，用转换的形式从面向过程的程序设计顺利过渡到面向对象的程序设计，其中有面向对象的程序设计初步、含有继承与派生的面向对象的程序设计、运算符重载、静态成员、堆和友元等景点。第 18 章介绍了输入/输出流。第 19 章游览了异常处理的景点。第 20 章运用通用编程法独立设计出大型综合设计软件——仓库材料管理软件。最后进入到“尾声”——总考试，以便学生检测自己的学习效果。

通用编程法适合各类学习编程人员及初级程序设计人员使用。

图书在版编目(CIP)数据

通用编程法：以 C++编程实践为例 / 黄品梅著.
—西安：西安电子科技大学出版社，2019.7(2021.5 重印)
ISBN 978-7-5606-5360-0

Ⅰ.① 通… Ⅱ.① 黄… Ⅲ.① C++ 语言—程序设计 Ⅳ.① TP312.8

中国版本图书馆 CIP 数据核字(2018)第 117271 号

策划编辑 李惠萍
责任编辑 唐小玉 李惠萍
出版发行 西安电子科技大学出版社(西安市太白南路 2 号)
电　　话 (029)88242885 88201467 邮　　编 710071
网　　址 www.xduph.com 电子邮箱 xdupfxb001@163.com
经　　销 新华书店
印刷单位 广东虎彩云印刷有限公司
版　　次 2019 年 7 月第 1 版 2021 年 5 月第 3 次印刷
开　　本 787 毫米×1092 毫米 1/16 印 张 21.5
字　　数 506 千字
印　　数 4001～5100 册
定　　价 53.00 元
ISBN 978-7-5606-5360-0 / TP

XDUP 5662001-3

如有印装问题可调换

前　言

尊敬的朋友，您好！您想从“找”程序变为“创”程序吗？通用编程法就能让您如愿以偿，真正成为编程高手或能手。

常言道：“授人以渔，则终身不饥。”本书的目的正在于此。

为使通用编程法更加易学易用，本书采用小说的形式讲述。作者在教学中通过 11 届学生学习使用通用编程法的雏形，以及两届学生对通用编程法的雏形——“十二五”普通高等教育本科国家级规划教材《C++程序设计教程：化难为易地学习 C++》的成功实践，千锤百炼、精雕细琢成此通用编程法。

全书分为基础篇、进阶篇、提高篇、综合篇四篇，具体用 20 章(20 个景点)的内容展开，将理论与实践融合在一起，可使同学们轻松高效地学习。

本书采用全新的教学理念、全新的教学方法、全新的教材结构和全新的教学语言，将枯燥的编程学习变为寓教于乐的景点游览，并设置了随师游览、自游景点和遐思景点，以学生们在编程乐园的游览为主线展开叙述，让读者在妙趣横生的游览学习中掌握通用编程法的知识及运用方法，不断提高编程技能；自行游览遇到困难时，可以向同学、导游求教，也可以参考游览要点重点学习、思考；此外，每章均对游览要点进行了归纳，使读者在总结中得以提高，最终取得可喜的学习效果。本人所带的十多届本科生使用这种方法获得了很好的教学效果。

学习和运用通用编程法的旅程是：先游览每一章第一节的随师导游；然后马上趁热打铁地进入第二节的自游景点中游览编程，还可以进一步去第二节的遐思景点中游览编程，当自行游览有困难时可以选择参考第三节的游览要点或总结提高；最后游览第三节的游览要点进行归纳，在总结提高中反馈完善。

通用编程法是否高效可行？敬请各位编程学习者、编程人员加以验证和改进吧。在此本人真诚地感谢大家！向使用通用编程法的雏形及其前身的大学本科生、教师和读者致以崇高的谢意，非常感谢你们对通用编程法的大力关心、支持和帮助。向本书的责任编辑以及关心、支持和帮助过作者的人士致以诚挚的感谢！

由于作者水平有限，书中可能会有不妥和疏漏之处，敬请专家和读者不吝赐教！

黄品梅

2019 年 5 月

目　　录

序幕 1

基 础 篇

第 1 章　通用编程　翱翔游览 3
1.1　为什么要用通用编程法 3
1.2　何谓通用编程法？ 4
1.3　通用编程法怎么个能法？ 4

第 2 章　初涉乐园　惊喜游览 6
2.1　随师游览：初涉 C++乐园的简单景点 6
2.2　自行游览 13
2.2.1　初涉乐园之自游景点 13
2.2.2　初涉乐园之遐思景点 14
2.3　游览观感 14
2.3.1　初涉乐园之游览要点 14
2.3.2　初涉乐园之总结提高 16

第 3 章　按部就班　顺序游览 19
3.1　随师游览 19
3.1.1　显示自动控制煮饭情况之景点 19
3.1.2　计算斜三角形的边长之景点 20
3.2　自行游览 24
3.2.1　顺序游览之自游景点 24
3.2.2　顺序游览之遐思景点 24
3.3　游览观感 25
3.3.1　顺序游览之游览要点 25
3.3.2　顺序游览之总结提高 34

第 4 章　何去何从　选择游览 35
4.1　随师游览：查询高考成绩进入哪类学校分数线之景点 35
4.2　自行游览 40
4.2.1　选择游览之自游景点 40
4.2.2　选择游览之遐思景点 41
4.3　游览观感 41
4.3.1　选择游览之游览要点 42
4.3.2　选择游览之总结提高 47

第 5 章　山重水复　循环游览 48
5.1　随师游览：累计产品数量之景点 48
5.2　自行游览 51
5.2.1　循环游览之自游景点 51
5.2.2　循环游览之遐思景点 52
5.3　游览观感 52
5.3.1　循环游览之游览要点 52
5.3.2　循环游览之总结提高 55

进 阶 篇

第 6 章　同类合并　数组游览 65
6.1　随师游览：往大房间(数组)里放数据并显示之景点 65
6.2　自行游览 66
6.2.1　数组游览之自游景点 66
6.2.2　数组游览之遐思景点 67

6.3 游览观感 67
6.3.1 数组游览之游览要点 67
6.3.2 数组游览之总结提高 78

第7章 信息指南 指针游览 80
7.1 随师游览 80
7.1.1 通过指针拿到单个数据之景点 80
7.1.2 通过指针拿到一组数据之景点 81
7.1.3 运用指针观察分析商场销售情况之景点 83
7.2 自行游览 84
7.2.1 指针游览之自游景点 84
7.2.2 指针游览之遐思景点 84
7.3 游览观感 85
7.3.1 指针游览之游览要点 85
7.3.2 指针游览之总结提高 92

第8章 多种信息 结构游览 93
8.1 随师游览：打印学生成绩单之景点 93
8.2 自行游览 97
8.2.1 结构游览之自游景点 97
8.2.2 结构游览之遐思景点 98
8.3 游览观感 98
8.3.1 结构游览之游览要点 98
8.3.2 结构游览之总结提高 122

第9章 互换套用 函数游览 125
9.1 随师游览：计算长方形面积和半圆形面积的多函数之景点 125
9.2 自行游览 130
9.2.1 函数游览之自游景点 130
9.2.2 函数游览之遐思景点 130
9.3 游览观感 130
9.3.1 函数游览之游览要点 130
9.3.2 函数游览之总结提高 138

第10章 小名替真 引用游览 151
10.1 随师游览：张三(真名)和小张(别名)是否同一个人之景点 151
10.2 自行游览 152
10.2.1 引用游览之自游景点 152
10.2.2 引用游览之遐思景点 152
10.3 游览观感 153
10.3.1 引用游览之游览要点 153
10.3.2 引用游览之总结提高 153

提 高 篇

第11章 多个文件 工程游览 157
11.1 随师游览：求长方形面积和半圆形面积之景点 157
11.2 自行游览 160
11.2.1 工程游览之自游景点 160
11.2.2 工程游览之遐思景点 160
11.3 游览观感 160
11.3.1 工程游览之游览要点 160
11.3.2 工程游览之总结提高 161

第12章 物以类聚 对象游览 163
12.1 随师游览：打印一个右上三角形图案之景点 163
12.2 自行游览 165
12.2.1 对象游览之自游景点 165
12.2.2 对象游览之遐思景点 165

12.3 游览观感 166
12.3.1 对象游览之游览要点 166
12.3.2 对象游览之总结提高 174

第 13 章 继承派生 繁衍游览 177
13.1 随师游览：计算平均分及
打印学生成绩清单之景点 177
13.2 自行游览 185
13.2.1 繁衍游览之自游景点 185
13.2.2 繁衍游览之遐思景点 185
13.3 游览观感 186
13.3.1 繁衍游览之游览要点 186
13.3.2 繁衍游览之总结提高 188

第 14 章 运算对象 重载游览 191
14.1 随师游览：计算全班所有科目的
总平均分之景点 191
14.2 自行游览 196
14.2.1 重载游览之自游景点 196
14.2.2 重载游览之遐思景点 196
14.3 游览观感 196
14.3.1 重载游览之游览要点 196
14.3.2 重载游览之总结提高 200

第 15 章 保存数据 静态游览 201
15.1 随师游览：电影院统计入场
人数之景点 201
15.2 自行游览 203
15.2.1 静态游览之自游景点 203
15.2.2 静态游览之遐思景点 204
15.3 游览观感 204
15.3.1 静态游览之游览要点 204
15.3.2 静态游览之总结提高 208

第 16 章 随意容量 堆之游览 210
16.1 随师游览：运用堆存储和使用高考
被录取者的成绩之景点 210
16.2 自行游览 213
16.2.1 堆的游览之自游景点 213
16.2.2 堆的游览之遐思景点 213
16.3 游览观感 213
16.3.1 堆的游览之游览要点 214
16.3.2 堆的游览之总结提高 216

第 17 章 友好使用 友元游览 217
17.1 随师游览：运用友元计算全班所有
科目的总平均分之景点 217
17.2 自行游览 219
17.2.1 友元游览之自游景点 219
17.2.2 友元游览之遐思景点 220
17.3 游览观感 220
17.3.1 友元游览之游览要点 220
17.3.2 友元游览之总结提高 221

第 18 章 管理信息 流的游览 222
18.1 随师游览 222
18.1.1 采用文件 I/O 流实现字符串的
写入与读出之景点 222
18.1.2 采用文件 I/O 流管理
学生成绩档案之景点 224
18.2 自行游览 227
18.2.1 流的游览之自游景点 227
18.2.2 流的游览之遐思景点 228
18.3 游览观感 228
18.3.1 流的游览之游览要点 228
18.3.2 流的游览之总结提高 238

第 19 章　突发事件　异常游览 240
19.1　随师游览：错误输入了所规定字符的异常情况处理之景点 240
19.2　自行游览 243
19.2.1　异常游览之自游景点 243
19.2.2　异常游览之遐思景点 244
19.3　游览观感 244
19.3.1　异常游览之游览要点 244
19.3.2　异常游览之总结提高 247

综　合　篇

第 20 章　综合设计　全景游览 257
20.1　随师游览：面向对象的综合设计景点——仓库材料管理软件 257
20.2　自行游览 264
20.2.1　全景游览之自游景点 264
20.2.2　全景游览之遐思景点 270
20.3　游览观感 271
20.3.1　全景游览之游览要点 271
20.3.2　全景游览之总结提高 294

尾声 296
附录 302
附录 A　常用的 C/C++ 标准库函数 302
附录 B　ASCII 码表 308
附录 C　Visual C++ 的集成开发环境及 Visual C++ 6.0 的基本操作 309
C.1　Visual C++ 的集成开发环境 309
C.2　Visual C++ 6.0 的基本操作 315

参考文献 333

序　幕

“自驾游！自驾游！”“咚”的一声，跑得满脸通红、气喘吁吁的明明双手上扬，一蹦老高地呼喊着从天而降。“有人发疯了。”戴着眼镜、书生气十足的文文说。明明摇了摇头，“这脑袋瓜还系在脖子上，大脑控制着口说话，精神也很正常。”“那你不是发疯，车都没有，驾什么游？”“谁说我没车，这车可好啦，快捷高效……”话未说完，背后像鼓点般的拳头猛捶下来，“你这该死的家伙，别绕弯子，快快直说！”“好，好，这车嘛，就是编程快车——通用编程法。”

“我不信，有这么便宜的天鹅肉？”这位泼辣豪爽的女生——乐乐，以为明明在瞎胡闹。“没听说过，编程从来都是又难又苦，又磨功夫，哪有什么快车。”文文反驳道。“你这个书呆子是两耳不闻窗外事，一心只读圣贤书。这个乐园可好了，不但像去迪斯尼乐园一样好玩，而且学会了编程，能编出大型综合设计程序，弄得好还能成为编程能手、高手呢！甚至更惊喜的收获……”“是什么？”乐乐迫不及待地追问。“那就见仁见智喽！”明明一副高深莫测的样子说。

这时，课室里像一把盐洒在油锅里——炸开了。有一位同学说：“编程一向是艰难的事，天鹅肉真的要降福于我们？”另一位同学也发问：“哎，你是说胡话，还是在白日做梦？”明明边想边自言自语：“做梦，做梦，做梦……”突然猛拍一下巴掌，惊叫起来：“对！这快车就能圆你的编程梦。”同学们嚷嚷道：“如果有这么好的事，那真是帮了大忙啦！”“不单游玩了，还收获多多。”

……

只见一位身材高大、血气方刚的小伙子——强强拨开人群，走到明明面前说：“我不管什么快车、慢车、乐园、啥园，能轻松学会编程就圆了我的梦，我报名参加了！”乐乐也积极响应。同学们见强强和乐乐这么积极，也都纷纷报了名。

“文文，就剩你了。”明明说。文文将信将疑，心里是十五个吊桶打水——七上八下：不报名吧，怕同学们说自己是另类；报名吧，又想着哪有这么便宜的事。哎，进退两难，想想最后还是随大流报名上吧，万一大家都学会了编程而自己不会呢。文文不太情愿地说：“那我就试试吧。”明明宣布：“全班同学都报名参加编程乐园的自驾游，请大家静候佳音。”

几天后，明明接到旅行社的通知：“你们这个旅行团叫凯歌旅行团，将于2018年3月至7月搭乘一号编程快车去编程乐园自驾游，由晶晶导游负责带队。”

基础篇

第 1 章　通用编程　翱翔游览

2018 年 3 月，在一个春暖花开、风和日丽的日子里，凯歌旅行团奏响了自驾游览编程乐园的战歌，这群大学本科生搭乘着一号编程快车，向着美丽宜人的编程乐园——广州大学城——进军了。

下了车，他们雄赳赳、气昂昂地高唱："向前，向前，向前，我们的队伍向太阳……"乐乐把头发向上一扬，意气风发地说："瞧，我们这些八九点钟的太阳够风华正茂、朝气蓬勃的吧！"文文哼了一声，"能朝气蓬勃到胜利吗？"明明说："拼搏齐努力，坚持就胜利！"边走边聊，他们来到了编程乐园的中心——计算机实验室。

1.1　为什么要用通用编程法

晶晶导游开场道："我们游览编程乐园是有园规的……"没等晶晶说完，乐乐急着发问了："园规是什么？""通用编程法。"晶晶回答说。文文问："我们游览编程乐园就一定要用通用编程法这个园规吗？""Yes！"晶晶肯定道。文文又问："为什么？难道除了用通用编程法就不能用其他编程法了吗？"

这时同学们都开始议论起来了，"不能上网查找吗？""不能去图书馆找吗？""不能在书上找吗？""不能问同学、行家吗？""不能去同学的电脑里 copy 吗？""不能抄同学的吗？"

……

"你们讲的这些方法都有一个特点——换汤不换药，即都是借助于别人的程序。如果实际情况是别人没有编出来的现成程序，你们用以上方法能编程解决吗？"晶晶把大家问得目瞪口呆，面面相觑。"编程难，难于上青天。"强强回答道。大家也都像漏了气的皮球，个个都瘪下来了。

晶晶继续说："编程者运用通用编程法就能创新编程，这是应用通用编程法的理由之一。理由之二是该方法源于自然，合乎自然，用于自然，只要我们能顺其自然，就能回归自然之道。”文文又问：“怎么合乎自然？”晶晶说，“待会儿我们讲到该法的定义时大家就知道了。至于理由之三，就是：2013 届的本科生使用该通用编程法摸爬滚打编写出了 C++程序。经过多年的磨炼，这个编程方法长成现在这个模样，是好是坏，可用不可用，你们可以亲自驾游。这趟编程快车可是不坐不知道，一坐吓一跳啊！”晶晶解释道。

乐乐嚷道：“我们既然来了，就游游看呗。如果真的像晶晶导游说的那么好，我们为什么要舍弃呢?!不管什么法、什么规，只要能圆编程梦，我们都遵守。”明明也附和说：“而且这个方法可以创新，多么吸引人啊！不用跟在别人后面爬行了。”

“那通用编程法是个啥样的编程法？有这么厉害！”强强歪着头反问道。“等急了吧？马上揭晓谜底。”晶晶神秘地笑道。

1.2 何谓通用编程法？

晶晶导游说：“我们打开天窗说亮话，这个**通用编程法包含三大法则**：

第一大法则是：**敬业奉献，勇往直前**。

第二大法则是：**人定胜机，机随人行**。

第三大法则是：**纸上谈兵，机上打仗**。

该法则又包含**三大设计步骤**：

第一大设计步骤是：**用心分析人想通，机随人行写提纲**。

第二大设计步骤是：**对号入座写文章，头脑运行改文章**。

第三大设计步骤是：**沉着应战善总结，人定胜机凯歌扬**。

其中，第一、二大设计步骤仅仅是纸上谈兵，第三大设计步骤才开始机上打仗。”

“哎，我还以为什么灵丹妙药，就这么简单的通用编程法，连公式、高深的道理都没有，就通用了？就可以成为编程高手、能手了？”文文傲慢地讥讽道。“正因为简单，才易学、易记、易用。实践证明，用此通用编程法的学生没有一个掉队的，甚至还出了不少编程高手、能手呢！**关键是要依法编程！**”

“我还是不信！”文文拧着那股劲。“不信，咱们自驾游着瞧吧。”晶晶以必胜无疑的百分之百的肯定口气回敬道，“如果你成了编程能手或高手的话，可别忘本哟！”文文心里想，“谁知道结果呢？”

明明心里也在嘀咕，半信半疑地问晶晶导游：“这通用编程法能在哪里？怎么造出编程能手、高手呢？”“让我们往下细细分解。”晶晶答道。

1.3 通用编程法怎么个能法？

晶晶问道：“首先让我们来品味品味通用编程法的第一大法则，是什么呢？”“**敬业奉献，勇往直前**。”同学们异口同声回答道。“先看看这个**敬业奉献**，你们为什么要学编程？”大家你说他也说，“为了当上高级程序员。”“为了找到好工作。”“为将来有更好的职业能力。”“为了造出高科技。”“为祖国多做贡献！”同学们都鼓起掌来。“为人类多做贡献！”掌声更响了。晶晶赞同道，“说得对，其实不管做哪一行，工农兵学商都是为人类做贡献，只是贡献不同、多少而已，有了远大的理想目标，我们还要敬仰、敬重、敬爱我们的学业和事业，**要把学习编程当做是日后为祖国、为人民多做贡献而奠定知识和本领**。无论在学习的过程中碰到什么困难，都毫不气馁，勇攀高峰，这样才能学好编程。”

“通用编程法的第二大法则是……”“**人定胜机**，机随我行。”强强抢着说。“机随我行也可以，说明你很自信，这很好。但**机随人行**定义更广一些。”晶晶解释道。

“‘**人定胜机**’体现了人自信、自立、自强的精神，体现了不达目的誓不罢休的锐意进取、勇往直前的精神。”“为什么‘**人定胜机**’？有时候我就输给了计算机。例如，打游戏。”强强反问晶晶导游。“你就会玩游戏。”明明笑强强。“我不玩游戏，又用计算机做什么？不过我就是制作一些文档、表格和上网等。”“不要说，有时制作文档我也被卡住了。”乐乐说。

“那最终是否都解决了呢？”晶晶问大家。“Yes！”“所以，还是人定胜机。实际上，这些 Word 文档、Excel 表格等都是人编写了程序，计算机按照人编好的程序去运行罢了，这就是‘**机随人行**’。那大家说，是计算机聪明还是人聪明？”“肯定是人聪明。”“那人应不应该自信？”“人确实应该自信，计算机只是服从人的命令而已。”“所以你们这些学编程的都是编程老师，只有你们自信，才能教好学生——计算机。”

有位同学问：“那通用编程法的第三大法则的能耐呢？”“第一、二大法则，又称为十六字方针，是优胜战略；第三大法则是高效战术。”晶晶回答说。一些同学赞叹道：“啊！优胜战略加上高效战术，还能不打胜仗吗?! 文文你等着瞧吧！”“好，咱们就走着瞧！”又有位同学举手怀疑：“这高效战术怎么高效的呢？”“让我们边游边领略。”晶晶稳操胜券地回应。

“我先去网上搜搜，看看有什么好的编程方法，实在搜不到了我就试试这个通用编程法。我是班里最笨的，要是我能学好编程，你们都不在话下。”“就只有你强强的份儿啊，我们大家都有份试的。”乐乐力争上游。明明想了想，“不过，我也先去图书馆、网上找找其他有名的编程方法再说。”文文跟着嚷道：“总之，我不信！”

“我们以 C++语言为例说明怎么运用通用编程法。编程游览指导书是《C++程序设计教程：化难为易地学习 C++》，大家回去先好好预习预习。”晶晶语音刚落。明明和文文就一头钻进了图书馆。而强强这个网迷呢，当然是泡在网池中了。

第 2 章　初涉乐园　惊喜游览

已是夜里 11 点多了，但明明还是辗转反侧睡不着。此游览编程乐园一行是好是孬，明日即可初见分晓。好，当然是皆大欢喜；孬，我可成了千古罪人。我这个发起人必遭同学们的谴责不说，还耽误了大家的宝贵时光……哎，别想了，越想越可怕。洗湿了头就洗下去吧，但愿能洗好洗漂亮……迷迷糊糊地就睡着了。

“喳，喳，喳……”鸟儿的美妙歌声惊醒了明明，他猛一跃起喊道：“快起床，天亮了。”文文说：“你又发神经了，现在才凌晨四点多。”“那就再睡会吧，六点钟大家可真要起床了。不能迟到，可别让晶晶导游把我们看扁了。”

七点五十分，晶晶导游就像向日葵似的，笑容可掬地迎接我们这些八九点钟的太阳，我们都高高兴兴地走进编程乐园的中心圣地——计算机实验室。

实验室里的一台台计算机就像名山、瀑布、悬崖、峭壁、森林、花园、岩洞、大海等名胜景点、奇山异水似的向我们招手示意：“欢迎你们，未来的接班人！”同学们纷纷找到自己喜欢的景点并就坐于计算机前，等待着激动人心时刻的到来。

“嘀嗒，嘀嗒……”我们的心跟随着秒针在跳动。“当，当，当……”终于盼到了游览乐园的钟声。晶晶导游宣布：“开始游园。”“哦，哦，哦……”同学们都兴致勃发。“下面我们先游览一个简单的景点。”

注意，本书这样约定：

(1) 各景点中的语句与前面景点中的语句有相类似的含义时，一般不再加以注释。

(2) 不完整的程序例子可视为例句。例句加入到景点 2-1 所述的基本源程序中，再加上一些初始说明等辅助部分，则可以作为一个完整的程序，调试通过后就能运行。

2.1　随师游览：初涉 C++ 乐园的简单景点

1. 结合简单景点揭开通用编程法的高效战术——三大设计步骤之谜

【景点 2-1】　试编写显示“Happy new day！”的 C++程序。

“嗨，这么简单的景点，不就是在纸上写下这个英文句子嘛！”乐乐抢着说。

“说得对，这就是人想通了。”晶晶肯定地评价，接着希望大家能做到：

在开发设计程序中，**首先要树立信心，具有敬业奉献的职业精神和行动，勤学苦练，勇往直前，然后按照人定胜机、机随人行的方针去编程，即用十六字方针自始至终地贯穿指引自己的学习**。时时要稳住自己的心态，筑起一道坚不可摧、势不可挡的防线，无论碰到什么困难都要具有**勇往直前**的气概和干劲，坚信坚信再坚信：“我一定能学好 C++，我一定能成为编程高手！”要：用爱——爱人民，爱祖国，爱世界；用心——对学业、对事业的敬业之心和百分之百的自信心；用情——对人民、对祖国、对世界的真情厚意；用力——开启最大的智慧，付出最大的努力去学习编程。

一般程序开发流程(三大设计步骤)按图 2-1 进行。

通用编程法的第三大法则的第一大设计步骤(一定要在纸上谈兵)“用心分析人想通，机随人行写提纲”包含图 2-1 的前 5 个环节。首先，用心分析题意，按编程三部曲：输入——处理——输出(如图 2-2 所示)，想通人的详细做法(绝对不能想编程语言和计算机)，至少写出人对此事的 10 种以上不同的详细做法，从中择优选取一种；然后把优选出的详细做法用提纲、简易流程图或流程图表示出来，在纸上边想边写(画)边修改。

注意：本书把“提纲、简易流程图或流程图”简称为“提纲”，或称呼三者之一。

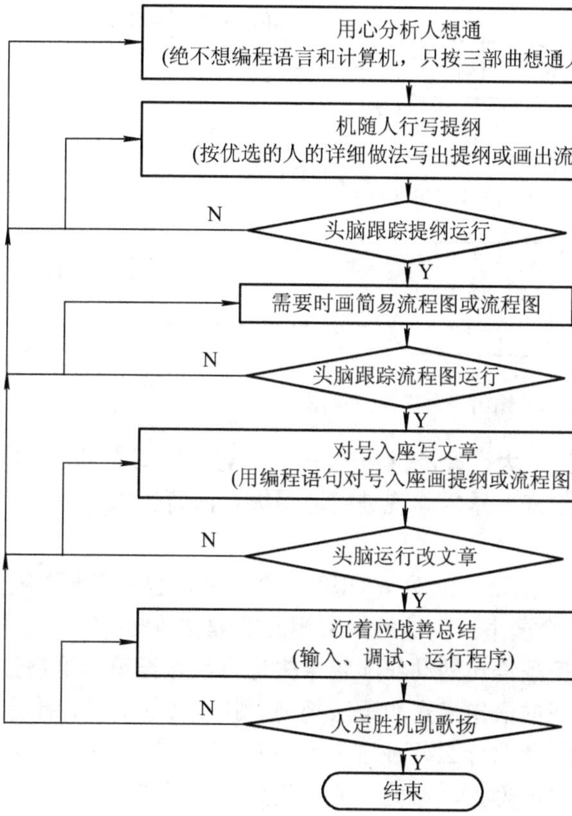

图 2-1　一般程序开发流程(三大设计步骤)

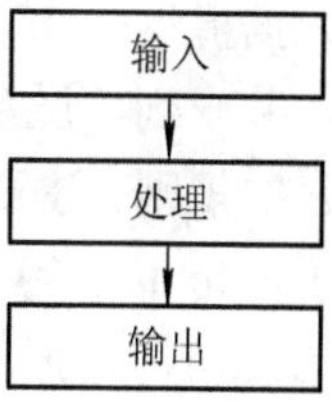

图 2-2　编程三部曲

明明问：“编程三部曲怎么唱呢？”晶晶解释说：“**输入**就是输入处理事情所需要的信息(如数据、文字信息等)；**处理**就是把这件事情办好、做完；**输出**就是将这件事情的结果答案写出来。当然这三部曲不一定要唱全，只要能处理好、处理完这件事情就是好曲子。”

“人想通后接下来做什么呢？”晶晶问大家。

“机随人行写提纲，提纲就写‘写出英文句子’这句吗？”明明说。“不单这句。**程序就是文章**，而**文章的大结构**一般都是：开始——中间部分——结束。你说的这句只是中间部分，提纲应写成：开始——写出英文句子——结束，这就 OK 了。或者像图 2-3 那样画

出**流程图**(不用写出框外的文字说明)。也可以画个**简易流程图**。**简易流程图的画法**：不画流程图的框。一般默认流程图的流向是从上至下，并用竖线‘|’或斜线表示(即从‘|’或斜线的上端流入，从‘|’或斜线的下端流出)，若流程图流向用横向表示且流向明确时(即从左端流入，从右端流出，或流向相反)，则用横线‘—’表示流向。除上述情况外，用箭头线和标号表示流向，如‘→①’、‘←①’；一些说明，如‘Y’、‘N’、‘1’、‘2’等可写在流向线旁。具体见图 3-1 等。”晶晶解答道，“这第一大设计步骤**还要眼到、脑到和心到地用人脑跟踪运行检验提纲、简易流程图或流程图，看看是否符合题意**。是，则转入下一步，否则再修改至符合题意为止。修改程序时，先改流程图，再改写程序。”晶晶紧接着强调说。

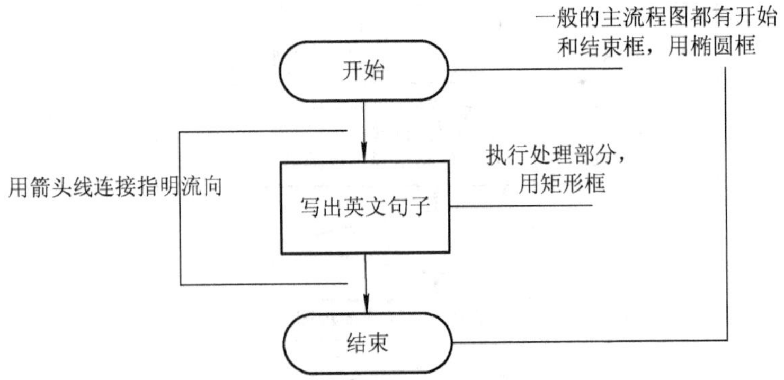

图 2-3　输出字符串的流程图

“通用编程法第三大法则中的**第二大设计步骤**是……”“**对号入座写文章，头脑运行改文章**。”乐乐又抢着回答晶晶。“看起来，乐乐昨晚是把通用编程法背出来了。”“背倒是没背，只是多看了几遍。”

“很好。这第二大设计步骤(包含图 2-1 的第 6 和第 7 个环节，**也一定要在纸上谈兵**)就是**根据提纲(坑)的动作、功能，一个萝卜一个坑地找到相应的编程语句(萝卜)对号入座到坑中，并眼到、脑到和心到地跟踪每条语句的动作和结果去运行，直至符合提纲且符合编程语言的规则。注意一定要遵循 C++的语句格式和语法规则**。那大家找找萝卜看看？”“我找到了，cout 语句。”乐乐又抢答了。“为什么要种这个萝卜？”“因为 cout 就是具有输出功能的语句，它把信息输出到计算机屏幕上，不偏不倚，正好能对号入座到‘写出英文句子’的坑中。不过我不知道怎么种这个萝卜。”

晶晶答道：“怎么种就是怎么书写语句的问题。”

输出语句 cout 的书写格式是：

　　cout<<被输出的信息 1[<<被输出的信息 2<<…<<被输出的信息 n];

其中，方括号的含义为：被输出的信息包括表达式、字符信息和 endl(回车换行)；“<<”是从尖头向宽口方向流出去，即输出。

“哦，那就写成‘cout<<Happy new day!;’这样啰。”晶晶问：“大家说，乐乐写得对不对？”明明说：“好像我看到书上说：输出字符串要用双引号引起来。”“还有呢？”文文说：“如果要把光标移到下一行还要加上换行符\n 或 endl。”

"你们都补充得对，但还有萝卜没种完。""什么萝卜？"不少同学问。"开始和结束这两个萝卜怎么种？"晶晶揭开了谜底，"答案在下面这个基本源程序的书写格式中。"

请注意，**本书又做出以下约定：**

(1) 程序中必不可少的部分就是**基本源程序**，因为解决处理了问题一般都要显示结果，其他的解释请见下面的头脑运行改文章部分。即该**基本源程序就是"初始说明部分"+"主函数的定义格式"**(从"void main()"至"}"的4行)，**基本源程序的书写格式**如下：

```
初始说明部分
void main()                    //从唯一必经的入口——main主函数——进入运行程序
{                              //程序从此开始运行
    编程三部曲                  //处理问题的过程：输入——处理——输出
}                              //程序到此运行结束
```

(2) 方括号"[ ]"中的内容可有可无(除了数组中用到此符号时)。

(3) 程序中"//"后的内容和"/*"与"*/"之间的内容是注释说明部分，不参与程序的运行。

"'初始说明部分'写些什么？"有位同学问。晶晶答："写些让计算机知道和人们想知道的关于这个程序的说明信息，包括预处理命令(如文件包含处理、宏定义、条件编译等)、函数的声明或定义、变量的声明或定义、常量的定义、类的声明和对象的定义等。"

此景点的源程序(这就是一个基本源程序)代码如下：

```
/*ch1_1.cpp*/                       //注释说明ch1_1.cpp是文件名
#include<iostream.h>                //包含显示语句cout的头文件
void main()                         //从唯一必经的入口——main主函数——进入并
                                    //运行程序
{                                   //程序从此开始运行
    cout<<"Happy every day!\n";     //输出语句cout显示该字符串。
                                    //切记：句末的尾巴——";"是每个句子都必
                                    //不可少的
}                                   //程序到此运行结束
```

乐乐举手问："为什么要在'初始说明部分'加上#include<iostream.h>？""因为计算机不知道cout语句放在哪个抽屉里，而cout语句是在头文件iostream.h的抽屉中定义的。所以，要加#include<iostream.h>这个包含命令，计算机才能找到cout语句去执行。"晶晶解答说。

"这个main主函数是每个程序都必须要有的吗？""是的。"晶晶回答了乐乐提出的问题。"每个程序可以有几个main主函数？"晶晶继续解答乐乐的疑问："只能有一个，而且必须要有一个。因为每个程序的运行都必须有一个唯一的入口，即必须只有一个开始执行点，否则的话，程序不知如何执行，会引起歧义。C++程序运行的唯一入口就是main主函数。所以要切记，每个C++程序不管大小，也不管是单文件还是多文件结构，都只有一个main主函数。void表示main主函数没有返回值。"

强强提问道："这对花括号是干什么用的？"晶晶笑道："是把函数中的函数体(即'编程三部曲'中的一系列语句)括起来，程序从开始的'{'执行，执行到末尾的'}'处结束，此中的‘{’和末尾的‘}’必定成双成对。”

晶晶强调：“还有，请大家养成良好的程序书写风格和规范——采用锯齿形(缩进形)的程序员式风格书写程序，如此景点的书写形式。这个锯齿形书写风格对编程、调试、开发和管理程序软件都很有利。”

接着，晶晶又问：“这一步还剩下什么事未做？”“‘三到式’的人脑跟踪运行。”明明说。“真聪明，总结出了‘三到式’。”晶晶赞赏道，“那大家都‘三到式’地跟踪看 OK 否……OK 吗？”“OK！OK……”同学们异口同声、着急大声地喊着，因为大家双手痒痒地想上机打仗了。

通用编程法的第三大法则中的**第三大设计步骤：“沉着应战善总结，人定胜机凯歌扬。”**该步骤包含图 2-1 的第 8 和第 9 个环节，**这一步是按输入调试程序的三部曲(输入源程序→编译→连接)，并结合第一和第二大设计步骤在机上打仗。**

俗话说：“巧妇难为无米之炊。”把输入调试程序的三部曲用巧妇煮饭来描述如下：

相应地把**输入源程序**当作**买米**(能用任何一个可以输入文本的软件输入源程序)。因为编写的源程序是用编程语言，计算机不懂，它只懂得机器语言，所以还要将源程序翻译成机器语言，即**编译**，把这部曲当做是**洗米**。编译后得到了扩展名为 obj 的目标文件。第三部曲为**连接**，这部曲当作**煮饭**。因为单有 C++程序是不能在 Visual C++ 6.0 中运行的，它的运行需要配备一些相关的文件，相当于完成一个工程项目或研究项目要有一个团队。连接后得到了扩展名为 exe 的可执行文件。如果有错误，就修改，并重新进行编译和连接；或用 Debug 进行调试，直到没有致命性的错误时，就可以**运行**了，也就是煮好饭就可以**吃饭**了。

在调试运行中，不要单单依赖电脑的跟踪调试，还应充分发挥人脑强大的分析判断、逻辑思维能力，让人脑、电脑双双牵手运行去发现问题、查找错误和修改程序。

运行的结果还要用人脑分析正确与否，因为电脑裁判提示的错误是语法错误，对逻辑性的错误和运行中的错误，编程调试软件是无能为力的。如果结果不正确，就返回上述相应的步骤进行修改、设计，直至没有错误且符合题意，这个程序才算编写完。

在整个开发设计进程中都要切记：顺境时要节制，逆境时要坚忍，要用敬业奉献的精神和行动将学习中的事情、细节与远大的职业目标联系起来，坚持那种不达目的、誓不罢休的锐意进取、顽强拼搏的精神和行动，持有积极、正面的心态，并且不能急于求成，要从容不迫，笑对困难，沉着镇定，冷静分析，胜不骄，败不馁，勇往直前，坚信人定胜机，那么机就会乖乖地跟着你行了！

注意：一定要有“学习记录本”，记录学习、设计、开发和调试的过程。这个记录本非常重要，用于知识理解、经验积累和总结提高，在整个设计开发过程中均要做好记录。切记：不可不记，一定要记，还要记好。

尽可能不上网、不去书上找程序，而要自力更生，奋发图强。

“知己知彼……”“方能百战百胜！”晶晶话未说完，同学们就蹦出了下句。“那大家就先看看附录 C，了解你们的战场，然后在景点 2-1 中游览，初步练练兵。”

只听强强惊叫起来：“天哪！102 个错误。”晶晶走过来，“笑，大笑，以胜利的笑声面对 error，欢迎 error，感谢 error！”“笑不出。”“你真是有福不会享，有机不会乘，因为是 error 使你长进，助你成功。只要你打心底里感谢 error，你就会由衷地大笑，从而使你轻松愉快，沉着镇静，思路开放，智慧丛生，稳操胜券，何乐而不为呢?!”“还有这么好的事，哈，哈，哈！”同学们都跟着哈哈大笑起来。

让我们首先来看看表 2-1 中的第一行错误：'Happy' : undeclared identifier，即未声明 'Happy'这个标识符。那当然了，程序的意图又不是把 'Happy' 作为变量名，而是把 'Happy' 作为字符串中的一个单词，字符串是要用 “ ” (双引号)引起来的。那么错误原因就是整个字符串没有加 “ ”。加上 “ ”，编译，出现了 “ch1_1.obj - 0 error(s), 0 warning(s)” 的提示，表示 0 个错误、0 个警告，即 ch1_1.obj 目标文件被编译成功了！人脑加上电脑两个脑袋，还不打胜仗吗?!这回听见的是强强扬手欢笑，“零个 error，零个错误……error 和我 bye-bye 啰！不但不敢小看这对双引号，还要双手感谢这对双引号和 errors！哈，哈，哈……Thank for errors!”“这就是违法必究，守法必胜！”乐乐说。

表 2-1 上机实验记录表

出错现象	出错原因	解决办法
'Happy' : undeclared identifier missing ';' before 'new' syntax error : identifier 'day' illegal escape sequence syntax error : missing ';' before '}'	字符串没有加上 “ ”	加上 “ ”

强强恭恭敬敬地请教导游：“晶晶导游，我看不懂英文显示的出错现象，所以，我就找不到出错原因和解决办法，这怎么办？”

“首先不要着急和惊慌，一定要冷静，再冷静，坚信人必定比电脑聪明。一般来说，刚开始学 C/C++ 语言时，常见的错误是没有按照 C/C++ 的规定和语法编写程序。先讲些小窍门，教你两招。一招是将鼠标左键在第一行错误信息处双击，一般箭头就指在错误行上。看看该行的信息属于 C/C++ 的规定和语法的哪一种，并认真对照该 C/C++ 的规定和语法查找错误，一般都能找出来。或者看错误信息处：D:\vc\Cbook\ch1_1.cpp(11) : error C2143: syntax error : missing ';' before '}'，跟在文件名后面的圆括号括起来的是错误行(有时在之前的行)，可先在这行查找，找不出时，再去之前的行查找；再查不出来时，就先处理下一行的错误，有时就把上一个错误或警告排除了。那另一招就是做好上机实验记录……”

话未说完，下面就嚷嚷起来了：“真是土里土气，都什么年代了，现在多数都无纸化办公了，而且记录起来少慢差费……”

“正好相反，做好记录是多快好省。”“何以见得？”“其一是记着记着就豁然开朗了，排除错误的办法油然而生；其二是供今后查阅；其三是巩固了编程知识；其四是增长了智慧；其五是提高了处理问题的能力；其六是培养了人格；其……”

“得了，得了，我们都买个本子记录就是了。”强强摩拳擦掌不耐烦地说，“我先连接，OK！再运行。哇！Happy new day！我运行出来了，我胜利了……”强强对着如图 2-4 所示的运行结果，拍着双手，像打胜仗似地兴奋。

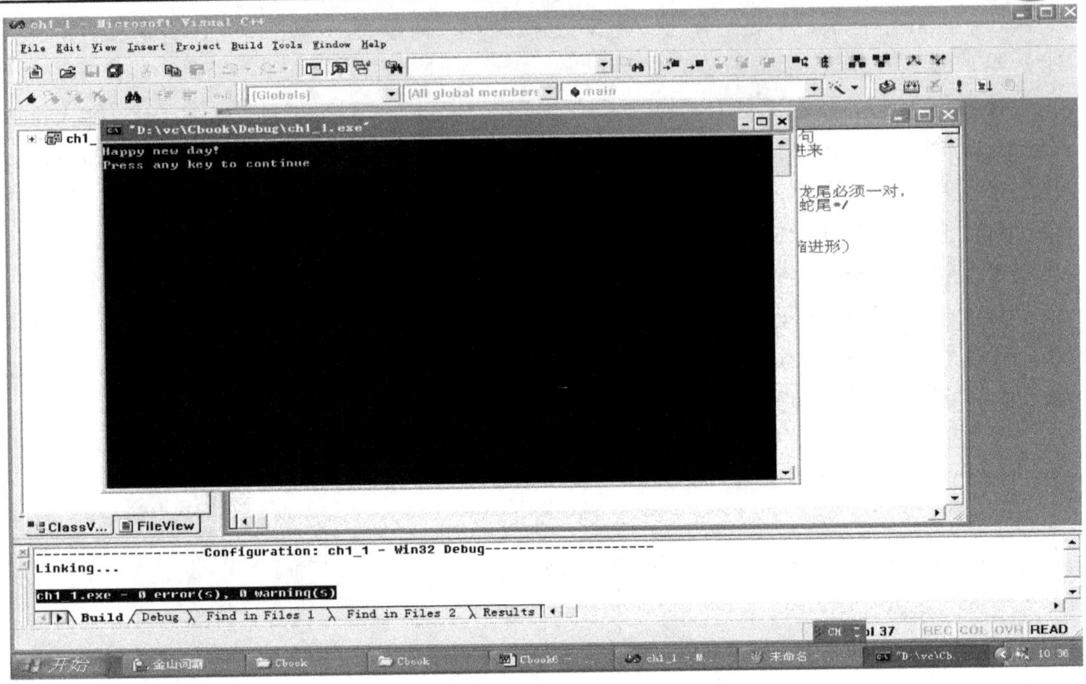

图 2-4　运行程序后的窗口

同学们也都兴奋地议论着，倾泻着编程成功的洋洋得意的心情，庆祝首战告捷，分享快乐。

“别臭美了！这是书上的程序，又不是你们亲自编写的程序。”文文一大勺冷水泼下来。强强“砰砰砰”地猛拍着胸口：“这有什么了不起的，我就编个程序给你看看。晶晶导游，下一步让我们自己游览试试了。”“好，大家就游览这一章第 2.2.1 节自游景点中的第 7 个景点。”

2．处女作之诞生记

只见同学们瞪大双眼看着键盘不知如何下手，个别同学甚至偷偷地上网找程序，却一无所获。

强强沉不住气了：“晶晶导游，这个边框用什么表示？”“凡是键盘上的字符都可以做边框。”“但我还是不知道在键盘上先敲什么，再敲什么。”“你这是粮草未到，兵马先行了。”“就是你纸上还未谈成兵，上机打仗就没有兵了。”乐乐解释说。强强说：“这么简单的程序还纸上谈什么兵，干脆上战场扫它一轮机关枪就 OK 了。”晶晶继续回答强强道，“但你的机关枪不知向何方扫，也没有子弹扫。先纸上谈兵，再上机打仗，这是一条高效捷径。若不走此路，就会欲速不达，事倍功半，甚至徒劳无益。还是按通用编程法去做吧。”

“好吧。”强强很不服气地拿起笔，“怎么写啊？”“不要想 C++，只想人的详细做法。”“还是写不出。”“那就在纸上人工做一遍，然后把详细做法描述成提纲。”“哦，这回我画出来了，也可以写出提纲了。”强强大声地念道：“开始——写标题——画边框——结束。”乐乐说：“我认为应该是：开始——画边框——写标题——结束。”而明明却说：“我认为，画边框和写标题可能要穿插进行。”

晶晶问大家：“提纲行不行，用什么说了算？”“‘三到式’人脑跟踪运行，合乎题意就 OK。”

文文冷笑道："嚷来嚷去，就这么几句提纲，还大作什么文章，我看你们怎么变成程序。"

晶晶问："大家人脑跟踪得如何了？""OK！""好，那就进入纸上谈兵的第二大设计步骤。""对号入座喽！"乐乐拍手叫。

强强"嗒嗒嗒"扫起了机关枪，"咦，怎么我的标题上面没边框？"乐乐也喊起来："怎么我的标题下面也没边框？""用'三到式'人脑跟踪找答案。"晶晶回答道。两人异口同声地回答："没错，程序确实是一个萝卜一个坑地对号入座的。""你们是对号入座了，但如果第一大设计步骤的提纲或流程图错了呢？"两人互相看看说："还有这回事？""不仅有可能在第二、三大设计步骤中发现第一大步骤有错或不合适，而且在这三大设计步骤中，还可能发现人的详细做法有误或不合适，要倒回错误或需要修改处更正，如图 2-1 所示。现在错误现象出现了，那错误原因是什么呢？"明明说："因为 cout 语句只能使屏幕上的输出结果从上到下显示每一行，而每一行又从左到右地显示，逆序则不行。"

"哦，明白了。那不是在第一大设计步骤就要想编程语言了？"乐乐问。"绝对不用，你们已实践过了，想编程语言就写不出或写不好提纲或流程图。而就算因为不想编程语言出了错也是可以挽救的，这个挽救比你写不出提纲要好得多。还有，你们在画边框这个大动作中没有描述详细动作。"

"那我就改成：开始——画上边框——换行——画左边框——写标题——画右边框——换行——画下边框——换行——结束，这样 OK 了吗？"强强回答乐乐说："'三到式'人脑跟踪感觉 OK!"

"哦，又上战场打仗啰！"大家纷纷抓紧战斗……

很快，旗开得胜，大家笑声如潮，互相欣赏着各人的处女作，"你的边框是梅花间竹的，很有气质。""你的边框是感叹号，很庄重。"……

"我不用抄别人的程序了，我可以自己创作了！"乐乐笑道。强强双拳冲天："我不用跟在别人后面爬了，我可以当家做主了！"明明看着这欢乐的海洋，心里的石头又多着了一些地。

而文文却咂嘴弄舌："这个处女作那么简单，别高兴得太早了，好戏还在后头呢！"

晶晶说："这次游览之前布置了两个自行游览景点，如果还没游览或游览得不完善，回去后大家独立自行游览并完善，然后写出预先游览报告和观感。下次来游览之前也把这次布置的两份游览报告一起交来。预先游览报告占游览总成绩的 30%，另 70%是在实验室两节课(1.5 小时)中限时独立完成的、现场上交的游览报告。在学习小组中，大家要珍惜这个大好游览时光和双赢队友的缘分，充分发挥通用编程法的作用，精诚团结，互帮互学，总结交流，共进双赢！"

2.2　自 行 游 览

晶晶说："大家以后都按前言中描述的'学习和运用通用编程法的旅程'游览。"

2.2.1　初涉乐园之自游景点

1．请编写输出"我一定能学好 C++，我一定能成为 C++高手！"的程序。

2．把自己喜爱的名人名言、励志语句、豪言壮语、座右铭等输入计算机，周围再加个精美的花边或图案，打印出来，贴在你的书桌、墙壁、床头等处陪伴自己成长。

3．编写学习 C++计划任务表的程序，栏目等自行设计。

4．编写一个打印自己姓名、班级和学号的程序。

5．用 C++程序实现显示一幅“热烈欢迎新同学！”的美观的横幅标语。

6．编写求解 $y = x - 3$，并输出 y 的结果的程序，分别计算自变量 x 取不同值($x = 6$；$x = 1848$；$x = -1$)时对应的 y 值。

7. 编写一个打印标题栏的程序，标题栏的周围加一个边框，边框图案和标题内容自定。

8．试编写一个简单的停电通知的程序。

9．编写显示英语问候对答句的 C++程序。

10．编写能显示“请先关电，人再离开！”的温馨提示牌程序。

2.2.2　初涉乐园之遐思景点

1．通用编程法的主要特点是什么？开发程序时应如何应用？

2．一般开发程序的流程是怎样的？编写程序和调试程序各应遵循什么三部曲？

3．购买了 10 本书，共有 3 种不同的单价，单价和某种单价的书的数量自定，计算合计金额并打印输出该合计金额，试编写程序实现。

2.3　游 览 观 感

随师游览和自行游览后，学习小组的同学们带着各自的处女作、记录本和教材，欢聚一堂，你一言我一语地说开了。

2.3.1　初涉乐园之游览要点

强强问大家：“在 C++的每条语句中，什么不能少？”“句末的分号。”同学们异口同声地嚷起来。强强又说：“还有什么？”“不能违反家规——编程语言之法，否则会堤溃蚁孔。”大家又笑答。

某个同学发问：“cout 语句呢？”“很重要，输出界面全在它的掌控之下。且在三大设计步骤中，人脑或人脑和电脑跟踪运行时要利用它分析错误、结果和输出界面，而输出界面又决定于 cout 的书写格式。此外，还可以利用 cout 语句找出错误原因，想出排除错误的解决办法。”强强回答说。

乐乐提议：“我们亮出一些关于 cout 语句的景点，大家试试游览游览好吗？”“好啊！”同学们挥手响应。

【景点 2-2】　试编写显示输出换行的 C++语句。

```
cout<<endl;                    //输出换行符是\n 或 endl，其功能是将屏幕
                               //上的光标移到下一行的开头处
```

或

```
cout<<'\n';
```

有位同学问乐乐："为什么 endl 不用引号，而\n 要用单引号却不是双引号？""因为 endl 本身就是输出格式控制符，可直接写在'<<'后面；\n 属于转义字符，是单字符，而单字符是用单引号引起来的。"

【景点 2-3】 试编写显示输出"I am a student."的 C++语句。

```
cout<<" I am a student.";       //显示信息，不换行
```

或

```
cout<<" I am a student.\n";     //不但显示信息，而且换行。因为\n 作为双引号内的字符串
                                //中的一个字符，所以不用单引号引起来
```

【景点 2-4】 试编写只显示表达式"3+5"的运算结果，或显示输出计算式子"3+5="和该式子的计算结果的 C++语句。

```
cout<<3+5;                      //只显示表达式"3+5"的运算结果 8，不换行
```

或

```
cout<<"3+5="<<3+5<<endl; //不仅显示计算式子"3+5="和表达式的运算结果 8，而且换行
```

"为什么"3+5="用双引号引起，而表达式 3+5 又不用双引号？"强强向乐乐请教。"因为要显示计算式子"3+5="，即显示字符信息，如同景点 2-1，所以用了双引号；而显示表达式的运算结果是不用双引号的，所以表达式 3+5 不用双引号。"

又有一位同学有疑惑："还有怎么起文件名？"明明对他说："每个程序都要给它起个名字——全文件名。**全文件名的命名格式是文件名.扩展名。C++文件的命名也同此格式。C++的文件名**最好接近生活中的实际意义，即用接近生活中实际意义的英文单词或汉语拼音命名。这样，对于程序的可读性、可修改性、可维护性和提高编程效率等均有好处。但 **C++文件的扩展名**要按规定书写。C++源程序的扩展名必定是 cpp，这是 C++的国籍，是 C++的姓，决不能变更。例如，景点 2-1 的源程序名是 ch1-1.cpp。"

"注释符号有哪些？"有位同学问乐乐。"**C++程序注释方法**：程序中的注释部分，即非 C++程序语句的内容放在注释符号中，注释符号有一对'/*'、'*/'组成的和'//'两种，注释的内容放在'/*'与'*/'之内或放在'//'之后，具体参见景点 2-1 的程序及后续章节的程序。"

"流程图怎么画呢？"乐乐向强强讨教。"C++的流程图又可称为结构框图，既可以把它看做是文章的提纲，又可以看做是高楼大厦的框架。**编写 C++程序时按三部曲进行，即输入→处理→输出**，如图 2-2 所示。程序是与流程图对应的，所以，**流程图的大结构自然也是编程三部曲**。流程图的画法见图 2-3，其他流程图的画法以后在相应的章节会陆续介绍。"

"通用编程法有三大法则，第三大法则中又有三大设计步骤，那编程三部曲有什么用？"乐乐还要弄清楚。"**一般编写任何程序都按这三部曲，三部曲就是程序的基本结构。**因为人思考和做事的顺序就是按这三部曲的顺序进行的，即第一大设计步骤中的人想通，就是按这三部曲去想通的，自然写出的提纲或流程图也离不开这三部曲。但这三部曲在写提纲或画流程图时不一定全都要有，只要程序能解决问题、完成任务就行了。"

"还有，输入调试程序的三部曲是调试时必按此三部曲唱吗？""是的。切记，再也不要去网上、书上找程序，我们要自己完成。"

2.3.2　初涉乐园之总结提高

“我觉得编程乐园挺好玩的。”乐乐先开场了。“是啊，我终于可以挺直腰杆，当家做主了！”强强也高兴地说。

文文满腹狐疑，眯缝着双眼冷笑道：“但我还是搞不懂，为什么不先弄明白了编程原理，再去编程？而且还强调首先不想编程语言和计算机，真是怀疑。我还要继续去网上、图书馆捞法宝。”“许多同学都去网上、图书馆和书店等处捞过法宝，却如大海捞针，收获甚难。”乐乐说。“虽说如此，但我还是怀疑这个通用编程法，难道其他编程前辈、老学者、专家和教授等就没有一个人发明通用编程法了？”文文傲慢地说。“但什么事情总有人开先河的，而且历史上开先河的往往就不是名人、专家啊。”强强说。“也是，但我也还要再去捞捞法宝，或许我能捞到一条大鱼。”文文不服气地说。

“我不论什么名人啥人，只要通得过实践检验的就是能人，就是有用之法宝。”强强顶了文文一句。接着强强又说：“还是你走你的专家道，我用行得通的通用编程法。”乐乐也附和道：“这个通用编程法是经 13 年磨炼和考验之法啊，我也继续用用看。”明明没敢吱声。

1. 为什么要先纸上谈兵

“写提纲、画流程图多费事啊！”文文挑刺了。乐乐反戈一击：“非也！正如晶晶导游所说：‘因为人脑想不了那么多，记不了那么多，没有那么大的立体空间来容纳整篇文章的提纲，且没有那么好的记性记住所想的提纲，所以无法形成全面的提纲，也没有那么大的头脑空间让你修改编写程序。依此循环，改了程序还存在上述的问题，形成了恶性循环。因此若没有完善的提纲，就很难写出优质的文章。同样的道理，也就难以完成编程的文章——程序了。所以提纲、简易流程图和流程图实在是太重要了，它是开发设计整个程序的基础，不但不能不写(画)，还一定要写(画)好。’”

乐乐继续说：“导游还指出了现有的一些编程现象，并做了分析解释。大部分学习者认为写提纲、画流程图浪费时间，画了流程图还要写程序，多此一举；熟练的学习者认为我头脑里想的就是这个流程图了；有的学习者不会画流程图；还有的学习者编写调试成功了程序后再来补画流程图，等等。下面一一来分析。费不费时间呢？不费，反而是磨刀不误砍柴工，会起到事半功倍的效果。因为提纲、流程图会明确编程走向，而不至于误入歧途，调试中也不易出错，即使出了错也容易改正。再熟练的学习者也达不到画流程图的效果，也代替不了流程图的功能。先写提纲或画流程图，再编写程序，这是一条高效捷径。不信？你在实践中体会检验吧！不会画流程图、先写程序再倒回来画流程图，这些都是没有从基础学起。万丈高楼平地起，这个提纲、流程图相当于万丈高楼的框架，框架也是一层层往上起的。你今天能掌握高等数学中的微积分，还是从初等数学 1 + 1 = 2 的基础学起才获得的。

“最后，导游提醒我们：‘切记不能有急功近利、好高骛远的心态，该按部就班的事还是按部就班做，前人的成功经验，后人更要好好地去粗取精、去伪存真地继承，才是明智之举，才会助你一臂之力，使你如虎添翼。总之，画流程图不但为设计程序指明了走向，而且省时、省力、优质、高效。’”

文文还千方百计地继续挑毛病：“纸上谈兵，哼！这真是天大的怪事，开发设计计算机程序却不让在计算机上进行。”还是乐乐挺身而出：“‘不是不让在计算机上进行，而是第一、二大设计步骤仅在纸上进行，第三大设计步骤就可以上机打仗啦。**纸上谈兵的作用**犹如导弹的威力。’这是晶晶导游说的。”“那么厉害？”文文几乎是从鼻子里面哼出来的。“是的。她还对纸上谈兵的好处和技巧进行了总结归纳。”

纸上谈兵的好处可归纳如下：

(1) 通观全局，统筹规划，游刃有余，成功取胜。

纸上谈兵就像下棋一样，要纵观全盘，统筹规划，制定策略，稳扎稳打，方能成功取胜。因为人的头脑的立体空间不可能很大，也记不了太多东西，逻辑思维也想不了那么多步、那么细，没有瞬间就在头脑中闪现出整个程序结构、整个流程图或多个程序、多个流程图的功能。因此在计算机上编程时，思维架构是零散的，容易东打一榔头，西敲一棒子，设计开发程序时就容易迷失方向，甚至误入歧途。而在纸上谈兵就大不相同了，可以把零散的思维架构一点一点地、一部分一部分地描述出来，尽收眼底，一览无余，最后汇合成整体提纲、流程图、程序结构及程序。

(2) 高屋建瓴，纲举目张，一目了然，易编易赢。

在纸上得到的兵不一定正确，还要用人脑至少运行一次以上，进行修改验证。因为全部在纸上，一目了然，查改方便，不易遗漏，所以不但编程容易，而且还容易打赢胜仗。

(3) 精神集中，思维连贯，事半功倍，优质高效。

有些读者会说：所有这些全部可以用电脑画出来、描述出来。是的，但在计算机上描述这些项目时，一是错了修改麻烦费时；二是想一句、敲一句，画一部分、又想一部分，易分散精神，而使思路不连续；三是在计算机上输入错了会分散注意力，修改时思路又会中断。而纸上谈兵是草稿，不需要花那么多时间去描述，如果错了，一划一改很方便、很省时，不会受到计算机因素的干扰，精神集中，思维连贯，事半功倍，所以能助长智力，节省时间，优化程序，提高效率。

2．纸上谈兵的技巧

在纸上写提纲、画简易流程图或流程图和编写程序就像打草稿一样去写、去画(如有要求正规画或编写，则前期可以像打草稿一样去写、去画，调试成功后，再用 Visio 等画图软件画或用尺来画正规流程图，用计算机或工整地书写程序)，并且可以用一些自己造的缩略词来代替更多的文字；还不用画框，走向明确的也不用画流向线；文字方面可以更随便一些，只要能描述出详细做法、算法(算法就是做法)即可；同样，编写程序中一些熟悉的语句也用些缩略词或什么记号代替，等等。总之，以自己能看明白为准，对编程方便、有利为准。

强强说：“这十六字方针还挺起作用的，靠着它，不泄气，我才爆发出处女作。”“我也是。当 error 出现时，我就说，我是人，你是物，我肯定比你聪明，你要乖乖地听我指挥，困难就被我降服了，就 0 个 error 了。”乐乐也颇有同感。

“只有纸上谈好兵，机上才能打胜仗。”乐乐又总结道，“大多数同学都认为纸上谈兵确实举足轻重。也就是说，人要先一心一意地想通人做事的详细做法，这其中绝对不能想编程语言和计算机。”

“纸上谈兵阶段，还要用眼到、脑到、心到这‘三到式’去人脑跟踪运行流程图和程序，直至符合题意。”有位同学总结到。

明明扬起笔记本，“别小看它，它会给你带来幸运！”

3．总结评分

通过随师游览、自行游览及提炼了游览要点后，说说你的体会和收获，认真总结，按表 2-2 给自己或给别人评判一下得了多少分。

在表 2-2 中，成绩 A～E 对应的百分制分数分别为：

A：90～100 分。

B：80～89 分。

C：70～79 分。

D：60～69 分。

E：59 分以下(不合格)。

表 2-2　总结评分表

成绩	A	B	C	D	E	不足的原因	改进的方法	备注
C++知识	完全理解和会用	较好理解和会用	基本理解和会用	肤浅理解和会用	基本不理解和不会用			
程序原创(独立编程)的比例／(%)	90～100	80～89	70～79	60～69	<60			

注：表中考核分两大部分，即 C++知识和程序原创(独立编程)的比例(%)。这两部分的成绩若不在同一个级别就分别考核，取其平均分为考核总分，即二者缺一不可。不足的原因和改进的方法也分别对应两部分分开填写。

不论得分多少，你都要总结经验，扬长避短，勤奋努力，不断提高！大家要珍惜学习小组的大好时光，交流总结游览观感，正所谓当局者迷，旁观者清，你从中能获益多少呢？

本章及后续各章均要这样按表 2-2 进行个人评分和 C++学习团队的学习小组评分，并上交评分表，不再赘述。

有位同学问道：“复杂一点的程序这通用编程法还通用吗？”强强说：“按道理来说是能通用的，因为这通用编程法并没有区分程序的简单或复杂程度，否则的话，还叫什么通用编程法啊。咱们继续往下游览不就见分晓了吗！”

第 3 章　按部就班　顺序游览

“嘟嘟嘟，到第二站了。”强强说。有位女同学嚷道：“什么站？”“顺序游览站，同学们请下车吧！让我们排成一行，从第一位同学起，将气球按顺序一个个往下传到最后一位同学为止。每处景点都是一道亮丽的风景，请大家好好地享受顺序游览吧。”

3.1　随 师 游 览

“同学们在预先自行游览中顺利吗？有什么疑惑吗？”晶晶问道。“有。”同学们异口同声地说。“那好，让我们一个个来解决。”

3.1.1　显示自动控制煮饭情况之景点

【景点 3-1】　此景点编写自动控制煮饭系统中显示煮饭过程状况的程序，即将煮饭过程中的量米、洗米、煮饭和煮好饭了等状况通过计算机屏幕显示出来，以便煮饭人员观察了解这个煮饭控制系统的内部工作情况。

“在这个景点中，人的详细做法大家都想通了吗？”晶晶问同学们。不少同学回答说：“想通了，很简单，都是按顺序用 cout 语句完成要显示的内容，人的详细做法如图 3-1 所示。”

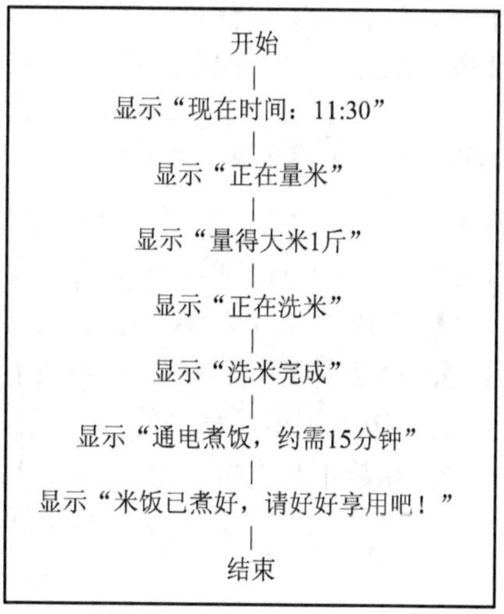

图 3-1　显示自动控制煮饭情况的简易流程图

对号入座成下面的程序：

```
#include<iostream.h>
void main()
{
    cout<<"现在时间 11:30"<<endl;
    cout<<"正在量米"<<endl;
    cout<<"量得大米 1 斤"<<endl;
    cout<<"正在洗米"<<endl;
    cout<<"洗米完成"<<endl;
```

```
        cout<<"通电煮饭，约需 15 分钟"<<endl;
        cout<<"米饭已煮好，请好好享用吧！"<<endl;
    }
```

机上打仗的运行结果是：

```
现在时间 11:30
正在量米
量得大米 1 斤
正在洗米
洗米完成
通电煮饭，约需 15 分钟
米饭已煮好，请好好享用吧！
```

“结果正确吗？”晶晶问大家。“按流程图写是正确的。”强强说。“但按实际却有不足，除了第一个显示内容，后面显示的内容都不知道对应的具体时间。”文文补充说。“这个问题提得好，有问题就有创新的机会，你可以原创一个显示自动控制煮饭情况的程序了。”“说是这样说，但我现在连纸上谈兵都没谈成，等谈成了再说吧！”“这个景点的程序如果像文文想的那样还需要进一步的知识，就等我们有了那些知识后再来完善。”

3.1.2　计算斜三角形的边长之景点

下面，让我们来看看 C++是如何在科学计算中发挥作用的。

【景点 3-2】　有一个斜三角形，已知 b = 7.2 cm，c = 5.8 cm，b、c 两边的夹角 A = 40°，则用余弦定理的公式 $a=\sqrt{b^2+c^2-2bc\cos A}$ 可以求出另外一条边 a 的长度。请编程实现，并变换 b、c 和 A 的值，观察、分析并比较结果。

乐乐激动地喊着：“哦，终于游到可用程序解决计算公式的景点了。”“嗨，这么简单的式子，不就是代入 b、c 和 A 的值到公式中，让计算机运行程序去计算就得了？”强强不假思索地说。“你这是用人工做了程序的输入工作。另外，还有一些已知数不是直接代入的。”晶晶出来解围了。“那怎么编程？”“请大家还是按通用编程法进行游览。”

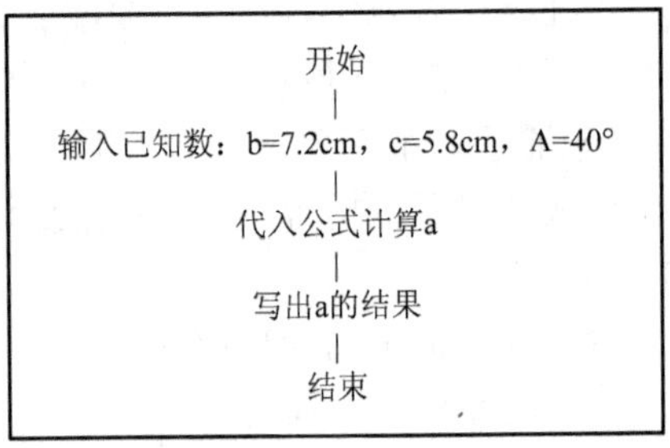

图 3-2　计算斜三角形边长的简易流程图

“看看我画的流程图对不对？”乐乐拿着自己画的流程图(如图 3-2 所示)问晶晶。“嗯，五脏俱全，三部曲全唱齐了。这个景点不像之前的景点只有输出一部曲。”

“输入这部曲怎么唱呢？”乐乐又问。“C++是一种很接近生活的编程语言，就像数学表达式一样，b=7.2 就将 7.2 输入给 b 了。这种含有输入功能的语句叫做**赋值语句**，可将右边的值送给左边的变量或表示变量的表达式。就好像送纪念品一样，总有个人接收。这里纪念品是 7.2，接收纪念品的人是谁呢？”“b。”“对，总有个名字，这个名字就是 C++中的变量名。在日常生活中，我们通常把数据分成整数、小数等。同样，C++也像日常生活、数学一样，把所有数据都分门别类后，再拿来使用。例如，C++的常用数据类型有整型、浮点型和双精度型等。嗯，对号入座，小数应采用浮点型或双精度型，此处不用纠缠太多，暂且定为浮点型吧！浮点型的代号(关键字)是 float，则‘float b;’、‘b=7.2;’。”晶晶回答乐乐道。

“为什么不直接把 7.2 代入公式中，而先将 7.2 送给 b 呢？”晶晶继续给乐乐解释：“就好像你一样，上午穿着运动装来游览，下午还是穿着运动装来游览，总不能老是称呼穿着运动装的这位女同学吧，况且穿运动装的女同学可能不止你一个，总得起个名字吧，暂时给你改名换姓一下，你的名字就叫 b。”“哈哈哈……”同学们都笑起来了。晶晶接着说：“所以给变量起个名，不管它是穿运动服还是穿连衣裙，只要把赋给 b 的服装改一改，程序中变量 b 的值全跟着变，牵一发而动全身，不用在程序中处处去改 b 的值。”“哦，这可方便多了。”乐乐笑道，那我就将输入这部曲唱为

```
float b;
float c;
float A;
b=7.2;
c=5.8;
A=40° ;
```

“还有个问题。”晶晶评判并继续解答乐乐的疑惑。“怎么这么多问题？”“万事开头难嘛！最后这句不能这样写，因为按 C++的规定，凡是角度均要化为弧度进行计算。”“那就写成‘$A = 40° \times \frac{\pi}{180°}$;’，可以吗？”“也不行，一是 C++中的角度(右上角的°)不用写出；二是乘号写为‘*’，一定不能省略；三是除号写为‘/’。”“那就写成‘A = 40*π/180;’，总可以了吧？”“还不行，因为 C++不知道 π 是多少，还算不出 A。大家知道，π 是常数，在 C++中把常数(程序运行中不变的数)称为**常量**，常量一经说明(定义)，在程序运行中就不能改变了。而且因为键盘上没有 π 这个字符，所以得给它另起个名字，按 C++的命名规则，就给 π 取名为 pi。”因此有：

```
const double pi=3.14159;
A=40*pi/180;
```

或直接代入常量：

```
A=40*3.14159/180;
```

到此，基本上输入完了，进入下一步。

“唱了老半天，才唱完一部曲。”文文又泼冷水了。“唱熟了，就朗朗上口了。开始时概念多、语法多，把它当做多姿多彩的靓丽风景，你就觉得心旷神怡、赏心悦目了。”晶晶笑着安慰大家。“导游说得也对，难得有问题，问问题就是学习的机会、提高的机会。”“哎呀，这可是增智趣味的好游戏！”乐乐接着强强的话搭上一句。

“下一步该唱什么了？”晶晶问大家。“处理。”同学们异口同声地回答。“对，到了代入公式计算了。你们有没有注意到，这条公式很长？中间若出错了，不易查找。而且一次写出 C++表达式太冗长，可读性和可维护性不太好，所以宜适当选用一些中间变量，分步求解。那就加两个中间变量 d 和 g。”则有：

d = 2*b*c*cos(A);

g = b*b + c*c − d;

$a=\sqrt{g}$；

多么清晰明了。

晶晶又与大家探讨：“再考虑如何计算，b^2 可以写成 b*b，c^2 写成 c*c，$a=\sqrt{g}$，对吗？”

强强试探着回答：“似乎不全对，键盘上好像没有键对应这个根号。”“是的。但是在一般的计算器上就容易了，按下 sqrt 按键，就求解出来了。C++也不逊色，同样想了个好办法，把繁琐的查表或平方根的求解过程写成了标准函数，只要代入这些函数(就像按计算器的按键一样)，结果就出来了。还有一个很重要的问题是：**C++程序均是由若干个函数构成的**，其中有许多常用的、普遍的情况已由 C++的程序去解决了，在 C/C++标准库函数中可以找到，所以，只要适用于人的详细做法、能完成流程图功能的，就可以用 C/C++的标准函数去解决问题，这样不但省时、省力、不易出错，而且可读性、可维护性好。”

“那怎么**查找 C++的标准函数**呢？”强强追问晶晶导游。“办法很多，如本书的附录中有常用的 C/C++标准函数，还可在 Visual C++6.0 的帮助软件和 C/C++标准函数手册(均是函数原型，即函数的声明)中查找，等等。”“哦，还真找到了，有一种 C++标准指数函数，其功能是计算 x^y 的值，把 $a=\sqrt{g}$，写成 $a=g^{1/2}$ 就与 x^y 对上号了。这个 x^y 函数的原型是 double pow(double x,double y);，其中有 3 个 double 是干什么的？”“第一个 double 说明该函数的结果值是双精度型的，括号里是该函数的形式参数(简称形参)；第二个 double 说明形参 x 是双精度型的；第三个 double 说明形参 y 是双精度型的。”“那 pow 呢？”“是该函数的函数名。”

调用 C++标准函数时，要做以下几项工作：

(1) **在计算公式或调用处写出：**

函数名([若干个实际参数])

(2) **在初始说明部分加上包含命令：#include<头文件名>**(头文件名是包含要使用的 C/C++标准函数原型的相应头文件名)，才能使用被这个头文件声明的函数，例如程序中的第 2 行：“#include<math.h>”。

(3) **保证所使用的数据类型与 C/C++标准函数原型中相应的数据类型相同。**

晶晶让大家来做做上述几项工作。

强强又冲锋在前：“此景点在程序中调用的指数函数句为‘a=double pow(double g, double 1/2);’。”“那几个 double 还要写上吗？”有位男同学马上发现问题。晶晶释疑道：“**千万不要加上数据类型的关键字**(例如 double)，应写成：‘a=pow(g,1.0/2);’。若干个实际参数(简称实参)的加入与否视函数原型(函数的声明 double pow(double x,double y);)而定。因为在调用函数时，要把实参传递给相应的形参，所以，**实参要与形参一一对应**，即个数对应、数据类型对应和位置对应。此景点形参为两个，则实参也要为两个(g 和 1.0/2)，且实参也应为 double 型，底数 g 作为 x，指数 1.0/2 作为 y。接收计算结果的变量 a(赋值号左边的 a)的数据类型还应与函数结果值的数据类型相同。”刚才发现问题的男同学又问：“不能写成

‘a=pow(g,1/2);’吗？”“不能，因为 1.0/2 是双精度型的，而 1/2 是整数型的。”

“为什么要加包含命令呢？”“由于这些 C/C++标准函数的原型均是放置在某些头文件中声明的，所以要包含相应的头文件才能使用被这个头文件声明的函数，例如程序中的‘#include<math.h>’。”晶晶回应了乐乐。

“那第三项工作就要将 b、c 的数据类型改为双精度型 double 啦。”有位女生大胆地说。

晶晶说：“Yes！同理，大家找到求解余弦函数的 C++的标准函数了吗？”强强马上开启了机关枪：“找到了，用 double cos(double x);计算 cos (x)的值，x 为弧度值，结果也是双精度型的，则 A 的数据类型也要改为双精度型 double 啰。”“命中靶心，10 环！”晶晶兼做裁判了。

“最后该引吭高歌了。”强强又等不及了。“输出。”同学们喊道。“如果只用来显示，那么就写成‘cout<<pow(g,1.0/2);’。但如果还要两全其美，即将这个结果给计算机保存起来，就要在计算机中找个人——变量，把结果送给它，那就又要加个变量名。这个变量是什么数据类型呢？”乐乐和强强一唱一和，“自然是双精度型 double 了，因为这个纪念品是双精度型 double 的。”“好，又添加一句‘double a;’。同样，中间变量 d 和 g 也做此类处理。”

编写程序代码如下：

```
//c3-2.cpp
#include<iostream.h>
#include<math.h>                    //pow 函数被包含在此头文件中
void main()
{
    const double pi=3.14159;        //定义常量 pi 并进行初始化
    double b;                       //定义变量 b
    double c;
    double A;
    double d;                       //定义中间变量 d
    double g;                       //定义中间变量 g
    double a;
    b=7.2;
    c=5.8;
    A=40*pi/180;
    d=2*b*c*cos(A);
    g=b*b+c*c-d;
    a=pow(g,1.0/2);
    cout<<"a="<<a<<"cm"<<endl;
}
```

晶晶问：“OK？”大家敲敲脑袋，快速跟踪了一遍，“基本 OK!”“那就可以奔赴战场了。”强强第一个蹦到计算机前，“早就等得不耐烦了。”整个战场除了嘀嘀嗒嗒的敲键盘声，什么杂音都没有。最后乐乐记录本上的战绩如表 3-1 所示。“哇，我打胜仗了！运行结果是

a = 4.6368 cm，结果是正确的。”乐乐举手欢呼。“我也是。”“哦，we made it!”“这个景点真好玩，我学会编写计算公式的程序啰！”同学们都乐不可支……

表 3-1 上机实验记录表

出错现象	出错原因	解决办法
'cos' : undeclared identifier 'pow' : undeclared identifier	没有加#include<math.h>	加此句，更正了此错
结果为1	pow(x,y)中的y为1/2，因为分子和分母均为整型，不能将int 2转换成double型，所以1/2取整是0，任何数的零次方=1，结果永远为1	将y改为1.0/2，更正了此错

3.2 自 行 游 览

3.2.1 顺序游览之自游景点

1．请打印输出一张常用电话号码及其联系人名(或单位名称)的备忘录，先编写出程序，再让计算机为你代劳吧！

2．请编写一个打印输出某学生的成绩单的程序。成绩单的格式如表 3-2 所示，表中的信息自定。

表 3-2 成 绩 单

序号	学号	姓名	高数	物理	英语	备注

3．试编写一个求某次考试全班平均分的程序。

4．请编写一个求解一元一次方程的程序，方程自定。

5．请编写一封家信给你亲爱的父母。

6．为了学习上的方便，编写一道程序，把本学期的课程表打印出来。

7．请用 C++程序画一条旅游路线，线路自定。

8．请用 C++编写一道程序，进行一个简单的顺序游戏。

9．编写一个教室座位表，行、列及学生姓名自定。

10．请用 C++编写一个求解数学或物理公式的程序，用计算机自动计算出结果。计算公式在你会编写程序的范围内选择，例如已知三角形的三条边，求该三角形的面积。

3.2.2 顺序游览之遐思景点

1．假设学号由两位数字字符组成，且按从小到大的顺序排列，则最后一位学生的学号即本班的人数。现希望用学号统计全校学生人数，如何实现？

2．请编写计算房间面积的程序。房间呈长方形，用赋值语句或初始化方式输入长和宽。

3.3　游 览 观 感

“顺序游览就是按部就班地依着顺序从开始至结束一句接着一句地执行，不能打乱仗。”强强感慨道。“这章的概念真多，像一团乱麻，把我的脑袋塞得满满的。”一位同学说。强强拍了拍他的肩膀说：“处事不惊，遇事不烦，万事开头难嘛！大家一起来梳理梳理，你的乱麻就理顺了，脑神经也就畅通了。”

3.3.1　顺序游览之游览要点

1. 数据类型

“数字是数据，那么文字是不是数据？”有个同学问道。“是。”许多同学都回答。又有位同学站起来：“凡是用到数据(包括数字和文字等信息)时，就**要把这些数据归属到某种数据类型中，先定义这些数据是属于哪种数据类型的，然后才能使用这些数据吗？**”乐乐铿锵有力地答道：“Yes，这就是遵守‘**先定义，后使用**’的 C++规则。”

“那 C++的数据类型有哪些？”某个同学问。乐乐答道：“如表 3-3 所示。有基本数据类型和非基本数据类型。”“这么多数据类型，我不知道选哪种，在第二大设计步骤的说明部分我要想很久，耽误了很多时间。”另一位同学说出自己的困惑。乐乐安慰他：“其实大可不必，选用数据类型时，只要根据数据的特性和范围来选择就 OK 了。而且一般常用的是整型(int)、浮点型(float)、双精度型(double)和字符型(char)。你只要当机立断，暂定某种类型即可。不行再换，不必为此而难于下笔。”

表 3-3　C++的数据类型

<table>
<tr><td rowspan="11">数据类型</td><td rowspan="4">基本数据类型</td><td>整型(int)</td></tr>
<tr><td>字符型(char)</td></tr>
<tr><td>浮点型(float)、双精度型(double)</td></tr>
<tr><td>布尔型bool</td></tr>
<tr><td rowspan="7">非基本数据类型</td><td>数组(type[ ])</td></tr>
<tr><td>指针(type *)</td></tr>
<tr><td>结构(struct)</td></tr>
<tr><td>类(class)</td></tr>
<tr><td>枚举(enum)</td></tr>
<tr><td>联合(union)</td></tr>
<tr><td>空类型(void)</td></tr>
</table>

常见的 4 种数据类型如表 3-4 所示。

表 3-4　常用基本数据类型

类　型		含义	长度(字节)	表示数据范围	备　注
字符型	char	字符型	1	–128～127	
	unsigned char	无符号字符型	1	0～255	
	signed char	有符号字符型	1	–128～127	
整型	int	整型	4	–2 147 483 648～2 147 483 647	
	unsigned int	无符号整型	4	0～4 294 967 295	
	signed int	有符号整型	4	–2 147 483 648～2 147 483 647	
	short int	短整型	2	–32 768～32 767	
	unsigned short int	无符号短整型	2	0～65 535	
	signed short int	有符号短整型	2	–32 768～32 767	
	long int	长整型	4	–2 147 483 648～2 147 483 647	
	signed long int	有符号长整型	4	–2 147 483 648～2 147 483 647	
	unsigned long int	无符号长整型	4	0～4 294 967 295	
浮点型和双精度型	float	浮点型	4	$-3.4\times10^{-38}\sim3.4\times10^{38}$	约6位有效位
	double	双精度型	8	$-1.7\times10^{-308}\sim1.7\times10^{308}$	约15位有效位
	long double	长双精度型	8	$-1.7\times10^{-308}\sim1.7\times10^{308}$	约15位有效位

1) 整型

当整数数据在 int 表示的数据范围 –2 147 483 648～2 147 483 647 内时，就选用整型。

2) 浮点型和双精度型

当小数数据在数据范围 $-3.4\times10^{-38}\sim3.4\times10^{38}$ 时，就选用浮点型或双精度型；超出此范围、而又落在 $-1.7\times10^{-308}\sim1.7\times10^{308}$ 范围内时选用双精度型。

3) 字符型

当数据是 C++ 字符集中的单个字符(包括文字字符和数字字符)时用字符型。**C++ 字符集**是计算机键盘上所能表示的单个字符的一部分。字符集是由 26 个英文字母(大、小写)、10 个阿拉伯数字(0～9)以及其他符号(+、-、*、/、=、,、.、_、:、;、?、\、"、'、~、|、!、#、

%、&、(、)、[、]、{、}、^、<、>、空格)组成的。char 表示的数据范围是 –128～127。

例如，字符常量有 ‘x’、‘Y’、‘5’、‘!’ 等，这些字符常量是用单引号引起来的单个字符。还有一种转义字符常量，用右斜杠加字符组成。C++ 常用转义字符如表 3-5 所示。例如，景点 2-1 的字符串使用了换行符 “\n”。

表 3-5　C++ 常用转义字符

字符形式	功能
\n	换行
\r	回车
\t	制表
\a	响铃

字符变量也就是单个可以变化的字符，如字符变量 c1、word3 等。

总之，**根据数据的特性和范围**，先根据大范围(数字或文字)，再根据类型(整型还是浮点型，单文字还是多个文字等)进行选型。例如，在基本数据类型中，如果这些数据是文字信息的，就选用字符类型；如果是单个文字的，则选用 char，否则选用宽字符型 w-char 或 string 等。如果是数字型的，且又是整数，那就先选整型 int，当计算机提示错误，即范围不够时，选长整型；若是带有小数点的数，先选用浮点型，当有效位数不够时，再换成双精度型。如果调试程序出错，再细细考究或具体查表 3-4 等，调整数据类型。

“变量和常量是怎么决定的呢？” 某位女同学问。乐乐告诉她：“如果是在程序运行中允许它变化的数据，你就用变量，否则用常量。**C++ 把数据分为**变量和常量**两大类**，因此数据既有变量数据，又有常量数据。变量分为整型变量、浮点型变量、双精度变量、字符型变量等；常量也一样，分为整型常量、浮点型常量、双精度常量和字符型常量等。”

2. C++ 如何给数据起名字

有同学问道：“这些数据类型、变量和常量怎么用呢？” 强强给这位同学解释道：“具体用法体现在给数据起名字之中。” 又有位同学举手：“用数据时都要给数据起名字吗？” 强强继续解释：“**一般有数据时都要给数据先起名字**(除非数据不保存在计算机里，即这些数据仅使用一次)。就像小孩出生后，要给他起名字，不能一辈子喊他为‘喂’。当给数据起了名字后，计算机就在它的存储器里开了一个房间，这样，就可以把数据存放进这个房间，需要时取出来或放回去。所以，如果不给数据起名字，计算机就不安排房间存放数据，则数据用一次就消失了，如景点 3-1 的所有字符串数据并没有保存起来，只用来显示一次就消失了。对数据**必须先起名字(先定义)，后喊名字(后使用)**。” 该同学再问强强：“那**变量名和常量名怎么起**呢？”“**由设计编程者自己遵守 C++ 的命名规则起名**，即用 26 个大小写英文字母、0～9 这 10 个阿拉伯数字和下划线起名，且以字母和下划线开头，不要与 C++ 的关键字相同(C++ 的关键字基本是由某个英语单词或某个英语单词的其中一部分组成的，例如 char(字符)、if(如果)、else(否则)和说明数据类型的关键字等)。因为 C++ 是接近生活的语言，所以最好名字的英文含义或汉语拼音接近实际意义(英文字母可为大写或小写，但同一个字母的大写或小写是不同的名字)，这样，也会使程序的可读性、可维护性等较好。为避免与关键字相同，起名字时在该意义的英语单词末尾加个数字或用汉语拼音，就基本不会与关键字相同了。下面让我们来回顾和游览一下命名(定义)方法及其景点吧。”

1) 变量命名(即定义变量)

C++给变量起名有几种格式，分别是：

格式一：

数据类型的关键字 变量名;

其中：C++定义的“数据类型的关键字”(代表了该关键字表示的数据类型)见表 3-3 和表 3-4；变量名是自己起的名字。

【景点 3-3】 起(定义)一个名字叫 a 的整型变量和一个叫 c1 的字符变量。

“嗨！这还不容易。”有位同学抢答道。

```
int a;        //定义了一个整型变量 a。(数据类型的关键字是 int，int 表示数据类型是整型)
char c1;      //定义了一个字符型变量 c1
```

格式二：

格式一 = 变量的初始值;

在定义变量或常量的同时，给它们赋初始值叫做**初始化**。

【景点 3-4】 起一个名字叫 a 的整型变量名，且 a 的初始值为 2。另外，起一个名字叫 word1 的字符变量，并给 word1 赋初始值 68。

“这也简单，我编写出来了。”另一位同学连忙答道。

```
int a=2;
char word1=68;//赋予 ASCII 码字符集中字符 D 的数值为 68
cout<<"a="<<a<<'\t'<<"word1="<<word1<<endl;
```

运行结果：

```
a=2     word1=D
```

结果正确。

某个同学提出问题：“这位同学做得对是对，但不知道为什么 word1 的运行结果是 D？”

“我知道，因为给 word1 赋的初始值 68 是 ASCII 码，而 ASCII 码 68 对应的字符是 D。不信，你查查附录 B 的 ASCII 码看看。”另一位同学回答。

格式三：

给多个相同数据类型的变量起名，可以写成：

数据类型的关键字 若干个变量名(变量名之间用逗号隔开);

【景点 3-5】 分别给 3 个双精度型的变量起名。

“看看我写得对不对？”强强解答了但不敢肯定。

```
double dou1 dou2 dou3;
```

“不对，变量名之间要用逗号隔开，而不是用空格隔开。”某个同学讲评道。“哦，谢谢！那就写成‘double dou1, dou2, dou3;’。”

“对了。”

格式四：

给多个相同数据类型的变量起名且赋初值，可以写成：

数据类型的关键字 若干个变量名 = 各初始值(各变量名=初始值之间用逗号隔开);

【景点 3-6】 分别给 3 个双精度型的变量起名，并赋初值。

乐乐解题：“嗯，这也简单，就在景点 3-5 的基础上赋上各个初值。”

```
double dou1 = 0, dou2 = 3.95, dou3 = 645.728;
```

“大家说对不对？”“对。”

2) 常量命名(即定义常量)

强强总结说：“定义常量就是在定义变量的格式二和格式四的句首加上 const，**‘变量’改为‘常量’，‘初始值’改为‘常量值’(一定要赋予常量值)。其中，在格式四的句首加上 const 时，句首只写一个 const。**”“这样好记多了。”乐乐呵呵笑道。

【景点 3-7】　给圆周率起一个名字叫 pi 的浮点型常量名，且赋予常量值为 3.14159。

“这就像景点 3-2 中的那句，只不过用 float 代替了 double，即写成‘const float pi=3.14159;’。”

【景点 3-8】　分别给 3 个双精度型常量起名，并赋常量值。再分别给两个字符常量起名，并赋予常量值，分别显示。

乐乐向大家展示了自己编写的程序：

```
#include<iostream.h>
int main()
{
    const double dou1=45.02, dou2=3.14159, dou3=7256.278;
    cout<<dou1<<"   "<<dou2<<"   "<<dou3<<endl;
    const char w1=67, w2='+';
    cout<<w1<<w2<<w2<<endl;
}
```

运行结果是：

```
45.02   3.14159   7256.28
C++
```

【景点 3-9】　起一个名字叫 a 的整型变量，a 的初始值为 2，并输出显示 a 的值。

```
int a=2;      //先定义了变量名 a，后使用(将初始值 2 赋予 a)
cout<<a;      //之后又使用 a，即将 a 的值输出显示
```

强强游览后感慨道：“如果把这两句调换先后位置，或不要第一句，都是行不通的。总之，在使用名字时，切记‘先定义，后使用’，绝对不能违反。”

3) 算术运算(一)、表达式和赋值

“上面都是一些简单的定义和操作，怎样用这些数据进行运算呢？能像数学运算一样运算吗？”有位同学问道。乐乐俨然晶晶导游一样，背起手来进行讲解：“当 C++的运算符就是数学中的一些算术运算符时，二者运算一样；否则，那就要按 C++的运算符(又称为操作符)去运算了。”这位同学继续请教乐乐：“那不同于数学运算符的 C++运算符多吗？”“表 3-6 显示了大部分。”

这位同学还没完全弄懂：“优先级怎么个优先法？”乐乐回答说：“就像‘老弱病残’优先，C++也把操作符排个队，先做高级的，后做低级的。”“还有结合性又结合什么？”“结合性是指在同等优先级别的操作符中，可按从左往右结合的顺序操作，即左→右；也可按从右往左结合的操作，即右→左。”“目数表示什么？”“我们之前学过的数据都是操作

数，目数就是参与运算的操作数(数据)的个数，如双目表示两个操作数参与运算。”“那操作数与操作符怎么联系起来？”“按你的实际用途联系起来，这联系起来的式子就属于表达式中的一种。**表达式**是由数据(数字或字符)或名字(变量或常量名)或加上操作符组成的式子，例如 6、a、‘b-5’、‘x+y−n*3/2’、‘i>0’ 都是表达式。表达式可以用于表达算术运算、关系运算、逻辑运算、条件和状况等。”

表 3-6　C++操作符的结合性和优先级

优先级排序	优先级	操 作 符	目 数	含　义	结 合 性
最 高	1	( )	单目	圆括号	左→右
		[]		下标	
		->		指向结构成员	
		::		类的作用域区分符	
		.		取结构成员	
		.*　->*		成员指针访问运算符	
	2	!	单目	逻辑非	右→左
		~		接位求反	
		++		自增1	
		--		自减1	
		-		取负	
		+		取正	
		&		取地址	
		*		取内容	
		(强制转换类型)		强制类型转换	
		sizeof		长度计算	
		new		分配堆内存	
		delete		释放堆内存	
	3	*	双目	乘	左→右
		/		除	
		%		整数取模	
	4	+	双目	加	左→右
		-		减	
	5	<<	双目	左移	左→右
		>>		右移	
	6	<	双目	小于	左→右
		<=		小于等于	
		>=		大于等于	
		>		大于	
	7	==	双目	恒等	左→右
		!=		不等于	

续表

<table>
<tr><th>优先级排序</th><th>优先级</th><th>操 作 符</th><th>目 数</th><th>含 义</th><th>结 合 性</th></tr>
<tr><td></td><td>8</td><td>&</td><td>双目</td><td>按位与</td><td>左→右</td></tr>
<tr><td></td><td>9</td><td>^</td><td>双目</td><td>按位异或</td><td>左→右</td></tr>
<tr><td></td><td>10</td><td>|</td><td>双目</td><td>按位或</td><td>左→右</td></tr>
<tr><td></td><td>11</td><td>&&</td><td>双目</td><td>逻辑与</td><td>左→右</td></tr>
<tr><td></td><td>12</td><td>||</td><td>双目</td><td>逻辑或</td><td>左→右</td></tr>
<tr><td></td><td>13</td><td>?:</td><td>三目</td><td>条件</td><td>右→左</td></tr>
<tr><td rowspan="11"></td><td rowspan="11">14</td><td>=</td><td rowspan="11">双目</td><td>赋值</td><td rowspan="11">右→左</td></tr>
<tr><td>*=</td><td>运算并赋值</td></tr>
<tr><td>/=</td><td>运算并赋值</td></tr>
<tr><td>%=</td><td>运算并赋值</td></tr>
<tr><td>+=</td><td>运算并赋值</td></tr>
<tr><td>-=</td><td>运算并赋值</td></tr>
<tr><td>&=</td><td>运算并赋值</td></tr>
<tr><td>^=</td><td>运算并赋值</td></tr>
<tr><td>|=</td><td>运算并赋值</td></tr>
<tr><td><<=</td><td>运算并赋值</td></tr>
<tr><td>>>=</td><td>运算并赋值</td></tr>
<tr><td>最 低</td><td>15</td><td>,</td><td></td><td>逗号(顺序求值)</td><td>左→右</td></tr>
</table>

乐乐继续讲解："我问大家，这个算术运算解决完没有？"大家你看着我，我看着你，谁也不想先回答，因为不太清楚。"如果不在计算机中保存结果，那就编好程序了；否则……是否要有某个变量，才能保存结果？"强强猜测。"大胆些嘛，前面说到 cout 语句时就有此问题的答案了，所以要保存结果，就一定要送礼物(赋值，即传值)，就是**把赋值号'='右边的值送(赋)给左边的变量或表示变量的表达式，即右值赋给左值；反之 OK 不？**""不。""是的。**这与数学中的等号不同，不能左值赋给右值**。用赋值号'='将变量、表达式连接起来，就是**赋值**。"

赋值语句的书写格式为：

左值=右值;

有位同学问乐乐："哪些东西可以作左值？""必须是变量，或表示变量的表达式。""那右值呢？""所有数据，包括变量、常量和表达式。""哦，**即左值可以做右值，但右值就不一定能做左值**。""这个**赋值语句的作用**是将右值传递给左值，保存结果，输入数据(如景点 3-2 的'b=7.2;')等。例如，给常量、变量命名和初始化时赋值，见景点 3-2、景点 3-4、景点 3-6、景点 3-7 和景点 3-8；再如，将右边表达式的值赋值给左边的变量或表示变量的表达式(如'(m=x+y)=a+b;')；等等。"

强强脸带疑惑："不同类型的数据可以进行算术运算吗？"乐乐给他释疑："可以，C++ 首先**将不同类型的数据向表示数据更大范围的数据类型转换**，然后再进行算术运算，见表

3-7。例如，一位浮点型(float)数和一位整型(int)数相乘，先将两个数据转换成双精度型(double)数，然后再作两数相乘的运算。”

表 3-7 算术类型转换

数据表示范围小 ↓	char ↓ short ↓ int ↓ long int ↘	float ↓	unsigned char ↓ unsigned short ↓ unsigned int ↓ unsigned long ↙
	double		
	↓		
数据表示范围大	long double		

有时对数据要进行**强制转换。强制转换的格式为：**

(转换后的数据类型名)(被转换的数据或表达式)

有位同学提议：“我们来进行 C++运算竞赛好吗？”“Yes！”，强强马上跳出来自告奋勇地说：“我来出题，大家来抢答。”

【景点 3-10】 请定义一个变量 a，并赋初值 9，计算 x＝a＋8，最后输出显示 a 和 x 的值。

有位同学抢答：

```
int a=9;                          //定义 a，并赋初值 9
int x=a+8;                        //加法的算术运算
cout<<a<<"    "<<x<<endl;         //对 a 和 x 进行输出显示的操作
```

运行结果：

```
9    17
```

“结果正确。”强强兼做裁判。

【景点 3-11】 请将整数 7 模(整除求余数)整数 4 的余数显示出来。

有位同学抢答：

```
x=4%7;
cout<<x;
```

后一位同学纠正前一位同学道：“不对。”

应写为：

```
int x=7%4;
cout<<x;
```

这就是 7 模 4 的余数为 3，并把 3 赋给左值 x。

运行结果为：

```
3
```

“后一位同学正确。”

【景点 3-12】　请计算 x=(a+3)*b，并输出显示结果。

```
x=(a+3)*b;        //先计算 a+3，然后将 a+3 的结果再乘以 b，并将整个右值赋给 x
cout<<x;
```

假设在“x=(a+3)*b;”语句前先加上：

```
int a=5;
int b=2;
int x;
```

运行结果为：

```
16
```

又有位同学抢答。

“结果正确。”

【景点 3-13】　请计算 y=m/(n+6*i)，并输出显示结果。

某个同学抢答：

```
y=m/(n+6*i);//虽然有两个乘除运算，但按优先级从高至低，先算圆括号内的，
//即计算顺序为：6 乘 i→6 乘 i 的值加 n→m 除以(6 乘 i 的值加 n 的结果)
//→整个右值赋给 y
cout<<y;
```

“大家说，对不对？”强强问同学们。乐乐答：“不对。因为表达式中的局部变量必须先定义，且要先赋值，才有意义，就像景点 3-12 那样；否则这些局部变量的值是计算机随机给的数据。”“解答正确。”

【景点 3-14】　请计算 t=n/i，并输出显示结果：

某个同学半信半疑地答道：“我没加强制转换的程序如下：

```
float t;
int n,i;
n=7;
i=3;
t=n/i;
cout<<t<<endl;
```

“结果是 2，对不对？”

乐乐回答：“不对，7 除以 3 应该有小数。”“那小数去哪里了？”这位同学问乐乐。“因为 n、i 都是整数，所以结果就只有整数部分。”“那怎样才能得到小数部分？”“对 n 或 i 进行强制转换。”

```
float t;
int n,i;
n=7;
i=3;
t=(float)n/i;
cout<<t<<endl;
```

强制转换结果为：

```
2.33333
```

“对了。”

【景点 3-15】 x 是整型常量，y 是变量，请将 x、y 加上一些常数、运算符组成赋值语句，并输出显示结果。

又有一位同学举手抢答：

```
int y=2;
const int x=7;          //定义 x 是整型常量，其常量值是 7
x=y*10;
```

“错。x 是常量，在定义常量时就确定其值是不变的；而 y 是变量，y 乘 10 当然就是一个变化的数据，不能把变化的数据赋值给常量。另外，常量不能做左值，不能放在赋值号的左边。还有，没写输出显示语句。”乐乐评说道。

“解释全面且正确。”强强给予评价。

强强进行了小结：“通过 C++运算竞赛，我们对 C++的算术运算和赋值有了更多的了解。今天我们回去后，要好好回味已玩过的运算游戏。”

3.3.2　顺序游览之总结提高

乐乐昂首挺胸地说：“顾名思义，**顺序结构程序**就是按部就班地、从头到尾地一步一步地执行语句的顺序结构的程序。”

强强问：“数字类是数据，那文字类呢？”“也是数据。”乐乐答道。“对，C++的数据有这两大类。**C++数据类型的选用视所需的数据的特性、范围而定**，一般常用的是整型(int)、浮点型(float)、双精度型(double)和字符型(char)。”

乐乐说：“要牢牢记住‘先起名(先定义)，后喊名(后使用)’这个原则，要按 C++起名字的规则并尽量接近实际含义起名。还有，编程时在初始说明部分大致定义一些名字，不要因为起名字而难于下笔，因为用到时再补起名也为时不晚。没用到的名字最后就删除，不必在此浪费时间。”

文文问道：“表 3-3～表 3-7 那么多的东西，怎么记？”乐乐答道：“不必背熟这些表的内容，在用到时、学到时要学会查找、学会运用，逐步就会记住一些常用的数据类型和运算符了。”

明明见大家总结得差不多了，就说：“今天就总结到这里，可以解散了。”说完，就和文文一溜烟似地跑了，抓紧时间去搜索编程方法了。乐乐和强强对通用编程法更增添了一份信心。强强问乐乐：“要是碰到不是顺序的事情而是要选择的事情怎么办？”“我也不知道，问问晶晶导游去。”

第 4 章　何去何从　选择游览

“到岔路口了，何去何从？”强强问道。“如果去实验室，往左道开。”有的同学回答说。“去食堂，向右边转。”另一些同学接着说。“人能解决的，C++ 也跟着人能解决，所以它也可以选择游览。”强强说，“下面让我们去选择游览 C++。”

4.1　随师游览：查询高考成绩进入哪类学校分数线之景点

【景点 4-1】　现想设计一个查询高考成绩进入了哪类学校分数线的程序，当人工从键盘输入某个考生的成绩时，该程序就会根据分数将考生划分到清华、北大的录取分数线、全国重点大学的录取分数线、一般大学的录取分数线、大专的录取分数线和未录取分数线这 5 种分类情况里，并显示进入某种分类情况。请编程设计完成此工作。

“嗯，这个景点有点来头了。”乐乐高兴道。晶晶说：“大家不用着急，好好用心分析想通了后再写提纲。”强强说：“这可没什么难的，就像刚才开车碰到岔路口一样，只不过此景点多碰到几个岔路口而已，看我三下五除二就开车闯过关了，人的详细做法如图 4-1 所示。”

```
    开始
      |
拿到某考生成绩
      |
成绩≥850吗？ _Y_ 显示“入清华、北大分数线”→①
    N |
790≤成绩<850吗？ _Y_ 显示“入全国重点大学分数线”→①
    N |
720≤成绩<790吗？ _Y_ 显示“入一般大学分数线”→①
    N |
650≤成绩<720吗？ _Y_ 显示“入大专分数线”→①
    N |
显示“没有进入最低录取分数线或输入成绩错误”
      |←①
    结束
```

图 4-1　查询高考成绩进入了哪类学校分数线的简易流程图

晶晶看了说：“很好，一目了然。‘三到式’跟踪了吗？”同学们马上响应：“好，现在就跟踪追击。”“嗯……可以打胜仗。”强强话未说完，就想跳到计算机前打仗。乐乐说：“你纸上还没谈完兵呢！”“也好，就按部就班吧！哟，真是的，有许多人工能做的，我还不知道怎么对号入座呢？首先，从键盘上输入某学生的成绩，怎么输入呢？”晶晶提示：“找找看。”“哦，c 加上 out 是输出语句，c 加上 in 就是输入语句了。先定义一个高考成绩变量 scog，再从键盘输入高考成绩，写为‘float scog;’、‘cin>>scog>> endl;’。”晶晶纠正说：“错了，endl 是回车符，它与 cin 是井水不犯河水，只能跟 cout 手拉手。”“那就改成：‘float scog;’、‘cin>>scog;’。”晶晶点头，“OK！”

“这么些个叉路口怎么通过呢？”乐乐喃喃道。强强想了想说：“我认为，应对号入座到表 4-1 序号④的这种格式。”乐乐与强强继续互相切磋：“那么，大于等于 790 分而且又小于 850 分这个条件表达式怎么表达？”“查查表 4-2 看看。”“是不是属于逻辑与的运算？”“是的。”“那这个表达式就写成‘scog>=790&&scog<850’，对吗？”“对的。”

表 4-1　选择结构程序的语法格式、操作含义、用途及流程图

序号	选择语句及语法格式	操作含义	用　途	流程图及备注
①	if(选择条件表达式) 　事情 A; 后一条语句; …	如果选择条件表达式满足，做事情 A， 否则，不做事情 A； 接着后一条语句往下执行	只判断是否要做事情 A	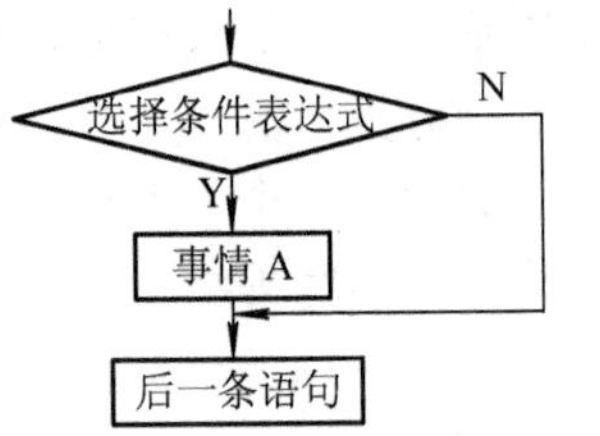

②	if(选择条件表达式)
	　事情 A;
	else
	　事情 B;
	后一条语句;
	…
		如果选择条件表达式满足，做事情 A，做完 A 后不做事情 B，
		跳到后一条语句处往下执行
		否则，做事情 B；
		接着后一条语句往下执行
			有两件事情要选择做，肯定要做其中一件事情，如景点 4-1	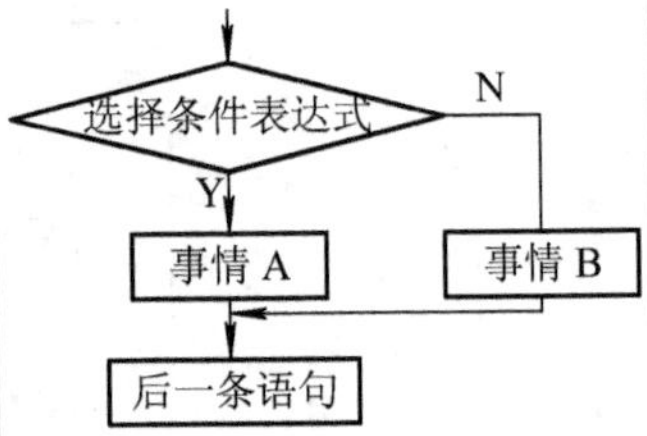

③	if(选择条件表达式) 　①或② 后一条语句; …	③、④这两种形式是对应①、②的嵌套语句，其含义是把①或②的含义嵌套至①的事情 A 或②的事情 A 或事情 B 中。这两种形式还可以继续在里面一层一层地嵌套	在进入大事件 A 后，还要进一步选择做什么事情	把①或②的流程图嵌套至①的流程图的事情 A 处即可

④	if(选择条件表达式)
	　①或②
	else
	　①或②
	后一条语句;
	…
		同上	在进入大事件 A 或大事件 **B** 后，还要进一步选择做什么事情，如景点 4-1	把①或②的流程图嵌套至②的流程图的事情 A 或事情 B 处即可

续表

序号	选择语句及语法格式	操作含义	用　途	流程图及备注

⑤	switch(表达式)
	{
	case 满足做事情 A 的代号:事情 A;break;
	case 满足做事情 B 的代号:事情 B;break;
	…
	case 满足做事情 n 的代号:事情 n;break;
	default:做不满足上述情况的事;(此句可不加 break)
	}
	后一条语句;
	…
		switch 语句又称为开关语句，这个表达式相当于收音机的波段开关满足做事情 A 的代号，转到 A，听 A 电台(做事情 A);
		做完事情 A 就跳出此开关语句
		满足做事情 B 的代号
		转到 B,听 B 电台(做事情 B);
		做完事情 B 就跳出此开关语句
		…
		满足做事情 n 的代号，转到 n，听 n 电台(做事情 n);
		做完事情 n 就跳出此开关语句
		做除了 A、B、…、n 外的所有事情
		(可不加 break)
		switch 语句的结束处
		接着后一条语句往下执行
		…
			有大于两件的事情选择做，判断要做其中的哪一件，如景点 4-7	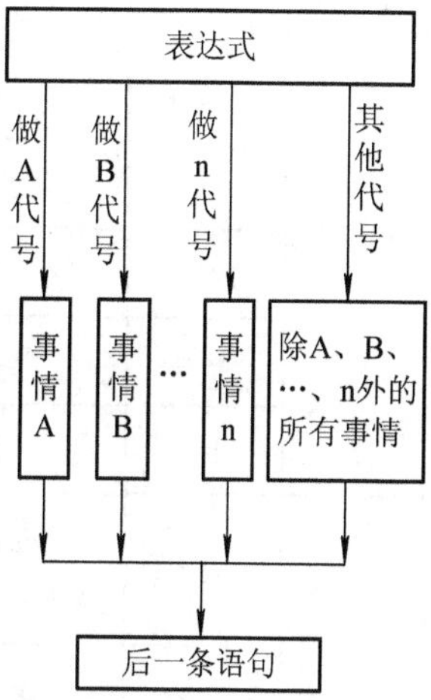

⑥	(条件表达式)?(满足条件时的表达式 1):(不满足条件时的表达式 2);	实际上这是一条 if…else 语句。如果满足条件，就执行表达式 1，否则，执行表达式 2	用于把比较简单的 if…else 语句写为一个条件运算语句	同②

“什么叫表达式、关系运算和逻辑运算啊？弄得头都晕了。”有位同学问。“好，让我们心情愉快地欣赏这美丽的风景，你的头就不晕了。景点 3-2 中就有许多表达式，表达式在第 3.3.1 节已有定义。”晶晶回答了这位同学。

“还有为什么有关系运算和逻辑运算呢？”乐乐向晶晶导游提问题。“因为事物与事物之间，每一件事情里的过程与过程，同一过程里的步骤与步骤之间均有互相之间的关系，这些关系之间又分别有大小、高低和先后等关系，事物或事情的维持、变化和发展会受到这些关系的影响。C++ 在处理这些关系时用关系运算符号把这些相关性的因素联系起来就形成了关系运算。对于反映事物和思维的规律的，C++ 用逻辑运算符号来处理这种逻辑关系，也就形成了逻辑运算。”

“怎么用呢？”晶晶解答了强强的疑问，“**关系运算与逻辑运算不仅用于选择结构程序的选择条件表达式中，还用于下一章讲的C++程序的第三大结构——循环语句中**，作为继续循环的条件表达式，也就是在选择结构和循环结构程序中要用到关系运算与逻辑运算。关系运算、逻辑运算与条件运算的运算符，在表 3-6 C++操作符的结合性和优先级中已有列出，此处再详细解释和列出各自的用途，见表 4-2。”

表 4-2 关系运算、逻辑运算与条件运算及用途

<table>
<tr><th>分类</th><th>运算符</th><th>运算符名称</th><th>用　途</th></tr>
<tr><td rowspan="6">关系运算</td><td>></td><td>大于</td><td>比较左边表达式是否大于右边表达式</td></tr>
<tr><td><</td><td>小于</td><td>比较左边表达式是否小于右边表达式</td></tr>
<tr><td>>=</td><td>大于等于</td><td>比较左边表达式是否大于等于右边表达式</td></tr>
<tr><td><=</td><td>小于等于</td><td>比较左边表达式是否小于等于右边表达式</td></tr>
<tr><td>==</td><td>恒等于</td><td>比较两边表达式是否相等</td></tr>
<tr><td>!=</td><td>不等于</td><td>比较两边表达式是否不相等</td></tr>
<tr><td rowspan="3">逻辑运算</td><td>!</td><td>逻辑非
含义：“除了”</td><td>除了表达式的情况之外的所有情况都满足，如!x 表示除了 x 之外的所有值均满足</td></tr>
<tr><td>&&</td><td>逻辑与
含义：“而且”</td><td>两边表达式之间的逻辑关系是“而且”，即两边表达式的条件同时满足，如：x&&y 表示不但 x 满足而且 y 也满足</td></tr>
<tr><td>||</td><td>逻辑或
含义：“或者”</td><td>两边表达式之间的逻辑关系是“或者”，即两边表达式的条件或者其中之一满足，或者二者均满足，如 x||y 表示或者 x 满足，或者 y 满足，或者 x、y 二者都满足</td></tr>
<tr><td>条件运算</td><td>?:</td><td>条件运算符</td><td>用于把比较简单的 if…else 语句写为一个条件运算语句</td></tr>
</table>

注意：其中有几个与数学中的符号=、⩾、⩽、≠意义相同，但运算符号写法不相同。

“怎么写关系运算和逻辑运算的表达式呢？”强强又问。

“好，我们在游览中回答强强的问题。”晶晶笑道，“强强刚才写的表达式中含有哪些表达式呢？”同学们踊跃发言，“‘scog>=790’。”“‘scog<850’。”“整个式子。”……晶晶赞扬说：“都答对了。”紧接着晶晶与同学们进行了一些对话，“前两种属于什么运算？”“关系运算。”“整个式子属于什么运算？”“混合运算。”“scog、790、850 是不是表达式？”“是。”“看，这口天鹅肉吃得还挺有味道嘛！也就是说，用关系运算符把表达式联系起来的，就叫**关系表达式**，而用逻辑运算符把表达式联系起来的，就叫什么？”“**逻辑表达式**。”这两种表达式的写法如下：

关系表达式、逻辑表达式的格式均是：

[[表达式 1] 运算符 表达式 2] … 运算符表达式 n

(运算符是指关系运算符或逻辑运算符)

其中，逻辑表达式中的逻辑非的格式为：

运算符 表达式

关系运算符两边表达式的结果必须具有相同的数据类型，而逻辑运算符两边表达式的结果可以不具有相同的数据类型，混合条件表达式(既有关系运算又有逻辑运算的条件表达式)也应符合这些规则。

"这些关系运算符和逻辑运算符有什么用呢？"有位同学问道。同学们你一言、我一语地解答，"用来判断一些事情。""用来选择。""用来比较。"……晶晶高兴地说："回答得都很好。也就是说，用这些运算作为条件，当满足某个条件时，就去做某件事；否则就不做。例如，不仅满足 scog 大于等于 790 分，而且还要满足 scog 小于 850 分，才显示'入全国重点大学分数线'；否则进入判断下一个条件。"有些同学还有疑惑："数学表达式有运算结果，关系表达式、逻辑表达式有没有运算结果呢？""有的，**关系表达式、逻辑表达式的运算结果(值)为布尔值**，即不是真，就是假，二者必居其一。布尔值是 1 表示真，即条件满足；布尔值是 0 表示假，即条件不满足。这些知道就行了，**实际上不用去想真和假或者对应的 1 和 0。在写提纲、画流程图和编写程序时，满足或不满足可用 Y(代表满足)，N(代表不满足)来表示。**"

关系表达式、逻辑表达式的整个格式([[表达式 1] 运算符 表达式 2]运算符…表达式 n)又可以成为新的表达式，设为**新表达式**。

注意：新表达式一定要用西文的圆括号括起来，否则出错。

利用新表达式又可以再组成新的关系运算表达式或新的逻辑运算表达式，其格式为：

[[(新表达式 1)] 运算符 (新表达式 2)] …运算符 (新表达式 n)

就是说，**一条大的表达式中可含有多个运算符和表达式。**

"哦，全明白了，我谈成兵了。"强强又当了冠军。

```
//ex4-1.cpp
#include<iostream.h>
void main()
{
    float scog;                              //定义高考成绩这个变量
    cout<<"请输入高考成绩："<<endl;
    cin>>scog;                               //从键盘输入(拿到)高考成绩，并送给 scog
    if(scog>=850)                            //判断成绩是否进入清华、北大分数线
        cout<<"入清华、北大分数线"<<endl;  //是，则显示
    else
        if(scog>=790&&scog<850)              //如果高考成绩≥790 分而且(&&)<850 分
            cout<<"入全国重点大学分数线"<<endl;
        else
            if(scog>=720&&scog<790)
                cout<<"入一般大学分数线"<<endl;
            else
                if(scog>=650&&scog<720)
```

```
            cout<<"入大专分数线"<<endl;
        else
            cout<<"没有进入最低录取分数线或输入成绩错误"<<endl;
}
```

“晶晶导游，看看对不对？”“对。”

大家噼啪噼啪地打起仗来，“哦！我上北大了。”“哦！我上清华了。”“哦！我中状元啰。”“哦！我入重点了。”……“我没考上。”晶晶鼓励这位同学，“别灰心，再努力，说不定明年就考上北大清华了。”

大家在打胜仗的自信和喜悦的心理下，再接再厉，又各自独立游览了两个景点，当场上交了这两份独立完成的游览报告。之后，同学们心满意足地结束了今天的愉快游览。

4.2　自 行 游 览

4.2.1　选择游览之自游景点

1．请编写某个学生社团活动计划表，假设其中有些是按条件选择执行的方案，请用C++程序实现。如下雨是 1 号方案，则当从键盘上键入 1 时，就显示 1 号方案。

2．请你用 C++程序编写显示你的大学生涯计划表，假设按照不同的条件已设置了不同的计划，当你在键盘输入 1 号条件时，相应会显示出 1 号计划。

3．出几道心算速算题，从键盘上输入答案，答对时显示答案及赞扬的语句，否则显示些鼓励的语句。请编程实现。

4．搭乘火车，当乘客的随身行李＞20kg 时，要另外收费。请你自行假设一些收费条件，例如，20 kg＜行李重量≤30 kg 时，行李费 = (行李重量 −20) × 10%(元)；30 kg＜行李重量≤40 kg 时，行李费=(行李重量−20) × 8%(元)等。运行时，从键盘上输入行李重量，就显示出应收取的行李费，请编写程序完成这项工作。

5．通信公司经常有优惠送话费的活动，例如，充值 500 元送 200 元话费，充值 300 元送 100 元话费，充值 100 元送 20 元话费等。在运行时，从键盘上输入充值金额，就显示出应送的话费，请你帮通信公司做做这项工作。

6．在一个抢答题比赛的现场，有 10 个队员参赛，设抢答时各队员按下的抢答键分别是他们自己的参赛号码，抢答比赛结束时统计哪个队员抢答总次数最多，并显示出来，请编程实现。

7．有一个工厂加工某种产品，假设产品以某标称尺寸 90 mm 的偏差来划分正品、次品和废品，要求偏差≤±1%，并按下述要求划分：偏差≤±0.2%是正品，±1%≥偏差＞±0.2%是次品，偏差>±1%是废品。操作人员从键盘输入 10 个产品的尺寸，按上述原则区分各档次产品，并输出显示，请编写此程序。

8．在商场购买商品，有时需要先称出重量，才能确定购物金额。一般是商场服务员按所购商品，选中该商品的编号，然后称出重量，就自动打印出该商品的金额标签。该商品的单价是预先贮存在计算机中的。用计算机模仿，人工键入该商品的编号和重量，计算机就自动显示出该商品的编号、重量、单价及金额，请编程实现。

9．请将 10 个学生的成绩分段，各段成绩分别是：

A：成绩≥90 分

B：90 分＞成绩≥80 分

C：80 分＞成绩≥70 分

D：70 分＞成绩≥60 分

E：成绩<60 分

分别统计各成绩段的百分比，然后输出显示上述成绩分段的结果。试编写程序完成这项工作。

10．在全国人口普查中，要统计各年龄段的人数及其占全国人口的比例.其中，假设按表 4-3 的 5 个年龄段统计，并设全国人口为 13 亿。请编程实现。

表 4-3　按年龄分段的全国人口普查表

年龄分段代号	年龄/岁	人数/个	人数比例/(%)	备注
A	年龄≤16			
B	16＜年龄≤45			
C	45＜年龄≤60			
D	60＜年龄≤70			
E	年龄＞70			

4.2.2　选择游览之遐思景点

1．查询某年、某月、某日是星期几，并显示输出。

提示：

(1) 满足下述条件之一均为闰年：年份数可被 400 整除；年份数可被 4 整除但不能被 100 整除。

(2) 闰年的天数比非闰年多一天，即闰年 2 月份有 29 天，而非闰年 2 月份是 28 天。

(3) 公元 1 年 1 月 1 日是星期一。

2．编写解一元二次方程的求根公式 $x_{1,2}=\dfrac{-b\pm\sqrt{b^2-4ac}}{2a}$ 的程序。

4.3　游 览 观 感

“平时人做事选择不对可以重新选择，但在实际运行过程中一般不能由用户重新编写程序。”强强谨慎地说。有位同学马上反问：“为什么？”“因为用户一般不会编写程序，而且也不允许用户边运行边编写程序。”“哦，这有点高难度。”强强首先稳定军心，与这位同学展开了交谈，“但也不用恐惧，关键在于选择的条件要设定正确。”“怎么保证？”“那就首先将所选择条件中的关系和逻辑弄清楚，通过正确的关系运算和逻辑运算等形成正确的选择条件表达式。”“这关系运算和逻辑运算我怕把握不准。”“可以配合人工多运行几次，用心分析后，列出若干个提纲从中选优。”“啊，有点眉目了。”“下面我们一起来想通。”

4.3.1 选择游览之游览要点

1. 键盘输入语句——cin

乐乐首先站出来说：“猜猜看，**endl** 这个输出换行符是谁的尾巴？”“是 cout 语句的。”“cin 也可以带这个尾巴吧？”一些同学猜谜底。“cin 不行。”“为什么？”乐乐公开了谜底：“因为是由**键盘输入语句 cin 的书写格式**决定的：‘cin>>变量名 1[>>变量名 2>>…变量名 n];’(其中，‘>>’是从尖头向宽口方向流进去的，即输入)，这是 cin 语句没有这个尾巴的理由之一。另一个原因是，当程序运行到 cin 语句时，计算机会等待操作者输入完数据并按下键盘上的回车键<Enter>告诉计算机后，程序才会接着下一句继续往下执行。计算机在 cin 输入语句中不识别 endl，所以加了这个尾巴程序就有 error 了。而 cout 语句之所以可以带这个尾巴，理由之一是由该语句格式决定的；理由之二是 cout 语句在程序运行中是自动进行的，并不需要人工介入。所以，你没有机会按回车键，只能由计算机自动运行输出换行符\n 或 endl 来换行。”大家说：“我们搞清楚了，如果要换行，cout 的尾巴就是\n 或 endl。”乐乐看看大家记住没有：“cin 的尾巴在哪里？”“计算机的回车键<Enter>。这两条尾巴只能各就各位，可不能牛头不对马嘴哟！”“或者还有个办法让你不会带错这个尾巴 endl。”乐乐说。明明问：“什么办法？快说。”“你把 endl 看成一只兔子，兔子进了(输入)笼子，看不见尾巴；而兔子出了(输出)笼子，尾巴就翘起来了。”“哈哈哈……”同学们都笑起来了，“这办法好。你可不要翘尾巴哟！”

“按照上面说的，我输入完数据用回车键<Enter>通知计算机，那计算机什么时候通知我输入数据呢？也就是说我怎么知道计算机已经执行到 cin 语句，等待我输入数据呢？”有位女生边想边问。“你问得很好，当计算机执行到 cin 语句时，光标就在屏幕上闪烁着等待，可是如果操作者不知道这是等待输入数据，还以为是程序或计算机死机或出现异常情况了，怎么办？”乐乐考大家。“我知道了，在 cin 语句的前一句用 cout 语句显示一条提示句。”另一位女同学想出了办法。“啊，你真聪明。”

“第二个问题，如果我要在计算机键盘上输入多个数据，用什么隔开这些数据？”刚才那位问问题的女生还有疑问。“用空格或回车键<Enter>分隔。”强强告诉她。“不能用逗号吗？”“不能。”

“还有，我总是混淆 cout 和 cin 中的‘<<’和‘>>’符号。”刚才那位提问题的女生继续问。“我的笨办法是：这两个符号的左边是计算机，右边是外部设备，如显示器、键盘、打印机等，因此 cout 的‘<<’是从计算机流向外部设备，而 cin 的‘>>’则是从外部设备流向计算机。”提问题的女生很感谢这位想到笨办法的女同学：“谢谢您！这个办法还真不笨，以后再也不会搞混了。”一位男同学仰起脸，用惊奇的眼光瞧着这位女同学说：“哟！笨鸟先飞啦！”逗得这位女同学前仰后合大笑起来，真好像是要展翅高飞一样。

“让我们来热热身，练练运用输入语句——cin 这个兵。”乐乐还未高兴够。

1) 输入数字类的数据

【景点 4-2】 用键盘输入整型数据给一个整型变量。

```
int a;
```

```
cin>>a; //用键盘输入整型数据给 a 这个变量，例如输入 39
//若加上输出语句的话，输出 a 的结果就为 39
```

2) 输入单个字符类的数据

【景点 4-3】 从键盘上输入一个字符给字符变量。

```
char b;
cin>>b;          //从键盘上输入一个字符给 b，例如输入 E，则 b 中的内容就为 E
```

3) 输入大于一个字符的数据

【景点 4-4】 从键盘上输入多于一个字符的数据。

```
char name[12];   //定义一个最多由 11 个字符组成的字符数组，最后一个元素
                 //要放字符串结束符'\0'
cin>>name;       //从键盘上输入一个姓名，如“张三”，则 name 中放的就是“张三”
```

4) 连续输入 n 个数据

【景点 4-5】 从键盘上连续输入 n 个数据。

```
double x,y,z;    //定义 x、y、z 均为 double 型的变量
cin>>x>>y>>z;    //用 cin 语句连续给 x、y、z 赋值
```

2. 一些易混淆点及学习技巧

“我怎么老爱写数学符号=、≥、≤、≠啊！”强强说。乐乐轻松地说：“这没什么，你只要想想键盘上是没有这些符号(除了恒等于要连写两个等号外)的，自然就会写成 C++的运算符了。”

有位男同学请教强强：“关系运算符两边表达式的结果可以是不同的数据类型吗？”“非也，因为只有同类项的关系运算才有意义。”“那逻辑运算符两边表达式的结果可不可以呢？”“可以，例如，身高大于 1.60 米而且体重大于 50 公斤。还有混合条件表达式(既有关系运算又有逻辑运算的条件表达式)也应符合这些规则。”

“到了这一章，概念、语句多起来了，怎么记啊！”强强忧虑了起来。乐乐拍拍他的肩膀：“有位哲人说：‘**探索学习是回忆。**’也就是说，探索和学习是在回忆过去中进行的，即我们要将已有的知识和新知识用回忆架起联系的桥梁来学，新知识也就不新了。所以，我们学习编程语言时必须要前后联系、相互借鉴地学，要学一点、记一点、用一点、消化体会一点、联系一点、总结一点、提高一点，再学一点、再记一点、再用一点、再消化体会一点、再联系一点、再总结一点、再提高一点，依此循环往复，日积月累，C++这个知识球就会像滚雪球一样，越滚越大，心中的‘C 知识’就会越来越多，最终能达到融会贯通、运用自如的境界。例如，表达式用于选择结构时就是选择条件表达式，而表达式中又有变量、常量、数据等，因此又要记住前面学的给变量、常量起名字等知识……”强强恍然大悟，“哦，这样一联系起来，就真的没什么新知识了。”“妙哉！妙哉！用回忆法去探索学习，妙不可言哟！”有位同学拍案叫绝。同学们都欢欣鼓舞，庆幸有了这个学习良方，这真是先哲们留给我们的宝贵财富。

3. 关于选择结构语句及其开关语句 switch

强强说：“让我们活学活用，我来考考你们，什么情况下用选择结构程序？”“当判断

一件事情、做法等何去何从时就用选择结构程序。”“有 if 可不可以没有 else？”“可以。”“反之？”“不行。”“为什么？”“运用回忆法，逻辑上就如此，else 是以 if 为前提的。总之，有 else 时，if 与 else 必须成双成对，要符合逻辑，符合事物的规律。**if…else 语句配对的规则为**：else 与上面最靠近它的 1 个没有配对的、且符合程序设计思路的 if 配对。或者，在 Visual C++6.0 中编写程序时，输入完 if 整条语句，一按<Enter>键，光标就会自动对齐到与之配对的 if 处，在此处输入的 else 就是与该 if 配对的。另外，还有个调试技巧：if 与 else 是否配对，把程序排成锯齿形即可知道。要对齐锯齿形，可借助键盘上的<Tab>键(往右移动语句时用此)、<Backspace>键(往左移动语句时用此)、光标和<Enter>键等。”

“在表 4-1 中，**事情 A、事情 B 和事情** n 指的是什么啊？”又有位同学不太明白。

强强给他解释如下：

事情 A、事情 B 和事情 n 均可以是：

- 没有语句的空语句。空语句的格式为：

  ;//即仅以一个分号代表一条空语句

- 可以用一条语句做完的事情。
- 用两条以上的语句才能做完的事情。这样的语句叫**复合语句，必须用一对花括号“{ }”将复合语句括起来，C++才能一次执行完复合语句，以达到做完某件事情的目的。**

“具体怎么**运用选择结构**呢？”乐乐帮这位同学解开疙瘩，可以按以下情况运用：

(1) 一个条件满足与否只有一种选择时，就运用表 4-1 中的①。

(2) 一个条件满足与否有两种选择时，就运用表 4-1 中的②，如景点 4-1。

(3) 多个(或两个以上)条件满足与否进行选择时，可以运用表 4-1 中的③、④或⑤，如景点 4-1。

特别是⑤更适合于做多种选择。当选择条件无法用整型、字符型或枚举型的数据来表达时，Switch 语句就不能直接使用，需要先**通过一些条件等效变换**，即用整型的 1、2、3、4 或字符型的 A、B、C、D 等来代替这些。

“哦，就像收音机的波段开关，转到哪一挡就收听哪个电台。”有位同学联想说。乐乐表扬他：“你形容得真确切！对于制作菜单，它是很方便的。下面，就让我们去景点中游览体验。”

【景点 4-6】 如果天天下雨，旅游就改期，否则，去旅游。

在景点 4-6 中，用文字就可以表达选择结构了，用 if…else 语句也好编程。但用 switch 语句就行不通。不过如果通过一些条件等效变换，还是可以用的。

“如果条件等效变换较难呢？”强强回答了这个同学的问题：“那就采用 if…else 语句处理。

注意：在表 4-1 中的 **switch 语句中，表达式**是只能用整型、字符型、枚举型的数据或名字或加上操作符组成的式子；**满足做某事情的代号**(这句在表 4-1 的流程图中简写为‘做 A 代号’等)是常量表达式表示的代号，而且**这个代号必须与表达式结果的数据类型相同**，如景点 4-7 所示。”

【景点 4-7】 如果不上课，就去图书馆；如果有作业要急着交，就去自习；如果有生活用品急需购买，就去购物；如果哪儿也不去，就在宿舍休息。请用 switch 语句编程实现。

此景点若用 if…else 语句编程较麻烦，但 switch 语句又不能直接使用，因为这些选择条件无法用整型、字符型的表达式来表示；用枚举型又不太方便，所以需要先进行一些条件等效变换，即用整型的 1、2、3、4 或字符型的 A、B、C、D 来代替这 4 种情况。那么，就像运行结果显示的那样，先列一张条件等效变换清单，然后提示操作者输入相应的代号，从而进入相应的选择操作，简易流程图如图 4-2 所示。实际上这个景点就是一个简单的菜单显示和操作示例。

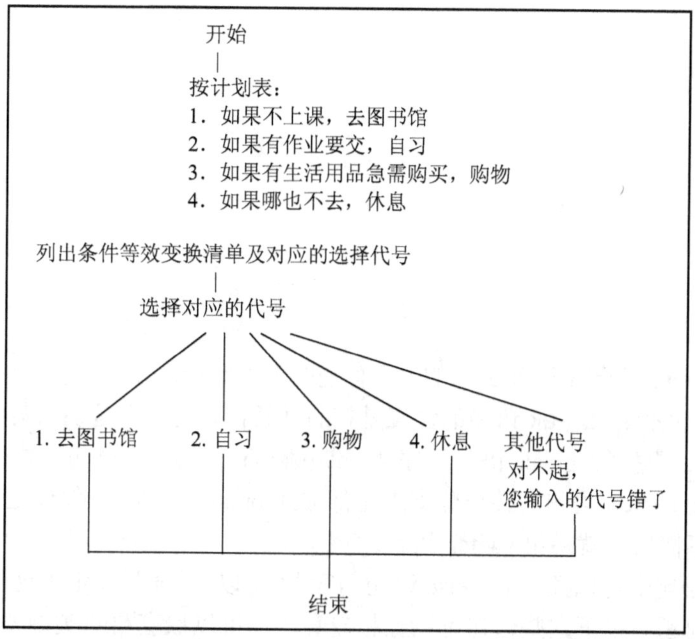

图 4-2　根据条件选择计划所列的简易流程图

程序如下：

```
//ex4-7.cpp
#include<iostream.h>
void main()
{
    int ca;
    cout<<"图书馆——1"<<endl;//列一张条件等效变换清单，实际上是个菜单
    cout<<"自习——2"<<endl;
    cout<<"购物——3"<<endl;
    cout<<"休息——4"<<endl;
    cout<<"请输入对应的代号："<<endl;
    cin>>ca;//接收操作者的选择代号
    switch(ca)//开关语句根据代号进入相应的操作
    {
        case 1:cout<<"去图书馆"<<endl;break;//显示去图书馆，并跳出开关语句
        case 2:cout<<"自习"<<endl;break;
```

```
        case 3:cout<<"购物"<<endl;break;
        case 4:cout<<"休息"<<endl;break;
        default:cout<<"对不起，您输入的代号错了。";//当非上述 4 种选择时，进行友好提示
    }
}
```

运行结果为：

```
图书馆——1
自习——2
购物——3
休息——4
请输入对应的代号：
1
去图书馆
```

结果正确。

“这么多的 break 语句是干什么用的？”有些同学被 break 语句搅得眼花缭乱。乐乐为同学们解释了这个景色：“**break 语句的含义**是打断并转向，其作用是跳出某个过程。例如，执行完事情 A 后，再执行 break 语句程序就打断(跳出)了 switch 语句，执行 switch 的后一条语句了。一般 switch 语句的某个分支末尾都加此 break 语句，以保证处理完 switch 语句的某个分支的事情后，就跳出 switch 语句。”

“在 switch 语句中可以插入 if…else 语句吗？”“可以。”强强肯定了这位同学，“这就涉及**嵌套语句**的问题。以下这些语句可以互相嵌套，也可以嵌套自身类型的语句。例如，switch 语句中的某事情中还可以嵌套另一个 switch 语句，也可以嵌套 if 或 if…else 语句，以及循环结构的语句或顺序结构的语句；反过来，if 或 if…else 语句中，可以嵌套另一个 if 或 if…else 语句，也可以嵌套 switch 语句，以及循环结构的语句或顺序结构的语句。就是说，**顺序、选择和下一章的循环这 3 种结构语句中可以多层互相嵌套或嵌套自身类型的语句**。”

4．选择结构的流程图

“**选择结构的流程图怎么画**呢？”有位女同学很怕画流程图。“容易极了，就像地图一样，把实际景点的岔路(如表 4-1 中的流程图模块)往整个景点(整个流程图)的相应位置一放，就 OK 了，如图 4-1 所示(简易流程图去掉了菱形框和方框)。”强强给她壮胆。“哦，选择结构流程图的判断框用菱形框，内中放置选择条件表达式。菱形框有 4 个角，咦，为什么不是 4 个角都有流向线？”强强为她一个一个地击破了疑问气球：“因为你只有二者必居其一的选择，所以出口只有两个，可不能有第三者哟！而入口只有一个，所以一共用到 3 个角。有一个角必须是没用上的，即没有流向线的。”“那为什么 switch 语句可以脚踏两只船？”“因为这个开关语句就有多个波段(出口)可选，同样，入口也只有……”“一个。”“完全正确。还有，为了方便画 switch 语句流程图的多个出口，它的判断框不用菱形框而用矩形框。”

有位同学提议：“嘿，讨论得累了，我们还是开车去游览游览景点 4-7 吧。”同学们拍

手赞成，“哦，按 4——休息。”“哦，按 3，去购物。”“按 1，我还想去图书馆。”明明说。“嘟嘟，各行其道啰！”

4.3.2　选择游览之总结提高

“开始有些难度了。”强强说。乐乐说，“其实，说难也不难，跟我们的自然生活语言差不多，只不过多了一些 C++的语句格式等规定，它还是一种语言工具，就像我们的中文不也有一些条文规定吗?!总之，循规守法就 OK 了。”文文和明明在旁边一声不吭，心里都在想：真有这么好的通用编程法吗？

以前的景点都较简单，文文和明明勉强写出了程序，但这章的景点却没编写出程序，自己评分和小组评分自然是不合格了。而强强呢，得分 B——良好；乐乐呢，是 C——中等。

文文对强强说：“你试试不用通用编程法，看看可否编得出程序。”“通用编程法用得好好的，我已对它爱不释手啦！为什么不用？不过，我在下个景点也可以先试试不用通用编程法，看结果如何？”

文文和明明处在岔路口上，何去何从，自然由他们选择。

乐乐为什么得 C 呢？她自己总结不足的原因是编程时总是先想 C++，还有往往粗心大意。解决办法是：在第一大设计步骤时，拿到题目就只想人的详细做法，像切萝卜一样，先跟萝卜(编程语言)和计算机一刀两断，决不藕断丝连；偶然想起，就马上毫不留情地、下狠心地又一刀两断，养成习惯后自然就不会先想编程语言和计算机了；等到了第二、三大设计步骤时，才跟萝卜手拉手地言归于好，互帮互助。

乐乐问：“下面我们何去何从？”强强答：“日常生活中除了上述顺序、选择的事情，还有循环往复的事情呢！”“怎么循环呢？为什么要循环？”“且待下回游览。”

第 5 章　山重水复　循环游览

“这里的风景真美哟!”强强赞不绝口地欣赏着美景，一边洋洋得意地开着车。乐乐道：“你怎么老在这个景点里转啊？”“我还没看够呢!”“什么时候才转出去呢？”“等我看够了。”

晶晶导游说：“这就是循环结构，每当碰到重复的动作时，就选用这种循环程序结构。到此为止，我们学了几种程序结构呢？”“顺序、选择和循环。”“对了，这 3 种结构就是三大程序结构(程序的三大基石)，我们要熟练掌握哦。下面让我们再继续山重水复的景点游览。”

5.1　随师游览：累计产品数量之景点

【景点 5-1】　有一个工厂要供应 100 件某产品给客户。为了响应“建设节约型社会”的号召，要使生产数量既满足客户需求又不过剩。假设每天生产该产品的数量因生产人员及调试难易等因素不确定，你能用计算机来操纵控制吗？

强强抢先一步：“我的详细做法是，看着生产产品出口处，出来一个累计一个数，一直数到 100 个。”明明马上否定：“这 100 个产品的生产至少要大半天，说不定数了大半天，你数错了。”乐乐说：“跳绳连续数 100 下我有时都数错。”“那怎么办？”强强为难了。乐乐有办法了：“先准备一个空篮子，生产一个产品丢一粒石头到篮子里。当准备好的 100 粒石头全丢到篮子里时，就代表生产了 100 件产品。”明明还是否定：“这个笨办法也可能准确，也可能不准确，因为你丢着丢着可能会出错或开小差：‘啊，刚才那个产品出来的时候，我丢了小石头没有？’”文文说：“我用画‘正’字法，出来一个产品划一个杠。”“那也可能出错。”明明还是不赞成。“说得倒也是。”“还是数产品吧。”强强干脆说。“那就有可能多了或少了，不合题意。”文文反驳道。乐乐坐下来，没劲了：“左来左挡，右来右堵，走投无路了？”

明明嚷嚷道：“为什么不用程序控制计算机去解决呢?”“计算机就不会计算错吗？”乐乐抬起头来问明明。“一般不会，因为出来一个产品，计算机马上执行一条累加一个的语句，且存储在某个存储器里。它不会忘记，既不多执行一句累加，也不会少执行一句累加，所以，它一般不会出错。”乐乐来劲了：“学编程、学计算机还有这么个好处啊!”“好处多着呢，什么自动控制、智能控制、计算机处理等，真是无所不在，无所不包，无所不能，所向披靡。”乐乐与明明较起劲来：“照你这么一说，那计算机不是比人聪明了？”“非也，因为计算机的聪明是人教给它的，是用人编写的程序去控制它的运行，是人用程序指挥计算机，让计算机乖乖地实现人的想法和做法。只不过因为计算机的运算速度比人快，记忆量大，不会忘记，又有优良的程序控制，表面上好像比人强罢了。”“哦，还是人聪明，那我们真是要花百分之一百二十的精力去学好编程啊！”

“好，我们就把上述人的详细做法用流程图或提纲表示出来。”强强还是身先士卒，“看看我画的简易流程图对不对，如图 5-1 所示。”

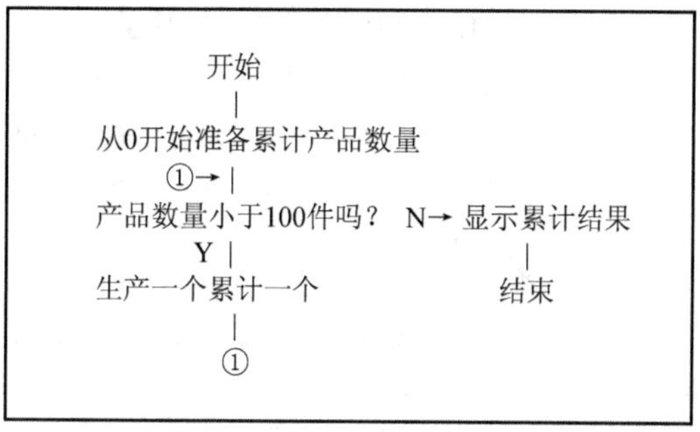

图 5-1　用 while 累计产品数量的简易流程图

“再看看我画的简易流程图对不对，如图 5-2 所示。”乐乐不甘示弱。

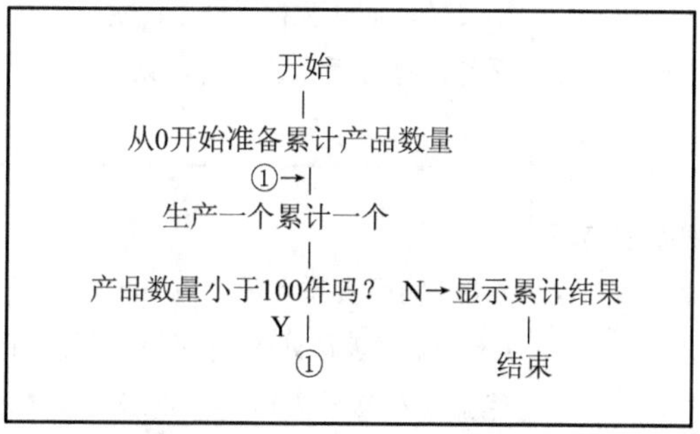

图 5-2　用 do…while 累计产品数量的简易流程图

晶晶导游说：“都对，只不过图 5-1 是先判断产品数量是否小于 100 件，即连续统计这个循环动作的条件，是，则循环统计；否，则显示统计结果。而图 5-2 呢，则先循环统计，再判断是否满足循环的条件。”

一位同学眨巴眨巴眼睛：“哎，为什么要从 0 开始累计产品数量啊？”“你真笨，不从 0 开始，从某个数开始，不就不准确了嘛。”乐乐回敬他一句。“哦，这就是刚才你要往空篮子里丢石头的道理。那这个空篮子用什么表示？”乐乐继续为他解释：“计算机里的变量、常量都可以当做人、物等。”“那这个篮子就用一个变量来表示。”“可以的。”“这个变量叫什么名字？”

强强宣布，“就暂且叫 pnum 吧，用 pnum 装小石头。”乐乐马上说：“那这第一个萝卜坑种‘int pnum=0;’，这个萝卜合适吗？”大家说：“OK！”“下面这个菱形框种什么萝卜呢？”表 5-1 中序号为①的 while、序号为②的 do…while、序号为③的 for 都可以，只看哪个萝卜更适合于种到这个坑里。”“我认为，while 更适合图 5-1，而图 5-2 就应种 do…while 这个萝卜。”“for 不行吗？”“也可以。好，那我们就对号入座试试看。”

表 5-1　循环结构程序

序号	循环语句及语法格式	操作含义	流程图及备注

①	设置循环次数的初始值
	while(继续循环的条件表达式)
	{
	　　做重复动作
	　　改变循环次数
	}
	后一条语句
		先确定循环次数的初始值，然后判断满不满足继续循环的条件，若满足，则进行循环旅程，做重复动作，改变循环次数，再判断是否满足继续循环的条件，若不满足，则结束循环旅程，执行后一条语句，见景点 5-1 和第 20 章综合设计景点	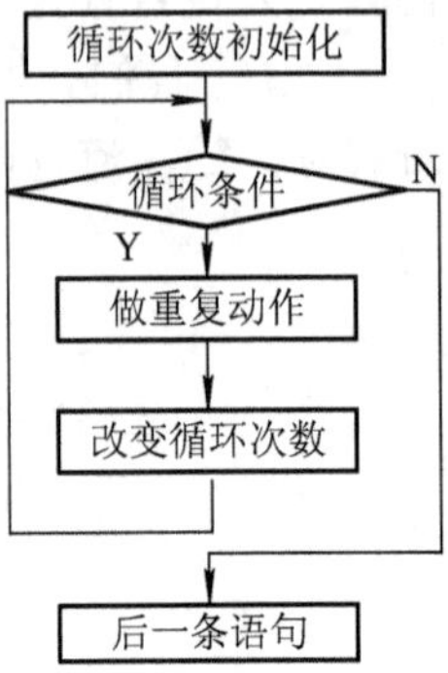

②	设置循环次数的初始值 do { 　　做重复动作 　　改变循环次数 }while(继续循环的条件表达式); 后一条语句	首先走一轮，即做一轮重复动作，并改变循环次数，碰到 while 才判断满不满足继续循环的条件，若满足则继续做第二轮，依此类推，若不满足，则结束循环，执行后一条语句，见景点 5-1	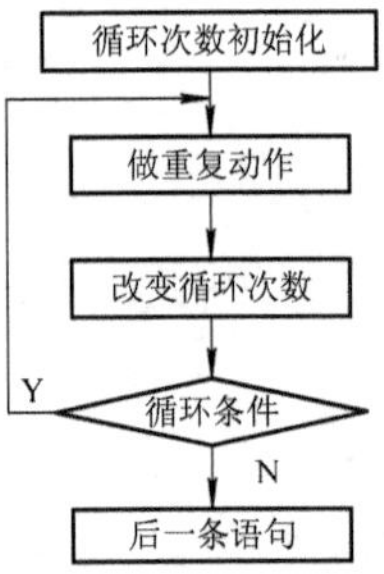

③	for(设置循环次数的初始值的表达式 1;
	继续循环的条件表达式 2;
	改变循环次数的表达式 3)
	{
	　　做重复动作
	}
	后一条语句
		for 循环实质上是把 while 循环写在 for 的条件表达式中(除了“做重复动作”保留在花括号内)，并一一对应。同理将 3 个表达式放在一一对应的 while 流程图里，就是 for 循环的流程图了，见景点 5-6	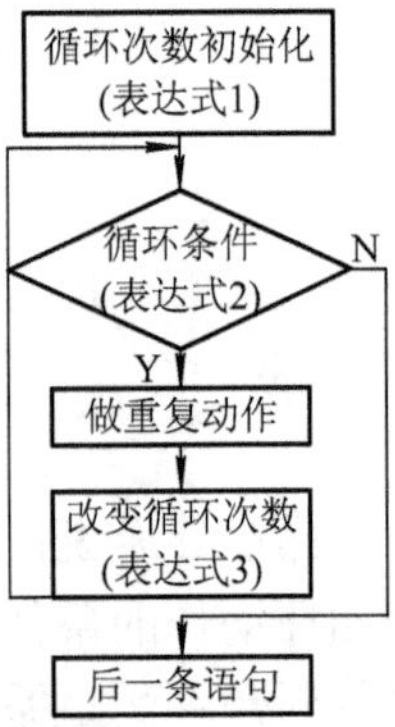

“循环次数和累计产品数量都是加 1，能不能合二为一？”强强问。晶晶反问强强：“你说呢？”“我说可以，因为这二者都是每循环一次加 1，正好相等，所以就直接用累计的产品数量做循环次数，则菱形框里的‘继续循环的条件表达式’就写为‘产品数量<100 件吗？’，对不对？”“对的，但在程序中要用 C++ 语句表达出来。”

解法一：

```
//ex5-1.cpp
#include<iostream.h>
void main()
{
    int pnum=0;//定义累计产品数量的变量，并初始化为 0
```

```
                    //(当累加变量的初始值为 0 时才正确)
    while(pnum<100)     //当产品数量小于 100 时，循环累计
    {
        pnum++;         //累计产品数量
    }
    cout<<"该合格产品已生产了："<<pnum<<"件"<<endl;//显示最后累计结果
}
```

解法二：

```
//ex5-1-2.cpp
#include<iostream.h>
void main()
{
    int pnum=0;             //定义累计产品数量的变量，并初始化为 0
                            //(当累加变量的初始值为 0 时才正确)
    do                      //无论如何，均统计第一次产品数量
    {
        pnum++;             //累计产品数量
    }while(pnum<100);       //当产品数量小于 100 时，循环累计，句末的分号不可少
    cout<<"该合格产品已生产了："<<pnum<<"件"<<endl;     //显示最后累计结果
}
```

“对，切记 while 后有一个尾巴‘;’。你这样记好了，因为 while 语句以‘}’结尾，所以没有尾巴分号；而 do…while 语句以语句结尾，所以有尾巴分号。”“我想用 for 语句实现。”某位同学说。“好的，那就大胆尝试吧！”

5.2 自 行 游 览

5.2.1 循环游览之自游景点

1．请编程实现循环显示“热烈欢迎新同学！”“祝你们学习愉快，天天进步！”这两条标语，直到要停止时才结束循环。

2．请将若干组你容易混淆的英语单词循环显示出来，每组的英语单词既有英语，又有中文释义；每组信息显示一行，若干行轮流显示，每组信息停留时间按你的学习程度而定；当你记忆清楚了一些信息后，可更换另一些信息。这样，对你的英语学习是否有帮助呢？不妨编程尝试一个阶段看看吧！或者你也可以自己设计个学习方案，并编程实现。

3．假设有一个十字路口某方向的红绿灯按这样的规律显示：绿灯亮 30 秒，黄灯亮 3 秒，红灯亮 27 秒，你怎样用程序去控制？不妨用字符或符号分别表示绿灯、黄灯和红灯，如可以用“#”代表绿灯，用“*”代表黄灯，用“!”代表红灯等，调试时，时间可以调整为绿灯亮 3 秒，黄灯亮 1 秒，红灯亮 2 秒，请编程实现。

4．模仿超市优惠广告信息的循环显示(自行设计些优惠广告信息)，请编程显示。

5．用 C++程序模仿公交车上的电子告示牌，不断显示每个到站车站的站名。

6．求数列 $s_{20000}=1+3+5+\cdots+39999$ 并显示输出结果，请编程实现。假设要计算这类数列前 n 项的和，n 可随需要确定，你又怎样做？

7．编写一年的考勤统计空表，格式、项目按一般的考勤统计表确定，用 C++程序实现。

8．有一位建筑设计人员，想丈量一块斜三角形的土地面积。他测量到该斜三角形的某两条边和这两条边之间的夹角，你能通过三角函数及三角形的一些定理、公式帮他算出该斜三角形的面积吗？

假设他测量到另外两条边和这两条边之间的夹角，或再换成不同的两条边和这两条边之间的夹角，你能通过后两次的计算结果检验第一次计算结果的正确与否吗？请编程实现。

9．当新生入学、参观团光临或专家教授来讲学时，在电子荧屏上循环显示“welcome!”的字幕，并配上精美的花边图案，请你指挥计算机来帮忙吧！

10．经常会遇到求某数的多少次方的指数计算，如 2^{32} 等。请你用幂函数的展开式

$$a^x=1+\frac{\ln a}{1}x+\frac{(\ln a)^2}{2!}x^2+\frac{(\ln a)^3}{3!}x^3+\cdots+\frac{(\ln a)^{n-1}}{(n-1)!}x^{n-1}+\frac{(\ln a)^n}{n!}x^n\quad(a>0,\ -\infty<x<+\infty)$$

算出指数的结果，并用 C++标准函数的计算结果来比较两种方法的误差，请编程实现。

5.2.2　循环游览之遐思景点

1．请您设计一个智力玩具中的加减乘除运算软件，要求显示并评判结果，用键盘输入控制该软件的运行或停止。

2．编写一道程序，要求输出 1～100 之间既不能被 2 整除也不能被 3 整除的数，输出格式为每行 10 个数。

5.3　游 览 观 感

乐乐总结道：“至此，已介绍了 C++程序的三大结构形式，就像盖房子一样，可以盖别墅，也可以盖洋房、四合院等。**C++程序无论是现在学的面向过程的设计，还是以后学的面向对象的设计，也无论是单文件还是多文件，单函数还是多函数，其程序结构无外乎这 3 种：顺序、选择、循环。所以要好好掌握 C++程序的这三大基石。**”

同学们你争我抢地谈着自己的体会，“一有重复，就采用循环结构程序。”“要正确理解和掌握 while、do…while 和 for 这 3 种类型的循环语句的操作含义和原理。”“3 种循环中，哪一种更方便，可读性更好，就选用哪一种。”

趁着同学们兴趣盎然，乐乐说：“下面请大家再细细回味此情此景。”

5.3.1　循环游览之游览要点

1．循环程序中的一些疑点

在表 5-1 中，要注意以下几点：

(1) 在 while 循环和 do…while 循环中，满足继续循环的条件均写在 while 处。

(2) do…while 型的 while 句末加分号。

(3) for 循环的 3 条表达式之间用分号分隔。

(4) 正确设置循环次数的初始值和继续循环的条件表达式，否则会出现死循环(没完没了地循环)。

2．算术运算(二)

“我还有个疑问，为什么我写成‘pnum=pnum+1;’，而有的同学写成‘pnum++;’？”这位同学虚心地向强强请教。“你只要看看表 5-2 就明白了，++ 是后增量操作符，每执行一次加 1，只是‘pnum++’比‘pnum=pnum+1’简化明了而已。二者操作含义一样，都是将 pnum 加 1 并将结果送回到 pnum 中。等我们游览完景点 5-2 至景点 5-7，就会对自增(减)、复合赋值等运算操作符的操作更清楚一些了。”

表 5-2　自增(减)、复合赋值和逗号运算操作符的操作含义

操作符	名　称	操 作 含 义
++	增量操作符	每执行一次加 1
--	减量操作符	每执行一次减 1
++y	前增量操作符	y 先加 1，再将加 1 的 y 值作为整个表达式++y 的值(即 y 值=整个表达式++y 的值)，如景点 5-2
y++	后增量操作符	先将 y 值作为整个表达式 y++的值，再将 y 加 1 后的值作为 y 的值(即 y 值≠整个表达式 y++的值，也即 y 值比整个表达式 y++的值大 1)，如景点 5-3
--y	前减量操作符	y 先减 1，再将减 1 的 y 值作为整个表达式--y 的值(即 y 值=整个表达式--y 的值)
y--	后减量操作符	先将 y 值作为整个表达式 y--的值，再将 y 减 1 后的值作为 y 的值(即 y 值≠整个表达式 y--的值，也即 y 值比整个表达式 y--的值小 1)
+= -=、*=、 /=、%=	加法且赋值缩写操作符以及其他类似缩写操作符	左边的变量加上右边的数据，将此结果再送回(赋值)给左边的变量，如景点 5 – 4。 其余缩写操作符依此类推操作含义，如景点 5-5
,	逗号运算符	语句格式为：表达式 1,表达式 2,…,表达式 n 按表达式 1～表达式 n 的顺序从左到右运算，最后整个逗号表达式的值=表达式 n 的值

注意：前增(减)量和后增(减)量的赋值原则是：

当有赋值时，若变量名在运算符之前，就先赋值，反之后赋值。

【景点 5-2】　计算 x = ++ y，最后显示 x 和 y 的值。

```
y=6;
x=++y;            //先做 y=y+1=6+1=7，再将 y 的值(7)赋给 x，即 x 的值为 7
```

```
cout<<"x="<<x<<endl;
cout<<"y="<<y<<endl;
```

运行结果为：

```
x=7
y=7              //y 值=整个表达式++y 的值(赋给 x 的值)
```

【景点 5-3】 计算 x=y++，最后显示 x 和 y 的值。

```
y=6;
x=y++;//先将 y 的值(6)赋给 x，即 x 的值为 6，再做 y=y+1=6+1=7
cout<<"x="<<x<<endl;
cout<<"y="<<y<<endl;
```

运行结果：

```
x=6
y=7              //y 值比整个表达式 y++的值(赋给 x 的值)大 1，因为后加 1
```

【景点 5-4】 计算 x-=y，最后显示 x 和 y 的值。

```
x=2;
y=6;
x-=y;            //先计算 x-y，再将 x-y 的结果赋给 x
cout<<"x="<<x<<endl;
cout<<"y="<<y<<endl;
```

运行结果为：

```
x=-4
y=6              //注意 y 值没变
```

【景点 5-5】 计算 x*=y，最后显示 x 和 y 的值。

```
x=2;
y=6;
x*=y;            //先做 x*y，再将 x*y 的结果赋给 x
cout<<"x="<<x<<endl;
cout<<"y="<<y<<endl;
```

运行结果为：

```
x=12
y=6              //注意 y 值没变。
```

3. 几种转向语句

强强问乐乐：“当程序按顺序、选择和循环的结构还不能处理事情时，怎么办？”“那就要用到转向语句了。转向语句有三种，如表 5-3 所示。”

运用转向语句时应注意：

(1) **区别 continue 和 break 的功能，并能正确运用这两个语句。**

(2) **尽量不要用 goto 语句**，因为 goto 语句可读性、可维护性等不好，一般均可用其他语句代替 goto 语句。

表 5-3　三种转向语句

序号	转向语句及语法格式	操 作 含 义	流程图及备注
①	… continue; …	当执行到 continue 时，只结束本次循环。继续判断还要不要进入下一次循环，而不是终止整个循环	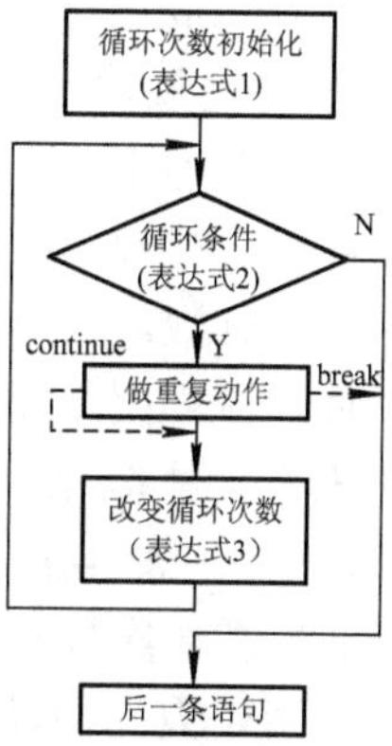
②	… 在循环或开关语句中插一句 break; … 后一条语句	当执行到 break 时，结束整个循环，即终止整个循环或跳出(终止)开关语句，执行后一条语句	
③	… 语句标号:某语句 … 在程序中加一句 goto 语句标号; …	当执行到“goto 语句标号;”时，程序转向带有此语句标号的某语句处执行	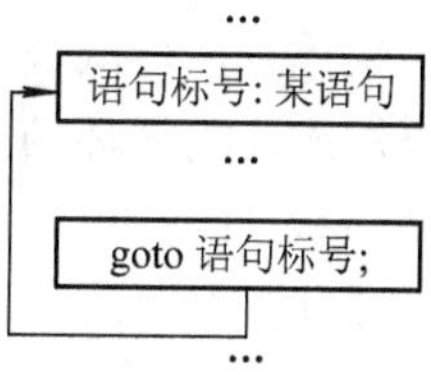

5.3.2　循环游览之总结提高

1. 详解 for 循环程序

【景点 5-6】　画一幅如图 5-3 所示的右上三角形图案。

假设每行 30 格，第一副“#”号在第 29、30 格的位置上(一副“#”号由一个空格和 1 个“#”组成)，则人手工画的简易流程图如图 5-4 所示。

```
        #
      # #
    # # #
  # # # #
# # # # #
```

图 5-3　右上三角形的图案

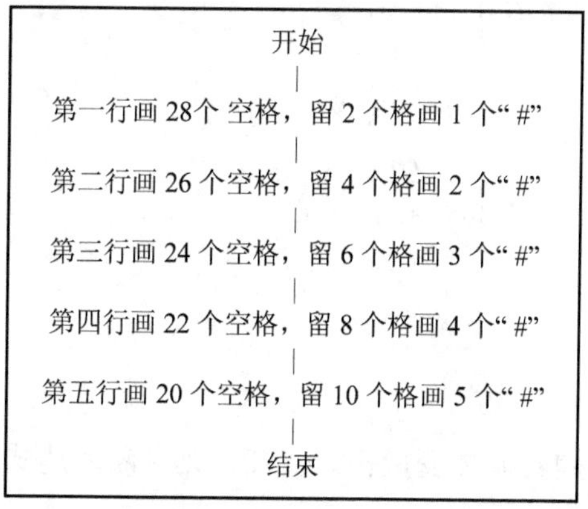

图 5-4　没用循环法画右上三角形的简易流程图

在 C++ 中，当碰到不断、重复、轮回或循环的动作时可选用循环结构程序。

一般比较常用和方便使用的是 for 循环语句，但此景点也可用另外两种循环语句。假设我们用 for 语句负责画多少行，就完成了行的任务。但每一行中又有若干个空格和“#”号，就把上一个 for 循环语句作为外循环，在其中嵌套两个并列的内循环 for 语句画每一行中的空格和“#”号。

此景点的关键是找出画这个图案的重复规律以及重复规律与控制循环次数的关系，并加以利用。该景点的规律是每一行“#”的个数正好等于行数，每一行的空格数正好等于 30 – 2 × 行数。因此，用循环法画右上三角形的简易流程图如图 5-5 所示。

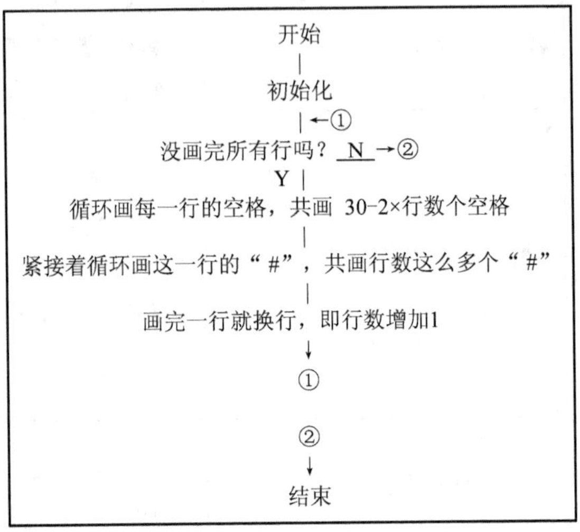

图 5-5 用循环法画右上三角形的简易流程图

对照表 5-1 的 for 循环语句可知：在 for 语句中，表达式 1 表示循环次数初始化(如景点 5-6 中的外循环次数 i=1)；表达式 2 用来判断循环是否结束。在景点 5-6 中，因为要画 5 行，所以 i≤5 就循环，否则结束；表达式 3 用来改变循环次数，使循环次数的值能达到表达式 2 的循环结束条件，而不至于进入死循环状态(例如 i++)。要注意这几个表达式的设置和配合。此外，循环体是做重复动作，具体到景点 5-6，是画空格和“#”号。

编写程序如下：

```
//ex5-1.cpp
#include<iostream.h>
void main()
{
    int i,j,k;
    char c=' ';
    for(i=1; i<=5; i++)
    {
        for(j=1; j<=30-2*i; j++)
            cout<<c;
        for(k=1; k<=i; k++)
            cout<<" #";
        cout<<endl;
    }
}
```

思考问题若循环变量初始值=0，则判断表达式应如何修改？

程序分析如下：

(1) 初始化：根据流程图 5-5 所示，大约需要 3 个整型变量(作为 3 个循环的循环次数)，分别设为 i、j、k。利用循环次数与循环体的一些要素的关系，设行数用 i 表示，空格数用

j 表示，“ #”数用 k 表示。输入只用了一句“char c=' ';”，把一个空格赋给字符变量 c。

(2) 处理和输出：二者结合在一起，采用双重循环 for 语句。上面已对外循环做了分析，那么内循环变量的初始值应如何设置呢？每行的空格和“ #”不等，但有一定的规律，按照图 5-5 的详细做法，用内循环画每一行的空格，其循环次数为 j；紧接着用并列的另一个内循环画每一行的“ #”，其循环次数为 k。外循环次数 i 就是行数，因为每一行都必须画一个或一个以上空格和“#”，所以循环次数初始值的表达式 1 为 j = 1、k = 1；循环的终止条件就是每一行要画的空格数和“#”数，则继续循环的条件表达式 2 为 j <= 30 – 2*i 和 k < = i；因为内循环每循环一次就画一个空格和一个“#”，所以改变循环次数的表达式 3 为 j++和 k++。

“现在至少要用头脑跟踪运行几次？”乐乐问大家。强强抢着答：“至少三次。第一次是第一轮循环，第二次是第二轮循环，第三次是最后一轮循环，‘三到式’跟踪 OK 为止。”最后，运行结果如图 5-3 所示。

2. 活学活用

【景点 5-7】　请编程实现下述功能：

(1) 不按下键盘的按键，交替循环显示十六字方针“敬业奉献，勇往直前，人定胜机，机随人行”和如图 5-6 所示的 8 字环。

(2) 当显示十六字方针时有键按下，则一直循环显示“敬业奉献，勇往直前，人定胜机，机随人行”。

(3) 当显示 8 字环时有键按下，程序结束。

实现过程如下：

交替循环显示十六字方针和 8 字方环的简易流程图 5-7 所示。

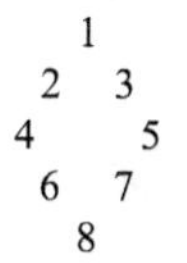

图 5-6　8 字环图

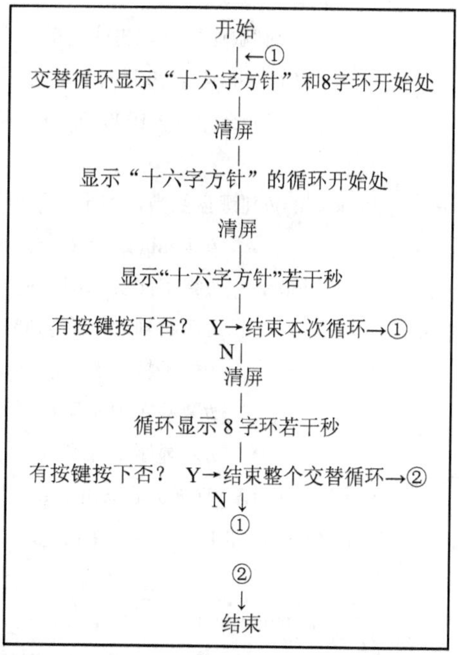

图 5-7　交替循环显示十六字方针和 8 字环的简易流程图

编写程序如下：

```
//ex5-7-3.cpp
#include<iostream.h>
#include<time.h>            //包含时间函数的头文件
#include<iomanip.h>         //使用控制格式输出法要包含此头文件
#include<windows.h>         //system("cls")被包含在此中
#include<conio.h>           //kbhit()被包含在此中

void main()
{
    int i;
    int t1,t2;              //t1 是显示十六字方针的起始时间，t2 是显示 8 字环的起始时间
    int key2;               //接收键盘返回值的变量
    char c=' ';             //定义一个空格字符 c
    for(i=1;i<=65534;i++)
    {
        system("cls");  //清屏
        t1=clock()/CLK_TCK;             //记录显示十六字方针的起始时间，并转换为秒
        while(clock()/CLK_TCK-t1<3)     //当累计时间减去起始时间的差值小于 3 秒时，
                                        //继续循环
        {
            system("cls");
            cout<<"敬业奉献，勇往直前，人定胜机，机随人行"<<endl;
            for(int i=0;i<10000;i++)    //显示延时，以防闪烁
                for(int j=0;j<100000;j++);
        }
        if(_kbhit())//判键盘函数，如果显示十六字方针时有键按下，
                    //_kbhit()为非 0 值，执行下一句
            continue;  //结束此次 for 循环，即不执行此句后的 for 的语句，
                       //而跳到 for 语句判断是否进行下次循环
                       //由于按了键之后，_kbhit()一直为非 0 值，所以一直按此方式运行
                       //要停止程序运行，可同时按下 Ctrl 键和 C 键或关闭运行窗口。
                       //若显示十六字方针时没有按下键，则执行 for 循环的所有语句
        t2=clock()/CLK_TCK;//记录显示 8 字环的起始时间，并转换为秒
        while(clock()/CLK_TCK-t2<1.2)       //显示 8 字环
        {
            system("cls");
            cout<<setw(20)<<setfill(c)<<'1'<<endl;
            cout<<setw(17)<<setfill(c)<<'2'<<setw(6)<<setfill(c)<<'3'<<endl;
            cout<<setw(15)<<setfill(c)<<'4'<<setw(10)<<setfill(c)<<'5'<<endl;
```

```
            cout<<setw(17)<<setfill(c)<<'6'<<setw(6)<<setfill(c)<<'7'<<endl;
            cout<<setw(20)<<setfill(c)<<'8'<<endl;
        }
        key2=kbhit();   //当显示 8 字环时，判断键盘是否按下
        if(key2)        //如果有键按下，且 key2 为非 0 值，执行下一句
            break;      //结束 for 循环
    }
}                       //程序结束
```

运行结果同题目要求。

【景点 5-8】 有一个 1 分钟的智力竞猜游戏，竞猜减法计算结果的正误，即随机出某道减法题并给出答案，如果答案对就按 y 键，错就按 n 键，选择正确得 10 分。时间达 1 分钟时，游戏结束，要求显示你共答了多少题，答对了多少题，总得分为多少，请编程实现。

智力竞猜游戏的简易流程图如图 5-8 所示。

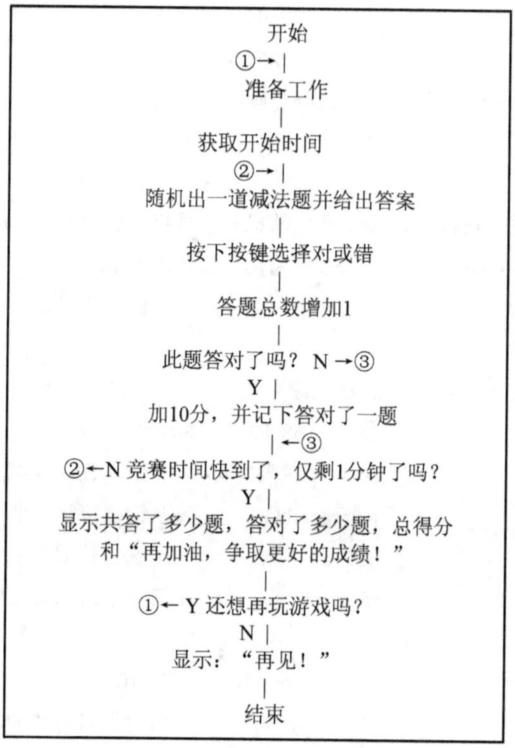

图 5-8　智力竞猜游戏的简易流程图

编写程序如下：

```
//ex5-8-4.cpp
#include<iostream.h>
#include<time.h>            //包含时间函数的头文件
#include<stdlib.h>          //使用随机函数要包含此头文件
#include<windows.h>         //system("cls")被包含在其中
```

```
#include<conio.h>          //getch()被包含在其中

void main()
{
    int pz;                     //答题的总数
    int py;                     //答对题的总数
    int sco;                    //总得分
    clock_t st,nowt;            //开始时间 st 和当前时间 nowt
    char b='y',jieg;
    int ran1;                   //存放随机数的结果
    while(1)
    {
        pz=0;                   //答题的总数清 0
         py=0;                  //答对题的总数清 0
         sco=0;                 //总得分清 0
         st=time(NULL);         //获取开始时间
         do
         {
      start1:ran1=rand()%100; //产生随机数，且将随机数模 100 后取余数
             switch(ran1)       //按照随机数选择进入下述
                                //某个出题、答题、评分和记录操作
             {
                 case 1:system("cls");
                        cout<<"68-19=59"<<endl;
                        cout<<"对吗？对——键入 y;错——键入 n"<<endl;
                        jieg=getch();        //从键盘接收一个字符，不回显
                        pz++;                //答题总数增加 1
                        if(jieg=='n')        //答对了进入此操作
                        {
                            sco+=10;         //加 10 分
                            py++;            //答对题目总数增加 1
                        }
                        break;               //跳出 switch 语句
                  case 2:system("cls");
                        cout<<"17-13=4"<<endl;
                        cout<<"对吗？对——键入 y;错——键入 n"<<endl;
                        jieg=getch();
                        pz++;
                        if(jieg=='y')
```

```
            {
                sco+=10;
                py++;
            }
            break;
    case 3:system("cls");
            cout<<"2000-1896=108"<<endl;
            cout<<"对吗？对——键入 y;错——键入 n"<<endl;
            jieg=getch();
            pz++;
            if(jieg=='n')
            {
                sco+=10;
                py++;
            }
            break;
    case 4:system("cls");
            cout<<"360-280=80"<<endl;
            cout<<"对吗？对——键入 y;错——键入 n"<<endl;
            jieg=getch();
            pz++;
            if(jieg=='y')
            {
                sco+=10;
                py++;
            }
            break;
    case 5:system("cls");
            cout<<"15-27=-12"<<endl;
            cout<<"对吗？对——键入 y;错——键入 n"<<endl;
            jieg=getch();
            pz++;
            if(jieg=='y')
            {
                sco+=10;
                py++;
            }
            break;
    case 6:system("cls");
```

```
            cout<<"39-12-19=9"<<endl;
            cout<<"对吗？对——键入 y;错——键入 n"<<endl;
            jieg=getch();
            pz++;
            if(jieg=='n')
            {
                sco+=10;
                py++;
            }
            break;
    case 7:system("cls");
            cout<<"10000-399=9601"<<endl;
            cout<<"对吗？对——键入 y;错——键入 n"<<endl;
            jieg=getch();
            pz++;
            if(jieg=='y')
            {
                sco+=10;
                py++;
            }
            break;
    case 8:system("cls");
            cout<<"21-5-32=-16"<<endl;
            cout<<"对吗？对——键入 y;错——键入 n"<<endl;
            jieg=getch();
            pz++;
            if(jieg=='y')
            {
                sco+=10;
                py++;
            }
            break;
    case 9:system("cls");
            cout<<"-50+41=8"<<endl;
            cout<<"对吗？对——键入 y;错——键入 n"<<endl;
            jieg=getch();
            pz++;
            if(jieg=='n')
            {
```

```
                    sco+=10;
                    py++;
                }
                break;
            case 10:system("cls");
                cout<<"106-64-41=0"<<endl;
                cout<<"对吗？对——键入 y;错——键入 n"<<endl;
                jieg=getch();
                pz++;
                if(jieg=='n')
                {
                    sco+=10;
                    py++;
                }
                break;
            default:goto start1;     //若随机数不是 1～10 范围内的数字，
                                     //则无条件转到语句标号为 start1 的语句执行
                                     //(即 start1:ran1=rand()%10;语句)
        }
        nowt=time(NULL);             //获取当前时间
    }while((nowt-st)<=60);           //当前时间减起始时间的差值小于等于 60 秒就循环
    system("cls");
    cout<<"游戏结束时间到。"<<endl;
    cout<<"你答题的总数是："<<pz<<endl;
    cout<<"你答对题的总数是："<<py<<endl;
    cout<<"你答题的总得分是："<<sco<<endl;
    cout<<"再加油，争取更好的成绩！"<<endl;
    cout<<"你还想再玩游戏吗？想就请键入 y，否则键入 n"<<endl;
    cin>>b;
    if(b=='n')
    {
        cout<<"再见！"<<endl;
        break;
    }
  }
}
```

3．如何运用几种循环语句

有位同学问：**“三种循环语句我不知何时用哪种才较合适怎么办？”**乐乐为他解答了这个问题，一般来说，按下述三种情况使用：

(1) 当需要先判断条件是否满足才做循环操作时，用 while 比较方便，如景点 5-1 的解法一。

(2) 当无论条件满足与否都做第一轮重复动作，第二轮后的循环操作是否继续要根据条件表达式满足与否来决定时，用 do…while 较方便，或用 for 也可以，如景点 5-1 的解法二或景点 5-6。

(3) 当循环次数比较确定，控制循环次数的变量值也同时可以在循环操作中用到时，用 for 语句较清晰方便，见景点 5-6。

当然，以上**三种循环做些适当的调整都可以互相使用，还可以互相嵌套(即某个循环中还有另外一些循环)，只是看哪一种编写程序更方便，程序的可读性(可读性即读懂程序的难易性)和可维护性(维护、修改该程序的方便性)更好而已**，这也说明程序不是唯一的。在对号入座写文章时，**关键在于找出重复规律，并加以利用**。

又有位同学问：“我有时没有正确设置循环条件的初始值或继续循环的条件表达式，出现了死循环，就是程序没完没了地循环运行，怎么办？”强强帮他解决此问题：“结果不正确、死循环或运行不正常时，正是人脑运行的大好时机，很益智且很有趣的！就像玩游戏一样，用人脑从容不迫、不慌不忙地跟踪循环的第一轮、第二轮和最后一轮，并记下一些关键数据，很快就会找到不正确或死循环的原因，有利于对症下药。”

乐乐问强强：“如果要输入我们班 50 位同学的成绩，是否要设 50 个变量？这 50 个变量对应张三、李四、王五会混淆不清，你说是吗？”“那咋办呢？”强强一副为难的样子，转而一想，又精神振奋地喊道：“人定胜机，我们就尽管去 C++ 乐园游览吧！”

进阶篇

第 6 章　同类合并　数组游览

晶晶导游问道：“前面学到的程序结构有哪些？”“顺序的。”“选择判断的。”“还有循环重复的。”同学们都踊跃回答。“在处理方面呢？”“主要用于处理信息，即处理变量和常量这些信息。”“还有科学计算等方面的处理。”“前面学过的给变量和常量起名字都是对应一个变量或常量，那如果对一群相同数据类型的变量或常量，岂不是要用 C++语言的一群变量名或常量名来表示吗？”

同学们面面相觑，议论道，“那这一群变量或常量如果很多的话，就麻烦了，不但记不住，而且编程也不好处理，不知道哪个变量对应哪个变量名了。”“是呀，如果我们班 50 个同学的数学成绩用 50 个浮点型变量来表示就麻烦了。”……

晶晶亮出了底牌：“C++才不会那么笨呢！它把 C++乐园第 5 站的景点做得很漂亮，很别致，就是把这些具有相同数据类型的信息归为一个小组——**数组**。数组相当于数学中的集合，只需要起一个小组名称，然后将这些数据群按照规律安放在这个小组中，C++程序就可以随意地改变这些数据群的数据，也可以随意地把这些数据群从小组中取出来使用等。C++聪明吧！”同学们都相互点头，“这也好记，数据信息放在一个组里就是数组。”“让我们来看看 C++怎么个聪明法。”

6.1　随师游览：往大房间(数组)里放数据并显示之景点

【景点 6-1】　定义一个数组 a1，再给该数组赋值，并显示赋值后数组的所有元素值。

强强不当回事：“嗨，不就是开一个放数据的大房间——把数据放入房间——查看房间里的数据？”“说得倒轻巧，怎么开一个放数据的大房间？”“这倒问住我了，怎么开房间，晶晶导游？”“假设放的是整型数据，用‘int a1[3];’就可以**开一个能放 3 个整型数据的大房间(数组 a1)，a1 是大房间的名称(数组名)，方括号里的 3(下标)表示大房间里有 3 个整型数据的小房间(3 个变量)**，如图 6-1 所示。**这 3 个小房间就是**

100	66	3000
a1[0]	a1[1]	a1[2]

图 6-1　数组元素排放示意图

以前学的 3 个变量，赋 a1 值、使用方法与以前一样，只是现在的变量名要加上下标以区分是哪个小房间(哪个变量)。**现在的变量名(数组元素)的称呼法是数组名[下标]，下标**指明第几个数组元素。那么，下标从什么数开始呢？”“1、2、3，当然从 1 开始。”强强想当然地答道。“不对，下标应从 0 开始。猜猜看，a1[0]是指数组中的第几个小房间？”“第 1 个小房间。”“a1[2]呢？”“第 3 个小房间。”“都答对了。”同学们兴奋起来了，“哦，可以往大房间放数据啰！”“我用赋值语句赋 100 给第 1 个小房间。”“我从键盘上接收一个数据放在第 2 个小房间(a1[1])。”“最后，我又将 3000 赋值给第 3 个小房间(a1[2])。”

“以上东西都在房间里放好了吗？查查看。因为要看 3 次，所以用循环结构。可用循环控制次数 i 作为下标值，第 1 次为 i = 0，即 a1[i] = a1[0] = 100…，依此类推。

注意：因为不是字符串，所以不能用‘cout<<a1’来输出数组的所有元素值，否则出错。”

程序如下：

```
//ex6-1-4.cpp
#include<iostream.h>
void main()
{
    int a1[3];
    a1[0]=100;              //用赋值语句给数组 a1 的第一个元素赋值 100
    cout<<"请输入数组的第二个元素值"<<endl;
    cin>>a1[1];             //用键盘输入数据给数组 a1 的第二个元素
    a1[2]=3000;             //用赋值语句给数组 a1 的第 3 个元素赋值 3000
    for(int i=0;i<3;i++)    //循环输出数组 a1 的所有元素值
        cout<<a1[i]<<" ";   //第一次输出 a1 的第一个元素值 100……
}
```

萝卜种好了，“三到式”检查 OK 后，上机调试运行，显示的输出结果为：

```
请输入数组的第二个元素值
66
100 66 3000
```

结果正确。

“我们自己游览试试看。”

6.2　自 行 游 览

6.2.1　数组游览之自游景点

1．请将你每天记忆的英语单词的数量用一维数组表示，然后运行一下该程序，将每天记忆的英语单词量排排队，看你每天最多可以记住的英语单词量是否有所提高。

2．将全班同学的某科考试成绩输入计算机，保存在一维数组中，并输出显示全部成绩。

3．计算第 2 个景点中全班同学某科考试成绩的平均分及合格率。

4．在第 2 个景点中，请你选出全班前 3 名同学的成绩，并输出显示这 3 个成绩。

5．有一位顾客问商场售货员能否告诉她同类商品中价格最便宜的是哪一种，售货员欣然地满足了她的要求，请编程实现该过程，假设同类商品的货物单价保存在一个一维数组中。又假设顾客问你最贵的商品呢？你该怎么做？

6．在 100 米短跑比赛中，10 个参赛队员的成绩已记录在一维数组中，请你列出冠、亚、季军的成绩，试编程实现。

7．某工厂的产品是边生产边自动记录合格品的规格尺寸。假设出口产品中要求好中挑好，你如何编写程序来实现这一要求？

8．毕业联欢晚会上，整个年级的女生准备演出一个舞蹈节目。要求挑选出身材适中的 10 位女生，假设身材特征的信息存放在二维数组中，请你用合适的数据存储信息，并从中按要求挑选出 10 名女生，借助于计算机完成此项任务吧！

9．商场里的货物序号及数量存放在货物清单中，并用二维数组保存此货物清单。请打印输出显示该货物清单，试编程实现。

10．用二维数组存放 5 个学生的学号和数学成绩，输入这 5 个学生的学号及成绩，按成绩从高到低排序并输出显示。请编程让计算机替你完成。

6.2.2　数组游览之遐思景点

1．编程实现矩阵的转置功能。

2．如何从矩阵中找出最小或最大值及其所在的位置。

6.3　游 览 观 感

“哇，这数组可帮大忙啦！一个数组就把我们这个团队 50 个变量囊括进孙猴儿的布袋里了，胃口真大！”有位调皮的男生挺着肚子装着孙猴儿的模样，一摇一摆地说。强强也乐起来，摸着这假孙猴儿的肚皮：“岂止我们团队的 50 个变量，只要你需要而且计算机又能容纳得下你所需的同类信息量，那就不止是以一当十，而是以一当需，你孙猴儿的布袋要多大有多大了。”“真的？这孙猴儿的布袋还值得细细欣赏一番。”

6.3.1　数组游览之游览要点

1．数组知识

某个同学抱着脑袋：“到了数组，我就有些懵了。”乐乐把他的手放下来：“怎么懵？”“一是不知何时用数组，二是不知怎么用数组。”“这好办，当用到一组数据类型相同的数据时，就用数组把这些数据集中在一起管理和使用，怎么方便怎么来。”“但我就是不会用数组。”“那你会不会使用以前学的单个变量？”“会呀，那就像吃生菜一样——容易得很。”“这就好办了，用回忆法，**数组也是一种数据类型，数组中的变量是数组元素**。所以，**注意使用时称呼数组元素的方法就可以了，赋值、使用等方法还和以前使用单个变量时相同。**”

“那岂不是很容易学吗？”“确实是。咱们继续回忆。数组有一维的或多维的。

1) 一维数组

先说说一维数组。图 6-1 就是一维数组，它只与单方面的信息有关。”“依此类推，二维数组或多维数组则与两方面或多方面的信息有关。”“那怎么给数组这种数据起名字呢？”“还是你聪明。凡是数据都要遵守‘先定义，后使用’这个原则，就像景点 6-1 一样先开大房间(数组)。”**数组有两种定义方式：**

方式一：

数组元素的数据类型 数组名[数组元素的总个数];

数组元素的总个数(即数组这个大房间里的小房间数)**必须是常量表达式**，因为数组元素的总个数在定义数组时就要确定下来，不能改变，如景点 6-1。

【景点 6-2】　定义一个有 3 个元素的整型数组。

```
int a1[3];
//定义了数组名为 a1 的一维数组，该数组中最多只能存放 3 个元素(3 个小房间)
```

乐乐让大家消化消化：“考考你们，如何定义一个放 3 个字符的字符数组？”“‘char word[3];’。”“错。”“为什么？”“如果数据类型是字符型 char 时，因为数组的最后一个单元要放字符数组的结束符'\0'，所以数组的大小为数组元素的总数加 1。”“哦，那就改为‘char word[4];’。”“Yes！当数组元素的总个数要在程序中随意改变时，用第 8 章介绍的链表或用第 16 章介绍的堆都可以实现。”

方式二又是怎样的呢？如下所述：

方式二：将定义一维数组和给数组元素赋初始值合二为一，其中又可分为两种方式：

(1) 第一种方式：

方式一={数组中的各元素初值};

注意：每个值之间用逗号间隔。

(2) 第二种方式：

省略第一种方式中的“数组元素的总个数”。当给全部数组元素赋初值时，可用此方式。

【景点 6-3】　定义两个存放 5 个字符的字符数组，并显示这些字符。

```
char c[6]={'H','a','p','p','y','\0'};    //定义了一个字符数组 c，
//并赋 6 个字符给 c 中的各数组元素，最后一个元素是字符串结束符
/这是将数组中的每个元素作为 1 个字符来赋初值，所以用单引号引起每个元素值
char c1[6]={"happy"};                    //或用 char c1[]={"happy"};二者效果一样
//定义了一个字符数组 c1，并用字符串赋初值
//所以用双引号引起字符串，系统自动给字符串的末尾加上结束符'\0'
cout<<c<<'\t'<<c1<<endl;                 //输出字符数组或字符串名就是输出了其中的字符内容
```

运行结果：

```
Happy    happy
```

结果正确。

“学会了定义，就要使用了，怎么用呢？”一位同学被难住了。强强拍着胸脯站了起来：“难不倒！全班 50 位同学排成一列。”“哎，这跟排队有什么关系？”“你甭管，排就是

了。请大家把我班的自编号定义为一个数组。”“我们是一班，class one，数组名就叫 c1 好吗？”“OK！”大家展开了互问互答，“把自编号用整型数表示。”“那就定义为‘int c1[50];’。”“应该为‘int c1[49];’吧？”“不对，按语法格式，方括号里是数组元素的总个数，全班 50 个同学，则数组元素的总个数为 50，所以，还是‘int c1[50];’对。”“那 c1[49]表示什么呢？”“这是个变量名，是 c1 数组第 50(下标+1)个变量的变量名，其中 c1 是数组名，49 是下标，对应 c1[49]这个变量中存放的就是第 50 位同学的自编号。”“哦，我明白了。”

乐乐总结道：“其实，**数组名[下标]**就等于以前学的单个变量或常量，因此以前使用单个变量或常量的方法在数组里是绿灯通行，即**用数组名[下标]来使用数组的数据**，只不过要注意数组中单个变量或常量的写法而已。”强强补充说：“那就等于新增了一种数据类型——数组，其他还是老调重弹，这样我就不用费劲去理解和记忆了。”

文文在一旁又泼冷水了，“光磨嘴皮不管用，真枪实弹才实用！”“用就用，大不了冲上战场把那些 errors 全扫光。”强强不甘示弱地回敬了一句。

【景点 6-4】　有一个工厂想对日产量进行排序并显示日产量的排序结果，以便直观了解生产情况，调整生产计划及方便生产管理等，请编写程序助他们一臂之力。其中，日产量的数据用一个数组存放，日产量数据及生产天数自定。

游览此景点后，大家的分析、归纳和总结汇总如下：

假设按照从左到右、从小到大的次序排序列写日产量，人的详细做法如图 6-2 所示。

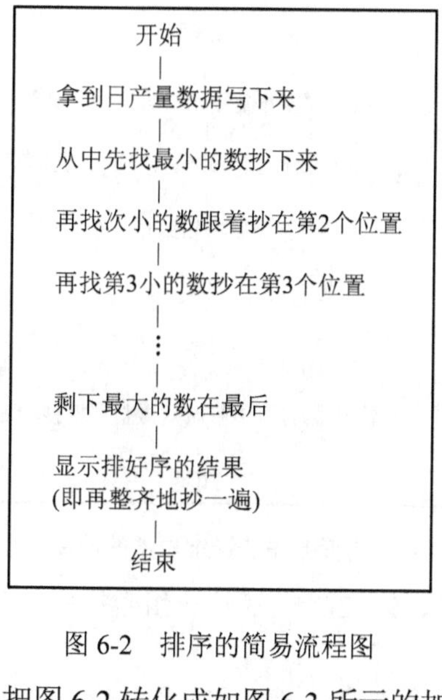

图 6-2　排序的简易流程图

按照选择排序法的方法，把图 6-2 转化成如图 6-3 所示的加入选择排序法的详细做法。

乐乐丈二和尚摸不着头脑地问强强：“哇！图 6-3 这么详细，怎么从图 6-2 转化成图 6-3 呢？”“其实，图 6-2 是较粗糙的人工详细做法，而图 6-3 加入了选择排序法。你了解选择排序法吗？”“不了解。”“那就让我们先来知己知彼……”“而后我们就能百战百胜了。”“好样的，‘人定胜机’的意念真牢。”

强强耐心详细地继续讲解：“假设我们采用选择排序法对日产量的数组元素按从小到大的顺序排放，**其方法是在每一轮排序中最多只移动一次最小的数据**。即在每一轮找最小数时，从左至右将该轮要排序的各个数分别与最小数比较，**谁小就记下这个最小数的位置**(如**图 6-3 的关键句 1**)；找出这一轮中的最小数之后，再把它与在这一轮排序的首位数据调换(如**图 6-3 的关键句 2**)，其他数据保持原位不动。不断重复每一轮的挑选过程，直到排序完毕。”

开始
|
拿到日产量数据写下来(设为10天的日产量数据)
|
外循环轮数的初始值
①→ |
外循环轮数<(日产量的个数-1)轮(此为9轮)吗？　N →⑥
Y |
最小数位置的初始值=外循环轮数
|
内循环次数的初始值=外循环轮数+1
②→ |
内循环次数<(日产量的个数-1)次(此为9次)吗？　N →④
Y |
内循环次数的日产量<最小数位置的日产量吗？　N →③
Y |
(关键句1)最小数位置=内循环次数
| ←③
内循环次数+1
↓
②

④
↓
最小数位置≠外循环轮数吗？　N →⑤
Y |
(关键句2)最小数位置的日产量与此轮排序的首位日产量交换位置
| ←⑤
外循环轮数+1
↓
①

⑥
↓
显示排好序的结果(即再整齐地抄一遍)
|
结束

图 6-3　选择排序法详细做法的简易流程图

例如，按选择排序法对 7、9、2、5、3 这一组数排序，各轮排序后的结果为：

初　始　　7 9 2 5 3
第一轮　　2 9 7 5 3
第二轮　　2 3 7 5 9
第三轮　　2 3 5 7 9
第四轮　　2 3 5 7 9

“哦，这下我心中有底了，回去试试。”乐乐有点开窍了。

强强郑重地说：“关键在于画流程图或写提纲阶段绝对不要想编程语言和计算机，而要完全用你的母语(如中文)来想通人的详细做法，然后画流程图或写提纲。这时你就会下笔成章，画(写)出完全用母语表达的人工详细做法的流程图或提纲。还要注意的是每个动作要想到深处、详细处，不能漏掉一个动作或行为。例如，用选择排序法对 10 天的产量(10 个数据)排序，只需进行九轮就 OK 了，那你就可以把继续循环的条件在人工详细做法流程图中写成：‘比较了九轮了吗？’至于‘i<N－1’你先不用管，等到按人工详细做法的流程图种萝卜时你再去考虑，这里为什么继续循环的条件是‘i<N－1’。”

“嗨，这下我稳坐钓鱼台了。”乐乐脸上露出了笑容。

下面，就可以进入对号入座写文章、头脑运行改文章阶段了。

(1) 先唱输入这部曲。

第一句是指把日产量数据写下来，包括以下四步：

第一，拿到数据后可以采取任一种方式输入。因为日产量时时变化，所以此处采用键盘输入语句：“cin>>array[i];”。

第二，以前是“cin>>变量名”，那么现在这个变量名 array[i]是什么？它是一个存放数据的房间，数组名 array 是大房间的门牌号，里面的小房间也有房号，如图 6-4 所示。例如 array[0]就是第 1 个小房间，array[i]就是第 i+1 个小房间。因为此景点若定义 10 个变量(10 个单房间)，一是麻烦，二是房间分散不好管理，所以采用数组这种数据结构来存放数据。

第三，那这个数据放到哪个房间，这就要靠你定义了，也就是初始化中“int array[N];”这一句，而且要指定这个大房间 array 里有多少个(N 个)小房间，即方括号中的数(这个数必须是常数或常量表达式)。你可以直接写一个具体的数字，也可以像程序中的“const int N=10;”一样定义一个常数 N。

第四，往这个大房间里的各个小房间放数据，是一个重复的动作，因此使用循环结构，即：

```
for(i=0;i<N;i++)//给数组 array 的元素赋值
    cin>>array[i];
```

赋值后，要检查一下有没有把数据全部存放好，也就是一个一个房间地查看(显示数组的各元素值)。若显示无误，则可进行下一步。

(2) 再唱处理这部曲。此处所说的处理即为排序。

例如，按选择排序法的详细做法对数组 7、9、2、5、3 进行排序，排序前的数组元素如图 6-4 所示。

7	9	2	5	3
array[0]	array[1]	array[2]	array[3]	array[4]

图 6-4　排序前的数组元素排放示意图

注意：array[0]表示第 1 个房间(元素)，其下标是从 0 开始编排的。所以，将外循环轮数的控制变量 i 从 0 开始，i 就等于数组的下标了。这是一个很有用的相关联数据，非常利于编程。

排序过程如下：

第一轮，在 5 个数中找到 2 这个最小数，将 2 和这一轮排在首位的 7 互换。

第二轮，在剩下的 4 个数中找到 3 这个最小数，将 3 和这一轮排在首位的 9 互换。

……

最后一轮，在剩下的两个数中，因为 7 就是最小数(即这一轮排在首位的数就是最小数)，所以不用互换。

关键在于**找到最小数时，要记录其所在的位置**。设最小数的位置为 seat。在每一轮找最小数时，从左至右将该轮要排序的各个数分别与最小数比较(即流程图中的“内循环次数的日产量<最小数位置的日产量吗？”，写成程序为 array[j]<array[seat])，谁小就记下这个最小数的位置 seat(即 seat=j;)；比到最后(即内循环结束时)，自然 array[seat]中是最小数。如果最小数是这一轮首位(i)的数(即当每一轮初设定的最小数位置 seat=i 没有变化时)，则不用交换；否则，array[seat])与哪个位置的元素调换位置呢？因为第 1 轮最小数要放在第 1 个位置，第 2 轮找出的最小数放在第 2 个位置……所以 array[seat]就与 array[i]调换(即找到的最小数与这一轮排在首位的数互换)。互换需要借助于中间变量来完成，即相当于要将红墨水瓶和蓝墨水瓶中的红蓝墨水互换，必须借助于另一个空瓶来完成，此景点借助于中间变量 temp 来完成互换，语句如下：

```
if(seat!=i)          //如果查找中每一轮的首位(i)元素不是最小数
    temp=array[i],array[i]=array[seat],array[seat]=temp;     //元素交换
```

当进行外循环最后一轮(N－1 轮)后，所有元素从小到大排序好了。究竟有无排好序，用循环打印输出排序结果就知道了。

“为什么最后一轮不是 N 轮，而是 N−1 轮呢？”乐乐嚷起来。“流程图 6-3 中的外循环不是 9 轮吗?! 这 N－1＝10－1，正好等于 9 啊！”强强提示道。“哦，我知道了，10 个数进行 9 轮就排好序了，因为最后两个数是在第 9 轮排好序的。但 i＜9，那么 i＝8 就是最后一轮排序了？”又轮到强强露一手了：“Yes！ i 从什么数开始？”“从 0 开始，那还是比较 9 轮。”

随后，强强做了小结：“实践表明，第二、第三大设计步骤中考虑编程语言和计算机才正是时候，否则就会事倍功半，甚至失败。”

分析结果如上所述，根据图 6-3 编写程序代码如下：

```
//ex6-1-1.cpp
#include<iostream.h>
const int N=10;              //N——生产天数，暂定 10 天，以后可按需要更改 N 值

void main()
{
    int array[N],i,j;
    int seat,temp;           // seat——最小数位置
    cout<<"请输入"<<N<<"天的日产量"<<endl;
    for(i=0;i<N;i++)         //给数组 array 的元素赋值
        cin>>array[i];
    cout<<"array 排序前的所有元素值\n";
    for(i=0;i<N;i++)         //输出数组 array 排序前的所有元素值
```

```
        cout<<array[i]<<" ";
    for(i=0;i<N-1;i++)            //对数组 array 排序，外循环管排多少轮
    {
        seat=i;                   //暂时以此轮比较的首位元素的位置作为最小数的位置
        for(j=i+1;j<N;j++)        //内循环管每一轮的排序
        {
            if(array[j]<array[seat])      //查找最小数
                seat=j;           //记录该次比较出的最小数的位置，关键!!!
                                  //提供是否交换最小数的依据及位置，即关键句 1
        }
        if(seat!=i)               //如果这一轮比较的首位(i)元素不是最小数
            temp=array[i],array[i]=array[seat],array[seat]=temp;     //元素交换，即关键句 2
    }
    cout<<endl<<endl;
    cout<<"array 排序后的所有元素值\n";
    for(i=0;i<N;i++)              //输出数组 array 排序后的所有元素值
        cout<<array[i]<<" ";
}
```

(3) 头脑运行改文章。

多重循环是人脑跟踪运行并判断正确与否的最好机会，至少用人脑跟踪运行 i=1、i=2 以及最后一次的循环。如果还搞不清楚或排除不了错误时，就在记录本上列个简表，写出每一轮的关键数字，如记录每一轮的 i、j、seat、array[seat]等值。这种查找错误法很有效。

上机实验记录如表 6-1 所示。

表 6-1　上机实验记录表

出错现象	出错原因	解决办法
'array' : unknown size;	定义数组时没有定义数组长度，即没有定义为 array[]	改为 const int N=10 int array[N]; 此错纠正
'array0' : undeclared identifier	使用数组元素时，下标没加[]，致使程序把 array0 作为变量名，所以错误信息为：没有定义标识符 array0	改为 array[0] 此错纠正
syntax error : ']'	使用数组元素时，[]中没加下标	改为 array[1] 此错纠正

运行结果为：

请输入 10 天的日产量

98

```
95
103
117
89
92
109
102
115
81
array 排序前的所有元素值
98 95 103 117 89 92 109 102 115 81
array 排序后的所有元素值
81 89 92 95 98 102 103 109 115 117
```

结果正确。

结果正确与否与内外循环的终止条件有关，这很重要。若不正确，再用人脑跟踪运行，耐心查错，加以更正。

2) 二维数组

强强问乐乐："二维数组又是啥样的呢？"乐乐马上答复他："二维数组与两方面的信息有关。**一维数组是一条直线，那么二维数组就是一个平面**，是既有水平方向、又有垂直方向组成的一个平面。在 C++ 中，这个平面的数据是按从上到下、每一行又按从左到右的次序排列的。而且二维数组的元素在内存中也按此顺序线性连续排列，像一维数组的元素一样，一个接着一个排列在内存中。""那又怎么定义呢？""**和一维数组一样，二维数组也有两种定义方式**，其特点就是下标多了一个，一个下标指明水平方向(即行)，另一个下标指明垂直方向(即列)。"

方式一：

数组元素的数据类型 数组名[数组的总行数] [数组的总列数];

数组的总行数 × 数组的总列数 = 数组元素的总个数。所以，这与一维数组是对应的，**总行数和总列数也必须用常量或常量表达式**表示。

强强跃跃欲试："马上去游览景点。"

【景点 6-5】 定义一个 4 行×4 列的二维数组，数组数据为浮点型。

```
float b[4][4];      //定义了数组名为 b 的二维数组
```

方式二：

定义和赋初值合二为一，分为两种方式：

(1) 方式一格式={{第一行各元素值},{第二行各元素值},…,{第 n 行各元素值}};

注意：每个值之间用逗号间隔，且行与行之间也用逗号间隔。

【景点 6-6】 某大学的某个学院有 4 个年级的本科生，每个年级又有 3 个班，每个班的人数如表 6-2 所示，请将这些班级的学生人数保存在二维数组中。

```
int stud[4][3]={{48,51,50},{52,47,49},{45,48,47},{46,49,48}};
```

```
//定义了二维数组 stud，并进行了初始化
```

注意：除了最外层的一对花括号外，里面的花括号均可省略。因此景点 6-6 可写为：

```
int stud[4][3]={48,51,50,52,47,49,45,48,47,46,49,48};
```

表 6-2　某大学的某个学院在校学生人数清单

年级 \ 班	1	2	3
大一	48	51	50
大二	52	47	49
大三	45	48	47
大四	46	49	48

(2) 在方式二中，当给全部数组元素赋初值时，二维数组的总行数可省略，景点 6-6 可写为：

```
int stud[][3]={48,51,50,52,47,49,45,48,47,46,49,48};
```

赋初值还有其他一些方式，例如只赋其中一些值，其余元素的值被自动赋为 0。但没必要去记这么多方式，书写时，还是用全写出的方式好，尽量不用省略方式。

强强打破砂锅问到底："具体怎么使用呢？""**二维数组的使用类似于一维数组的使用**，即用**数组名[行下标] [列下标]**表示数组里的某个变量或常量，其他还是老调重弹的对单个变量或常量的使用。"强强一拍大腿："嗨，那就容易极了。"同学们积极尝试，游览了景点 6-7。

【景点 6-7】　将景点 6-6 中某大学某个学院在校学生的人数分布情况用二维数组存储，并打印显示。

程序如下：

```
//ex6-7.cpp
#include<iostream.h>

void main()
{
    int i,j;
    int stud[4][3]={{48,51,50},{52,47,49},{45,48,47},{46,49,48}};
                                    //定义二维数组 stud，并进行了初始化
    for(i=0;i<4;i++)                //循环输出数组 stud 的所有行的元素值，即外循环
    {
        for(j=0;j<3;j++)            //循环输出数组 stud 的第 i 行的元素值，即内循环
            cout<<stud[i][j]<<" "; //输出数组 stud 的第 i 行、第 j 列的元素值
        cout<<endl;                 //输出完一行元素值就换行
    }
}
```

运行结果为：

```
48 51 50
52 47 49
45 48 47
46 49 48
```

结果正确。

有位同学眉头一皱，歪着脑袋望着乐乐问："二维数组可不可以放字符串呢？""景点 6-8 就是答案。"

【景点 6-8】 将数据(如字符串"Television"、"Calculate"、"Car")存放在平面上。

```
//ex6-8.cpp
#include<iostream.h>

void main()
{
      int i,j;
      char a2[3][20]={"Television","Calculate","Car"};
                                        //定义二维数组 a2，并进行了初始化
      for(i=0;i<3;i++)                  //循环输出数组 a2 的所有元素值
            cout<<a2[i]<<endl;          //输出就同输出变量一样，只写二维数组的分变量名
                                        //(即写"二维数组名[行下标]")即可
}
```

运行结果为：

```
Television
Calculate
Car
```

结果正确。

在处理字符数组时，还可以使用 C++的标准字符串函数完成一些常见的操作，如字符串连接、复制、比较和计算串长度等。这些字符串函数在 string.h 头文件中定义，使用时要包含此头文件。

2. 字符串知识

但因字符数组表示的字符串受大小的限制，因此 C++又想了一个好办法，那就是用一种字符串类型(string)来对字符串进行操作。

"那什么时候用字符串类型，什么时候用字符数组呢？"这位同学刨根问底。"**凡是对字符及字符串进行操作和处理的，一般都可以用字符串类型。尤其是用字符数组处理不方便时，使用效果更佳**。但有时用字符串处理达不到预期效果时，反过来，又要用字符数组来处理，如从键盘输入中文字符串给字符串变量并保存在文件中时，打开显示出来的是乱码，但用字符数组就正确。所以，应视具体情况而定。"乐乐抛砖引玉。"既然字符串是一种数据类型，那么也要先定义后使用啰！""Yes！你真会回忆着学。"

string 是在 C++标准库中声明的一个字符串类，用这个类可以定义对象(类和对象的知识在第 12 章会介绍)。现在先将 string 这个类看作是原来学过的一种数据类型，定义对象可看作是原来学过的变量，**则定义字符串变量的方法与原来定义变量的方法相同**，如：

方式一：**先定义，后赋初值。**

【景点 6-9】　先定义一个字符串变量，再给该字符串变量赋值。

```
string stuname;          //定义字符串变量 stuname
stuname="何新";          //给 stuname 赋值
```

方式二：定义和赋初值合二为一。

【景点 6-10】　请用定义和赋初值合二为一的初始化方式，对一个字符串变量进行定义且赋初值。

```
string stuname="何新";     //既定义字符串变量 stuname，又给 stuname 赋初值
```

在定义语句的前面，还要加上头文件包含语句：

```
#include<string>           //注意不要加.h
using namespace std;       //且要加此句
```

包含语句一定要是这种写法，其中“using namespace std;”是声明命名空间 std，std 中定义了标准 C++库中的所有标识符。有了这句，string 和 iostream 等的头文件包含句中就不要加“.h”，否则会出错。

使用字符串变量的方法同其他变量一样，因为**字符串变量也是一种变量，所以赋值、输入、输出和比较等方面的使用也与原来使用变量的方法一样**。例如景点 6-9 和景点 6-10 中就有赋值操作，是不是与其他变量的操作方法相同呢?

【景点 6-11】　输入一个字符串给一个字符串变量，并输出该字符串变量的内容。

```
cin>>stuname;                //输入同输入变量一样，只写字符串变量名即可
cout<<stuname<<endl;         //输出同输出变量一样，只写字符串变量名即可
```

运行结果为：

```
何新
何新
```

结果正确。

由于字符串也是变量，因此也可以用此变量的一些字符串组合在数组中，这就是字符串数组。

【景点 6-12】　定义一个字符串数组。

```
string gname[3];        //定义名字为 gname 的字符串数组，有 3 个数组元素(即有 3 个字符串)
```

【景点 6-13】　用初始化方式定义且赋初值一个字符串数组。

```
string gname[3]={"Television","Calculate","Car"};
                //定义名字为 gname 的字符串数组，并给 3 个数组元素赋初值
```

按照上述知识定义和运用字符串，从以下景点来看字符串的一些功能吧！

【景点 6-14】　将景点 6-13 所示字符串数组中的各元素输出显示。

```
for(int i=0;i<3;i++)//循环输出数组 gname 的所有元素值
     cout<<gname[i]<<endl;     //输出同输出变量一样，只写字符串数组的分变量名
                               //(即写“字符串数组名[下标]”)即可
```

【景点 6-15】 对几本书的书名进行操作，书名为高等数学、模拟电子技术、高级算法语言 C++、程序设计基础，请编程实现下述各种操作：

(1) 输入几本书名，并输出显示。

(2) 书名拼接："高级算法语言 C++" + "程序设计基础"，并显示出来。

程序如下：

```
//ex6-15.cpp
#include<iostream>          //注意不要加.h
#include<string>            //注意不要加.h
using namespace std;        //且要加此句

void main()
{
    string book1[4];        //定义名字为 book1 的字符串数组，其中有 4 个数组元素
    cout<<"请分别输入 4 个书名"<<endl;
    for(int i=0;i<4;i++)    //循环输入数组 book1 的所有元素值
        cin>>book1[i];      //输入同输入变量一样，只写字符串数组的分变量名
                            //(即写"字符串数组名[下标]")即可
    for(i=0;i<4;i++)        //循环输出数组 book1 的所有元素值
        cout<<book1[i]<<endl;     //输出同输出变量一样，只写字符串数组的分变量名
    string cb;
    cb=book1[2]+book1[3];
    cout<<cb<<endl;
}
```

运行结果为：

```
请分别输入 4 个书名
高等数学   模拟电子技术   高级算法语言 C++   程序设计基础
高等数学
模拟电子技术
高级算法语言 C++
程序设计基础
高级算法语言 C++程序设计基础
```

结果正确。

6.3.2 数组游览之总结提高

强强得意洋洋地说道，"嗨，我们的武器库又多了一些弹药。"有几个同学笑道："什么？""哎，数组和字符串啊！"同学们都赞同地议论开来，"是呀，一个数组就可以容纳成千上万个甚至无数个信息，既可以是直线型的——一维数组，又可以是平面型的——二维数组，甚至是多维数组。字符串也是，一串就是一大摞，真划算。一个导弹(C++指令)打过去，就可以杀伤一大片，威力无比。""不但容易记忆，而且方便编程，真要好好掌握。""用起来

也高效简单，而且只要**用数组名[下标]、数组名[行下标][列下标]、字符串变量名表示，就跟以前单个变量或常量的用法一样，没啥新花招**。”

“我发现，要更加从容镇定了，特别是 errors 出现时，不要怕它，还要爱它。”强强深有体会地说。“为什么？”一位男生问道。“因为有了它，你才会想方设法去消灭它，从而使你一举几得。”“哪几得？”“首先是磨炼了意志，其次是增长了智慧，再次是 by-by 了 errors……”这位男生心里暗想，还是强强有境界。

“好，我们不要骄傲，火要空心，人要虚心，要互帮互学，继续前进！”强强说道。

小组评分的结果还是保持不变。强强说：“明明、文文你俩真是老顽固，这个通用编程法又不是老虎，怎么你们连摸都不敢摸呢？”文文答道：“我怕用坏了我的编程思路和方法。”乐乐说：“那你至今还编不出程序，你的编程思路和方法又好在哪里？”把文文问了个瞠目结舌。文文说：“哎，算了，秀才遇到兵，有理讲不清。”

“听说下一个景点是 C++ 乐园最险峻的。”强强说。乐乐问：“什么？”“指针。”“好啊，好啊，终于碰到老虎了。”乐乐嚷道。文文反问乐乐：“这话怎说？”“困难就是纸老虎，你软它就硬，你硬它就软。只要不怕难，难就会散。”

第 7 章　信息指南　指针游览

“Help！Help！晶晶导游，我迷失方向了。”乐乐慌慌张张地喊着。“不用惊慌，试试找 C++中的好导游求救。”“C++还有个好导游？”“是的，它就是信息的指南针——指针。它对程序中存放的信息的地址了如指掌，你要什么信息的地址，它就给你找到什么信息的地址；你想走到哪个景点，它带你前去观看，神奇吧！快跟着这个导游看个究竟吧！”

7.1　随 师 游 览

7.1.1　通过指针拿到单个数据之景点

【景点 7-1】　有一个数据存放在某变量中，请通过指针拿到该变量的数据，并显示出来，以确认拿到了该数据。

晶晶说：“假设在某变量的房间里有东西(数据)……”强强接上话头：“那人的详细做法就是首先要找到这个房间。”“通过什么找？”“地址(门牌号码)呗。”“怎么能得到这个地址？”“是不是您刚才讲的指针，通过这个 C++好导游去找？”“学得真快，马上派上用场啦！”

指针与所指变量之间的关系示意图如图 7-1 所示。

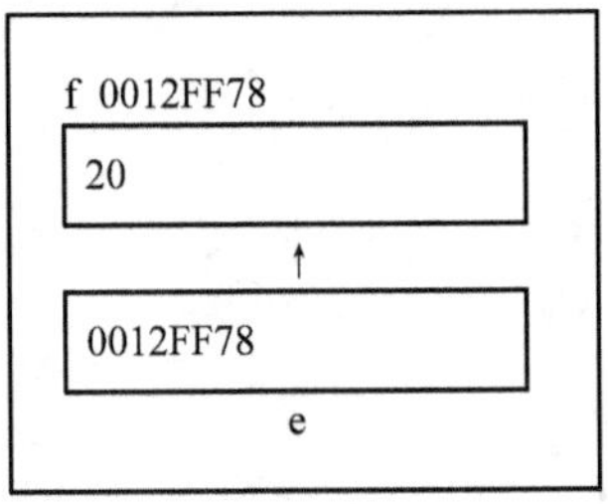

图 7-1　指针与所指变量之间的关系示意图

C++中存放的每个数据都有房间，如图 7-1 的 f 房间，其地址是 0012FF78，C++把这些地址专门存放在通讯录——指针(或称为指针变量)中，景点 7-1 存放在指针 e 中。指针变量 e 也有房间，该房间里放的是地址(0012FF78)，那么，就像人找房间取东西一样，可通过通讯录(指针)里的地址找到这个房间，再把房间里的东西(数据)取出来。

程序如下：

```
//ex7-1.cpp
#include<iostream.h>
void main()
```

```
{
    int f=20;          //开始输入
    int *e;            //定义指针变量，但 e 指的是随机地址，不是图 7-1 中的 0012FF78
    e=&f;              //该句把 f 的地址写进通讯录 e 中，即给 e 赋值，则 e 指向 f，e 中的内容
                       //就是 f 的地址 0012FF78，&是取地址符号，&f 是取 f 的地址，即取地址
    cout<<*e<<endl;    //*e 通过通讯录(指针 e)里的地址找到 f 房间，
                       //再把 f 房间里的东西(数据 20)取出来，即取内容用*e 实现，
                       //处理和输出一起执行完
}
```

"晶晶导游，指针也有变量或常量吗？"晶晶开始与这位同学一问一答："Yes，因为**指针也是一种数据类型**，所以也有对应指针这种数据类型的变量和常量，**但指针变量或指针常量里面的数据全是地址，是指向变量或常量的地址**"。"怎么获得这些地址？""那就要先给指针变量或指针常量起名字了。""学得真牢固，所以有'int *e;'。""为什么是'int *e;'，而不能写成'float *e;'呢？""因为给指针起名字(**定义指针**)**的方式一**是'指针所指信息的数据类型 * 指针名;'。而此景点的 e 指向 f，f 是整型，所以 e 也必须是整型，二者要步调一致。**写法上与定义变量或常量的区别是指针名的前面要加上星号'*'**。""这么简单好记啊！那如果是指向常量的指针呢？""很简单，只要在上式的前面加上 const 就可以了。下面我要考一考你了。这种定义方式知不知道指针指向哪个信息？""好像不知道。""确实不知道。所以，此时 e 里面是随机地址。""那怎样知道指针指向谁呢？""**用赋值语句'指针名=&变量名或常量名;'，把要指向的信息的地址赋给指针名，用取地址符&把地址取出来。**""怎么 cout 后面又定义指针呢？""这时不是定义指针了，而是**取内容**，即取出指针所指地址的信息内容。**定义指针和取内容这二者的区别是**：定义语句中的'*'用来定义指针，非定义语句中的'*'用来取内容。"

晶晶看同学们听得挺入神的，就说："那大家就按此程序上机看看吧。""哦，真是显示 20。""我也得到了 20。""我也是……""真神奇！真有趣！以前用'cout<<f;'得到变量 f 房间的数据，现在通过指针指示的地址同样也能得到 f 房间的数据。"

"通过指针是否可以得到一组信息呢？例如，我班的高等数学期末考试成绩。"晶晶检验同学们。大家说，"可以。"

7.1.2　通过指针拿到一组数据之景点

【景点 7-2】　有一组数据存放在某数组中，请通过指针拿到该组数据，并显示出来，以确认拿到了这组数据。

晶晶引导大家道："上一章我们通过数组可得到一组数据，数组里有若干个变量或常量，存放这些变量或常量的是若干个房间，有房间必有地址，所以我们同样可用指针指引得到一组数据。"乐乐回答晶晶说："是的。人的详细做法是先通过通讯录找到数组这个大房间，再进到这个大房间里，通过指针的指引一个一个小房间把数据取出来。"

"Yes!"晶晶点头称赞。

景点 7-2 的程序如下：

```
//ex7-2.cpp
```

```
#include<iostream.h>
void main()
{
    int g[5]={8};          //开始输入，定义数组 g，初始化时只赋一个值，将剩下的 4 个
                           //元素的初始值设为 0
    int *y;
    y=&g[0];               //将数组第一个元素的地址赋给指针，即取到数组的首地址，
                           //(或用 y=g; 将数组名赋给指针，效果同上)
    for(int i=0;i<5;i++)   //用指针 y 指引，循环输出数组 g 的各元素值，
                           //这是处理和输出
        cout<<*(y++)<<endl;
}
//*(y++)中有两个动作，
    //先做*y，即先输出指针 y 指向的数组中的当前元素值(第一次循环指向数组的第一个元素 8)
    //再做 y++，即 y 加 1，也就是指针向前移动到下一个单元
    //即指向数组的下一个元素(第一次循环指向数组的第二个元素 0)
```

有位同学问："为什么用'y=&g[0];'，而不用'y=&g;'把数组的地址赋给指针 y？"

"因为数组的第一个元素 g[0]的地址就等于数组的首地址；而数组名 g 也代表数组 g 的首地址，所以这句还可用'y=g;'代替，'y=&g;'的写法是错误的。"导游为这位同学做了解释。

上机后，景点 7-2 的运行结果是：

```
8
0
0
0
0
```

结果正确。

晶晶继续讲解。

定义指针的方式二：定义和初始化同时进行，其中**指向变量：**

定义指针变量的方式一的格式=&所指向的变量;

例如：

```
double r;
double * q=&r;  //用取地址符&获取变量 r 的地址，并将此地址赋给指针 q，则
                //定义了一个指向双精度变量 r 的双精度指针 q
```

指向常量：

定义指针常量的方式一的格式=&所指向的常量;

"让我们继续游览，亲身体验。"晶晶笑道。

【景点 7-3】　定义一个指向浮点型常量的浮点型指针及其取地址的操作。

```
const float e2=2.718;        //定义一个浮点型常数 e2
const float * e1=&e2;        //用取地址符&获取常量 e2 的地址，并将此地址赋给指针 e1
```

//即定义了一个指向浮点型常数 e2 的浮点型指针 e1

7.1.3　运用指针观察分析商场销售情况之景点

【景点 7-4】　某商场的日销售金额存储在计算机中，是用数组来存放的。请通过指针指引，把该商场的日销售金额打印出来，便于该商场的运营管理人员和经理观察分析商场的销售情况等。

经过大家的思考运作，得出以下解析：

指针与所指数组元素之间的关系示意图如图 7-2 所示。

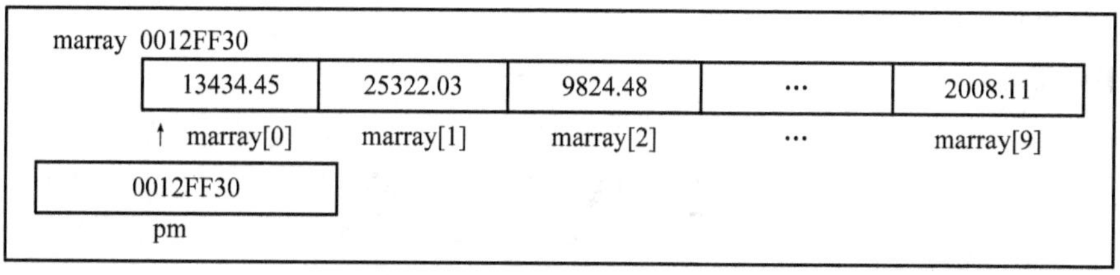

图 7-2　指针与所指数组元素之间的关系示意图

程序如下：

```
//ex7-3.cpp
#include<iostream.h>
void main()
{
    double marray[10]={13434.45,25322.03,9824.48,12566,8205.69,27536.05,
                        7932.61,9368.04,1498.31,2008.11};
    //对数组初始化，即赋予 10 个日销售金额数
    double *pm=marray;          //将双精度数组 marray 的首地址赋给双精度指针变量 pm，
                                //即取地址，也是初始化。注意二者都是 double
    cout.precision(10);         //设置实数的精度为 10 位
    for(int i=0;i<10;i++)       //输出数组 marray 的所有元素值
    {
        cout<<*pm<<endl;        //把指针指向的数组 marray 的内容输出，即取内容
        pm++;                   //指针向前移动一个数(即一个数组单元)
    }
}
```

“景点 7-2 是‘*(y++)’，对应此处则应是‘*(pm++)’，不要圆括号对吗？”乐乐联想到。晶晶说：“可要可不要。”“哦，这句循环里的两句也可如景点 7-2 一样合二为一，写成‘cout<<*pm++<<endl;’吗？”“Yes！学得真快。但不要忘记此处还有一个区别……”“是不是这时循环用到两个以上的语句，因为是复合句，所以要用花括号将复合语句括起来。”“Right！乐乐真细心。”

上机后得出运行结果为：

```
13434.45
```

25322.03

9824.48

12566

8205.69

27536.05

7932.61

9368.04

1498.31

2008.11

结果正确。

7.2　自 行 游 览

7.2.1　指针游览之自游景点

1．有一位顾客问商场售货员，能否告诉她同类商品中价格最便宜的是哪一种，售货员欣然地满足了她的要求。假设同类商品的货物单价保存在一个一维数组中。又假设顾客问你最贵的货物，你怎么做？

2．编写利用字符串指针实现身份证号码验证的程序。

3．编写一个利用指针将一个一维矩阵转置的程序。

4．参加 100 米短跑比赛中的 10 个参赛队员的成绩记录在一维数组中，请你列出冠、亚、季军的成绩，试利用指针等知识编程实现。

5．某工厂的产品是边生产边自动记录某合格品的规格尺寸，假设出口产品中要求好中挑好，你如何使用指针编写程序来实现该要求。

6．在上一个景点中，假设要查找等于标称尺寸的产品，你如何找？如果产品数量太多，这件繁琐的工作就让计算机为你代劳吧！

7．商场里的货物序号及数量存放在货物清单中，并用二维数组保存此货物清单，请打印输出显示该货物的清单。提示：将二维数组首个元素的地址赋给一级指针，再利用二维数组在内存中的线性连续排列通过指针编程实现。

8．用二维数组存放 5 个学生的学号和数学成绩，输入这 5 个学生的学号及成绩，按成绩从高到低排序并输出显示，请编程让计算机替你解决。

9．利用字符串指针对 3 个字符串按照从长到短的顺序排序。

10．毕业联欢晚会上，整个年级的女生准备演出一个舞蹈节目，要求挑选出身材适中的 10 位女生，假设身材特征的信息存放在二维数组中，请你用合适的数据信息存储，并从中按要求挑选出 10 名女生，试用指针编程帮你完成此项任务吧！

7.2.2　指针游览之遐思景点

1．使用指针进行字符串的复制。

2．把一段数字字符变为整型数，再用正序和反序分别输出。

7.3　游览观感

强强说："有了孙悟空的火眼金睛，就不怕崎岖险境、妖魔鬼怪了。""什么火眼金睛？"一位男生笑强强。"哎，刚刚还带你遨游C++乐园的啊，你就忘了？""指针啊？""对呀！可别忘了孙猴儿这个大恩人哟！""是啊，要是没有这火眼金睛，我早迷失方向了，但我还不怎么会用。""心急吃不了热豆腐，让我们来研究研究这个火眼金睛吧！"

7.3.1　指针游览之游览要点

1．通用编程法的疑点解答

有位女同学晃了晃脑袋："时至今日，我们已学了许多变量或常量，啥时用啥量，我还混淆不清，编程时往往举棋不定。"乐乐热心地说："如果你在通用编程法的第一步为此举棋不定，那就是先想C++了，是不对的。""我就是一开始想C++，所以编不出程序。"明明深有同感，紧接着又追问道："编程，编程，为什么不让想编程语言和计算机？"乐乐为他做了如下的解答："不是整个过程不想，而是在第一大设计步骤中绝对不能想编程语言和计算机。""为什么？"

"晶晶导游解释过的，"她解释道，"这是多此一举且坏事。一是人做事时并没有用编程语言和计算机指导，所以多此一举；二是人做了事，过后又非要先想出编程语言和计算机怎么做，则本末倒置，所以坏事；三是在想人做事的过程时，同时又想编程语言和计算机，这是一心二用了，又坏了事。不能脚踏两只船！否则就违反了人的生理特性(某一时刻人只做一个动作或行为)。所以，要像激光那样聚焦于一点，以强大的能量攻'程'取胜！"

刚才那位女同学赞同道，"由此看来，机随人行才是自然之道！"明明低下头来，不敢表态，因为他……对通用编程法还有偏见。

乐乐叙述自身的体会："要是想了编程语言和计算机，可能会failure，至少也会效率低，或者程序不优化、不完善。我们在初涉乐园时自行游览的景点2-7就是最好的证明，既尝到了想编程语言和计算机的苦头，又享受到了不想编程语言和计算机的甜头。如果你是在第二大设计步骤时举棋不定，那倒还可以看菜吃饭，什么量适合你的编程、运行程序以及应用，你就用什么量。例如，当你觉得用地址解决问题方便快捷时，那就用指针；你觉得用数组表示数组中的某些元素明了时，就用数组。这就要量体裁衣了。"

2．指针的运用

强强问："前面学了相同数据类型的变量或常量之间可以相互赋值，那指针也可以相互赋值吗？例如，有两个指针x和y，可以写成'x=y;'吗？"某个同学回答他："可以，但要注意的是仅能在相同数据类型的指针之间相互赋值。"

指针之间相互赋值的格式如下：

　　相同数据类型的指针名=另一个相同数据类型的指针名

如景点7-8中有：

```
m=n;        //指针 m 和指针 n 均是字符型指针，符合相互赋值的条件。赋值后，将指针 n
```

```
          //的内容(地址值)赋给了指针 m，则指针 m 和指针 n 的内容(地址值)相同，
          //即指针 m 和指针 n 均指向同一个地址(在景点 7-8 中，这两个指针均指向指针
          //n 中的原地址 0012FF74)
```

这就与前面学过的变量或常量一样，相同数据类型之间的量才能相互赋值。

“具体来说，**指针有哪些应用**呢？”一位同学问。

1) 取地址

“不就是用‘&’这个操作符来取地址吗？”乐乐道。强强肯定她并问道：“Yes！只是在定义和初始化时同时取地址吗？还是随时随地均可取地址？请大家说说。”“应该随时随地都可以取地址吧！”“就如同人的做法，想啥时查地址就啥时查地址。”“Yes，只要在赋值号‘=’右边用了‘&’就是取地址(除了与的关系运算外)。”

2) 取内容

“除了定义指针外，指针名前加‘*’，就是取内容(又称为间接引用)。”强强嚷嚷道。同学们都抢着回答和提问，“真会总结，还有除了运算符乘号外。”“‘*指针名’也是随时随地放都可以吗？”“Yes！”许多同学异口同声道，“赋值号的两边都可以取内容，也像‘指针之间相互赋值的格式’一样，仅能在相同数据类型的指针之间取内容。例如，‘*m=*n;’。”

我们再继续观赏观赏指针。

【景点 7-5】　指针的一些应用。

```
//ex7-5.cpp
#include<iostream.h>

void main()
{
      int r=6;
      int *n=&r;       //定义整型指针 n，同时将整型变量 r 的地址赋给整型指针 n
      int m,l;
      m=*n;            //将指针 n 所指向地址的内容取出来送变量 m 中保存，如图 7-3 所示
      l=r+*n;          //将“r 的内容 6+指针 n 所指向地址的内容 6”的结果送变量 l 中保存，
                       //如图 7-3 所示
      cout<<*n<<"  ";                    //显示指针 n 所指向地址的内容 6
      cout<<r<<"  ";
      cout<<m<<"  ";
      cout<<l<<endl;
      cout<<n<<"  "<<&r<<endl;     //输出整型指针 n 的内容与整型变量 r 的地址
}
```

运行结果为：

```
6  6  6  12
0x0012FF7C   0x0012FF7C
```

结果正确。

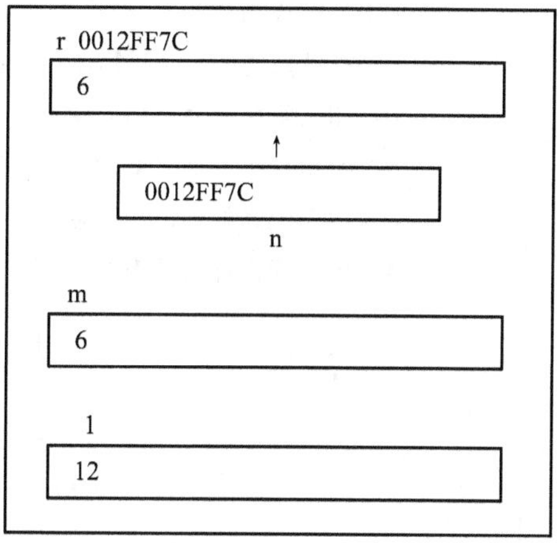

图 7-3　指针与所指的变量之间的关系示意图

3) 指针的移动

乐乐歪着头神神秘秘地笑道,“通过指针的加减运算就可以像拨闹钟那样拨动指针到所需的地址处。”有位同学惊讶得瞪大了眼睛:“这么神奇？那样的加减运算随时可用吗？”“是的，但一般在数组中进行。因为对单个数据操作，会不知道指针指向何处。”“那景点 7-4 的‘pm++’是按规律拨动指针吗？”“Yes，根据需要还可以有‘pm=pm+3;’等。”

【景点 7-6】　在景点 7-4 中，输出 10 日销售金额数据后，再不按规律地拨动指针，其运行结果是怎样的？

```
pm=pm-10;
cout<<pm<<":"<<*pm<<endl;
```

“该景点的运行结果是什么呢？”上面那位同学继续问乐乐。“pm 是输出指针 pm 的内容，即 pm 指向的当前地址，则有 pm = pm − 10 = 0x0012FF3A − 10 = 0x0012FF30；紧接着输出冒号，‘*pm’是取出当前地址的内容，即第一天的销售金额 13434.45。”

运行结果：

```
0x0012FF30: 13434.45
```

结果正确。

“**一级指针与一维数组有什么关系**呢？”强强问乐乐。“当一级指针指向一维数组时，一级指针就等同于一维数组。所以，对指针的操作就是对数组的操作，见景点 7-2 和景点 7-4。”

“那**二级指针与二维数组的关系**呢？”

“二级指针即指向指针的指针。这类应用问题一般都可以用二维数组解决，而二维数组比二级指针容易理解和运用，下面欣赏一个景点。”

【景点 7-7】　对二级指针变量进行赋值运算等操作。

```
#include<iostream.h>
void main()
{
    char * d[]={"x","y"};          //定义指针数组
```

```
        char**g;                    //定义二级指针
         g=d;                       //将指针数组的首地址赋给二级指针
        cou<<*g<<endl;              //打印二级指针 g 所指向指针数组的第一个元素值
         cout<<*++g<<endl;          //二级指针 g 地址先增加 1，指向指针数组的
                                    //第二个元素的地址，再输出第二个元素值
        cout<<g<<endl;              //输出二级指针 g 的内容
    }
```

运行结果为：

```
x
y
0x0012FF7C
```

结果正确。

上机实验记录如表 7-1 所示。

表 7-1　上机实验记录表

出错现象	出错原因	解决办法
cannot convert from 'char [2]' to 'char ' Types pointed to are unrelated; conversion requires reinterpret_cast, C-style cast or function-style cast	不能从指针数组转换成字符指针，因为 char*g 表示的是字符指针，而 char*d[]表示的是指针数组，即二级指针	改 char*g;为 char**g;

3．玩指针魔术

强强提议："我们来玩个魔术吧!"乐乐笑强强："C++那么厉害，还可以玩魔术啊？""等着瞧吧！玩一个红、蓝墨水交换的魔术。""我看过的魔术是魔术师从袖子里、身上或某些物体里掏出手绢、扑克牌等，都是固体，掏不出裸露的液体或气体。""Yes，C++就是这么有本事！"

不过，这红、蓝墨水的交换必须要用到一个临时瓶子，即先将红墨水倒到临时瓶中，再将蓝墨水倒到红墨水瓶中，最后将临时瓶中的红墨水倒到蓝墨水瓶子中，这叫做**换内容**(换红、蓝墨水)。**换地址**是指将指针中所指的地址换过来，如指针中原来先指向红墨水瓶的地址，现在则指向蓝墨水瓶的地址，如景点 7-8。当交换指针变量指向的地址时，临时变量就用临时指针变量，临时指针变量的数据类型与要交换的指针变量的数据类型要相同；当交换的是数据内容时，临时变量就用该数据内容的数据类型。**交换句一般是 3 句**。

"我们可以把两个字符串分别看成红、蓝墨水进行交换。"

取指针的地址简称取地址，取出指针所指向的地址、交换指针中所指向的地址(换地址)等操作。

【景点 7-8】　交换两个字符串，设原来的两个字符串分别为"学生"和"好"，交换前输出显示为"学生好"，交换后输出显示为"好学生"。

这个景点采用换地址的方法编写程序，内容如下：

```
//ex7-8-1.cpp
#include<iostream.h>
```

```
void main()
{
    char c1[5]="学生";     //定义两个字符数组，假设 c1 是红墨水瓶，
                           //红墨水瓶里的内容就是红墨水(学生)
    char c2[3]="好";       //假设 c2 是蓝墨水瓶，蓝墨水瓶里的内容就是蓝墨水(好)
    char*m,*n,*t;          //定义 3 个字符指针变量
    m=c1;    //将数组 c1 的首地址赋给指针变量 m，m 指向红墨水瓶的地址(0012FF78)
    n=c2;    //将数组 c2 的首地址赋给指针变量 n，n 指向蓝墨水瓶的地址(0012FF74)
    cout<<"交换前："<<c1<<c2<<endl;   //先输出红墨水瓶的内容，再输出蓝墨水瓶的内容
    cout<<"交换前："<<m<<n<<endl;     //输出字符指针就是输出字符串，
    //则输出字符数组名就是输出字符串，
    //先输出 m 指向的地址内容：红墨水瓶的内容，
    //再输出 n 指向的地址内容：蓝墨水瓶的内容
    t=m;  //交换两个指针所指向的地址，即交换指向红、蓝墨水瓶的地址，
    //先将 m 指向的地址存放在临时指针 t 中
    m=n; //然后将 m 指向 n 的地址，即 m 中的地址是 n 中的原地址(0012FF74)
    n=t;  //然后将 n 指向临时指针 t 中的地址，即 n 中的地址为 m 中的原地址(0012FF78)，
          //从图 7-4 中看出，m 和 n 中所指向的地址进行了交换
    cout<<"交换后："<<c1<<c2<<endl;   //先输出红墨水瓶的内容，再输出蓝墨水的内容，
                                      //内容没换
    cout<<"交换后："<<m<<n<<endl;
    //先输出 m 指向的地址内容：蓝墨水瓶的内容(好)，
    //再输出 n 指向的地址内容：红墨水瓶的内容(学生)，
    //从输出结果证明 m 与 n 中指向的地址交换了(即换地址了)
}
```

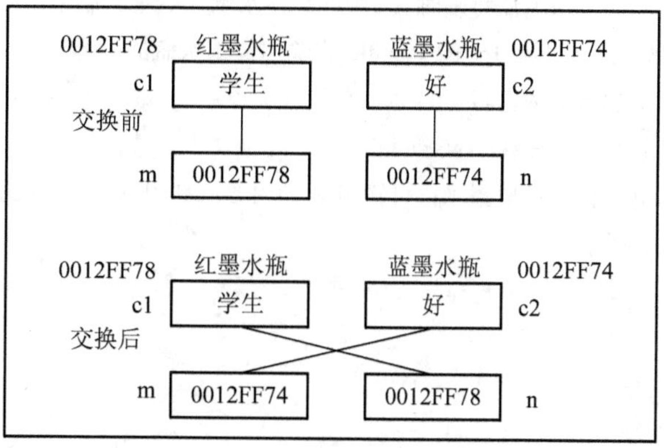

图 7-4　交换字符串地址示意图

运行结果为：

交换前：学生好

交换前：学生好

交换后：学生好

交换后：好学生

结果正确。

取指针所指地址的内容简称取内容，指取出指针所指地址的内容等操作。其中，有的操作，把指针所指地址的内容进行交换，称为换内容，如景点 7-10，也有的操作通过字符串变量的操作交换内容，如景点 7-9。

【景点 7-9】 通过字符串变量交换字符串内容，实现景点 7-8 的功能。

```
//ex7-9-6.cpp
#include<iostream>              //注意不要加.h
#include<string>                //注意不要加.h
using namespace std;            //要加此句
void main()
{
    string t,q,w;               //定义 3 个字符串变量
    char c1[5]="学生";           //定义字符数组 c1，假设 c1 是红墨水瓶
    char c2[3]="好";             //定义字符数组 c2，假设 c2 是蓝墨水瓶
    q=c1;                       //将红墨水送给(赋值给)字符串变量 q，q 的内容为红墨水(学生)
    w=c2;                       //将蓝墨水送给(赋值给)字符串变量 w，w 的内容为蓝墨水(好)
    cout<<"交换前："<<c1<<c2<<endl;        //先输出红墨水瓶的内容，
    //再输出蓝墨水瓶的内容
    cout<<"交换前："<<q<<w<<endl;
    //先输出 q 的内容：红墨水；再输出 w 的内容：蓝墨水
    t=q;            //交换 q、w 的内容，先将红墨水倒入临时瓶 t 中，
    q=w;            //再将蓝墨水倒入红墨水瓶中，
    w=t;            //最后将临时瓶 t 中的红墨水倒入蓝墨水瓶中，红、蓝墨水实现互换
    cout<<"交换后："<<c1<<c2<<endl;//先输出红墨水瓶的内容，
    //再输出蓝墨水瓶的内容
    cout<<"交换后：" <<q<<w<<endl;
    //先输出 q 的内容：蓝墨水；再输出 w 的内容：红墨水，q、w 的内容实现了互换，
    //如图 7-5 所示
}
```

运行结果为：

交换前：学生好

交换前：学生好

交换后：学生好

交换后：好学生

结果正确。

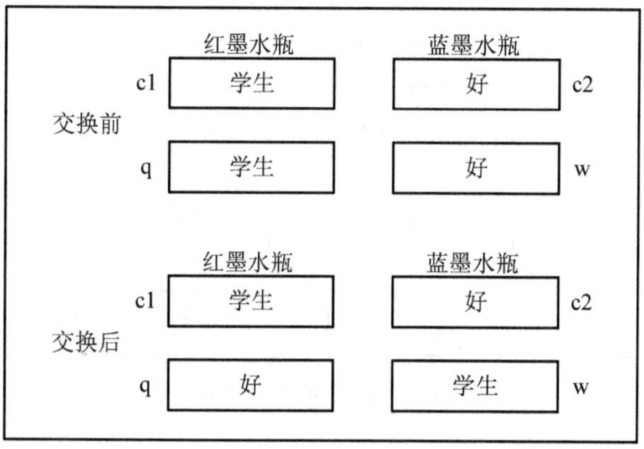

图 7-5　交换字符串内容示意图

【景点 7-10】　通过交换指针所指地址的内容交换红、蓝墨水(换内容)。

```
//ex7-9-7.cpp
#include<iostream.h>
void main()              //交换两个数的值
{
    int c1=100;          //定义红墨水瓶(c1)，瓶里的墨水为 100
    int c2=300;          //定义蓝墨水瓶(c2)，瓶里的墨水为 300
    int *m,*n;           //定义两个整型指针变量,
    m=&c1;               //将整型变量 c1 的地址赋给指针变量 m，m 中放的是红墨水瓶的地址
    n=&c2;               //将整型变量 c2 的地址赋给指针变量 n，n 中放的是蓝墨水瓶的地址
    cout<<"交换前："<<c1<<'\t'<<c2<<endl;
    cout<<"交换前："<<*m<<'\t'<<*n<<endl;
    //*m 是按 m 中的地址(红墨水瓶的地址)找到红墨水瓶,
    //再将红墨水瓶里的内容(100)输出，即*m 代表取内容(取 100)
    cout<<"交换前的地址："<<m<<'\t'<<n<<endl;     //m 是输出 m 的内容，即 m 中存放
                                                  //的地址(红墨水瓶的地址)
    int t=*m;  //交换两个指针所指向地址的内容，即红、蓝墨水互换(换内容),
               //先将 m 所指的红墨水(100)倒入临时瓶 t 中
    *m=*n;     //再将蓝墨水(300)倒入红墨水瓶中,
    *n=t;      //最后将临时瓶中的红墨水(100)倒入蓝墨水瓶中,
               //红、蓝墨水实现了互换，如图 7-6 所示
    cout<<"交换后："<<c1<<'\t'<<c2<<endl;     //先输出红墨水瓶的内容,
                                             //再输出蓝墨水瓶的内容
    cout<<"交换后："<<*m<<'\t'<<*n<<endl;
    //通过指针指引输出红、蓝墨水瓶的内容
    cout<<"交换后的地址："<<m<<'\t'<<n<<endl;
}
```

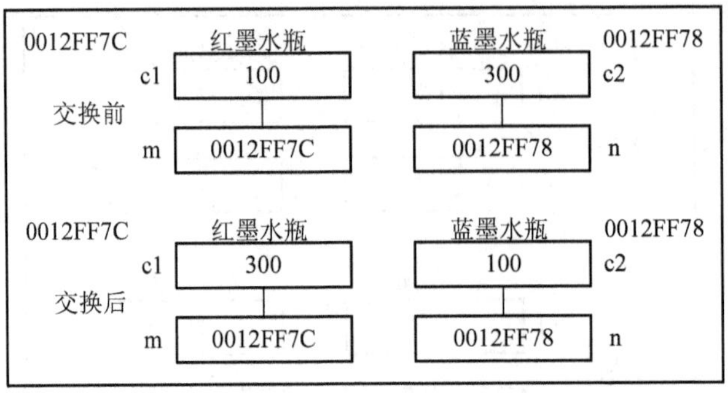

图 7-6　交换字符串内容示意图

运行结果为：

交换前：100　　300

交换前：100　　300

交换前的地址：0x0012FF7C　　　0x0012FF78

交换后：300　　100

交换后：300　　100

交换后的地址：0x0012FF7C　　　0x0012FF78

结果正确。

由此看出，地址没变，只是内容变了。

7.3.2　指针游览之总结提高

乐乐笑着问道："文文和明明，你们知不知道何时采用指针这种数据类型？"文文和明明你看看我，我看看你，谁也答不上来。强强说："你们去找更好的编程方法，但不影响你们学习理解 C++的知识啊！"明明说："学是学了，因为不会编程，学了也记不住。"文文不吱声，也等于默认了。"我讲给你们听吧，当用数据地址更有利于程序的编写、数据的调用和管理时用指针。"乐乐为文文和明明做了解答。

有位同学眯着眼睛道："那个星号在指针的程序里星罗棋布，弄得人眼花缭乱。"强强帮他摆布好了这些星星："定义语句中的'*'用来定义指针；非定义语句中的'*'在不是乘法运算符时表示取内容，是对指针的间接引用，用于取出指针所指地址的内容。"

"定义指针的方式有几种？"强强解答了这位同学的问题："两种，和以前定义变量或常量的方法一样，一种是非初始化方式，另一种是初始化方式，只是记住指针名前要加'*'。"

"这指针实际运用在哪些方面呢？"强强问。"取地址。""取内容。""和数组一起用。""可以拨指针做加减运算。""还可以用在结构与函数等许多场合。总之，想用地址时，就用指针。""真干脆！""用时要小心谨慎地用，但不要怕它，注意'*'、'&'的使用，调试时尝试增减'*'来消灭 errors。"大家你一言我一语，互帮互助地总结发言。

强强问道："如果要打印一个学生成绩单，设什么变量好呢？"有位男生也有这个疑惑："是啊，有学号、姓名、成绩，若用字符串，则成绩无法表达(假设成绩要用于其他程序的算术运算)；若用浮点型或双精度，姓名、学号又无法表达。"乐乐说："别杞人忧天了，C++总有办法。"

第 8 章　多种信息　结构游览

“我都玩腻了，这些景点太单一了，可不可以把这些单一的景点组合成一个包罗万象的景点？”乐乐道。

晶晶回答说：“你真是要求多啊，哈哈。这不单是好玩不好玩的问题，而在是处理实际问题中，确实会遇到必须进行多种数据信息组合的情况。例如，学生成绩表中最起码有 2~3 种数据类型的数据，一种是姓名，属于字符数组或字符串这等数据类型；一种是学号，可用字符数组、字符串或整型数据；还有一种是成绩，可用浮点型、整型、双精度型数据。只有这几种数据组合在一起才能描述清楚每个学生的成绩情况，这可是前面的景点中没有见到过的。C++能把这些不同的景点巧妙地构造成一个绚丽多彩的景点——结构。下面，就让我们来看看 C++是如何将多种数据信息包装成一个整体的。”

8.1　随师游览：打印学生成绩单之景点

【景点 8-1】　有 n 个学生，每个学生的数据包括学号、姓名、m 科的成绩。在键盘上输入这 n 个学生的数据，并打印出他们的学号、姓名和 m 科的成绩，要求用宏定义的方式定义 n 和 m，打印格式要对齐。

“大家想通了吗？”晶晶问道。“Yes，不就是如图 8-1 所示的人的详细做法吗？”“是的。”晶晶肯定了大多数同学的回答并接着展开了互动式的游览。

晶晶先说：“这个结构就像一个套间的结构，有小房、大房、书房、大厅、饭厅、厨房、洗手间等，即结构里有不同形状(不同数据类型)的房间。而数组呢？都是清一色(相同数据类型)的小单间。”

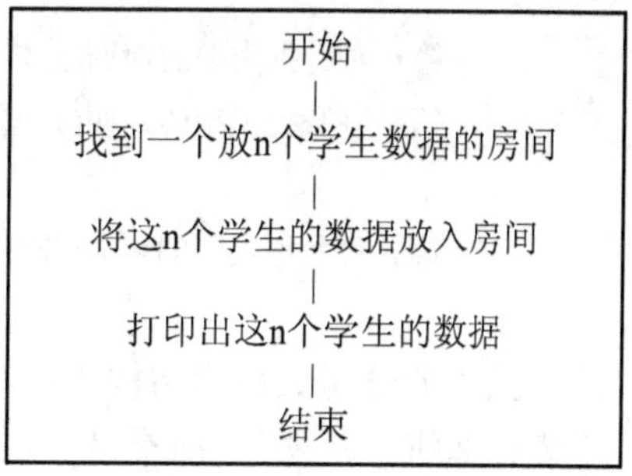

图 8-1　输入、打印学生成绩单的简易流程图

同学们与晶晶互动起来：“我当然要住套间。”晶晶说：“那不一定，够住够用就行了。”“那倒也是，不要小题大做，而且结构写起来也比其他量复杂些。”“那也不能怕麻烦啊，**当把两种以上不同的数据类型组成一种新的数据类型时，就要用这种套间——结构。**”“哦，这么说，**结构也是一种数据类型**吗？”“Yes，就像我们游览的这个景点，学生的学号、姓名、成绩都是不同的数据类型，就要用结构这种数据类型了。”

“n 个学生的数据都是相同结构的数据类型，岂不是可以组成数组了？”“真聪明，是可以组成结构数组，类似以前的整型数组。”

“每个学生的 3 科成绩都是相同的数据类型，可以组成数组吗？”“还是 Yes！”“那不是套间里既有不同形状的房间，又有若干个相同形状的小单间了？”“确实如此，也确实可行。”“上述设想的结构用示意图 8-2 表示对吗？”“Yes，很直观明了。”

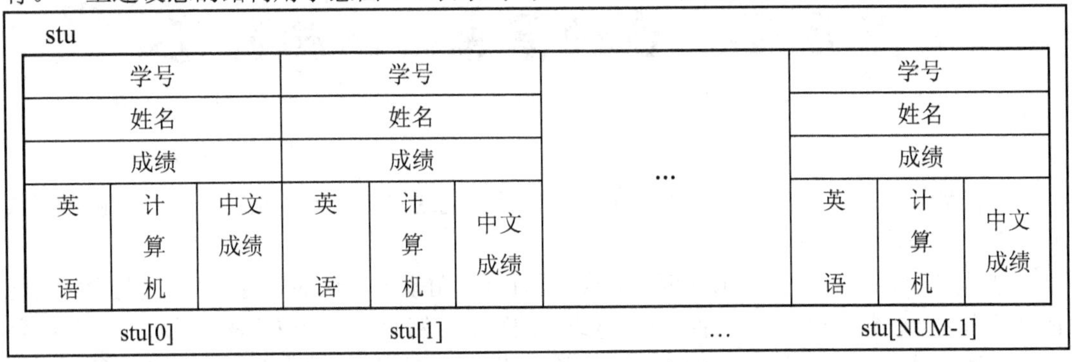

图 8-2　学生成绩结构数组示意图

“我想将 n 个学生的学号作为一个数组，姓名作为另一个数组，3 科成绩再设计 3 个数组，不可以吗？”难得文文开口了。“可以，但你不觉得麻烦吗？不觉得编程困难、易错吗？可读性、可维护性不好吗？例如，想知道第 10 个学生的数据，就要去 5 个数组里找，说不定还找错对象了呢?”晶晶说得文文无言以对。

晶晶又问大家：“结构的示意图有了，但程序怎么表示呢？”谁也不敢先开口。“我给出一个格式，看大家会不会套用。”

方式一：

只声明结构数据类型。

```
struct 结构名
{
    第一种数据类型的声明(分量一);
    第二种数据类型的声明(分量二);
    …
    第 n 种数据类型的声明(分量 n);
};
```

注：其中的分量又称为结构成员。

“为什么讲‘声明’，而不是‘定义’呢？”又有位同学提问题了。“比如‘张三’这个名字男女都可以用，所以，要先声明张三是女性还是男性。同理，结构有无数种，要先声明是哪种结构数据类型，方能起名字(定义)。对于计算机和 C++而言，以前讲的定义(又叫起名字)，就是在存储器内开了房间，并将变量或常量放在房间里，把数据保存起来。而声明是没有在存储器内开房间，如结构、函数的原型、类、引用、外部变量等的说明都是声明。**后面的‘先定义，后使用’原则全都同以前学过的变量的定义格式及使用方法一样。**而且还请注意花括号‘{}’里的数据类型的声明都是声明表 3-3 或表 3-4 中 C++的数据类型，所以，**声明结构的格式与定义 C++的数据格式相同。**”“啊！全都是相同、一样的，那就简单好记了。”“是啊，只是注意声明结构也是一条语句。那么，后面的尾巴怎么处理？”“必须长在句末。”“让我们来体会体会。”

大家把这些方法运用到景点 8-1 中，得到了声明结构的语句如下：

```
struct student              //声明结构 student
{
    int id;                 //声明学号变量
    char name[10];          //声明姓名
    int score[MAX];         //声明成绩数组
};
```

这只是声明，还要定义某个变量为这种结构的数据类型，才能通过这个变量使用上述声明的数据类型结构。**定义结构变量与定义普通变量的格式相同，结构变量也是变量，只是现在的数据类型是结构数据类型而已。**使用时要先声明一种结构数据类型或选用 C++ 中已声明的某种结构数据类型，即**定义结构变量的格式为**

结构名 结构变量名;

结构名代表该结构的数据类型。对照定义变量的格式，把“数据类型的关键字”换成结构名，以前的变量名换成结构变量名，则定义变量和结构变量的格式一样。

景点 8-1 中定义结构数组的语句为：

```
student stu[NUM];     //定义 student 这种结构类型的结构数组 stu
```

“起了名字，怎么喊(用)它呢？”晶晶回答这位同学：“你以前赋了一个整型变量 int a，喊名字 a 就可以了。而现在假设有个结构变量名叫张三，结构分量名为小三和小四，则称呼张三的女儿就喊：‘张三.小三’，找张三的儿子就喊……”“张三.小四。”哈哈哈，同学们都笑起来了。晶晶说：“因此，**C++ 使用结构变量格式是**结构变量名.结构分量名。”

一些同学问：“那么，对于景点 8-1，是否使用‘结构数组名.结构变量名’呢？”“结构数组名是结构变量吗？”“No！”“那数组里什么是变量呢？”晶晶又答：“数组元素。”“那是否使用‘结构数组元素名.结构分量名’？”乐乐问晶晶。“Yes！**使用结构数组的用法是数组用法+结构用法**，即结构数组名[下标].结构分量名。实际用法如称呼第二位学生的名字就喊 stu[1].name。”“对，对，对！”同学们喊起来。接着大家运用数组、结构等知识并编写整理成如下程序：

```
#include<iostream.h>
#include<iomanip.h>
#define MAX 3               //宏定义课程数目 MAX 为 3
#define NUM 2               //宏定义学生人数 NUM 为 2
struct student              //声明结构 student
{
    int id;                 //声明学号变量
    char name[10];          //声明姓名
    int score[MAX];         //声明成绩数组
};

void main()
{
```

```
        student stu[NUM];              //定义 student 这种结构类型的结构数组 stu
        for(int i=0;i<NUM;i++)         //输入数据到 stu 中
        {
            cout<<"学号:";
            cin>>stu[i].id;
            cout<<"姓名:";
            cin>>stu[i].name;
            cout<<"英语    计算机    中文成绩:";
            for(int j=0;j<MAX;j++)
                cin>>stu[i].score[j];
        }
        cout<<setiosflags(ios::left)  //左对齐输出 stu 中的数据的字段名栏
            <<setw(10)<<"学号"
            <<setw(10)<<"姓名"
            <<setw(10)<<"英语"
            <<setw(10)<<"计算机"
            <<setw(10)<<"中文成绩"<<endl;
        for(i=0;i<NUM;i++)             //左对齐输出 stu 中的数据
        {
            cout<<setw(10)<<stu[i].id
                <<setw(10)<<stu[i].name;
            for(int j=0;j<MAX;j++)
                cout<<setw(10)<<stu[i].score[j];
            cout<<endl;
        }
    }
```

有位同学问："为什么要用宏定义？""因为此程序先假设为两个学生、3 科成绩，而题目或实际有 n 个学生和 m 科成绩，如果不用宏定义，则要多处修改 n 和 m 数据。用了宏定义后，用宏名代替一个字符串，只需修改宏定义处的字符串 2 或 3，程序里的宏名 MAX 和 NUM 就全跟着变了，牵一发而动全身。"听了晶晶的解释后又有位同学说："啊，这么方便，那这种宏定义的格式怎么写？"

宏定义的格式如下：

```
#define 宏名 字符串
```

宏名同变量名的起名方法一样，不过其中的字母一般全用大写。

"还有什么'左对齐'是怎么回事？"强强问。

晶晶解答道："**输出格式的调整一般要用到控制符**。请记住哟，**控制符是在头文件 iomanip.h 中定义的对象，所以要加上#include<iomanip.h>这个包含指令**。景点 8-1 中采用左对齐格式 setiosflags(ios::left)，且还要设置填充字符宽度的控制符 setw(10)。这两句说起来容易，做起来可不容易啊，经过多次运行不断调整，setw 中的数字才定为 10，由此得到较为美观的显示界面。一般都需要这样的过程调整界面。”

最后，大家整理出的 errors、出错原因及解决办法如表 8-1 所示。

表 8-1　上机实验记录表

出错现象	出错原因	解决办法
'student' followed by 'void' is illegal (did you forget a ';'?)	声明结构时忘记加“;”号	加上“;”号，错误被纠正了
unknown character '0xa3' unknown character '0xa9' syntax error : missing ')' before '{'	条件表达式的右括号用成了汉字的右括号。这种情况常会发生(即输入了中文的标点符号)，要注意避免	改成英文输入法下的右括号，此错纠正

“咳！真美啊，多么整齐的输出界面。”同学们赞叹道。

```
学号：1
姓名：zs
英语    计算机    中文成绩:90 80 100
学号：2
姓名：ls
英语    计算机    中文成绩:60 80 70
学号    姓名    英语    计算机    中文成绩
1       zs      90      80        100
2       ls      60      80        70
```

结果正确。

晶晶导游看文文和明明还像哑巴一样，心想，一定要想个办法让他俩“改弦更张”。

8.2　自 行 游 览

8.2.1　结构游览之自游景点

1．编写一个程序，存储若干学生的姓名、电话和宿舍号的信息。查找时，只要输入姓名就可以显示该同学的全部信息。

2．用结构变量管理你们班里任意 10 个学生的高数成绩，每个学生的信息包括学号、姓名、高数成绩，并将他们的成绩从低到高排序，然后打印出高数成绩前 3 名同学的信息，并删去某个转专业的同学的信息。

3．某商店有 10 种商品，每种商品的名称、型号、数量、单价等信息已存储在计算机中。现在要加入一种商品，请把该商品的信息添加进去。

4．顾客想在景点(3)中的商店按单价查找商品，您能帮帮他吗？

5．在第 3 个景点中，某种商品的进货数量错了，你如何修改？

6．听别人说有一本书很好，但不知道图书馆有没有。请你编写程序，实现可在计算机上查找某本书的功能。设图书信息为索引号、书名、作者、状态，状态分为借书数量和归还数量。

7．试设计编写一个程序——速记英语单词智力竞猜游戏。利用随机函数显示某个英语单词，参加者先键入自己的竞赛序号，继而键入 y(代表对)或 n(代表错)，正确得 5 分，错误得 0 分，最后评选出智力优胜冠军、亚军和季军。大家来试试吧！

8．请编程设计一道快速心算的智力竞赛游戏：利用随机函数选取某数学题，如“18 × 6 + 9 =？”，由参赛者抢答，谁想到答案就按下自己的参赛号码，然后输入答案并按<Enter>键，答案正确得 10 分，游戏结束时评出冠军、亚军和季军，并显示其得分。

9．第 2 个景点中想插入一位转学来的同学，并插入在第 3 序号处，你会如何操作？

10．用链表方式管理 5 个学生的单科成绩、学号和姓名，并实现输入、删除和修改功能。

8.2.2　结构游览之遐思景点

1．本章自游景点(2)最好用什么结构变量来处理？

2．在 1～7 中选择输入一个整数，该整数代表星期一到星期天中的一天，打印出该整数对应的星期几的英文名称和该天必做的一两件事情的英文名称。

8.3　游 览 观 感

“太好玩了，要添砖瓦就添砖瓦，要开门窗就开门窗，造出了林林总总的洋房、别墅。”乐乐边玩边乐道。一位同学问，“造什么洋房、别墅？”乐乐答：“有了结构这种数据类型，就可以得到梦寐以求的洋房、别墅。”“却也是，只要声明了某种心想的结构，再定义这种结构的变量，事就成了，你心想的洋房、别墅就到手了。”“快抢占先机吧。”乐乐冲向了景点。

8.3.1　结构游览之游览要点

1．结构知识及练兵

乐乐提议：“让我们来回顾一下声明和定义结构的景点好吗？”“好。”同学们都乐道。

【景点 8-2】　请声明一个有职工姓名、职工号和职工年龄的结构。

```
struct per               //声明结构名为 per 的结构数据类型，关键字 struct 表示结构
{
    char name[10];   //声明姓名
    int num;         //声明职工号
    int age;         //声明年龄
};
```

【景点 8-3】　请为景点 8-2 定义一个结构变量。

```
per work1;               //定义一个 per 结构数据类型的结构变量 work1
```

比较定义结构变量与整型变量 x 的定义语句，其对应关系如图 8-3 所示。

```
int      x;
 |       |
per   work1;
```

图 8-3　整型变量与结构变量定义句的比较

由此看来，二者的定义方法是相同的(因为二者都是定义变量)，只是数据类型不同而已。

“声明结构只有方式一吗？”强强不清楚。**“不，还有三种。”**某位同学答道。

又有位同学猜：“能不能将声明与定义二者合一？”“你尽想着便宜事。”“如果我有这个福分就好了。”乐乐出来解围：“大家别笑他，确实可以。人就是要敢想敢做，才有创新的可能。这位同学想的就是**方式二**只要在方式一的声明结构数据类型的右花括号‘}’和分号之间加‘结构变量名’即可，如景点 8-4。”

【景点 8-4】　用方式二定义一个 per 结构数据类型的结构变量 work1。

```
struct per   //声明结构名为 per 的结构数据类型,并定义一个 per 结构数据类型的结构变量 work1
{
    char name[10];          //声明姓名
    int num;                //声明职工号
    int age;                //声明年龄
}work1;
```

又有些同学互相讨论：“声明定义了结构变量，有时不是还要初始化吗？那怎么办？”“先用方式一声明结构数据类型，再用初始化方式定义结构变量及赋初值，这是方式三。”

方式三：

先声明结构数据类型，再定义结构变量并进行初始化。

```
struct 结构名
{
    方式一
};
结构数据类型 结构变量名={结构变量的初始化数据};
```

下面，让我们来游览景点 8-5。

【景点 8-5】　用方式三定义一个 per 结构数据类型的结构变量 work1，并进行初始化。

景点 8-5 使用方式一声明的 per 结构数据类型(如景点 8-2)，程序如下：

```
per work1={"张三",10000,26};   //定义一个结构数据类型为 per 的结构变量 work1,
                    //并给其赋初值(按照 per 中安排的分量顺序给 work1 赋初始值)
```

结构变量的初始化数据之间以逗号分隔，这与前述的常量和变量的初始化方式一样。

同学们继续议论，“能否将声明结构数据类型、定义结构变量及赋初值合三为一？”

“可以，最高级、最简单的方式就是合三为一了。只要将定义和初始化合二为一的定义句搬到方式二的声明句中的右花括号和分号之间就可以了，这就是方式四。”

方式四：声明结构数据类型，定义结构变量并进行初始化合三为一。

```
struct 结构名
```

```
{
    方式一中的各分量声明
}结构变量名={结构变量的初始化数据};
```

【景点 8-6】 用方式四定义一个 per 结构数据类型的结构变量 work1，并进行初始化。

```
接着景点 8-4 的 work1={"张三",10000,26}; //定义一个结构数据类型为 per 的结构变量 work1，
                                          //并给其赋初值(按照 per 中安排的分量顺序给 work1
                                          //赋初始值)
```

“声明结构大家学会了，那还记得如何使用结构吗？”“记得。”“好，考考你们看。”

【景点 8-7】 如何使用景点 8-4 中职工结构变量 work1 的职工姓名这个分量？

“work1.name。”某位女生答。

乐乐评价通：“哟，记得真牢，使用正确。”

2．结构的用途

强强问大家：“除了景点 8-1 对结构变量赋值、输出和显示的应用外，还有什么**结构的应用**呢？”“多着呢，可以进行多种操作。”“如数学运算、查找、列表格、输出、打印等。”“让我们一起来游玩体验。”同学们都互动起来。

1) 定义结构变量及赋初始值

方式一至方式四均可用于定义结构变量及赋初始值，如景点 8-2 至景点 8-6 所示。

除了上述几种方式外，还有以下几种方法。

2) 除初始化外，随时对结构变量赋值

【景点 8-8】 用非初始化方式随时给结构变量的结构分量赋值。

```
cin>>work1.name;
work1.num=10000;
work1.age=26;
```

注意：不能写为：

```
work1.name="张三";
```

【景点 8-9】 用 cin 语句对多个结构分量赋值。

```
cout<<"请输入职工姓名、职工号和职工年龄";
cin>>work1.name>>work1.num>>work1.age;
```

【景点 8-10】 给结构变量赋值的错误之一。

不能这样写：

```
work1={"张三",10000,26};
```

否则会出现如下错误：

```
error C2059: syntax error : '{'
E:\C++\hC++\C++BOOK\八章\ex8-2.cpp(25) : error C2143: syntax error : missing ';'     before '{'
E:\C++\hC++\C++BOOK\八章\ex8-2.cpp(25) : error C2143: syntax error : missing ';'     before '}'
执行 cl.exe 时出错.

ex8-2.exe - 1 error(s), 0 warning(s)
```

这句只能用初始化的形式定义，即“per work1={"张三",10000,26};”，也就是用方式三或方式四才正确。

3) 将结构变量输出打印

【景点 8-11】 输出打印结构变量的结构分量。

```
cout<<work1.name<<"\t"<<work1.num<<"\t"<<work1.age;
```

运行结果：

```
张三    10000    26
```

结果正确。

注意：不能写成 cout<<work1;

4) 对结构变量的其他操作

对结构变量还可取结构分量并进行比较、统计、修改、查询等操作，下面通过几个景点说明比较、查询操作。

(1) 运用结构变量进行操作。

【景点 8-12】 请编写一个程序，按职工号查找是否有张三这位职工。

该程序的程序主体部分如下：

```
int n1;
cout<<"请输入要查找的职工号：";
cin>>n1;
if(work1.num==n1)
{
    cout<<"有张三这位职工，其姓名和年龄为：";
    cout<<work1.name<<"\t"<<work1.age<<endl;
}
else
    cout<<"没有张三这位职工\n";
```

运行结果为：

```
请输入要查找的职工号：10000
有张三这位职工，其姓名和年龄为：张三    26
```

结果正确。

【景点 8-13】 请编写一个程序，按职工姓名查找是否有张三这位职工。

程序如下：

```
//ex8-12-2.cpp
#include<iostream>
using namespace std;

struct per                    //声明结构名为 per 的结构数据类型
{
    char name[20];            //声明姓名
```

```
        int num;            //声明职工号
        int age;            //声明年龄
    }work1;                 //定义一个 per 结构数据类型的结构变量 work1

    void main()
    {
        cout<<"请输入在职职工的姓名"<<endl;    //用 "per work1={"张三",10000,26};"
                                              //代替这行起的 4 行内容也正确
        cin>>work1.name;
        work1.num=10000;
        work1.age=26;
        char name1[20];
        cout<<"请输入要查找的职工姓名：";
        cin>>name1;
        if(strcmp(work1.name,name1))
            cout<<"没有"<<name1<<"这位职工\n";
        else
        {
            cout<<"有"<<name1<<"这位职工，其职工号和年龄为：";
            cout<<work1.num<<"\t"<<work1.age<<endl;
        }
    }
```

运行结果为：

```
请输入在职职工的姓名
张三
请输入要查找的职工姓名：张三
有张三这位职工，其职工号和年龄为：10000     26
```

结果正确。

字符数组名(即字符数组的首地址)是常量，常量在定义时就确定了，在程序运行中不能更改，所以用“cin>>name1;”和“if(work1.name==name1)”这两句。即使输了相同的字符，也不会改变字符数组的首地址，因此永远不会相等。

这类比较要逐个字符比较，一般用 C++ 标准函数中的字符串比较函数“int strcmp(work1.name,name1);”。相等时返回值为 0，按此编写的上述程序就正确了。

【景点 8-14】 请编写一个程序，按职工姓名查找是否有张三这位职工，职工姓名用字符串变量表示。

程序如下：

```
//ex8-12-1.cpp
#include<iostream>
#include<string>
```

```
using namespace std;

struct per                  //声明结构名为 per 的结构数据类型
{
    string name;            //声明姓名为字符串变量
    int num;                //声明职工号
    int age;                //声明年龄
}work1;                     //定义一个 per 结构数据类型的结构变量 work1

void main()
{
    work1.name="张三";  //用“cin>>work1.name;”代替也正确
    work1.num=10000;
    work1.age=26;
    char name1[20];
    cout<<"请输入要查找的职工姓名：";
    cin>>name1;
    if(work1.name==name1)
    {
        cout<<"有"<<name1<<"这位职工，其职工号和年龄为：";
        cout<<work1.num<<"\t"<<work1.age<<endl;
    }
    else
        cout<<"没有"<<name1<<"这位职工\n";
}
```

因为用了字符串变量，所以可以直接用“if(work1.name==name1)”进行比较。

运行结果为：

```
请输入要查找的职工姓名：张三
有张三这位职工，其职工号和年龄为：10000      26
```

结果正确。

(2) 运用结构指针变量进行操作。

结构也是一种变量，是变量就有地址，所以可以定义结构类型的指针指向结构变量，也就是**定义结构指针变量**，从而用指针来操作定义的结构变量。**使用结构指针变量**这种操作，只需用“→”符号代替上面使用的点操作符“.”即可：

结构指针变量名→结构分量名

例如“p1→name”，其中 p1 是结构指针变量名，name 是结构 per 中的分量名。

就像使用指针一样，定义了指针，还要定义该指针指向的结构变量，用取地址符“&”把结构变量的地址送给结构指针变量，如：

```
per *p1;//定义一个结构数据类型 per 的指针变量 p1
```

p1=&work1;//将指针 p1 指向结构变量 work1

【景点 8-15】 请定义一个 per 结构数据类型的结构变量 work1 和一个结构数据类型 per 的指针变量 p1，对职工信息进行输入与输出。

程序如下：

```
//ex8-15.cpp
#include<iostream>
using namespace std;

struct per                      //声明结构名为 per 的结构数据类型
{
    char name[20];              //声明姓名
    int num;                    //声明职工号
    int age;                    //声明年龄
}work1;                         //定义一个 per 结构数据类型的结构变量 work1

void main()
{
    per *p1;                    //定义一个结构数据类型 per 的指针变量 p1
    p1=&work1;                  //将指针 p1 指向结构变量 work1
    cout<<"请输入职工姓名、职工号和职工年龄\n";
    cin>>p1->name>>p1->num>>p1->age;
    cout<<p1->name<<"\t"<<p1->num<<"\t"<<p1->age<<endl;
}
```

运行结果为：

```
请输入职工姓名、职工号和职工年龄
李英  20003     27
李英      20003     27
```

结果正确。

5) 结构数据类型在数组中的应用

结构数组的示意图见图 8-2。

因为**结构数组中的每个元素都是结构变量**，而结构指针可以指向结构变量，所以也可以定义一个指针指向结构数组的某个元素，这就称之为**结构数组指针**。**结构数组指针的用法同结构指针一样，只是要用结构数组指针变量名代替上面的结构指针变量名**。例如，景点 8-1 就可以改为用结构数组指针代替结构数组。

【景点 8-16】 将景点 8-1 改为用结构数组指针代替结构数组的程序。

改写后的程序如下：

```
//ex8-16-2.cpp
#include<iostream.h>
#include<iomanip.h>
```

```
#define MAX 3         //宏定义 MAX 代表课程数目
#define NUM 3         //宏定义 NUM 代表学生人数
struct student        //声明结构 student
{
    int id;
    char name[10];
    int score[MAX];
};

void main()
{
    student stu[NUM];     //定义 student 这种结构类型的结构数组 stu
    student *ps=stu;      //定义 student 这种结构类型的结构数组指针变量 ps，ps 指向结
                          //构数组 stu 第一个元素的地址，因为数组名代表了数组第一个
                          //元素的地址
    for(int i=0;i<NUM;i++)//输入数据到 stu 中
    {
        cout<<"学号:";
        cin>>ps->id;      //输入学号到结构数组指针 ps 所指的结构分量 id 中
        cout<<"姓名:";
        cin>>ps->name;
        cout<<"英语    计算机    中文成绩:";
        for(int j=0;j<MAX;j++)
        cin>>ps->score[j];
        ps++;             //输入完一个学生(单元)的数据，指针要往前移动一个单元
    }
    ps=stu;               //输入完所有数据后，指针要指回该结构数组的第一个单元，
                          //以进行下述操作
    cout<<setiosflags(ios::left)        //左对齐输出 stu 中的数据的字段名栏
        <<setw(10)<<"学号"
        <<setw(10)<<"姓名"
        <<setw(10)<<"英语"
        <<setw(10)<<"计算机"
        <<setw(10)<<"中文成绩"<<endl;
    for(i=0;i<NUM;i++)                  //左对齐输出 stu 中的数据
    {
        cout<<setw(10)<<ps->id
            <<setw(10)<<ps->name;
        for(int j=0;j<MAX;j++)
```

```
                cout<<setw(10)<<ps->score[j];
            cout<<endl;
            ps++;
        }
    }
```

运行结果为：

```
学号:1
姓名:q
英语      计算机      中文成绩:90
80
50
学号:2
姓名:w
英语      计算机      中文成绩:60
78
93
学号:3
姓名:王
英语      计算机      中文成绩:70
65
40
学号      姓名       英语        计算机      中文成绩
1          q          90          80          50
2          w          60          78          93
3          王         70          65          40
```

结果正确。

6) 结构的特殊运用——链表

从图 8-2 中可以看到，当想增加或删除职工时，用结构数组是很不方便的，只能修改程序。所以，C++有个好主意，那就是将分立的结构用结构指针串联起来，形成链接起来的结构表——**链表，就像自行车的链条一样，把一个个链圈(结点)用链钩(指针)连接起来。**

(1) 什么情况下用到链表？

在程序运行中对一组数据进行添加、删除、修改等操作时，可采用链表。

数组的大小是固定的，既不能在程序运行中增加或减少数组元素的个数，也不方便删除等操作。链表的出现则可解决这个问题。同时，链表还能弥补堆只能用于地址连续的数组中的弱点(堆的知识将在 16 章中介绍)。

(2) 链表相关知识。

① 什么是链表？

链表有许多种，本书以线性链表(以下简称链表)为例进行讲述。

链表是由一组相同数据类型的数据(链圈)链接在一起形成的结构表，数据(链圈)之间是

用这种数据类型的指针(链钩)进行链接的。

这一组相同的数据类型可以是单一的数据类型，如 double 型；也可以是复合的多种数据类型组成的一种数据类型，如结构。

链表既可以是首尾封闭的环链(链尾指针指向链首)，也可以是有头有尾的开口链表。下面以开口链表展开叙述，如图 8-4 所示。

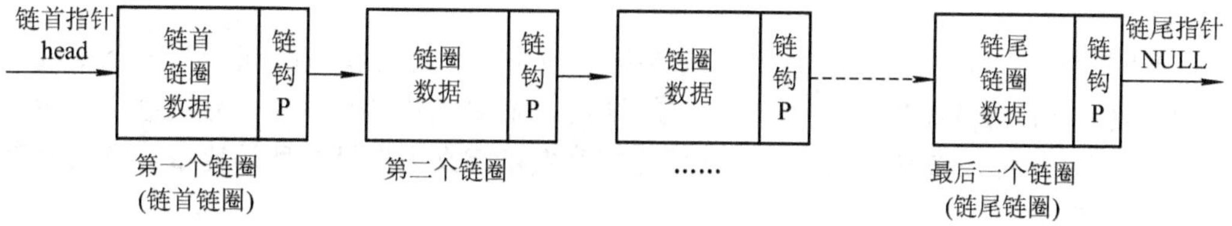

图 8-4　开口链表构成示意图

从图 8-4 中可以看出，构成一个链表必不可少的部分是：

第一部分：若干个链圈(结点)，即图 8-4 中两两箭头线之间的大框框，其中包括链表结构数据的内容(简称链圈数据)和该链表结构的指针(简称链钩)。

第二部分：两个指针(链首指针和链尾指针)。链首、链尾的数据类型和每个链圈链钩指针的数据类型是一样的，都是该链表结构的数据类型。链首指针指向第一个链圈，它是辨认链表的唯一标志；末尾链圈的链钩就是链尾指针，其值为 NULL，表示空地址，链表到此结束。即：

若干个链圈 + 链首指针 + 链尾指针 = 链表

② 链表的声明和定义。

链表是一种变量。是变量就要先定义，而后才能使用。

其实链表结构只是结构中的一种特例。比较图 8-4 与图 8-2 可知，二者基本相像，都是有若干个大房间，大房间里有小房间，只不过链表各个大房间(链圈)之间的地址不一定连续，而结构数组各个大房间之间的地址却是连续的。因此链表结构与结构数组的差别是链表结构多了一个必不可少的结构分量——链钩指针。所以，声明和定义链表时要注意这个差别。

链表的定义分两步走：

第一步：声明链表结构数据类型。

定义链表前，要先声明链表这种结构数据类型(即一个链圈的结构，如图 8-4 中链圈的结构)。其格式与声明结构的格式相同，只不过其中多了一个链钩分量(该结构的指针)。这个链圈中既有链圈数据结构的声明，也包含了链构(该结构的指针)的声明，如景点 8-17。

【景点 8-17】　景点 8-2 中声明了结构名为 per 的结构数据类型。若要声明成链表结构时，应如何声明？为简化分析，去掉姓名这个分量。

```
struct plist        //声明链表结构名为 plist 的结构
{
    int num;    //链圈的内容之一：职工号
    int age;    //链圈的内容之二：年龄
    plist *p;   //链圈的内容之三：声明链钩
};
```

即**声明链表这种数据类型的格式为：**

声明结构数据类型的方式一 //具体见 8.1 节

声明中增加了一个必不可少的分量：

该结构名*链钩指针名;

如景点 8-17 中增加了分量“plist *p;”。

第二步：链表的定义。

对于景点 8-17 声明的 plist 这种结构数据类型(可用于链表操作)，可定义一个变量作为链表变量(一种特殊的结构变量)。因为链圈(结点)在存储器中的放置不一定连续，链钩将链圈链接起来是靠地址去寻找的，所以**一般把链表变量定义为指针类型的变量**。**定义链表指针变量的格式为：**

链表结构名 * 链表指针变量名;

【景点 8-18】 请定义一个链表指针变量。

plist * pl1; //定义 pl1 为链表指针变量，该链表结构为 plist

一个链表至少要定义多少个链表指针变量呢？至少三个以上，其中两个是链首指针和链尾指针，还有一个是链钩指针，这三个指针对于创建链表就够了。而对于删除或添加等操作，还需要一些中间辅助指针。中间辅助指针视程序的需要而定，例如查找指针等。定义好链表后，就可以进行创建链表等操作了。

③ 如何组成及使用链表。

定义了所需的几个链表指针变量后，就可按图 8-4 所示的链表构造组成一个链表了。因为这几个链表的指针变量是指针，而且是结构指针。所以具体构成链表的操作就是按照前面讲过的运用指针结构指针变量的方法来进行的，并没有什么特殊的地方。也就是说，**组成链表的方法是**：运用指针和结构指针的操作将一个个链圈用链钩链接成一个链表，然后就可以利用链表对数据进行添加、删除、修改等操作了。**指针和结构指针的操作**有以下四种：

· 某链圈的指针名：代表该链圈本身，如 head、inp 等，即指针名 head、inp 分别代表 head 链圈和 inp 链圈。

· 某链圈的指针名→链圈数据：代表该链圈的数据，如景点 8-19 中的“pp->num”即链圈 pp 的数据 num。

· 某链圈的指针名→链钩：代表该链圈的下一个链圈，如景点 8-20 中的：

pd=pf→p; //将链圈 pf 的链钩 p 指向的链圈(即 pf 的下一个链圈)送给链圈 pd

· 指针之间的相互赋值：代表在数据类型相同的指针之间进行赋值。赋值后，赋值号两边的指针内容(地址值)相同，均指向同一个地址。例如：

head=inp; //指针 head 和指针 inp 均指向同一个地址

链表的具体运用请往下继续游览。

(3) 链表的运用。

链表有许多运用，如创建方式及使用链表添加、删除、修改数据等。

① 创建链表、为链表赋值和显示链表。

创建链表时，还是先想人怎么画出(建立)这个链表。要想画出链表，首先要知道什么是链表以及链表是怎样形成的。一提到链表，就想到自行车的链条，链表的样子就是自行车链条的样子。此景点选择画出(建立)一个开口的自行车链条，如图 8-4 所示。也可以想象成创建链表就是在制造装配自行车链条，装配链条(即人的详细做法)的过程如图 8-5 所示。

```
          开始
           |
  先拿出第一个待加入链圈(如图8-6所示)
           |
  没有链条(空链表)吗？  Y→把待加入链圈作为链首链圈→②
         N |←①
  把这个链圈接在链尾(即链尾的链钩钩住这个待加入链圈)
           |←②
  把刚加入的链圈作为链尾链圈(第一次循环到pe=pn时，如图8-7所示，第一次刚加入的链圈既是
链首链圈，也是链尾链圈；第二次循环到pe=pn时，如图8-9所示)
           |
  再拿出一个待加入链圈(第一次循环结束时如图8-8所示)
           |
       装完否？ N →①
         Y |
  把最后一个链圈作为链尾，并做个尾部记号
           |
  把不用的待加入链圈放回原处
           |
  结束(如果是子函数，就将装好的链条(链首指针)交给调用函数)
```

图 8-5　创建链表的简易流程图

创建完成的链表如图 8-4 所示。

【景点 8-19】　创建一个含有职工号和职工年龄的链表(按职工号从小到大的顺序连接)，并输入和输出显示这些数据。职工人数自定，请编写程序实现。

程序如下：

```
//ex8-19-1.cpp
#include<iostream.h>
//创建链表

struct plist        //声明一个结构名为 plist 的结构，即一个链圈的结构，用于链表中
{
    int num;        //链圈的内容之一：职工号
    int age;        //链圈的内容之二：年龄
    plist *p;       //链圈的内容之三：声明链钩(链钩指针)
};

void main()
{
    plist *head;        //定义链表首部记号(链首指针)，简称链首
    plist *pn;          //定义待加入链圈的指针
    plist *pe;          //定义链表尾部记号(链尾指针)，简称链尾
    pn=new plist;       //先拿一个待加入链圈，即用 new 开一个链圈的房间(动态空间)，
                        //如图 8-6 所示
    cout<<"循环输入待加入的职工号和年龄。若要结束输入，输入职工号为 0";
```

```
        <<"和任一年龄，并按 Enter 键"<<endl;
    cin>>pn->num>>pn->age;  //给这个链圈加内容
    head=NULL;              //一开始没有链条，则令链首部记号为空，如图 8-6 所示
    while(pn->num!=0)       //当待加入链圈的职工号不等于 0 时，循环加入链圈
    {
        if(head==NULL)//如果链首为空
            head=pn;  //这个待加入的链圈就送给链首
        else
            pe->p=pn; //否则，链尾的链钩钩往这个待加入的链圈
        pe=pn;              //这个待加入的链圈就送给链尾(即把待加入链圈作为链尾，如图 8-7
                            //或图 8-9 所示)
        pn=new plist;       //又拿下一个待加入链圈(如图 8-8 所示)
        cin>>pn->num>>pn->age;
    }
    pe->p=NULL;             //链尾的链钩指向空，代表这条链到此为止
    delete pn;              //释放待加入链圈的房间
/*创建链表函数的程序解释(行数从“void main()”算起)：
第 3～11 行如图 8-6 所示；第一次运行第 12～15、18～19 行，如图 8-7 所示；第一次循环
结束时如图 8-8 所示；第二次运行第 12～14、16～19 行，如图 8-9 所示；创建完成的链表
如图 8-4 所示*/
```

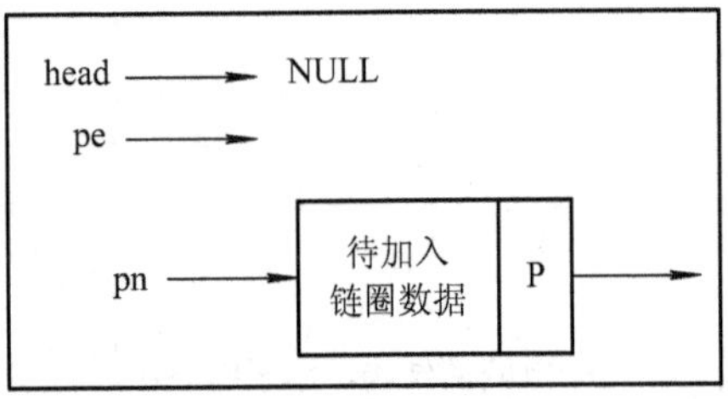

图 8-6　创建链表进入循环前的示意图

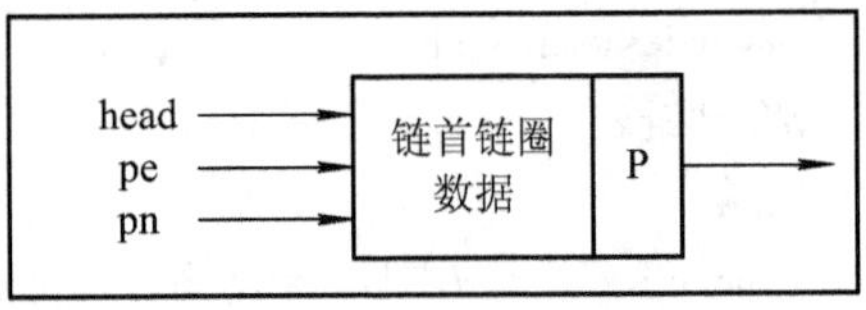

图 8-7　创建链表第一次循环到 pe=pn 时的示意图

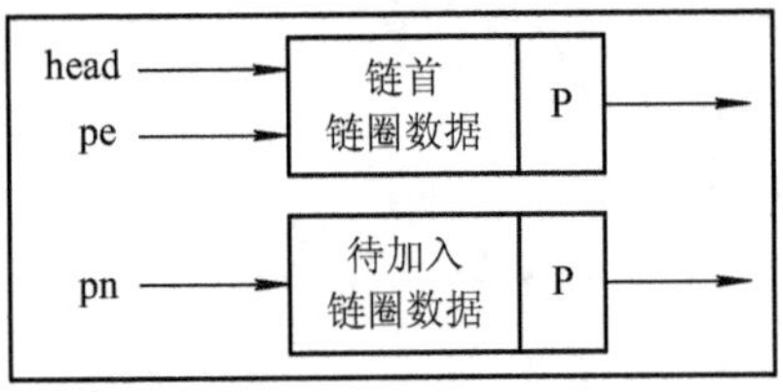

图 8-8　创建链表第一次循环结束时的示意图

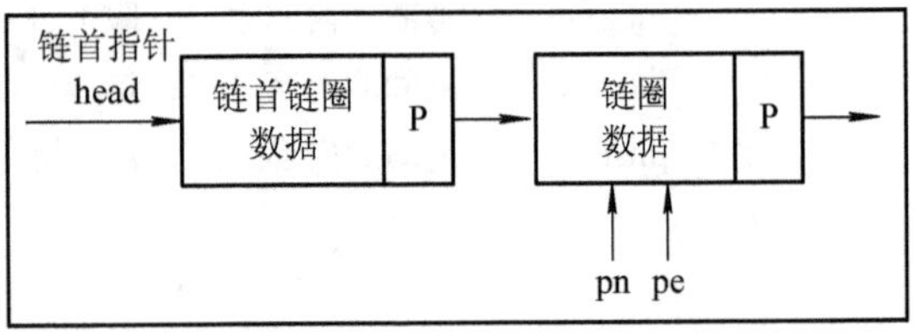

图 8-9　创建链表第二次循环到 pe=pn 时的示意图

```
//显示链表
    plist *pp;          //定义显示使用的链表指针
    pp=head;            //pp 指向链首
    cout<<"职工号          "<<"年龄"<<endl;
  while(pp)             //当显示链表指针 pp 为 1，即 pp!=NULL(即 pp 没指到链尾)时，循环输出
                        //显示链圈内容
    {
```

```
            cout<<pp->num<<"              "<<pp->age<<endl;
            pp=pp->p; //pp 指针移向下一个链圈
        }
    }
```

运行结果为：

循环输入待加入的职工号和年龄；若要结束输入，输入职工号为 0 和任一年龄，并按 Enter 键
10000
20
10001
39
0
40

职工号	年龄
10000	20
10001	39

结果正确。

② 输出显示链表的数据。

输出显示链表的数据(见景点 8-19)的过程是：将显示链表指针 pp 指向链首指针，再利用 pp 指针的移动指引，一直将链圈内容(链表的数据)从链首到链尾全部输出显示。

③ 对链表数据的查询、比较等操作。

取出链表数据的基本动作同输出显示链表数据一样，只不过取出来不是用于输出显示，而是用于查询、比较等操作而已。在景点 8-19～景点 8-21 中，多处含有查询、比较操作，如“while(pn->num!=0)”、“if(head->num==num)”等。

④ 在链表中删除数据。

把在链表中删除数据当做是从自行车链条上拆下链圈来处理。人的详细做法如图 8-10 所示，其中有 3 种情况，分别如图 8-11～图 8-13 所示。

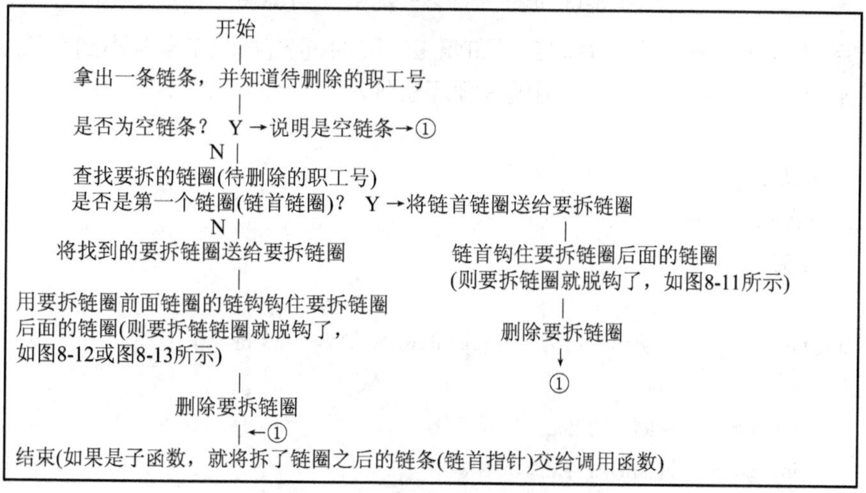

图 8-10　删除链表数据的简易流程图

注：在图 8-11～图 8-13、图 8-15～图 8-17 中，—\\—> 表示断开原来的链钩连接，虚线表示修改(删除或添加)后的链钩连接。

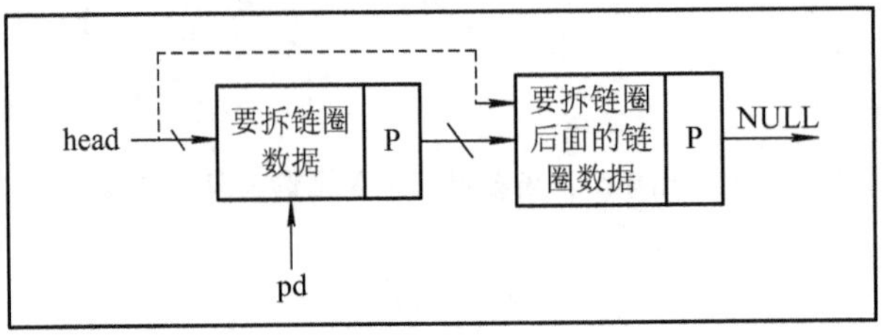

图 8-11　删除链圈第一种情况的示意图

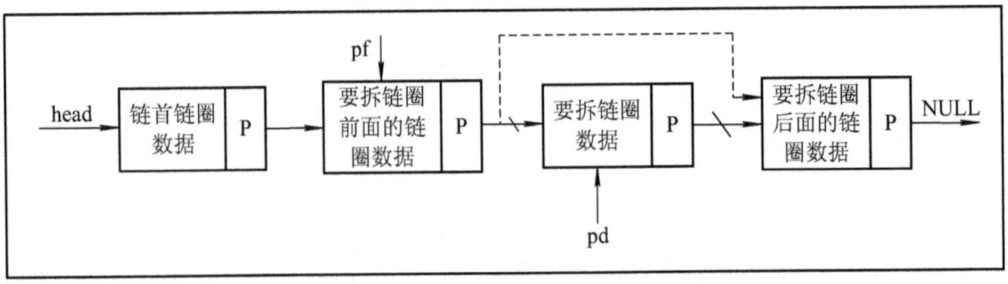

图 8-12　删除链圈第二种情况的示意图

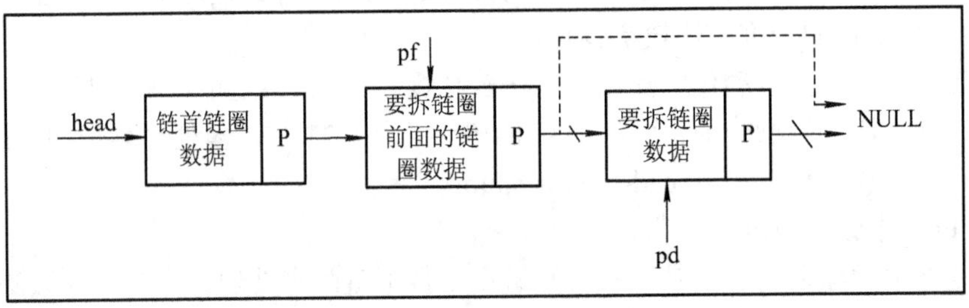

图 8-13　删除链圈第三种情况的示意图

【景点 8-20】　在一个含有职工号和职工年龄的链表(按职工号从小到大的顺序连接)中，删除某个职工号的职工数据，请编写程序实现。

程序如下：

```
//ex8-20-1.cpp
#include<iostream.h>
//创建链表

struct plist        //声明一个结构名为 plist 的链圈结构，用于链表中
{
    int num;    //链圈的内容之一：职工号
    int age;    //链圈的内容之二：年龄
    plist *p;   //链圈的内容之三：声明链钩(链钩指针)
```

```
};

void main()
{
    plist *head;       //定义链表首部记号(链首指针)，简称链首
    plist *pn;         //定义待加入链圈的指针
    plist *pe;         //定义链表尾部记号(链尾指针)，简称链尾
    pn=new plist;      //先拿一个待加入链圈，即用 new 开一个链圈的房间(动态空间),
                       //如图 8-6 所示
    cout<<"循环输入待加入的职工号和年龄；若要结束输入，输入职工号为 0";
        <<"和任一年龄，并按 Enter 键"<<endl;
    cin>>pn->num>>pn->age;  //给这个链圈加内容
    head=NULL;              //一开始没有链条，则令链首部记号为空，如图 8-6 所示
    while(pn->num!=0)       //当待加入链圈的职工号不等于 0 时，循环加入链圈
    {
        if(head==NULL)      //如果链首为空
            head=pn;        //这个待加入的链圈就送给链首
        else
            pe->p=pn;       //否则，链尾的链钩钩住这个待加入的链圈
        pe=pn;              //这个待加入的链圈就送给链尾(即把待加入链圈作为链尾,
                            //如图 8-7 或图 8-9 所示)
        pn=new plist;       //又拿下一个待加入链圈(如图 8-8 所示)
        cin>>pn->num>>pn->age;
    }
    pe->p=NULL;             //链尾的链钩指向空，代表这条链到此为止
    delete pn;              //释放待加入链圈的房间
/*创建链表函数的程序解释(行数从“void main()”算起):
第 3～11 行如图 8-6 所示；第一次运行第 12～15、18～19 行，如图 8-7 所示；
第一次循环结束时如图 8-8 所示；第二次运行第 12～14、16～19 行，如图 8-9 所示；
创建成功的链表如图 8-4 所示*/

//显示链表
    plist *pp;         //定义显示使用的链表指针
    pp=head;           //pp 指向链首
    cout<<"职工号      "<<"年龄"<<endl;
    while(pp)          //当显示链表指针 pp 为 1，即 pp!=NULL(即 pp 没指到链尾)时，循环输
                       //出显示链圈内容
    {
        cout<<pp->num<<"            "<<pp->age<<endl;
```

```
            pp=pp->p;           //pp 指针移向下一个链圈
        }

    //删除链圈
        int num;                    //职工号
        int b=0;                    //删除标记初始化为 0
        cout<<"请输入要删除的职工号";
        cin>>num;
        plist *pd;                  //定义要拆链圈的指针
        plist *pf;                  //定义查找链圈的指针
        //处理下述 3 种情况
        if(!head)//如果是空链表
        {
            cout<<"这是空链表\n";
        }
        else
        {
            if(head->num==num) //如果要删除的职工号在链首
            {
                pd=head;          //将链首的链圈送给要拆链圈
                head=head->p;     //链首钩住要拆链圈后面的链圈
                                  //(则要拆链圈就脱钩了，如图 8-11 的虚线所示)
                delete pd;        //删除要拆链圈
                cout<<"删除了职工号为"<<num<<"的数据"<<endl;
                b=1;              //删除标记置 1
            }
            else
            {
                pf=head;
                while(pf->p)      //要删除的职工号在指定位置，从链首的下一个链圈起
                                  //逐个查找，找到要拆的链圈或找到链尾(pf->p=NULL，
                                  //如图 8-13 所示)时，结束循环
                {
                    if(pf->p->num==num)       //如果查找指针 pf 的链钩钩住链圈
                    //的职工号=要找的职工号
                    {
                        pd=pf->p;         //这个被 pf 的链钩钩住的链圈(即下一个链圈)就是要
                                          //拆链圈，将其送给要拆链圈 pd
                        pf->p=pd->p;      //用要拆链圈前面链圈(即查找指针指向的链圈)的
```

```
                    //链钩钩住要拆链圈后面的链圈，则要拆链链圈就脱钩了，
                    //如图 8-12 或图 8-13(这是删除链尾链圈的情况)的虚线所示
                    delete pd;         //删除要拆链圈
                    cout<<"删除了职工号为"<<num<<"的数据"<<endl;
                    b=1;               //删除标记置 1
                    break;             //跳出 while 循环
                }
                pf=pf->p;
            }
        }
        if(b==0)                                    //如果没有删除
            cout<<"没有此职工。\n"<<endl; //当从头到尾都找不到时，应给予温馨的提示
    }

//又显示链表
    pp=head;                //pp 指向链首
    cout<<"职工号     "<<"年龄"<<endl;
    while(pp)
    {
        cout<<pp->num<<"          "<<pp->age<<endl;
        pp=pp->p;
    }
}
```

运行结果为：

```
循环输入待加入的职工号和年龄；若要结束输入，输入职工号为 0 和任一年龄，并按 Enter 键
100
20
101
39
0
0
职工号    年龄
100        20
101        39
请输入要删除的职工号 100
删除了职工号为 100 的数据
职工号    年龄
101        39
```

结果正确。

⑤ 在链表中插入数据。

把在链表中插入数据当做是往自行车链条上插入链圈来处理。人的详细做法如图 8-14 所示，其中有 4 种情况，前三种情况分别如图 8-15～图 8-17 所示。

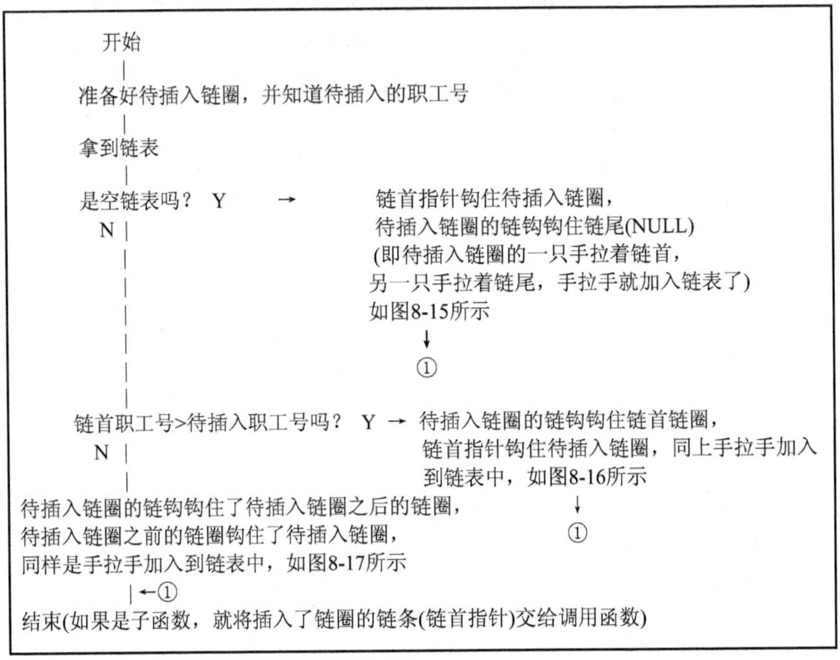

图 8-14　插入链表数据的简易流程图

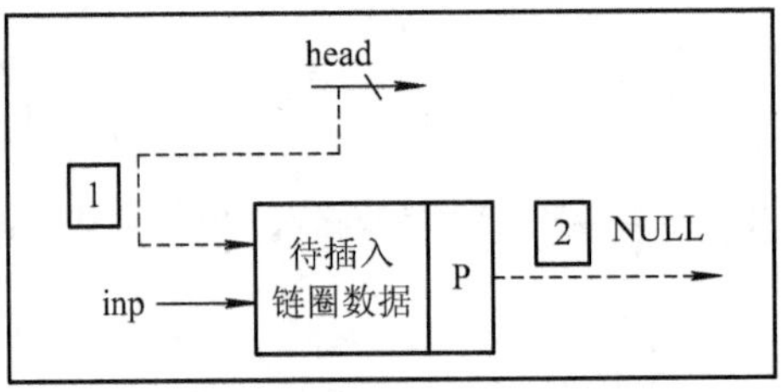

图 8-15　插入链圈第一种情况的示意图

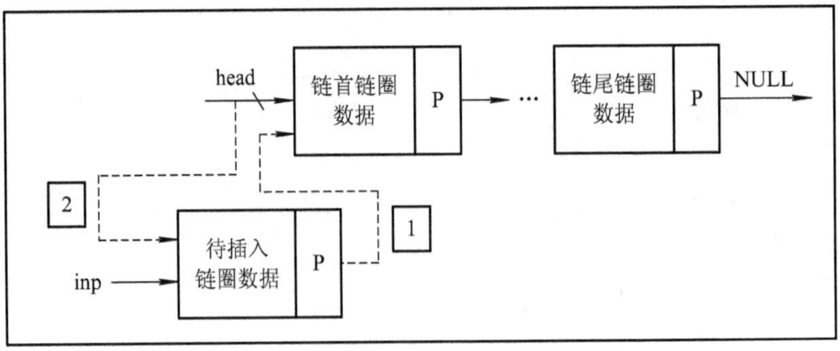

图 8-16　插入链圈第二种情况的示意图

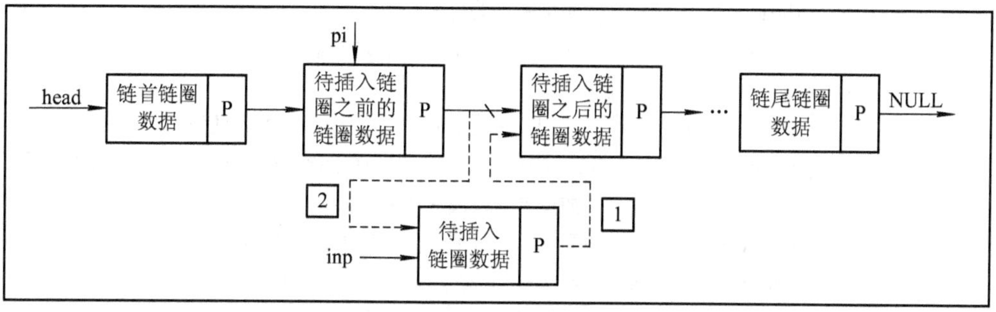

图 8-17　插入链圈第三种情况的示意图

第 4 种情况是当要插入到链尾时，即下面这句中的前一种情况：

```
if((pi->p==NULL) || (pi->p->num>inp->num))          //如果查找指针的链钩
                //已到了链尾(NULL)或钩住的下一个链圈的职工号>要添加的职工号
```

这种情况的处理见图 8-17，请大家自行学习。

【景点 8-21】　在一个含有职工号和职工年龄的链表(按职工号从小到大的顺序连接)中插入某个职工号的职工数据，请编写程序实现。

程序如下：

```
//ex8-21-1.cpp
#include<iostream.h>
//创建链表

struct plist          //声明一个结构名为 plist 的结构，即一个链圈的结构，用于链表中
{
    int num;          //链圈的内容之一：职工号
    int age;          //链圈的内容之二：年龄
    plist *p;         //链圈的内容之三：声明链钩(链钩指针)
};

void main()
{
    plist *head;      //定义链表首部记号(链首指针)，简称链首
    plist *pn;        //定义待加入链圈的指针
    plist *pe;        //定义链表尾部记号(链尾指针)，简称链尾
    pn=new plist;     //先拿一个待加入链圈，即用 new 开一个链圈的房间(动态空间)，
                      //如图 8-6 所示
    cout<<"循环输入待加入的职工号和年龄；若要结束输入，输入职工号为 0";
        <<"和任一年龄，并按 Enter 键"<<endl;
    cin>>pn->num>>pn->age;  //给这个链圈加内容
    head=NULL;               //一开始没有链条，则令链表首部记号为空，如图 8-6 所示
    while(pn->num!=0)        //当待加入的链圈的职工号不等于 0 时，循环加入链圈
    {
```

```
        if(head==NULL)        //如果链首为空
            head=pn;          //这个待加入的链圈就送给链首
        else
            pe->p=pn;         //否则，链尾的链钩钩住这个待加入的链圈
        pe=pn;                //这个待加入的链圈就送给链尾(即把待加入链圈作为链尾，
                              //如图 8-7 或图 8-9 所示)
        pn=new plist;         //又拿下一个待加入链圈(如图 8-8 所示)
        cin>>pn->num>>pn->age;
    }
    pe->p=NULL;               //链尾的链钩指向空，代表这条链到此为止
    delete pn;                //释放待加入链圈的房间
/*创建链表函数的程序解释(行数从"void main()"算起)：
第 3～11 行如图 8-6 所示；第一次运行第 12～15、18～19 行，如图 8-7 所示；第一次
循环结束时如图 8-8 所示；第二次运行第 12～14、16～19 行，如图 8-9 所示；
创建成功的链表如图 8-4 所示*/

//显示链表
    plist *pp;          //定义显示使用的链表指针
    pp=head;            //pp 指向链首
    cout<<"职工号          "<<"年龄"<<endl;
    while(pp)           //当显示链表指针 pp 为 1，即 pp!=NULL(即 pp 没指到链尾)时，循环输
                        //出显示链圈内容
    {
        cout<<pp->num<<"              "<<pp->age<<endl;
        pp=pp->p; //pp 指针移向下一个链圈
    }

//插入链圈
    plist *pi;                  //定义查找指针
    plist *inp;                 //定义待插入链圈的指针 inp
    inp=new plist;              //新开一间待插入链圈的房间
    cout<<"请输入要插入的职工号和年龄";
    cin>>inp->num>>inp->age;
    while(1)
    {
        if(head==NULL)          //如果是空链表
        {
            cout<<"原来是空链表\n";
            head=inp;           //链首(一只手)指向(拉着)待插入链圈，如图 8-15 的虚
                                //线 1 所示
            inp->p=NULL;  //待插入链圈的链钩(另一只手)指向(拉着)NULL，
            //代表这条链到此为止，如图 8-15 的虚线 2 所示，手拉手加入到链表
```

```
                //中
                cout<<"现已插入数据\n";
                break;                    //跳出 while 循环
            }
            if(head->num>inp->num)    //如果要插入的职工号在链首
            {
                inp->p=head;     //待插入链圈的链钩(一只手)钩住链首链圈，如图 8-16
                                 //的虚线 1 所示
                head=inp;        //链首指针(另一只手)钩住待插入链圈，如图 8-16 的虚线
                                 //2 所示，手拉手加入到链表中
                break;           //跳出 while 循环
            }
            for(pi=head;pi;pi=pi->p)    //从链首的下一个链圈起，逐个查找，
                //找到插入位置或找到链尾(pi->p=NULL)时，结束循环
                if((pi->p==NULL)||(pi->p->num>inp->num))      //如果查找指针的链钩
                //已到了链尾(NULL)或钩住的链圈的职工号>要添加的职工号
                {
                    inp->p=pi->p;    //待插入指针的链钩(一只手)钩住待插入链圈之后
                                     //的链圈，如图 8-17 的虚线 1 所示
                    pi->p=inp;       //待插入链圈之前的链钩(另一只手)钩住待插入链
                                     //圈，如图 8-17 的虚线 2 所示，手拉手就加入到链表中
                    break;           //跳出 for 循环
                }
            break;                   //跳出 while 循环
        }

    //显示插入后的链表
        pp=head;                     //pp 指向链首
        cout<<"职工号          "<<"年龄"<<endl;
        while(pp)
        {
            cout<<pp->num<<"          "<<pp->age<<endl;
            pp=pp->p;
        }
    }
```

运行结果为：

循环输入待加入的职工号和年龄；若要结束输入，输入职工号为 0 和任一年龄，并按 Enter 键

```
10000
29
10001
```

```
40
0
34
职工号        年龄
10000         29
10001         40
请输入要插入的职工号和年龄 10008
35
职工号        年龄
10000         29
10001         40
10008         35
```

结果正确。

3．控制输出格式法

某位男生还有一个难题："以前的程序输出结果的形式都是任由 cout 语句摆布的，有时不整齐、不美观，总之不能尽如人意。"

"哎，景点 8-1 的控制输出格式不是很妙的解决办法吗?!" 强强帮他排除困难。

控制输出格式法有 2 种，下面介绍其中的一种——使用控制符控制。

控制输出格式法的控制符见表 8-2。

表 8-2　控制输出格式法的控制符

控制符	功　　能
dec	设置整数为十进制
hex	设置整数为十六进制
oct	设置整数为八进制
setfill(c)	在输出的数据宽度中，除数据外，前面填满字符常(变)量 c 的内容
setprecision(n)	设置实数输出精度为 n 位，当前面加上 setiosflags(ios::fixed) 或 setiosflags(ios::scientific)时，n 为小数位数，否则 n 为全部有效数字
setw(n)	输出的宽度为 n 个字符
setiosflags(ios::fixed)	固定的浮点显示
setiosflags(ios::scientific)	科学表示法(指数形式)显示
setiosflags(ios::left)	左对齐
setiosflags(ios::right)	右对齐
setiosflags(ios::skipws)	忽略前导空白
setiosflags(ios::uppercase)	E 和十六进制数的 X 大写输出
setiosflags(ios::showpos)	输出正数时前面有"+"号
resetiosflags(原有输出格式)	终止原有输出格式，原有输出格式要填写内容，如：ios::showpos，ios::dec 等

控制输出格式法的使用方法：

书写格式为将控制符加在 cout 语句中，即：

cout<<输入输出流控制符 1[<<…<<输入输出流控制符 n]<<要输出的信息;

即先写控制符，再写要按此控制符输出的信息。

控制符是在头文件 iomanip.h 中定义的。因此要使用控制符时，要包含此头文件，即要写上“#include<iomanip.h>”。

【景点 8-22】　编写控制显示圆周率 pi=3.14159 的程序，要求其小数点后输出 4 位有效数字。

解法一：

```
const float pi=3.14159;
cout<<setprecision(5)<<"pi="<<pi<<endl;
//因为控制显示小数点后输出 4 位有效数字，而整数部分是 1 位有效数字，所以共 5 位
//有效数字，setprecision(5)的括号中为 5
```

运行结果为：

```
pi=3.1416
```

结果正确。

解法二：

```
const double pi=3.14159;
cout<<setiosflags(ios::fixed)<<setprecision( 4 )<<"pi="<<pi<<endl;
//设置实数输出精度为 4 位，当前面加上 setiosflags(ios::fixed)时，4 为小数位数
```

运行结果为：

```
pi=3.1416
```

结果正确。

【景点 8-23】　有两个式子，分别为 y1 = 3700.0 和 y2 = 140 000.0 − 100.0。试将 y1 以科学表示法(指数形式)输出，y2 则以科学表示法(E 的形式)输出，并且 y1 先以前面带“+”号的形式输出，再以前面没有“+”号的形式输出。试编程实现。

程序语句段如下：

```
double y1,y2;
y1=3700.0;
y2=140000.0-100.0;
cout<<setiosflags(ios::scientific)<<setiosflags(ios::showpos)<<"y1="<<y1<<endl;
//科学表示法(指数形式)显示，前面带“＋”
cout<<resetiosflags(ios::showpos);        //终止前面带“＋”的形式
cout<<setiosflags(ios::scientific)<<"y1="<<y1<<endl;
cout<<setiosflags(ios::scientific)<<setiosflags(ios::uppercase)<<"y2="<<y2<<endl;
//科学表示法(E 的形式)
```

运行结果为：

```
y1=+3.700000e+003
y1=3.700000e+003
```

```
y2=1.399000E+005
```

结果正确。

【景点 8-24】 有一个整数 100，分别以十进制、十六进制和八进制显示。

程序如下：

```
int x;
x=100;
cout<<dec<<x<<endl;
cout<<hex<<x<<endl;
cout<<oct<<x<<endl;
```

运行结果为：

```
100
64
144
```

结果正确。

也就是说运用控制输出格式法，是指按输出要求合理选择控制输出格式法的控制符，再以上述的书写格式正确书写，运行调试，观看显示状态，不断加以调整和修改，直到合乎要求为止。例如，景点 8-1 就用到了控制输出格式法。

8.3.2　结构游览之总结提高

1．游览体会与总结

同学们轻松愉快地总结道，“这个景点也没太多的新鲜，只是要注意**首先要声明结构数据类型**，然后才像以前那样先定义变量，再使用变量。”

“**使用时要直指到结构分量**，所以要先喊父亲(结构变量名)，再喊儿女(结构分量名)。”

“这个联想好记。”

“能打包，就打包成结构，而不用多个数组。”

“使用**结构指针变量**这种操作，只需用‘→’符号代替上面使用的点操作符‘.’，也就是**结构指针变量名→结构分量名**。”

“结构数组的用法与前叙的数组的用法相同，即结构数组名[下标].结构分量名。因为结构数组也是一种变量，所以其**用法**只是比结构变量的用法加多一个下标，以指明结构数组中的元素是第几个元素。”

“定义一个指针指向结构数组，称之为**结构数组指针**，用法同上，只是要用结构数组指针变量名代替上面的结构指针变量名而已。”

“**结构的特殊运用是链表**。什么时候采用这种特殊的运用？想在程序运行中方便地对数据进行添加、删除、修改等操作的情况下，就采用链表。”

“定义链表前，要先声明链表这种结构数据类型，其格式与声明结构的格式相同，只不过其中多了一个链钩分量(该结构的指针)。这个链圈中既有链圈的数据结构的声明，也包含链钩(该结构的指针)的声明。”

“**在链表的运用中，关键是注意链钩钩住什么，与什么脱开。**”

"链表有许多运用。例如，把创建链表当做制造装配自行车链条；把在链表中删除数据当做是从自行车链条上拆下链圈；把在链表中插入数据当做往自行车链条上安装链圈；把在链表中修改数据当做是在自行车链条上修理链圈等。"

乐乐问："什么时候使用控制输出格式法？""当输出格式要按要求输出时使用。"明明开口道。

2. 明明终于回心转意了

出人意料，明明的金口终于被撬开了！

接下来，明明讲述了他和晶晶导游通话的过程。

她先打电话问我，"为什么成绩总是 E？"我说："因为我没用通用编程法。""为什么不用通用编程法？""因为我觉得通用编程法的发明人不出名，而专家名人的编程法可能更好些。但我找遍了图书馆、网络，没听说过有通用编程法，也基本上没有讲编程法的书籍、文章等。"

"那怎么不试用一下通用编程法呢？团队运用通用编程法已经取得了那么好的效果，原来不会编程的现在能编程或编出较好的程序了，乐乐和强强就是榜样。实践证明了通用编程法就是好，你为什么不用通用编程法试试呢？"

"总之，我还是不信。通用编程法那么简单，真能让计算机解决那么多、那么难、那么大的问题吗？""你太固执了，不一定专家名人的东西就是最先进的东西。假设你有一台苹果计算机，但坏了，你还死抱着它不放吗？""非也。""那就对了。团队里原来最差的同学都迎头赶上，成绩为中等左右了，你却走投无路，何不改辕易辙呢？""要我试试用通用编程法啊？""苹果计算机坏了，马上换联想计算机。""说的也在理，好吧，我试试看用通用编程法编程。""这就对了，祝你成功！"

第一次通话就这样结束了，可是我的思想还在斗争，一边是我的真理，另一边是通用编程法。真理说："你要坚持初衷。"通用编程法说："欢迎你来享用。"扰得我不得安宁。

于是，我拨通了晶晶导游的电话说："我还是将信将疑，不太想试用通用编程法。"晶晶导游说："那你这样继续找更好的编程方法，找到何时？目前问世的方法中没有通用编程法，也没有什么专讲编程法的书，你怎么能找到呢?!"

晶晶继续说："但你可以发明创造更好的编程方法。虽然你不是专家名人，只要好，别人就会用你的方法。那些使用你发明的方法的人同样处在你今天的角度，可别人是怎么想的？为什么要创新而不守旧？就因为新的有好于旧的地方。""是啊，吃一堑，长一智，我应该先学会走，再学会跑。""对啰，这才是个识时务者。""好吧，我就豁出去了。"

奋起直追，一个晚上，我就把《C++程序设计教程：化难为易地学习 C++》看了 80 多页，从最简单的程序直看到循环程序，就像看小说一样。现在，我已经基本上会编写这些程序了。

当我在纸上谈出第一个兵时，禁不住蹦起来喊道："春天来了！"编程梦的春天来啰！""这么神奇啊！明明一个晚上就差不多追上我们了。""是啊，你们要前进，不进则退了。"

文文讥笑道："明明，你当叛徒了。""不，是重返归队了。""可我还是不信通用编程法。"

这次的成绩可刮目相看了，明明从 E 变成了 D，强强和乐乐是 B。而文文呢？不用说，当然还是 E。除了文文，其他同学都为明明初见成效而高兴，并鼓励明明继续加油。

他边想边问："打印成绩单要用到输入、输出成绩，如果制作档案，不是也要用到输入成绩吗？期末成绩通知书不也还要用到输出成绩吗？如果重新编写这些程序，就太麻烦了。能不能重复利用这些程序呢？""嗨，明明想得深远，我看是可以的。"强强道。"我想也可以。"乐乐附和道："让我们跟踪追击吧！"

第 9 章　互换套用　函数游览

强强快乐地说："一路下来，游玩了许多景点，编出了许多程序，就像制造了许多工具一样。计算机使用这些工具帮我们解决处理了不少问题。"乐乐也高兴道："C++真伟大，计算机真了不起！""人更了不起！"明明也插一句。"对，人定胜机。"同学们异口同声地高呼。

"造出了这许多工具，用一次就丢了，真浪费！"明明十分惋惜地叹了一口气，想了想又接着说，"不能复用或修改一下再用吗？就像螺丝刀、锤子等工具。"

晶晶说："可以的，例如景点 8-1 改写宏定义，就可重复使用。对于这些有共性、通用性和独立性的程序，通常把它编写为程序段——单函数。将这些单函数按需要组成多函数，就可以处理更多的事情。还可以删除、添加或修改其中的一些单函数，用于处理其他事情，即可以互换套用。就像景点 8-21 一样，有创建链表和插入链表两大段程序。当把这两大段程序分家时，就变成了有创建链表的函数和插入链表的函数。这些函数叫做子函数，通过一个主函数调用这些子函数，就相当于一个大家庭的父亲(主函数)叫儿女(子函数)去做事情。再删除、添加一些子函数，又可以组成景点 8-20 的删除链表之类的程序等。"

明明心想事成了："啊，这么好，不但节省了许多人力、物力和时间，而且还使整个程序的可读性、可维护性和可移植性(将该程序用到其他程序中)更好了。"

"C++还很替我们着想呢！""怎么着想？"明明追问导游。"凡是通用、常用的函数，C++都编写成了标准函数，像通用工具一样，拿来即用。这些景点也不新鲜，单函数你们已经会编写了，只是掌握把大家庭(单函数)分家为多个家庭(多函数)的方法而已！"

"真的那么好吗？"明明心存疑虑。

晶晶给大家吃定心丸，"游览完这一站，就真相大白了。"

9.1　随师游览：计算长方形面积和半圆形面积的多函数之景点

【景点 9-1】　有一个房地产销售商，在销售房屋时要先计算面积再算出房价。该房地产商销售的房间形式大多数是长方形的，阳台是长方形再加半圆形。请你编写一个计算长方形面积和半圆形面积的程序，以帮助该房地产商进行销售运作。

其中：

(1) 将要计算的长方形面积和半圆形面积编写成两个子函数。

(2) 编写主函数 main。

(3) 将主函数和子函数合成一个程序。

(4) 该程序的功能为：在主函数中输入长方形的长、宽和半径，调用各子函数算出面积，并返回面积值到主函数，在主函数中打印出返回的面积值。此过程循环进行，直到输入的长度=0 时，程序就结束了。

这样，房地产商将此程序移植并稍加修改，就可以实际应用于求房间面积了。

“嗨，这么简单的计算题。”“但用 C++ 多函数的方法编程，你会吗？”晶晶反问强强。“这真是懵住我了。”明明说：“我不管 C++，首先，我只想人的详细做法。”“对，还是明明说得对。”大家就分头去画流程图了。

明明说：“我的详细做法如图 9-1 所示，对吗？晶晶导游。”“Right！”

```
开始
  |
初始化
  |
先获取长方形的长、宽和圆的半径
  |←①
  长度≠0?  N →②
Y |
根据公式：长方形面积=长×宽，
半圆形面积 =πr²/2，计算出各面积
  |
写出求解的面积结果
  |
再获取长、宽和半径
  ↓
  ①

  ②
  ↓
 结束
```

图 9-1　求长方形面积和半圆形面积的简易流程图

“对号入座种萝卜就不会了，获取长、宽、半径、循环、计算长方形面积和半圆形面积，我都会写，但就是不知道怎么安排主函数和各个子函数。”明明为难了。晶晶问同学们：“首先，大家知道什么叫**函数**吗？”“不就是由若干条 C++ 语句构成的程序段吗？”“OK！”

C++ 函数又分为主函数和子函数。**C++ 函数与 C++ 程序之间的关系是：**

主函数+子函数(可有可无)→函数(一个或若干个)→**程序**。

不管主函数还是子函数都属于函数，都是程序，只不过处理的事情不同而已。既然都是函数，则它们的定义格式就应该相同，那么**子函数的定义格式**就可以按以前学的主函数的定义格式来编写，则有**函数的定义格式**如下：

```
函数返回的数据类型 函数名([形参数据类型 1 形参 1，…，形参数据类型 n 形参 n])
    {
        编程三部曲
        [return 返回的数据;]
    }
```

再看看以前**编写的主函数的定义格式：**

```
void main()                //从唯一必经的入口——main 主函数进入运行程序
```

```
{                       //程序从此开始运行
    编程三部曲          //处理解决问题的过程为：输入——处理——输出
}                       //程序到此运行结束
```

二者的定义格式一模一样。主函数的数据类型是 void，函数名是 main，没带形式参数。因为主函数返回的数据类型是空类型 void，即没有返回值，所以不写 return 语句。

另外，主函数还有一种写法(标准 C++的写法)：

```
int main()
{
    编程三部曲
    return 0;
}
```

也与函数的定义格式一样。

还有，前面已经学过、应用过的 **C++标准函数均是子函数**，只不过这些 C++标准函数是别人编写并称呼为 C++标准函数罢了。

明明拍掌庆幸："哦，那我会写子函数啰。"

程序的执行过程自然是机随人行，是按人编写的程序自动进行的，此景点的执行过程是：

```
                  ①        结束
                  ↓       N ↑
```

主函数→输入长、宽和半径→长度≠0？ Y→调用求长方形面积子函数→返回主函数→显示长方形面积值→调用求半圆形面积子函数→返回主函数→显示半圆形面积值→输入长、宽和半径→①

根据分析、简易流程图和 C++的知识编写程序如下：

```
//ex9-1.cpp
#include<iostream>          //名字空间 std 包含此头文件，所以此处不加.h，
                            //如果不使用名字空间 std(即没有下一句)，就要加.h
using namespace std;        //使用名字空间 std
double rectangle(double l1,double w1);        //声明求长方形面积的子函数
double circular(double r1);  //声明求半圆形面积的子函数
const double pi=3.1415926;  //声明圆周率 pi 为全局常量

void main()
{
    double l,w, r;          //定义长度 l、宽度 w、半径 r 三者均为局部变量
    cout<<"请输入长方形的 l、w 和圆的半径 r"<<endl;
    cin>>l;
    cin>>w;
    cin>>r;
    while(l!=0)
```

```
        {
            cout<<"长方形的面积是:"<<rectangle(l,w)<<endl;
            //rectangle(l,w)是带长和宽两个实参调用求长方形面积的子函数，
            //其返回的面积值返回此处被显示出来，但没有传给任何变量，即没保存下来
            cout<<"半圆形的面积是:"<<circular(r)<<endl;
            //circular(r)是带半径一个实参调用求半圆形面积的子函数，
            //其返回的面积值返回此处被显示出来，但没有传给任何变量
            cout<<"请输入 l、w 和圆的半径 r"<<endl;
            cin>>l;
            cin>>w;
            cin>>r;
        }
    }

    double rectangle(double l1,double w1)//定义求长方形面积的子函数
    {
        double V1;//声明长方形面积 V1，V1 为局部变量
        V1=l1*w1;//计算长方形面积
        return V1;//返回长方形面积值给主函数
    }

    double circular(double r1)//定义求半圆形面积的子函数
    {
        double V2;//解释与上述类似
        V2=pi*r1*r1/2;
        return V2;
    }
```

“等等，怎么结构要声明，函数也要声明呢？”明明喊道。“不声明怎么知道你用什么函数呢？就像景点 3-2 一样，使用 C++ 中的标准函数 pow，就要有包含标准函数 pow 的头文件的包含命令‘#include<math.h>’。”晶晶导游详细解释道。

在这里，需要先**区分函数的声明和定义**。

函数的声明是函数的原型，凡含有函数声明句或声明与定义合二为一的函数定义段或包含命令均要放置在调用此函数的函数之前，一般放在 main 这个主函数之前。

函数的定义是函数功能的确立。函数定义段可放置在程序所有函数定义段之外的任何地方，例如，放在主函数之前之后或放在其他函数之前、之后等。

注意：函数定义不能嵌套，即不能将函数定义段放在另一个函数或自身函数体的花括号“{}”内。

如景点 9-1 定义求半圆形面积的子函数的程序为：

```
double circular(double r1)          //定义求半圆形面积的子函数
```

```
{
    double V2;
    V2=pi*r1*r1/2;
    return V2;
}
```

我们来看看怎么用编程三部曲编写函数或子函数，即如何唱响编程三部曲，以景点 9-1 定义求半圆形面积的子函数为例，首先，输入这步曲如何唱？要算半圆形面积必然要知道其半径，半径从何而来？按题意应通过主函数传递参数过来的方式唱，则形参就声明 1 个变量 r1 来接收主函数传递过来的半径。主函数中定义的半径是 double 型的，那么 r1 的数据类型也应为 double 型。处理就是计算半圆形面积。到了输出这步曲又怎么唱呢？根据题意，应将曲子(结果)送回给别人(主函数)去唱(显示)，因此应为“return V2;”。因为 V2 的数据类型是 double，所以子函数的“函数返回的数据类型”这一项也应是 double。circular 是函数名。

C++函数也像变量名一样要先定义，后才能使用。

函数的声明和定义语句的格式有三种，其中方式一是：函数的声明与定义分开。

函数的声明语句格式是在前面讲述的“函数的定义格式”的第一行末加分号“;”，如景点 9-1 就是这种方式，其函数声明句为：

```
double circular(double r1);          //声明求半圆形面积的子函数
```

函数的定义格式见前面讲述的“函数的定义格式”。

“怎么声明了还要定义？”“因为声明了只知道有这个子函数，但不知道这个子函数做什么事情。”

“父亲怎样叫孩子做事呢？”

还和以前的函数叫 C++标准函数(也是子函数)做事的方法一样，即调用函数句的格式为：

函数名([实参 1，实参 2,…,实参 n])

也就是将声明函数句中所有关于数据类型的关键字和句末的分号去掉，以实参代替形参，并将此调用函数句写在调用处，就调用了函数(即父亲就叫了孩子做事)了。实参视需要而定，可有可无。没有实参时，圆括号也要保留。

例如，景点 9-1 的 circular(r)是带半径一个实参调用求半圆形面积的子函数，还有景点 3-2 的“pow(g,1.0/2)”调用，其中 g 和 1.0/2 都是实参。

“打打仗看是否赢？”晶晶导游发出号令后，大家纷纷提枪上阵。

运行结果为：

```
请输入长方形的长度、宽度和圆的半径
1 1 1
长方形的面积是:1
半圆形的面积是:1.5708
请输入长方形的长度、宽度和圆的半径
23 5 2
长方形的面积是:115
半圆形的面积是:6.28319
```

请输入长方形的长度、宽度和圆的半径

0 7 3

结果正确。

“哦，我赢了！”

“我也赢了！”

“真好，我当上房地产的销售人员喽！”

明明请教道：“晶晶导游，有的时候我实在想不通人的详细做法，怎么办？”“那就在纸上边想边做通，像自行游览第 2 章的自游景点 7 那样。如果纸上想不通或不会做，那就去实践中学，在实践中做通它。若还是不通时就参考书籍或向别人请教、探讨等。这样，一般都会通的。”“好的，谢谢您！我试试看。”

9.2 自 行 游 览

9.2.1 函数游览之自游景点

1～10：将第 8 章的 10 个自游景点用多函数的方式编写出来。

9.2.2 函数游览之遐思景点

1．编写程序 100！(100 的阶乘)，并打印计算结果。

2．在主函数中输入两个整数，分别调用求最大公约数和最小公倍数的子函数，并在主函数中输出结果，请编程实现。

9.3 游 览 观 感

同学们纷纷亮出了自己的体会和收获，“互换套用，环保生态。”“这多函数还与时俱进了。”“不单与时俱进，还给我们这些繁忙一簇减压卸负，使我们可以高效编程。”“程序也简单明了，优质高产。”“编程也没啥新技巧，只是注意父亲(或母亲)与儿女之间的关系以及他们之间的设置罢了。”“那就让我们当当父母或儿女。”

9.3.1 函数游览之游览要点

1．在什么情况下用到函数

“啥时用 C++函数呢？”某位女生捅捅乐乐。“你一直在用 C++函数，一直以来写的都是 C++函数。凡是为了解决问题、处理事情，编写程序都要用到 C++的函数。”“那怎么写的与景点 9-1 不同？”“因为你以前写的是只有一个主函数的单函数，而景点 9-1 写的是将一个主函数分家成父亲(主函数)和儿女(子函数)的多函数。”“主函数和子函数各写些什么呢？”“一般将具有共性、通用性和独立性的程序写到子函数中，主函数负责整个程序的运行调度和管理，如调用子函数、输入、输出等。”

2．关于函数

“声明和定义函数，除了方式一，还有哪几种？”强强问明明。明明解释如下：

前面讲过的方式一还有一种简单写法，即形参名不用写出，如景点 9-1 的声明句：

```
double rectangle(double l1,double w1); //声明求长方形面积的子函数
double circular(double r1);            //声明求半圆形面积的子函数
```

可改为：

```
double rectangle(double ,double );     //声明求长方形面积的子函数
double circular(double );              //声明求半圆形面积的子函数
```

方式二就是函数的声明与定义合二为一，也就是前面讲述的“函数的定义格式”，如景点 9-2 和景点 9-3。

方式三是 C++标准函数的声明与定义(已由 C++完成了)，声明设置在头文件中，使用时要加上包含所用的 C++标准函数头文件的包含命令，其命令格式为：

```
#include<包含所用的 C++标准函数的头文件名>
```

该命令句的放置位置同“函数的声明”中所述。

具体说说**函数定义中的几大亮点**：

1) 函数返回的数据类型

(1) 若函数没有返回值，则此项写 void，同时不加 return 语句。

(2) 若函数有返回值，则此项按 return 语句返回的数据类型填写。

例如：

```
int a;
return a;
```

此项填写 int。

2) 函数名

就像变量名一样，也要给函数起个名字，否则无名无姓就成了没有户口的黑人黑户了。那么，怎么给函数起名呢？

函数名的命名法则同变量名的命名法则一样，此处不再赘述。

3) 形式参数

形式参数简称形参。当函数需要从外部传送数据给子函数时，就要有形参来接收这些数据(纪念品)。此时，圆括号“()”中就要有形参，否则形参项就空着，但圆括号“()”还要保留。

当某个调用函数调用被调用函数时，若有形参，调用函数就会用实际参数(简称实参)传送给被调用函数的形参。关于形参和实参，后面还会继续亮出景点。

4) 函数体

函数体(最外层的花括号“{}”括起的)就是解决、处理问题的 C++程序段(即“编程三部曲”中的一系列语句)。其实，此部分也并不陌生，且看景点 9-1 的子函数：

```
double rectangle(double l1,double w1)     //定义求长方形面积的子函数
{
    double V1;                            //声明长方形面积 V1，V1 为局部变量
```

```
        V1=l1*w1;                       //计算长方形面积
        return V1;                      //返回长方形面积值给主函数
    }
```

“子函数中的输入和输出这二部曲怎么唱啊？”“上面讲的函数(包括主函数和子函数)是早已看过也早已体验过的景点。因为主函数要调用子函数，子函数运行完后还要返回到主函数中，其中的输入和输出这二部曲就有了几种唱法。二者的处理过程则是一样的，到哪座山就唱哪首歌，只不过原来这首歌由主函数独唱，现在是大合唱。即原来一件事情只有父亲(主函数)一个人去做，现在则有儿女(子函数)帮忙了。那就来欣赏欣赏这首大合唱吧！”

输入的三种唱法如下所述：

- 唱法一：自编自唱。即在子函数中的输入这部曲，自己编写曲子(自己输入数据)，不需要别人传曲子(参数)来。这种唱法叫无参函数，例如景点 9-2 的 total 子函数。
- 唱法二：别人送曲子给你唱。即在子函数中没有输入这部曲，需要别人传曲子(参数)来。这种唱法叫有参函数，例如景点 9-1 的两个子函数。
- 唱法三：你拿别人的曲子唱。即通过调用子函数，在子函数返回时获得曲子(输入数据)。这种唱法也是无参函数，例如景点 9-2 的 display 子函数。

输出的三种唱法如下所述：

- 唱法一：自己唱，即独立自主输出结果。
- 唱法二：通过别人唱，将曲子(处理的结果)送给别人，叫别人唱曲子，如景点 9-1。
- 唱法三：别人来拿曲子唱，即不用送曲子给别人，自己也不唱，而是别人主动来拿曲子唱。例如，全局变量就不用回传结果，不管是主函数还是子函数均可以拿到曲子(结果)，但一般不采用全局变量；再如，对于有类的数据成员，该类中的函数成员均可随意取到其值(可含有结果)来使用。

“调用函数句的格式我还不尽会用。”有一位男生请教强强。“就像父亲叫儿女做事一样，调用时，父亲喊儿女名(即函数名)即可。”

“父亲可以叫儿女做事，儿女可以叫孙子做事吗？”这位男生继续问。“Yes，这就是函数调用中的嵌套。要注意的是，函数调用可以嵌套，如景点 9-2 中的 display 又调用了子函数 total。但函数定义能不能嵌套？”“NO！”“回答正确，不能将函数定义放在另一个函数或自身函数体的{}内。”

一位活泼的男生像唐僧念紧箍咒时孙猴儿的头痛样子似的，双手紧抱着脑袋，“形参和实参最头痛了，不知何时用它们也不知道怎么用。”乐乐哈哈笑道：“我问你，有形参时有没有实参？”“应该有吧！”“Yes，它俩就像孪生子一样。”

形参肯定在函数声明句和被调用函数中。实参肯定在调用函数句和调用函数中，调用函数句又肯定在调用函数的调用处。对应的形参与实参的名字可以相同也可以不相同，但最好不相同，如景点 9-1 所示。

注意：形参和实参间的原则是必须做到 3 个一一对应，即个数对应相等，数据类型对应相同，位置一一对应，如下所示：

```
函数声明句：函数返回类型 函数名 ([形参 1,形参 2,…,形参 n]);
                                 |        |         |
调用函数句：              函数名 ([实参 1,实参 2,…,实参 n])
```

如果形参个数是 3 个，实参个数就也是 3 个；如果形参的数据类型是 int，实参的数据类型就也是 int。位置一一对应是指第一个位置的实参肯定是传递给第一个位置的形参……第 n 个位置的实参肯定是传递给第 n 个位置的形参。假如圆的半径传递给高，而高又传递给半径，那结果肯定错误。

所以，切记 3 个一一对应的原则必须绝对遵守。如景点 9-1 中 l、w 这两个实参和 l1、w1 这两个形参就符合 3 个一一对应的原则。

明明提议："总结了这么多，还是去看场电影散散心吧。""好啊，我们先去帮电影院的员工做一些事。"乐乐最先鼓掌。"做什么事？"强强问乐乐。"游览景点 9-2。"

【景点 9-2】　电影院统计入场人数。电影院用自动控制系统统计每场入场人数，当有人从入口处进入时，光电传感器或其他传感器感应一次，就传递一个信号给计算机或单片机，则计数单元加 1。入场完毕时，该计数单元的数字就是总入场人数。请用 C++语言编写多函数程序实现。

人的详细做法如图 9-2 所示。

```
开始
  |←①
有人进场看电影就按1
  |
结束吗？ N →①
Y |
显示入场人数
  |
结束
```

图 9-2　电影院统计入场人数的简易流程图

程序如下：

```
//ex9-2.cpp
#include<iostream>
using namespace std;

int total()//定义统计入场人数的子函数
{
    static int num;   //声明存储入场人数的静态局部变量，
                      //此处不进行初始化，默认其初始值为 0，
                      //而且第二次及以后进入该子函数运行时都不再进行初始化，
                      //即保留上次运行结束时的值
    char d;           //声明局部变量 d
    cout<<"当有人进场看电影时，请按键'1'。"
        <<"结束统计先按 Enter 键，再同时按下 Ctrl 键和 z 键，然后再按 Enter 键\n";
    while((d=cin.get())!=EOF)       //d 接收从键盘键入的字符，
                      //并与结束符 EOF 比较决定循环与否，
                      //当结束输入时，同时按下 Ctrl 键和 z 键，即代表结束符 EOF
```

```
            if(d=='1')
                num++;              //累计入场人数
        return num;                 //返回入场人数给调用它的子函数 display
    }

    void display()                  //定义打印子函数
    {
        int num1;                   //声明局部变量
        num1=total();               //子函数 display 调用子函数 total，这是嵌套调用，
                                    //并且接收子函数 total 返回的入场人数
        cout<<"入场看电影的总人数是："<<num1<<endl;
    }

    void main()
    {
        display();//调用打印子函数
    }
```

程序执行过程是：

主函数调用 display 子函数→display 调用 total 子函数→统计开始：有人入场看电影就按 1→直到按下结束符 EOF(同时按下 Ctrl 键和 z 键)→返回入场人数 num 给 display→total 运行完，返回到子函数 display→display 的 num1 接收返回的入场人数→显示入场总人数→返回到主函数→程序结束。

运行结果为：

```
    如果有人进场看电影时，请按键'1'。结束统计先按 Enter 键，再同时按下 Ctrl 键和 z 键，然后
再按 Enter 键
    12343421453271
    2141274210
    ^Z
    入场看电影的总人数是：6
```

结果正确。

【景点 9-3】 电影院统计入场人数。此景点与景点 9-2 的不同之处，是中途可以小计入场人数，多次循环小计，最后才输出累计的总人数。关键是设了 num 这个静态局部变量，第一次不对其初始化，默认初始值为 0；第二次及以后进入 total 子函数运行时，都不对其初始化，而是用上次运行完 total 子函数的值(即上次小计的入场人数)，继续在此值上累加入场人数。最后总人数为 num 中存放的累计值。

程序如下：

```
    //ex9-32.cpp
    #include<iostream>
    using namespace std;
```

```
int total()//统计入场人数
{
    static int num;   //存储入场人数的静态局部变量，
                      //注意：第二次及以后进入该子函数运行时都不再进行初始化，
                      //保留上次运行结束时的值

    char d;
    cout<<"如果有人进场看电影时，请按键'1'；如暂时小计入场人数请先按 k 键，"
        <<"再按 Enter 键\n";
    while((d=cin.get())!='k')      //k 代表暂时结束输入的字符
        if(d=='1')
            num++;                 //用心观察每次进入此函数时的值与上次运行完此函数时的
                                   //值的特点
    return num;
}

void display()                     //打印输出
{
    char c1;
    int stanum=0;                  //存储统计次数的局部变量
    int num1;
    do
    {
        num1=total();
        stanum++;
        cout<<"第"<<stanum<<"次累计"<<"入场看电影的人数是："<<num1<<endl;
        cout<<"您还要统计吗(y/n)? (是就按 y 键，不是就按 n 键，"
            <<"然后按 Enter 键)"<<endl;
        cin>>c1;
    }while(c1=='y');
    cout<<"最后统计入场看电影的总人数是："<<num1<<endl;
}

void main()
{
    display();
}
```

在景点 9-3 中，程序在第一次调用 total 这个子函数时，遇到此静态局部变量 num 的定义句，因为没有初始化，即没有赋初值，默认其初始值为 0。以后再遇到此句时，不再进行初始化，而保留上次运行结束时的值。

当要小计、按下 k 键时，num 得到了第一次小计入场的人数值，并返回给调用它的函数 display 的 num1。第二次又调用 total 这个子函数时，遇到此句静态局部变量 num 的定义句，不对 num 初始化，即 num 保留上次(第一次)运行返回的小计入场人数值，在此值的基础上又继续累计入场人数。依此循环，最后当 display 子函数的统计循环结束时，num 中存放的就是各次累计的入场总人数值。

调试记录如下：

(1) 出错现象如下：

error C2018: unknown character '0xa3'

E:\C++\hC++\C++BOOK\九章\ex9-32.cpp(31) : error C2018: unknown character '0xbb'

E:\C++\hC++\C++BOOK\九章\ex9-32.cpp(32) : error C2146: syntax error : missing ';'

before identifier 'cout'

第一个错误是：有不认识的字符“0xa3”。

第二个错误是：有不认识的字符“0xbb”。

第三个错误是：在标识符“cout”前丢失了“;”。

错误原因是语句“}while((c=cin.get()!='n')；”用了中文的分号。改为英文的分号后，以上错误均被纠正。

(2) 出错现象为出现死循环：

如果有人进场看电影时，请按键'1'；如暂时小计入场人数就同时按 Ctrl 和 z 键，再按 Enter 键

第-858991246 次累计入场看电影的人数是：5

您还要统计吗(y/n)？(是就按 y 键，不是就按 n 键，然后按 Enter 键)

如果有人进场看电影时，请按键'1'；如暂时小计入场人数就同时按 Ctrl 和 z 键，再按 Enter 键

第-858991245 次累计入场看电影的人数是：5

您还要统计吗(y/n)？(是就按 y 键，不是就按 n 键，然后按 Enter 键)

暂时发现“int stanum; //存储统计次数的局部变量”中没有将 stanum 初始化为 0，所以打印-858991246 或-858991245 等。将“int stanum;”改为“int stanum=0;”，“int c1;”改为“char c1;”“while((c1=cin.get())!='n');”改为“while((c1=cin.get())=='y');”，此错纠正。

运行结果为：

如果有人进场看电影时，请按键'1'；如暂时小计入场人数就同时按 Ctrl 和 z 键，再按 Enter 键

1`21//这 3 行是从键盘输入的数字

12715

571151

^Z

第 1 次累计入场看电影的人数是：7

您还要统计吗(y/n)？(是就按 y 键，不是就按 n 键，然后按 Enter 键)

最后统计入场看电影的总人数是：7

(3) 出错现象为：没有按 y 或 n 键就结束了，不正确。

将“**}while((c1=cin.get())=='y');**”改为

```
        cin>>c1;
    }while(c1=='y');
```

还不正确。

再改“y”为“n”，改“while((d=cin.get())!=EOF)”为“while((d=cin.get())!='n')”

运行结果为：

```
如果有人进场看电影时，请按键'1'；如暂时小计入场人数就按 n 键，再按 Enter 键
4378514678001311113446616
n
第 1 次累计入场看电影的人数是：7
您还要统计吗(y/n)？(是就按 y 键，不是就按 n 键，然后按 Enter 键)
y
最后统计入场看电影的总人数是：7
```

还是错。

将“while((d=cin.get())!='n')”改为：“while((d=cin.get())!='a')”，还是错。

经分析，因将原来的“while(c1=='y');”改成了“while(c1=='n');”。**改回“while(c1=='y');”，同时将“while((d=cin.get())!='a')”改为“while((d=cin.get())!='k')”，结果正确了。**

到此为止才真相毕露，原来罪魁祸首就是“while((d=cin.get())!=EOF)”，因为用 EOF **是错误的，把 EOF 换成什么字符都正确**。

最终的运行结果：

```
如果有人进场看电影时，请按键'1'；如暂时小计入场人数就按 k 键，再按 Enter 键
21414275715115
174297129
k
第 1 次累计入场看电影的人数是：7
您还要统计吗(y/n)？(是就按 y 键，不是就按 n 键，然后按 Enter 键)
y
如果有人进场看电影时，请按键'1'；如暂时小计入场人数就按 k 键，再按 Enter 键
11183811
k
第 2 次累计入场看电影的人数是：12
您还要统计吗(y/n)？(是就按 y 键，不是就按 n 键，然后按 Enter 键)
n
最后统计入场看电影的总人数是：12
```

结果正确。

注意：对静态局部变量的初始化是第一次执行，之后不再进行初始化，而是一直保存上次运行完的值。所以，**静态局部变量的初始化值要正确，同样要注意上述所讲的用于累加和或累乘积的场合的初始值。**

“景点 9-1、景点 9-2 和景点 9-3 里的静态局部变量和局部变量是怎么回事啊？”有位

同学还搞不清楚。

明明做了如下解释：

前面所述的声明或定义的变量和常量没有根据其声明或定义所在的位置加以区分。若根据其声明或定义所在的位置和其他一些因素加以区分，则可分为全局变量和全局常量、局部变量和局部常量以及静态局部变量。

全局变量和全局常量：定义它们的位置是在所有函数的外面，并放在主函数 main 之前或头文件中。如景点 9-1 中的“const double pi=3.1415926;”定义圆周率 pi 为全局常量。

局部变量和局部常量：声明或定义它们的位置是在某函数里面，并放在使用该变量或常量的语句之前。如景点 9-1 的 rectangle 子函数中的“double V1;”声明长方形面积 V1 为局部变量。

静态局部变量：声明或定义它的位置也是在某函数里面，同时前面要加上 static，表示静态，并放在使用该变量的语句之前。如景点 9-2 的 total 子函数中的“static int num;”声明存储入场人数的静态局部变量。

此外，对于全局变量、局部变量和静态局部变量的初始值，C++做了如下规定：

全局变量(包括一般全局变量、静态全局变量)和静态局部变量一经定义，如果没有给它们赋初值，则其初始值为 0。局部变量一经定义，如果没有给它们赋初值，则其初始值为随机值(不确定的数)。

所以，当局部变量用于存放累加和时，要先给局部变量赋初始值 0；当局部变量用于存放累乘积时，要先给局部变量赋初始值 1。往往程序的运行结果出错都源于没有按此规定给局部变量赋初值！

全局变量和全局常量、局部变量和局部常量、静态局部变量的选用原则及使用范围规定如下：

(1) 全局变量和全局常量可以被程序中的所有函数使用，所以一般情况下不要用全局变量，尽量采用带参数传递的函数形式。因为会有可能不知道全局变量的值被哪个函数改变了，也不知道变为什么值了。

给全局变量赋初始值也是在第一次定义全局变量时进行的，它要在整个程序运行结束时才消失。全局常量的使用可视程序需要而定。

(2) 当在程序运行中一直要保存上次运行完的数据时，用静态局部变量，它的使用范围是在声明或定义它的函数中。静态局部变量要在整个程序运行结束时才消失，例如景点 9-2 和景点 9-3 中的“static int num;”。

(3) 一般情况下，对变量没有特殊要求时，适宜选用局部变量或局部常量。因为局部变量或局部常量的使用范围只在声明它的函数中，其值的有效性自然也只在该函数中。当函数运行结束时，局部变量或局部常量就消失了，其值也就不存在了，避免了全局变量的一些弱点。

9.3.2 函数游览之总结提高

强强说：“我们一开始游览时就在用函数了。”乐乐抢过来说：“只不过是单函数(单身汉)，现在单身汉不仅成家了，而且还生了孩子，从单函数变成了多函数。其中只有一个主函数(父亲)，但可以有一个以上的子函数(儿女)……”明明也不甘示弱：“**只要将原来单函**

数中有共性、通用性或独立性的程序段分家到各子函数中，然后运用函数的知识，调用这些子函数就行了。”强强挥着拳头，像父亲、像司令一样喊道：“然后父亲叫儿女去干事。”“对，这就是调用子函数去解决问题。”乐乐响应道。“怎么命令儿女去干事啊？”有位同学还要刨根问到底。乐乐回答他并建议：“还是遵循前面讲过的 C++调用函数句的格式。下面让我们来游览游览 **C++调用函数的一些景观。**”

1．调用 C++标准函数

如景点 3-2 的调用 pow 函数：

```
a=pow(g,1.0/2);          //调用带有两个实参 g 和 1.0/2 的 C++标准指数函数，该函数返回
                         //的计算结果传送给 a
```

2．调用不带参数的子函数

如景点 9-2 的调用 display 函数：

```
display();               //调用无参的打印子函数，没有返回结果
```

又如景点 9-2 的调用 total 函数：

```
num1=total();            //调用无参的统计人数子函数，其返回值传给 num1。
```

3．调用带参数的子函数

1) 调用基本数据类型(如 int 等)作为参数的函数

如景点 9-1 的调用 circular(r)函数：

```
cout<<"the half circular area is:"<<circular(r)<<endl;
//circular(r)是带一个实参(半径)调用求半圆形面积的子函数，
//其返回的面积值返回此处被显示出来，但没有传给任何变量，即没保存下来。请与
//num1=total()的语句比较
```

2) 调用数组作为参数的函数

【景点 9-4】 请编写一个多函数的程序，在主函数中给一个数组赋值，显示该数组元素值；然后调用排序子函数，运用选择排序法，按从小到大的顺序对数组排序；最后返回主函数，显示排序后的数组元素值。

请大家玩玩把单函数景点 6-4 分家为多函数的游戏。**函数分家的原则是：首先把谁(函数)要负责做的事情分给相应的谁(相应的函数)。一般来说，把具有共性、通用性或独立性的事情分给子函数做，再按 C++的语句格式配套齐全做事情的工具、条件和做法，即书写主函数和子函数。**

分家后的程序如下：

```
//ex9-4-1.cpp
#include<iostream.h>
const int N=10;

int * sort1(int array1[])      //把排序的事情安排给子函数做；实参(数组 array)传递给
                               //形参(数组 array1)
{
    int i, j ,seat,temp;
```

```
        int *pa1;                   //因为要返回数组的元素值，所以设个指针 pa1
        pa1=array1;                 //指针 pa1 指向数组 array1 的首地址
        for(i=0;i<N-1;i++)          //对数组 array 排序；外循环管排多少轮
        {
            seat=i;
            for(j=i+1;j<N;j++)      //内循环管每一轮的排序
            {
                if(array1[j]<array1[seat])      //查找最小数
                    seat=j;                     //记录该次比较出的最小数的位置
            }
            if(seat!=i)
                temp=array1[i],array1[i]=array1[seat],array1[seat]=temp;        //元素交换
        }
    return pa1;         //返回指针 pa1 就是返回数组 array1 的首地址，
                        //通过该地址可找到数组的存放房间，
    }

    void main()
    {
        int array[N],i,j;
        int *pa;
        pa=array;
        int seat,temp;
        cout<<"请输入数组的"<<N<<"个元素值"<<endl;
        for(i=0;i<N;i++)        //给数组 array 的元素赋值
            cin>>array[i];
        cout<<"array 排序前的所有元素值\n";
        for(i=0;i<N;i++)        //输出数组 array 排序前的所有元素值
            cout<<array[i]<<" ";
        pa=sort1(array);        //调用数组作为实参的排序子函数，圆括号中的实参只写数组名
                                //即可，不要加方括号“[ ]”。因数组元素的个数 N 声明为全
                                //局常量，所以此处不传递 N
        cout<<endl<<endl;
        cout<<"array 排序后的所有元素值\n";
        for(i=0;i<N;i++)//输出数组 array 排序后的所有元素值
            cout<<array[i]<<" ";
    }
```

运行结果为：

请输入数组的 10 个元素值

```
342
677
64
21
465
67
8
79
57
776
array 排序前的所有元素值
342 677 64 21 465 67 8 79 57 776

array 排序后的所有元素值
8 21 57 64 67 79 342 465 677 776
```

结果正确。

3) 调用指针作为参数的函数

【景点 9-5】 有一个商场，想显示 10 天内的销售金额数，主函数中已有一个初始化的 10 天销售金额数的数组，调用打印输出子函数显示 10 天的销售金额数，请编程实现。

此景点是将景点 7-4 分家为多函数，分家后的程序如下：

```
//ex9-5.cpp
#include<iostream.h>

void mprint(double *pm1,int num1)       //打印输出子函数
{
    cout.precision(10);                 //设置实数的精度为 10 位
    for(int i=0;i<num1;i++)             //输出数组 array 的所有元素值
    {
        cout<<*pm1<<endl;               //把指针指向的数组 marray 的内容输出，即取内容
        pm1++;                          //指针向前移动一个数(即一个数组单元)
    }
}

void main()
{
    double marray[10]={13434.45,25322.03,9824.48,12566,8205.69,27536.05,
                       7932.61,9368.04,1498.31,2008.11};
    //对数组初始化，即赋予 10 个日销售金额数
    double *pm=marray;   //将双精度数组 marray 的首地址赋给双精度指针变量 pm，
```

```
                        //一维数组就等同于一级指针，注意二者都是 double 型
    mprint(pm,10);      //带着双精度指针变量 pm 和 10 这两个实参，调用打印输出子函
                        //数 mprint，指针变量也是单单写指针变量名即可。因数组元素的
                        //个数没有声明为全局常量，所以此处要传递数组元素的个数 10
}
```

运行结果为：

```
13434.45
25322.03
9824.48
12566
8205.69
27536.05
7932.61
9368.04
1498.31
2008.11
```

结果正确。

4) 调用结构作为参数的函数

【景点 9-6】 在主函数中，声明一个结构数组，该数组中有 n 个学生，每个学生的数据包括学号、姓名和 m 科成绩，调用子函数给此结构数组赋值，并将赋值后的结构数组返回主函数，主函数再调用打印子函数显示该结构数组的值，请编程实现该过程。

此景点是将景点 8-1 分家为多函数，再分家后的程序如下：

```
//ex9-6.cpp
#include<iostream.h>
#include<iomanip.h>
#define MAX 3                      //宏定义 MAX 代表课程的数目
#define NUM 1                      //宏定义 NUM 代表学生的人数
struct student                     //声明结构 student
{
    int id;
    char name[10];
    int score[MAX];
};

student *instu(student stu1[])     //输入结构数组数据子函数
{
    student *pinstu=stu1;
    for(int i=0;i<NUM;i++)
    {
```

```
        cout<<"学号:";
        cin>>stu1[i].id;
        cout<<"姓名:";
        cin>>stu1[i].name;
        cout<<"英语      计算机      中文成绩:";
        for(int j=0;j<MAX;j++)
            cin>>stu1[i].score[j];
    }
    return pinstu;
}

void pristu(student stu2[])             //打印结构数组数据子函数
{
    cout<<setiosflags(ios::left)         //左对齐输出 stu 中数据的字段名栏
        <<setw(10)<<"学号"               //每个字段宽度为 10 个字符
        <<setw(10)<<"姓名"
        <<setw(10)<<"英语"
        <<setw(10)<<"计算机"
        <<setw(10)<<"中文成绩"<<endl;
    for(int i=0;i<NUM;i++)               //左对齐输出 stu 中的数据
    {
        cout<<setw(10)<<stu2[i].id
            <<setw(10)<<stu2[i].name;
        for(int j=0;j<MAX;j++)
            cout<<setw(10)<<stu2[i].score[j];
        cout<<endl;
    }
}

void main()
{
    student stu[NUM];        //定义 student 这种结构类型的数组 stu
    student *mstu=stu;       //定义 student 这种结构类型的指针变量 mstu，且 mstu 指向 stu
    mstu=instu(stu);         //带着结构数组 stu 这个实参，调用输入结构数组数据子函数，
                             //返回的指针值赋给 mstu
    pristu(stu);             //因为在上两行中 mstu 指向 stu，所以返回的指针值 mstu 指向的是赋
                             //值后的数组 stu，则打印的实参可用数组 stu，也可用 mstu
}
```

运行结果为：

```
学号:1
姓名:李英
英语    计算机    中文成绩:78
85
90
学号    姓名    英语    计算机    中文成绩
1       李英    78      85        90
```

结果正确。

5) 调用链表作为参数的函数

【景点 9-7】 将链表的创建、删除和添加集成为一个多函数的程序。大家可从中与第 8 章链表的创建、删除和添加分开编写的程序加以比较。可以看出，分开写比集成为多函数要麻烦得多。但如果像此题这样分开写成多函数的程序，那移植就会方便多了，大家不妨尝试体验一下。

程序如下：

```
//ex8-22-2.cpp
#include<iostream.h>

struct plist                //声明结构名为 plist 的链圈结构，用于链表中
{
    int num;                //链圈的内容之一：职工号
    int age;                //链圈的内容之二：年龄
    plist *p;               //链圈的内容之三：声明链钩(链钩指针)
};

plist *set();               //声明创建链表子函数
void lprint(plist *pp);
plist * del(plist *head,int num);
plist * add1(plist *head,plist *inp);

void main()
{
    plist *head1,*inp1;     //定义两个指针：
                            //链表的链首指针 head1 和待插入链圈的指针 inp1
    int num1;               //职工号
    head1=set();            //调用创建链表子函数
    lprint(head1);          //调用显示链表子函数
    cout<<"请输入要删除的职工号";
    cin>>num1;
    head1=del(head1,num1);          //调用删除链圈子函数
```

```
        lprint(head1);
        inp1=new plist;                     //新开一间待加入链圈的房间
        cout<<"请输入要添加的职工号和年龄";
        cin>>inp1->num>>inp1->age;
        head1=add1(head1,inp1);             //调用插入链圈子函数
        lprint(head1);
}

plist *set()              //定义创建链表子函数
{
        plist *head;      //声明链表首部记号(链首指针)，简称链首
        plist *pn;        //声明待加入链圈的指针
        plist *pe;        //声明链表尾部记号(链尾指针)，简称链尾
        pn=new plist;     //先拿一个待加入链圈，即开一个链圈的房间
        cout<<"循环输入待加入的职工号和年龄；若要结束输入，输入职工号为 0"
            <<"和任一年龄，并按 Enter 键"<<endl;
        cin>>pn->num>>pn->age;          //给这个链圈加内容
        head=NULL;                      //一开始没有链条，则令链首部记号为空
        while(pn->num!=0)               //当待加入链圈的职工号不等于 0 时，循环加入链圈
        {
            if(head==NULL)              //如果链首为空
                head=pn;                //这个待加入的链圈就送给链首
            else
                pe->p=pn;               //否则，链尾的链钩钩住这个待加入的链圈
            pe=pn;                      //这个待加入的链圈就送给链尾
            pn=new plist;               //又拿下一个链圈
            cin>>pn→num>>pn→age;
        }
        pe→p=NULL;                      //链尾的链钩指向空，代表这条链到此为止
        delete pn;                      //释放开的链圈的房间
        return head;                    //返回链首
}
/*创建链表子函数的程序解释(行数从 plist *set()算起)：
第 3～10 行如图 8-6 所示；第一次运行 11～14、17 行，如图 8-7 所示；第一次循环结束时
如图 8-8 所示；第二次运行 11～13、15～17 行，如图 8-9 所示；创建完成的链表示意图
如图 8-4 所示*/

void lprint(plist *pp)                  //定义显示链表子函数
{
```

```
        cout<<"职工号        "<<"年龄"<<endl;
        while(pp)
        {
            cout<<pp->num<<"                "<<pp→age<<endl;
            pp=pp→p;
        }
}

plist * del(plist *head,int num)    //定义删除链圈子函数
{
        plist *pd;                  //声明要拆链圈的指针
        plist *pf;                  //声明查找链圈的指针
        if(!head)                   //如果是空链表
        {
            cout<<"这是空链表\n";
            return head;            //返回链首
        }
        if(head→num==num)           //如果要删除的职工号在链首
        {
            pd=head;                //将链首的链圈送给要拆链圈
            head=head→p;            //将链首后面的链圈送给链首
            delete pd;              //删除要拆链圈，如图 8-11 所示
            cout<<"删除了职工号为"<<num<<"的数据"<<endl;
            return head;            //返回链首
        }
        for(pf=head;pf→p;pf=pf→p)       //从链首的下一个链圈起，逐个查找，找到要拆的链圈
                                    //或找到链尾(pf→p=NULL)时，结束循环
            if(pf→p→num==num)//如果查找指针 pf 的链钩钩住的链圈
                                    //的职工号=要找的职工号
            {
                pd=pf→p;            //这被 pf 的链钩钩住的链圈(即下一个链圈)就是要拆的链圈，
                                    //将其送给要拆的链圈 pd
                pf→p=pd→p;          //将要拆链圈前面链圈(即查找指针指向的链圈)的
                                    //链钩钩住要拆链圈后面的链圈(即拆下了这个要拆的链圈)
                delete pd;//删除要拆链圈，如图 8-12 或图 8-13 所示
                cout<<"删除了职工号为"<<num<<"的数据"<<endl;
                return head;//返回链首
            }
        cout<<"没有此职工。\n"<<endl;//当从头到尾都找不到时，应给予温馨的提示
```

```
	return head;                    //记住：也要返回链首
}

plist * add1(plist *head,plist *inp) //定义插入链圈子函数
{
	plist *pi;                      //声明查找指针
	if(head==NULL)                  //如果是空链表
	{
		cout<<"原来是空链表\n";
		head=inp;               //这个待插入链圈就送给链首
		inp→p=NULL;             //待插入链圈的链钩指向 NULL，代表这条链到此为止，
		                        //如图 8-15 所示
		cout<<"现已插入数据\n";
		return head;            //返回链首
	}
	if(head→num>inp→num)      //如果要插入的职工号在链首
	{
		inp→p=head;             //链首送给待插入链圈的链钩
		head=inp;               //这个待插入链圈就送给链首，如图 8-16 所示
		return head;            //返回链首
	}
	for(pi=head;pi;pi=pi→p)        //从链首的下一个链圈起，逐个查找，
	                                //找到插入位置或找到链尾(pi→p=NULL)时，结束循环
		if((pi→p==NULL)||(pi→p→num>inp→num))    //如果查找指针的链钩
		//已到了链尾(NULL)或钩住的下一个链圈的职工号>要插入的职工号
		{
			inp→p=pi->p;    //查找指针的链钩送给待插入指针的链钩
			pi→p=inp;       //待插入链圈送给查找指针的链钩，如图 8-17 所示
			return head;    //返回链首
		}
}
```

运行结果为：

```
循环输入待加入的职工号和年龄；若要结束输入，输入职工号为 0 和任一年龄，并按 Enter 键
100
40
200
50
0
47
```

职工号　　年龄
100　　　40
200　　　50
请输入要删除的职工号 201
没有此职工。
职工号　　年龄
100　　　40
200　　　50
请输入要插入的职工号和年龄 99
20
职工号　　年龄
99　　　20
100　　　40
200　　　50

结果正确。

6) 函数自己调用自己

递归函数又称递归调用即函数自己调用自己。递归函数**实际上是一个循环结构**，即循环体循环地调用自己本身所做的工作。但这个循环是有条件的，否则就会限入死循环。相当于 while 语句的循环结构，可用 while 语句的流程图和设计思路来编写递归函数的程序。

【景点 9-8】　请编写一个程序，在主函数中输入求 n！的 n 值，再调用递归子函数求 n!，最后回到主函数输出结果。

人的详细做法如图 9-3 和图 9-4 所示。

```
开始
 |
提示："请输入求n!的数字n(n为十进制正整数或0):"
 |
输入n
 |←①              ①←输入n
 |                    ↑
n<0?  Y→ 提示："请输入求n!的数字n(n为十进制正整数或0):"
N |
调用递归子函数计算n的阶乘
 |
输出n!的结果
 |
结束
```

图 9-3　求 n!的主函数的简易流程图

```
     入口
      |←①
n=1或n=0?  Y →返回 1
   N |
返回n×递归函数名(n-1)→①
```

图 9-4　递归子函数计算 n！的简易流程图

递归分两个阶段，第一个阶段是**回推阶段**，即调用递归子函数阶段。回推的式子是递归调用语句(如该景点是“n*doself(n-1)”)，达到递归终止条件(如该景点是“n=1”)时回推结束。接着进入第二个阶段——**递推阶段**，递推将回推的结果代入到回推的式子中。递推的顺序与回推相反，递推结束时的结果就是该递归的结果。景点 9-8 求 5！的递归循环的执行过程如表 9-1 所示。

表 9-1　求 5！的递归循环的执行过程

递归循环的次数	n	回推式子：n*doself(n−1)	n−1
第一次回推	5	doself(5)=5*doself(4)	4
第二次回推	4	doself(4)=4*doself(3)	3
第三次回推	3	doself(3)=3*doself(2)	2
第四次回推	2	doself(2)=2*doself(1)	1
第五次，回推结束	1	doself(1)=1	
第一次递推		doself(2)=2*doself(1)=2*1=2	
第二次递推		doself(3)=3*doself(2)=3*2=6	
第三次递推		doself(4)=4*doself(3)=4*6=24	
第四次递推		doself(5)=5*doself(4)=5*24=120	
递推结束		返回 120 给主函数	

程序如下：

```
//ex9-9.cpp
#include<iostream>
using namespace std;

long doself(int n)          //求 n!的递归子函数
{
    if(n==1||n==0)
        return 1;           //当 n=1 或 n=0 时，满足递归的结束条件，递归结束
    return n*doself(n-1);   //实参 n−1 后，再自己调用自己的函数 doself,
                            //即进行递归调用，此式的详细解释见表 9-1
}

void main()
{
    long nmul;
    int n1;
    cout<<"请输入求 n!的数字 n(n 为十进制正整数或 0):";
    cin>>n1;
    while(n1<0)     //当 n<0 时，再重新输入 n，直到 n 为十进制正整数或 0,
                    //才结束此 while 循环
    {
        cout<<"请输入求 n!的数字 n(n 为十进制正整数或 0):";
        cin>>n1;
    }
```

```
        nmul=doself(n1);
        cout<<n1<<"!="<<nmul<<endl;
    }
```

运行结果为：

```
请输入求 n!的数字 n(n 为十进制正整数或 0):-4
请输入求 n!的数字 n(n 为十进制正整数或 0):-5
请输入求 n!的数字 n(n 为十进制正整数或 0):5
5!=120
```

结果正确。

明明又总结道，全局变量和全局常量在所有函数的外面，并放在主函数 main 之前或在头文件中。局部变量和局部常量在某函数里面，并放在使用该变量或常量的语句之前。静态局部变量在某函数里面，同时前面要加上 static，并放在使用该变量的语句之前。

全局变量(包括一般全局变量、静态全局变量)和静态局部变量一经定义，如果没有给它们赋初值，则其初始值为 0。局部变量一经定义，如果没有给它们赋初值，则其初始值为随机值(不确定的数)。

一般情况下不要用全局变量，尽量采用带参数传递的函数形式。当在程序运行中一直要保存上次运行完的数据时，用静态局部变量。当对变量没什么特殊要求时选用局部变量或局部常量为好。

文文不满地嘀咕道：“我还是要去找最好的编程法，等我找到后，会打败你们。”

大部分同学对通用编程法是坚信不疑，已基本能运用自如。小组评分结果：强强升格为 B+，乐乐变为 B，明明升级了，从 D 变为 C–。那个文文呢，还是原地踏步在不合格区域。

强强的懒惰习惯——不想纸上谈兵——也改掉了许多，因为懒惰了，机上就打不成仗。

乐乐对去网上搜索程序也渐渐心灰意懒了，因为总是水中捞月，还是自己靠得住。

乐乐问道：“哎，C++有没有小名啊，就是网上常用的昵称呢！”明明说：“C++的变量名和常量名是定义好的，哪有什么小名、昵称啊？”“因为我想，有时叫小名方便、随意。”这时，正好晶晶导游来看同学们，听到同学们在议论小名，她赞扬说：“你们和 C++的发明者还心有灵‘C’一点通呢，C++真有小名，不过它称之为别名或引用。”“真的，怎么叫啊？”乐乐高兴得跳起来嚷道。“且待下回游览。”

第 10 章　小名替真　引用游览

一位女生喊，“小小。”“哎。”乐乐回应道。“怎么乐乐变小小了？”一位男生觉得奇怪。“乐乐是我，小小也是我，只不过小小是我的小名，不管是乐乐还是小小都是指我这个人。”一些同学也来凑热闹，“那你爸妈叫你可方便了。”“C++不是接近生活的高级语言吗?!它也应有这种方便吧！”乐乐说：“是的，人可以通过指挥让它聪明，让它人性化，让它接近生活。我们去游览游览，看看引用怎么个小名替真，又怎么方便编程。”

10.1　随师游览：张三(真名)和小张(别名)是否同一个人之景点

【景点 10-1】　假设真名张三是 x2，别名(小名)小张是 p，张三(真名)和小张(别名)是否同一个人呢？从给二者的赋值和状态显示来比较区分吧！

大家游览完此景点后，得出如下程序：

```
//ex10-3-1.cpp
#include<iostream.h>
void main()
{
    double x2;//定义 x2，假设 x2 是真名张三
    double &p=x2;//声明 p 是 x2 的别名，即 p 是 x2 的引用，假设 p 是小名小张
    cout<<"请输入 x2 的值:";
    cin>>x2;//张三穿一套西服，小张同时也穿上了一套西服
    cout<<"x2="<<x2<<endl;          //显示看看，一模一样，
                                    //因为张三和小张就是同一个人
    cout<<"p="<<p<<endl;
    cout<<"请输入 p 的值:";         //再验证一下
    cin>>p;//给小张戴上一副太阳镜
    cout<<"x2="<<x2<<endl;          //张三也戴着这副太阳镜，名副其实就是同一个人了
    cout<<"p="<<p<<endl;
}
```

“怎么这里别名 p 前用取地址符‘&’呢？”晶晶导游回答了这位同学的问题：“这个‘&’不是取地址符，而是引用声明符，声明 p 是 x2 的别名(引用名)。”

运行结果如下：

```
请输入 x2 的值：3
```

x2=3

p=3

请输入 p 的值: 100

x2=100

p=100

结果正确。

也就是说，**小名(别名)变，真名跟着变，反之亦然。但万变不离其宗。**

10.2　自 行 游 览

10.2.1　引用游览之自游景点

1. 编写解一元二次方程的求根公式 $x_{1,2}=\dfrac{-b\pm\sqrt{b^2-4ac}}{2a}$ 的程序。要求在主程序中输入一些参数，并用引用传递参数给子函数，在子函数中求一元二次方程的解；再将所求的根返回给主函数，在主函数中输出结果。

2. 用引用编写一个程序，在主函数中输入两个整数，调用一个求最大公约数和最小公倍数的子函数，并在主函数中输出结果。

3. 有一个工程师，想设计一个长、宽和面积都较合适的房间。他想设计一个程序，在子函数中输入面积和长度值，计算出宽度值，并将这些值返回到主函数中打印出来挑选，请你帮他解决。

4. 在子函数中输入几个字符串，返回到主函数打印。运行程序，分别输入几位同学的学号、姓名和电话号码，观察结果。

5. 用结构变量管理您班里任意 10 个学生的高数成绩，每个学生的信息包括学号、姓名、高数成绩。在子函数中找出高数成绩前 3 名的同学，并在主函数中打印这 3 名同学的信息。

6. 编写一个程序，存储几个学生的姓名、电话和宿舍号的信息。查找时，只要输入姓名就可以显示该同学三方面的信息，并将查找到的同学的三方面信息返回到主函数打印。

输入 5 个同学的姓名、电话和宿舍号，运行程序测试该程序的功能是否满足题意要求。

7. 顾客想在商店中按单价查找商品，并把查找到的商品名称和单价返回主函数中打印，您能帮他吗？商品信息见例 8-3。

实际应用所编写的程序，看能否达到目的。

8. 用引用做第 8 章的自游景点 6，并返回主函数中打印书号及书名称。

9. 用引用做第 8 章的自游景点 7，并返回主函数中打印冠军、亚军和季军。

10. 用引用做第 8 章的自游景点 3，将最低价格和最高价格的商品名称和单价返回到主函数中显示出来。

10.2.2　引用游览之遐思景点

1. 自游景点中的 10 个景点不用引用行吗？

2．在子函数中用引用交换两个数据，在主函数中打印结果。

10.3 游览观感

"小名真好啊!""又好叫，又顶用。""怎么个顶用法？""哎，真名做不到的事，小名反而做到了。""是啊，我回家也叫我爸妈给我取个小名，看给我带来什么幸运。"大家热闹地讨论起来……

10.3.1 引用游览之游览要点

"引用那么好，是不是什么都用引用呢？"乐乐马上予以否定："非也，当用真名无法或不便处理某些事情时才用之。**引用的最大好处**是在子函数的调用之中，通过引用，子函数可以将一个及一个以上的数据返回，而以前的子函数只能通过return语句返回一个数据。"

一位同学问道："具体来说，什么可以被引用？"

变量、常量和对象可以被引用，指针、数组和引用不能被引用，但指针变量可以被引用。例如，景点 10-4 中将实参传给形参 x→char *&m，即"char *&m=x;"，m 是对指针变量 x 的引用，因此 m 就是指针变量 x 的别名。但不能写为"char &*m=x;"，也就是不能引用指针。记住：这方面的引用是"*"在前，"&"在后。

"所有的'&'都是声明引用吗？"后一位同学回答了前一位同学的问题："不对吧，指针里的'&'是取地址。"

明明补充道："是的。**声明引用是在声明句中的变量名、常量名或对象名前加上'&'这个符号**(引用对象的见景点 12-6)。**在声明句中且在'='号左边的'&'是声明引用，在其他地方用'&'(除了按位与'&'之外)都是取地址的操作**。"

10.3.2 引用游览之总结提高

"引用就是个别名。"某位同学说。乐乐接着道："简洁好记，方便编程。"

强强手一扬："**别名(引用)的使用方法同真名(原名)一样**。"

明明说："让我们学以致用，游览景点 10-2 至景点 10-5 吧。"

1．用于对变量名、常量名的引用

【景点 10-2】　对变量名的引用。

```
int tru;                //定义真名 tru
int &sma= tru;          //声明 sma 是 tru 的别名，即 sma 是 tru 的引用
```

【景点 10-3】　对常量名的引用。

```
//ex10-5.cpp
#include<iostream.h>
void main()
{
    const double e=2.718;
    const double &exp1=e;       //声明双精度常量 exp1 是 e 的别名
```

```
        cout<<"e="<<e<<endl;
        cout<<"exp1="<<exp1<<endl;
    }
```

运行结果为：

```
    e=2.718
    exp1=2.718
```

结果正确。

2. 用于函数的传递参数中

【景点 10-4】 用函数调用的方式交换两个不同长度的字符串指针，在主函数中定义两个字符串，并打印交换前的两个字符串；然后调用交换函数交换字符串指针(即换地址)，并返回主函数打印交换后的两个字符串。例如：交换“我要努力学习 C++。”和“我一定能成为 C++高手！”这两个字符串。

按照题意，人的详细做法同景点 7-8，只不过此景点加了指针变量的引用(作为形参)，并采用了调用交换子函数的方法。所以，其交换原理可见图 7-4。

主流程图和子流程图如图 10-1 和图 10-2 所示。

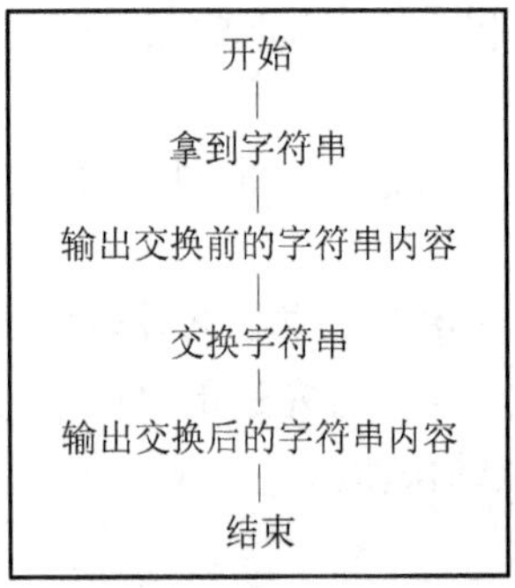

图 10-1　交换字符串的简易主流程图

图 10-2　交换字符串的简易子流程图

程序如下：

```
//ex10-1.cpp
#include<iostream.h>
void change(char *&,char *&);                    //声明交换子函数
void main()
{
        char *x="我要努力学习 C++。";           //定义两个字符串指针变量并初始化
        char *y="我一定能成为 C++高手！";
        cout<<"交换前："<<endl;
        cout<<"X="<<x<<endl;
        cout<<"Y="<<y<<endl;
        change(x,y);//调用交换子函数 change
        cout<<"交换后："<<endl;
        cout<<"X="<<x<<endl;
```

```
    cout<<"Y="<<y<<endl;
}

void change(char *&m,char *&n)        //同景点 7-8 交换指向红、蓝墨水瓶地址的详细做法
{
    char *temp=m;
    m=n;
    n=temp;
}
```

此景点中，声明形参为指针变量的引用，两个字符串用字符指针 x 和 y 表示，交换前的字符串如运行结果所示。传递到子函数 change 的实参是指针变量 x 和 y；在子函数中接收指针变量使用了指针变量的引用，即 m 是 x 的别名，n 是 y 的别名；交换的 3 句是指针变量的引用交换地址，即交换指针对引用 m、n 的改动实际上就是对实参 x、y 的改动，则 x 变为 y 的地址，y 变为 x 的地址。打印时，就打印交换后的地址的内容，所以输出结果就换过来了。

上机实验记录如表 10-1 所示。

表 10-1　上机实验记录表

出错现象	出错原因	解决办法
cannot convert parameter 1 from 'char *' to 'char &' A reference that is not to 'const' cannot be bound to a non-lvalue	将字符指针变量引用成字符，类型不匹配	改 char &为 char *&

运行结果为：

交换前：

X=我要努力学习 C++。

Y=我一定能成为 C++高手！

交换后：

X=我一定能成为 C++高手！

Y=我要努力学习 C++。

结果正确。

“总之，就是一个目标，我一定能成为 C++高手！”明明跳起来高呼！

【景点 10-5】　将景点 10-4 用另外一种解法(用字符串变量交换内容)实现。

人的详细做法与景点 10-4 的区别是景点 10-5 是换内容，其详细做法同景点 7-9 一样，只是加了引用和调用交换子函数。

程序如下：

```
//ex10-2.cpp
#include<iostream>
```

```
#include<string>
using namespace std;
string temp;
void change(string &,string &);
void main()
{
    string x="我要努力学习 C++。";         //定义两个字符串变量并初始化
    string y="我一定能成为 C++高手！";
    cout<<"交换前："<<endl;
    cout<<"X="<<x<<endl;
    cout<<"Y="<<y<<endl;
    change(x,y);                         //调用交换子函数 change
    cout<<"交换后："<<endl;
    cout<<"X="<<x<<endl;
    cout<<"Y="<<y<<endl;
}
void change(string &m,string &n)         //同景点 7-9 交换指向红、蓝墨水的详细做法一样
{
    temp=m;
    m=n;
    n=temp;
}
```

此外，用于交换的这些变量是字符串变量，而景点 10-4 用的是字符串指针变量。

因为要返回两个字符串，所以用引用，即 m 是 x 的别名，n 是 y 的别名。

运行结果同景点 10-4 一样。

“不论是换内容还是换地址，目标均一致。”乐乐说。

“这个景点用了别名可便宜了编程员，工作既方便，程序又简洁。”乐乐笑道。强强也乐道：“小名真好。别看它名字小，可力量大于天。”明明说：“要是我们编出来的文件也可被其他程序再用，编程工作不是更简单高效了吗？”“真是贪心啊。”文文在一旁笑道。“不是贪心，而是敢于创新。”“还美化自己呢！”“我们继续游览，看看是贪心，还是创新。”

提 高 篇

第 11 章　多个文件　工程游览

晶晶导游笑着说："在第 9 章中，我们游览了单函数分家成主函数、子函数的多函数景点。对于解决通用问题的子函数，要把它取出来移植到其他程序中还是不方便。但取文件方便，那就干脆把这些具有通用性、共性或独立性的子函数做成子文件，并与主文件(主函数)构成多文件(或称为工程文件)，要移植、要拿为我用时就整个拿去，**像砌积木一样把多个文件架构起来，形成一个多文件结构的文件**。具体做法是也像第 9 章一样把单文件分家为多文件。"

"这么好啊，明明还没有想错，真有你的，竟想出新招。"乐乐拍手叫道。明明也兴奋地喊起来："就让我们游个痛快。"

11.1　随师游览：求长方形面积和半圆形面积之景点

【景点 11-1】　将景点 9-1 编写成一个计算长方形面积和半圆形面积的多文件结构的程序，其中：

(1) 将要计算的长方形面积和半圆形面积编写成两个子函数，并分别作为两个子文件。

(2) 程序中要有包含主函数 main 的主文件。

(3) 再编写一个头文件，关联主文件和子文件。

(4) 该文件的功能同景点 9-1 一样。

明明亮出大多数同学的困惑："分成多函数，我们会分了，但怎样将这些多函数变成多文件呢？""你们会编写工程文件吗？"晶晶导游问。"不会。"大多数同学齐声应道。"不会？以前的单函数或多函数都是工程文件。""哦，那会编写呀。""但以前那些工程文件是只有一个文件的工程文件，而我们现在是要编写多个文件的工程文件，即工程还是一个，而文件至少有 3 个以上。这还是把一个大家庭分成多个小家庭的分家问题，说起来容易，做起来也不难，只要按照一个萝卜一个坑的原则，就很容易分家了。"晶晶安慰大家。

此景点的分家这样进行：

(1) 把子函数分到各子文件中，即把 rectangle 子函数分到 ex11-1-1.cpp 子文件中，把 circular 子函数分到 ex11-1-2.cpp 子文件中。

(2) 把这两个子函数的声明语句和常量 pi 的声明放到头文件 head11-1.h 中。

(3) 剩下的按兵不动，作为主文件。

(4) 还要在各个文件中(除了头文件外)留下导游 head11-1.h 的电话号码——#include"head11-1.h"，以起到联系整个团队(工程文件)中各个人员(各个文件)的作用。

分完家后，编写的程序如下：

```
主文件//ex11-1.cpp
#include"head11-1.h"

void main()
{
      double l,w, r;
      cout<<"请输入 l、w 和 r"<<endl;
      cin>>l;
      cin>>w;
      cin>>r;
      while(l!=0)
      {
            cout<<"长方形的面积是:"<<rectangle(l,w)<<endl;
            cout<<"半圆形的面积是:"<<circular(r)<<endl;
            cout<<"请输入 l、w 和 r"<<endl;
            cin>>l;
            cin>>w;
            cin>>r;
      }
}

子文件 1//ex11-1-1.cpp
#include"head11-1.h"
double rectangle(double l,double w)
{
      double V1;
      V1=l*w;
      return V1;
}

子文件 2//ex11-1-2.cpp
#include"head11-1.h"
```

```
double circular(double r)
{
    double V2;
    V2=pi*r*r/2;
    return V2;
}
```

```
头文件//head11-1.h
#include<iostream>
using namespace std;
double rectangle(double l,double w);
double circular(double r);
const double pi=3.1415926;
```

“为什么 head11-1.h 这个头文件用双引号引起来，而不是用以前的尖括号括起来？”“因为用双引号引起头文件名的方法是用于包含用户自定义的头文件，而用尖括号括起头文件名的方法是用于包含 C++提供的头文件。”晶晶回答了强强提出的问题。

明明说：“好，现在将我们班(大家庭)分家成各个同学(小家庭)，大家去分家吧！”

“主文件、两个子文件和一个头文件这 4 个文件都按以前建文件的方法建好了，怎样把这 4 个文件组合成一个大家庭(工程文件)呢？”强强着急问导游。“按照附录 C.2‘Visual C++ 6.0 的基本操作’讲的添加文件或多文件的工程文件的建立方法，即输入、建立工程文件——编译各个源文件——连接整个工程文件，检查无误后，就可以运行了(**注意**：不要对头文件进行编译和连接)。”

乐乐接着追问：“什么叫源文件？”“C++的主文件、子文件等以‘cpp’做扩展名的文件就是 C++的源文件。”

“按章办事，上机打仗喽！”强强喊道。

运行结果为：

```
请输入 l、w 和 r
5 3
2
长方形的面积是:15
半圆形的面积是:6.28319
请输入 l、w 和 r
6 3.5 2.5
长方形的面积是:21
半圆形的面积是:9.81748
请输入 l、w 和 r
0 3 1
```

“结果正确。”“正确。”“正确。”许多同学都运行出来了。“真好，以后就可按儿女的特长叫儿女做其擅长的事了。”明明说。接着，大家就分头去自行游览了。

11.2 自行游览

11.2.1 工程游览之自游景点

1～10：将第 8 章的自游景点 1～10 用多文件结构来编写程序。

11.2.2 工程游览之遐思景点

1．编写一个工程文件，在主文件中任意输入一个十进制正整数；调用子文件，子文件用递归函数编写；将该整数按反序输出，再用一个头文件联系上述两个文件。

2．将第 9 章的遐思景点 2 用多文件结构来编写程序。

11.3 游览观感

一位女生耸了耸双肩，一副很担心的样子："刚开始听到工程游览，我吓了一大跳，以为工程是很大的，心想，我怎么能担当得起啊！""工程可大到如自动控制生产线、人造飞船的自动控制系统、金融管理系统……""小到可以像芝麻绿豆那么小，就像景点 2-1 也是一个工程。"一些同学为这位女生解释。"Yes。后来我才明白，只要有了五脏(文件)，再大再小的文件也视需所定。工程所需的，你就把这些五脏添加进去，组成一个人体——工程文件。"

11.3.1 工程游览之游览要点

"我还有些糊涂，多文件中的主文件是唯一的吗？"一位男同学向强强提问，两人进行了一问一答。"一个部队的总司令有几个？""一个。""这就对了，工程文件也是大部队，主文件就是总司令。""子文件呢？""至少一个。""头文件呢？""也至少一个。"

"具体怎样**编写多文件**呢？""**先按照函数分家的原则**，分好各个函数→写出各个函数的人的详细做法的提纲或流程图→编写各个函数的程序→再为这些具有共性、通用性或独立性功能的各个函数(各个源文件)配备相应的头文件→最后将单文件工程文件(以下简称为单文件)分家→建立多文件的工程文件。"

这种分家的设计思想是：一个萝卜一个坑，该种哪个坑就种哪个坑。

多文件分家的原则是：

单文件的工程文件	搬家到	多文件的工程文件
原来的子函数或数据定义	搬家到	子文件
原来的子函数声明句	搬家到	头文件
原来的常量定义句	搬家到	头文件
原来的包含指令(如#include)	搬家到	头文件
原来的宏定义	搬家到	头文件
原来的类型声明	搬家到	头文件

原来的内联函数定义	搬家到	头文件
原来的数据声明	搬家到	头文件
原来的枚举	搬家到	头文件
原来的注释	搬家到	头文件
……		
但原来的子函数和数据定义	不搬家到	头文件
搬完上述后剩下原来的主函数	搬家到	主文件

此外，也可以用分家的设计思想直接建立多文件工程文件。

注意：不论主文件还是子文件，凡是用到头文件中声明、定义的子函数、数据、指令等的，均一定要在文件的头部加上包含指令#include"文件名.h"(自定义的头文件用一对双引号引起来，而不用一对尖括号括住)，但切记头文件中不要有自己包含自己的头文件名的包含指令。

例如，参照本章景点 11-1 的搬家方法来编写多文件工程文件，一开始，可能头脑会比较乱，但先别管这些，就按照分家原则去做。编写好多文件的程序后，还按前述的方法调试，多文件只是与以前单文件的文件分块不同而已。如果实在觉得乱，每个文件就按景点 11-1 一头一尾的写法，中间的函数体换为你为解决问题编写的语句，慢慢地，你就体会到了。切记，不要着急！

“这么多文件，怎么给它们起名字呢？”一位女同学请教乐乐。“还按以前学的 **C++ 命名文件的格式**：文件名.扩展名，并且名字也尽量接近实际生活含义。还要按 C++的一些命名规则及扩展名的规定，如源文件的扩展名是 cpp，头文件的扩展名是……”“h。”“Yes，另外，最好源文件名与头文件名相同(扩展名不同)，以便提高程序的可读性、可维护性、可移植性(方便将所需功能的子文件和配套的头文件一起移植)。”

“上机打仗时，我不知先编译、连接哪个文件怎么办？”又有一位男生看着强强。“除了头文件，哪个先都行。**编译、连接、调试工程文件的方法**与附录 C.2‘Visual C++ 6.0 的基本操作’中的 1、5、7 所介绍的方法相同，即都在扩展名为 cpp 的文件中进行，而且是逐个进行编译、连接、调试；或在工作区窗口的 FileView 中选中首行的工程文件名然后连接、修改和调试。**注意：绝对不能对头文件(扩展名为 h)进行编译、连接。**”“那头文件错了怎么办？”“当在扩展名为 cpp 的源文件中编译时，如果有错，同以前的方法一样，用鼠标左键双击错误信息行，光标就指向了该错误行；如果是头文件出错。光标就指向头文件的某错误行，然后分析错误、找出错误原因，修改头文件或源文件。再用上述方法编译、连接源文件，直到对每个源文件的编译、连接均没有错误时，就大功告成一半——可以运行了。再到运行得到正确的结果，才真正是大功告成了(其间也可用 debug 等调试方法进行调试)。”

要点大家基本上都掌握了，下面我们进行总结。

11.3.2　工程游览之总结提高

有位同学问：“什么情况下用多文件好呢？”乐乐答道：“当程序中有通用性、共性的问题要处理解决时，或当程序中有一个以上的相对较独立的问题要处理解决时就用多文件。”

又有位同学问："具体运用多文件结构就是将单文件分家为多文件，是吗？""是的，也可用分家原则直接建多文件。"明明答道。

"看来明明真是下工夫用通用编程法了，初露锋芒，掌握得还较好。""我原来也痛苦过、徘徊过、倒退过，成绩也不合格。""现在明明通过坚持不懈的努力，成绩在 A-或 B 之间，对他可得刮目相看了。我们评明明的成绩为 B，好吗？"乐乐高兴道。"好！"同学们都同意。"谢谢大家，谢谢晶晶导游和同学们对我的教导、鼓励和帮助！"强强鼓励明明说："再接再厉，勇往直前。"

至于文文嘛，自然还是老样子——没编出程序。同学们开导文文说："文文，时间不等人啊，学期已过半，现在改变主意还未为晚啊！"文文说："或许我坚持到底会胜利呢！"有些同学捂着嘴小声笑道："哼，还胜利呢。"……

强强和乐乐继续冠亚军。

"我们游览的景点都是就事论事，即只对事情的处理过程进行编程。那能否对一个整体对象编程，这个对象身兼百能，要什么功能就从它身上拿什么功能来处理事情呢？"明明问。乐乐答道："我想应该是可以的，都是编程，只不过以前是面向过程，将来要面向对象。"强强一拳击向高空，"那就看 C++的本事了！"

第 12 章　物以类聚　对象游览

晶晶导游又开唱了："问大家一个问题，电饭煲除了可以用来煮饭，还可以用来做什么？""蒸东西。""炖食物。""煲汤。""烧开水。""送人。"……同学们都积极互动。"都可以。但如果蒸食物、炖食物、煲汤、烧开水等都各编写一个程序，那就麻烦费时了，这样的方法就是面向这些处理事情的过程来编写程序的。能否针对电饭煲编写一个程序，把电饭煲和它的现有功能都编写在一个程序中，到时要用什么样功能就调相应的功能来用呢？答案是能，C++可以做到的，这就是面向对象(物体，此例是电饭煲)。面向对象的程序设计方法可以将数据和函数形成一个整体，可以保护数据，编程省时、方便，并可使编写出来的程序分门别类、适应自然，可读性好，可维护性好，可移植性好。"

强强激动起来："如果送人时把电饭煲自动控制的程序也送给他，那他更是皆大欢喜了。""Yes！"乐乐也笑道。明明一挥手："那我们就要来领略一下强大的 C++面向对象(物体)的程序设计方法，去准备这个带智能控制的礼物——电饭煲。"

12.1　随师游览：打印一个右上三角形图案之景点

晶晶领着同学们先游景点 12-1。

【景点 12-1】　功能同景点 5-6 一样，但此景点要求用面向对象的方法编程。

"以前我们都是用心分析人想通，想通人做事的详细过程，只会面向过程写流程图或思路。而现在要面向对象，是不是就不用通用编程法了？"晶晶回答了这位同学："不是。通用编程法还是对不同的编程语言、不同的编程程序都统统适用。"

"晶晶导游，您说的这个对象包括人和物吗？"晶晶与这位男生展开了周旋："是的。我们所指的对象是宇宙间的所有物体。""哇！这么广阔啊，不会是不知天高地厚吧？""非也，航天飞船不是升天了吗?! 潜水艇不是钻海底了吗?! 这些都是用计算机程序来控制的。""那我们可以给强强这个对象编个程序啰！""又拿我来开心了。""真会联想，只要强强愿意让你编，你就可以把他的一些功能或特殊功能编成面向对象的程序。例如，强强的强项功能是马拉松比赛，你把此编在强强这个面向对象的程序中，当举行马拉松比赛时就把强强等人的对象程序调出来使用管理。"

"这个景点的对象是什么？"乐乐抢答了晶晶的提问："右上三角形图案，通过该对象展示该打印类的功能。""真聪明。"乐乐问道："面向对象的编程是不是很庞大呢？"晶晶与乐乐玩起乒乓球来了："不一定，视你要设计对象的功能多少、大小而定。此景点仅要求打印对象的图案，当然也就简单了。”“那面向对象的编程方法是怎样的呢？”“饭菜打包，即将以前面向过程的饭菜分家法变为饭菜打包法就可以了。”“这么新鲜，饭菜打包、饭菜分家都用到编程里了。饭菜各指的是什么？”“饭还是原来的饭(数据)，菜还是原来的菜(函数)，只是饭菜打包而已。所以菜的详细做法(提纲、简易流程图)同图 5-5 一样。”“打包饭菜的盒子是什么？”“就是某个类(某个盒子)。这个类也像结构一样，要先声明，写法与声明结构的方法相同。**注意：类也是一种数据类型**，先写声明类的关键字 class(相当于写 struct)，说明这是类(盒子)；再起个类名 Fig1(盒子名)，程序的第 2 行(行数从‘#include<iostream.h>’算起)就有了；花括号‘{}’内是打包饭菜的盒子的内容(饭和菜)，饭是面向过程的数据(变量和常量)；将这些饭(数据成员)归放到某个区域，即为第 4、5 行，其中第 4 行的 protected:是说明把这些饭放在保护区域；菜也是原来的菜(函数操作部分)，放在此类中的某个区域，同以前的声明定义方式一样，现采用声明和定义在一起的方式，则有第 7 行至‘};’的前一行；第 6 行的 public 是划分个区域放公有成员(包括数据成员和函数成员)的；声明类的最后一行的‘};’表示这个盒子的内容到此装完饭菜了。”

“这个景点的类是什么？”有位同学问。“是名字叫 Fig1 的打印类。”乐乐告诉他。

晶晶继续导游：“声明定义了类，即有了盒饭菜，就可以享用了。谁来享用？总要有个对象吧。假设这个对象是张三(此处是 dr)。张三这个对象享用什么盒饭菜呢，享用盒子名为 Fig1 的盒饭菜。那就加上定义这个对象张三(dr)，即有 main 函数中的第 1 句。张三拿到这盒饭菜做什么呢？吃饭菜——调用盒子中 dr2()的函数成员。吃完饭菜(运行完 dr2()函数)后返回主函数，程序到此就结束了。”

程序如下：

```
//ex12-1.cpp
 #include<iostream.h>
 class Fig1//采用方式一声明 Fig1 类
 {
 protected://保护成员
       int i,j,k;//声明保护数据成员
 public://公有成员
       void dr2()//定义公有函数成员
       {
            char c=' ';              //声明局部变量 c 为一个空格，
                                     //c 不是类的成员，只是 dr2 的局部变量
            for(i=1;i<=5;i++)        //画图案
            {
                 for(j=1;j<=30-2*i;j++)
                      cout<<c;
                 for(k=1;k<=i;k++)
                      cout<<" #";
                 cout<<endl;
            }
```

```
    }
};

void main()
{
    Fig1 dr;          //定义 Fig1 类的对象 dr
    dr.dr2();         //通过对象 dr 调用 Fig1 类的函数成员 dr2
}
```

明明说："主函数很简单。"乐乐也有同感："是的，因为程序只需要用对象调用该对象所属的类，就可展示该类的功能(此景点是打印的所属类)。"

"上机打仗看个究竟。"强强总是喜欢打仗。

面向对象编程的运行结果为：

```
        #
      # #
    # # #
  # # # #
# # # # #
```

面向过程编程的运行结果为：

```
        #
      # #
    # # #
  # # # #
# # # # #
```

结果均一样，都正确。

"哇，真的打印出右上三角形图案来了，用面向对象和景点 5-6 面向过程的编程结果都一样，符合题意。"一位同学瞪大双眼惊讶道。

"还是懵懵懂懂。""不用着急，大家只要先按照饭菜打包的方法去编程就是了，编多了就心领神会了。"明明安慰这位男生。

"好，说干就干，说打就打，亲自动手，打它几包饭菜看看。"又是强强先上战场。

12.2　自 行 游 览

12.2.1　对象游览之自游景点

对第 3 章的自游景点 1~10 用面向对象的方法分别编写程序。

12.2.2　对象游览之遐思景点

1. 定义一个时间类，编写程序实现时间的增加、减少和时间值的输出。

2．您能用类将整型数转换为字符串吗？

12.3　游 览 观 感

“对象，对象，定义错了怎么办？”一位同学小声问明明。“再去定义呗！”“那定义不到呢？”“就自己创建。”“那么厉害啊！”“哎，这个对象定义对了，那可是上天入地，无所不能啊！”“这么能干啊！那我就要认真定义对象啰！”

12.3.1　对象游览之游览要点

“是不是现在用了饭菜打包，以前的饭菜分家就不用了？”明明马上澄清这位同学的观念：“No。以前学过的 C++知识、编程思路、设计方法等均为采用面向对象的程序设计方法打下了牢固的基础，而且可以采用类似于从单文件结构转换到多文件结构的方法，把面向过程的程序设计方法转换成面向对象的程序设计方法。”

1．在什么情况下用类、对象和面向对象的程序设计

“那在什么情况下用类、对象和面向对象的程序设计？”乐乐出来为这位女生解答：“在什么情况下都可以用面向对象的程序设计方法。即使再小、再简单的程序也最好用面向对象的程序设计方法。因为就像家里的东西，机械生产车间的螺丝、螺母一样，今天用不上，日后可能会用得上。即使你认为程序没有什么通用性，但可能日后编写程序时就需要移植它了。”

2．关于类、对象和面向对象的程序设计初步

“这个类和对象我还是搞不清楚。”强强说。明明答：“**类与大自然的分门别类是同样的概念**，因为 C++是接近生活语言的一种计算机高级算法语言，即大自然怎么分类，C++就怎么分类。例如，人是一个大类，又分有许多子类，学生是个子类，教师也是其中的一个子类；仓库材料是一个类，家用电器是一个类；数学是一个大类，高等数学是一个子类，初等数学也是一个子类，最大公约数是初等数学里的一个子子类等。”

“对象呢？”乐乐抢着告诉强强：“**对象就是每个类中的一个个实体、物体、事项等实际对象，可以通过这些对象展示这些类所具有的特征、性能、操行、类的动作、处理事情的过程等，实现这些类所具有的功能。**”接着她又说：“例如，刚才所讲的学生是一个子类，大学生又是学生中的一个子子类；王东同学是大学生中的一个实体，他不是类，而是大学生类中的一个对象，通过他可以展示大学生所具有的某些特征、性能、动作、功能等。例如王东的姓名、王东的性别、王东的高数成绩，可以说王东今天上午考大学英语，王东下午 4 点打篮球，王东是个三好学生等，而不能说大学生(类)是个三好学生，大学生(类)是男的。即类的所有特征、性能、功能等均要通过对象才能引出、展示和实现。”

“除了用前面学过的饭菜打包法设计面向对象的程序外，还有什么其他方法吗？”强强还未理解透。“有，不过基本一样，总体还是饭菜打包，只不过前面的是有原来的饭菜，而现在这种方法假设没有原来的饭菜(即不从转换的观点出发)。**第一步还是声明类**，把要处理的对象(物体或事件)在大自然中所属的类别声明为类。在这个类中，把所需要的数据声明为数据成员，所做的一切处理、操作声明定义为函数成员，由这些成员组成类这个家族，对象是这个家族中的一员。**第二步是定义对象**，把要处理的对象(物体或事件)定义为该类的对象。**第三步是调用操作**，通过定义的对象调用类中的函数成员，从而用对象展示和实现类的特性及功能等，这就设计出面向对象的程序了。”明明做了归纳性的解答。“又是一个小三步圆舞曲，嘭嘭嘭，恰恰恰，和前面的方法相同，只是原材料(饭和菜)要用新鲜的。”乐乐边迈着舞步边笑道。

“既然类也是一种数据类型，那类和以前声明数据类型的原则一样吗？”这回轮到强强给这位男生解答了：“Yes，还是**先声明，再使用**。”“那声明的方式也有几种啰？”“真会举一反三。”明明、乐乐、强强等一些学得好的同学组成了讲师团，为大家详细做了解释。

声明共有四种方式，下面具体加以阐述。

方式一：声明类和定义函数成员合为一体，具体方法如下所示：

```
class 类名
{
访问控制说明符:
    一系列数据成员的声明;
访问控制说明符:
    一系列函数成员的定义;
};
```

例如，景点 12-1 就是声明类 Fig1 与定义函数成员 dr2()合为一体的。

方式二：声明类和定义函数成员分开，具体方法如下所示：

```
class 类名
{
访问控制说明符:
    一系列数据成员的声明;
访问控制说明符:
    一系列函数成员的声明;
};
类名::函数成员的定义
```

注：“类名::函数成员的定义”可放在本文件内，也可放在其他文件中。

例如，景点 12-7 就是声明类 Fig1 与定义 dr2()函数成员分开的。

方式三：方式一后连对象的定义，具体方法如下所示：

```
方式一
{
    …
}对象名;
```

例如，在景点 12-1 中把对象 dr 放在 Fig1 类的“}”和“;”之间(}dr;)就是方式三。

方式四：方式二连对象的定义，具体方法如下所示：

```
方式二
{
    …
```

}对象名;

类名::函数成员的定义

方式四如景点 12-7 中的 dr 对象。

其中，有以下几方面需要注意：

1) 关键字

关键字 class 是法定的，表示类，相当于以前声明结构时的 struct。struct 也是法定的，表示结构。

2) 类名

类名代表了该类的数据类型。类名的起名原则同变量名一样，只是类名的第一个字母最好大写，以凸显该关键字是类名。这对于程序的可读性和可维护性均有好处。

3) { };

在类中，声明和定义的所有成员(数据成员和函数成员)全部用一对花括号“{}”括起，并记住别丢了尾巴——“;”。

4) 数据成员

在类中要用到的数据成员相当于以前用到的变量或常量。

注意：现在的数据成员的声明与原来的变量或常量的定义方法基本相同，只是给数据成员赋初值必须在构造函数里进行，其中给静态数据成员赋初值还有特殊的形式(见第 15 章)。

5) 函数成员

实现类的所有特征、性能、操作及功能的函数成员也称为成员函数，其编写方法和以前面向过程的程序设计一样。

6) 访问控制说明符(或称访问属性)

例如，声明了某个家庭是一个类，则这个家庭中的所有人都是这个类的对象，家庭中的所有物品及该家庭的所有特征、操作及功能的展示和实现都是这个类中的成员。这些成员在这个家庭的类中是可以互相访问、使用的，是不用加以控制的。但家庭(类)中的某些成员是不能被家庭以外的人随意使用的，这些成员可限制(声明)为私有或保护成员；而有些成员，外人是可以来借用的，如一些锤子、螺丝刀等常用工具，这些成员就不用限制，可作为(声明为)公有成员。所以 C++要用访问控制说明符来区分类中的成员，关于访问控制说明符的说明见表 12-1。

表 12-1　访问控制说明符的说明

访问控制说明符	private	protected	public
含义	私有成员	保护成员	公有成员
访问(即使用和被使用)范围	类的内部函数可访问，被其派生的派生类不可访问	类的内部函数、被其派生的派生类均可访问	在任何地方，即类的内部或外部函数、被其派生的派生类均可访问
应用选择	当数据和函数不让外部函数改变，即需要保护时	同左	当数据和函数不需要保护，即可以随意改变时

注意：如果不注明访问控制说明符，则默认表示是私有成员。

外部函数(也称为类外函数)包括其他类的函数成员和一般函数，如主函数。

7) 作用域定义符::

当在类的声明之外定义函数成员或数据成员时，因为要知道是哪个类的函数成员或数据成员，所以要使用作用域定义符::来加以区分，即写成类名::函数成员或数据成员。例如：

研究生(类)::计算考试平均分(函数成员)

本科生(类)::王东同学(数据成员)

Fig1::dr2()(函数成员)

在类的声明之外定义函数成员这种方式(方式二和方式四)是较好的声明定义方式，因为可使类中的成员更清晰明了。

"那定义对象也和以前定义变量一样吗？"乐乐将答案"赋值"给这位同学："真会顺竿往上爬。是一样，只是偷梁换柱，把'数据类型的关键字'换成了类名，以前的变量名换成了对象名。"

定义对象的格式是：

类名 对象名;

类名代表该类的数据类型，定义变量、定义结构变量、定义对象的格式三者一样。

"定义对象句放在程序中的哪个地方呢？""还是遵循先定义、后使用的原则，而且**必须先在外部函数中定义类的对象，或用声明类与定义对象合为一体的方式定义对象**，然后才能通过对象对类中的成员进行操作。"乐乐继续"赋值"给这位同学。

同学们你一言、我一语地炸开了锅，"现在数据和函数都升级了，所以称呼数据和函数的后面要加上'成员'这两个字了。""变量变成对象啦！""等等，上面第 4 小点中提到的给数据成员赋初值，就是可以初始化对象啰？""还是 Yes，但这个初始化工作必须由特殊的函数成员——构造函数——来完成，即在定义对象时，C++会自动调用构造函数完成这些工作。就像起一座高楼大厦时需要先构造设计一样，C++也要先对对象进行构造设计。"

"那怎样进行构造设计呢？""通过写构造函数来实现。"

"构造函数又怎样写呢？"**"构造函数的写法与面向过程的程序设计的函数基本相同，唯一的区别是构造函数没有返回值，即构造函数不写返回的数据类型，也没有返回语句。注意：构造函数名一定要与类名相同，并在公有成员中声明。定义则与其他函数成员一样，可在类内定义，也可在类外定义。"**

"构造函数有哪些种类及用途呢？"

构造函数有两种：

(1) 一种是 C++提供的默认构造函数(不用自己编写)，它只创建对象(即开辟一个存放的房间)，但不做初始化工作。一般无需初始化时用这种方式，不用声明构造函数。

注意：要对数据成员初始化时，一定要在构造函数里赋初值，否则，编译时会出错。如在类中这样声明定义数据成员：

```
protected:int i,j,k,n=5;
```

编译时的错误信息为：

```
error C2258: illegal pure syntax, must be '= 0'
E:\C++\hC++\C++BOOK\十二章\ex12-1.cpp(5) : error C2252: 'n' : pure specifier can only be
```

specified for functions

执行 cl.exe 时出错.

改为如景点 12-2 的“n=5;”，在构造函数 Fig1()中初始化就正确了。

但对函数成员中局部变量的初始化就可以在定义函数段中进行。如在景点 12-1 中，对函数成员 dr2 局部变量 c 的初始化如下：

```
void dr2()
{
    char c=' ';//声明局部变量 c，并对其初始化
    …
}
```

(2) 另一种是自定义的构造函数，其中又分为两种：

其一是不带参数的构造函数。当不管定义创建什么对象，所做的初始化工作都相同时用该方法。

【景点 12-2】　不带参数的构造函数的例句。

```
Fig1::Fig1()
{
    n=5;
}
```

注意：在构造函数中不要再在数据成员名字前加数据类型，否则就会作为局部变量处理，不是该类的数据成员了。

其二是带参数的构造函数。当定义创建不同的对象，所希望的初始化工作有区别时用该方法。

【景点 12-3】　带参数的构造函数的例句。

```
//12-1-4.cpp
Fig1::Fig1(int b)//创建对象 dr 时，实参 n1 的值传给了形参 b
{
    n=b;
}
void main()
{
    int n1;
    cout<<"请输入定义对象所需的实际参数 n1"<<endl;
    cin>>n1;
    Fig1 dr(n1);//带参数的构造函数必须在定义对象时就要
                //带着实参 n1 来定义这个对象
    dr.dr2();
}
```

“创建对象或构造函数时开了存储房间，那要不要退掉房间呢？”“想得真周到，你是旅游时经常开房退房吧？这个退房工作由系统自动调用一种特殊的成员函数——析构函数

——来完成。”

“写法呢？”“既然是函数，析构函数的写法基本与面向过程的程序设计的函数写法相同，只是在析构函数声明句的最前面加个符号‘~’——按位求反运算符，并在公有成员中声明定义；或在公有成员中声明，在类外定义。”

析构函数的用途只有一个，即把开辟的存储房间退掉，释放掉这个存储空间。析构函数分为两种：一种是默认的，系统会自动调用；另一种是自定义的(可有可无)，格式为：

```
~类名(){…}
```

这肯定是无参的，也没有返回类型。函数体可以写一些显示信息句，也可为空，即

```
~类名(){}
```

注意：像构造函数一样，系统会自动调用析构函数。所以，无需另外调用构造函数和析构函数。

如果没有特殊需要，一般不用显式地定义析构函数。一个类可有多个构造函数，但只能有一个析构函数。

【景点 12-4】　定义一个析构函数。

```
Fig1::~Fig1()//析构函数
{
    cout<<"释放对象 dr"<<endl;//此句要不要均可
}
```

“恰恰恰，到了第三步调用操作了，怎么个舞法？”乐乐又跳起了慢三步。

这个舞步**与对结构的分量操作很相像**，所以用结构对分量的操作与对象对类中成员的操作加以对照来说明：

struct	结构名	结构变量	结构分量	使用结构分量的方法：	① 结构变量名.结构分量 ② 结构指针变量名→结构分量
|	|	|	|	|	|
class	类名	对象	类的成员 (数据成员和 函数成员)	使用类的成员的方法：	① 对象名.类的成员 ② 对象指针名→类的成员

由此看出：

(1) **通过对象对成员操作的格式为：**

对象名.类的成员(数据成员或函数成员)

或

对象指针名→类的成员(数据成员或函数成员)

(2) **对象对类的成员的操作完全同结构对结构分量的操作一样。**

“这个对照很直观，让我们一起在景点 12-5 中继续欣赏。”明明说。

3. 如何运用类、对象和面向对象的程序设计

【景点 12-5】 再次设计一个画右上三角形的程序，要求其中的类有公有函数成员 dr2()和公有数据成员 x。

程序如下：

```
#include<iostream.h>
class Fig1
{
private:
    int N;
    int i,j,k;
    void in1()
    {
        cout<<"请输入行数 N"<<endl;
        cin>>N;
    }
public:
    void dr2()
    {
        in1();
        char c=' ';
        for(i=1;i<=N;i++)
        {
            for(j=1;j<=30-2*i;j++)
                cout<<c;
            for(k=1;k<=i;k++)
                cout<<" #";
            cout<<endl;
        }
    }
    int x;
};
void main()
{
    Fig1 dr;          //定义了 Figl 类的对象 dr
    dr.dr2();         //调用 Figl 类的函数成员 dr2()
    dr.x=5;           //给 Figl 类中的数据成员 x 赋值
    cout<<dr.x<<endl;
}
```

运行结果为：

```
请输入行数 N
3
                              #
                            # #
```

```
# # #
5
```

结果正确。

“还可用小三的方法来操作，来看看景点 12-6。”乐乐嚷道。

【景点 12-6】　对景点 12-5 用引用对象来编程实现。

编写主函数如下：

```
void main()
{
    Fig1 dr;//定义了 Fig1 类的对象 dr
    Fig1 &y=dr;//声明了对象 dr 的别名 y
    y.dr2();//用别名 y 与用真名 dr 的方法相同，效果也相同
    y.x=5;
    cout<<y.x<<endl;
}
```

“用别名 y 和用真名 dr 的操作运行结果相同。”强强评判道。

明明说：“趁热打铁，再游览景点 12-7，画一个任意形的右上三角形。”

【景点 12-7】　请设计一个声明有私有数据成员、私有函数成员和公有成员的面向对象的程序，用于画一个任意的右上三角形。

程序如下：

```
//ex12-6.cpp
#include<iostream.h>
class Fig1              //声明 Fig1 类
{
private:
    int N;              //声明私有数据成员 N(画多少行)
    int i,j,k;
    void in1();         //声明私有函数成员
public:
    void dr2();         //声明画图案的公有函数成员
    ~Fig1();            //声明析构函数。注意：作为公有成员
}dr;                    //采用方式四声明类和对象
//以下至 main 之前是 Fig1 类的函数的定义
void Fig1::in1()        //定义私有函数成员从键盘接收 N 值，让你画的行数可以改变
{
    cout<<"请输入行数 N"<<endl;
cin>>N;
}
void Fig1::dr2()        //定义画图案的公有函数成员
{
```

```
        in1();                //调用私有函数成员
        char c=' ';           //定义局部变量 c 为一个空格
        for(i=1;i<=N;i++)
        {
            for(j=1;j<=30-2*i;j++)
                cout<<c;
            for(k=1;k<=i;k++)
                cout<<" #";
            cout<<endl;
        }
    }
    Fig1::~Fig1()                          //定义析构函数
    {
        cout<<"释放对象 dr"<<endl;          //此句要不要均可
    }

    void main()
    {
        //Fig1 dr;因为采用了方式四声明类和对象，此句可删掉
        dr.dr2();
    }
```

运行结果为：

```
请输入行数 N
10
                   #
                  # #
                 # # #
                # # # #
               # # # # #
              # # # # # #
             # # # # # # #
            # # # # # # # #
           # # # # # # # # #
          # # # # # # # # # #
释放对象 dr
```

结果正确。

12.3.2　对象游览之总结提高

明明提议说："我们用猜题抢答的方式来总结好吗？""好。"大家异口同声道，"谁出

题？”“谁都可以出题，谁都可以抢答。”“好。”“好。”……

还是乐乐抢先：“类、对象和面向对象的程序分别在什么情况下使用？”“任何情况下都可以，C++这超级齐天大圣随时随地都可摇身万变。”“给明明加一分。”

“类与大自然的分门别类是……”“同一个概念。”强强没等他说完就抢答道。“给强强加一分。”

“对象就是每个类中的……”“一个个实体或事项等实际对象。”“给乐乐加一分。”

“类是一种数据类型吗？”“Yes！”“给这位同学加一分。”

有些同学小声嘀咕起来：“怎么我们的博士——文文——不吱声？”“不知道，好像他一直以来都这样，要么就唱反调。”

“对象对类的成员的操作与结构对结构分量的操作有区别吗？”“完全相同吧。”“是的，给这位同学加一分。”明明评分道。

“给对象初始化必须在哪里进行？”“构造函数。”“给乐乐加一分。”

“构造函数和析构函数是不是一定要有？”“不一定，视需要而定，如景点 12-1 中，这两者都没有。”“那怎么开房间和退房间呢？”“系统会自动调用默认的这两种函数。”“给这位同学加两分。”

“在什么成员中声明构造函数和析构函数？”“都在公有成员中声明定义(或在公有成员中声明，在类外定义)。”“给你加一分。”强强奖励这位同学。

“怎么设计面向对象的程序呢？”“饭菜打包类。”“给类配对象。”“对象吃饭菜。”“真好记。”“大家都学得很好，全班除了文文外都各加一分。”明明宣布。

文文眨巴眨巴两眼，不敢反抗。明明诚心诚意地对文文说：“文文，不是把你看成异类，你确实跟我们大家走在不一条道上。原来我也像你一样，千方百计寻求更好的编程法——专家名人的编程法，可到处碰壁。我看你也是找不到更好的编程法了，要是找得到，也轮不到你了，早有世人找到了，或许早有人用上了。你说，是吗？”“你的推理有条理，好像也言之有理。”

“确实是嘛，我已实践过了，行不通。难道你还不信我吗？你不信我可以，难道你自己还不信你自己吗？现在回头还可上岸。”文文半信半疑地说：“是吗？”“Yes，因为通用编程法容易学，容易掌握，容易运用。”“真的吗？”“没半点假，其实我觉得我们寻找的更好的编程方法远在天边，近在眼前，就是我们现在用的通用编程法。至少目前是，因为我从编程盲变成了现在基本上游览每章景点都可得到 B 的成绩，你说这个通用编程法好不好呢？值不值得你学习掌握呢？”“要真是这样的话，那可是值得考虑考虑。”明明单刀直入地说：“我说你不用考虑那么多了。工欲善其事，必先利其器，你就遵守游览 C++乐园的园规，用通用编程法吧！如果你用了后，觉得事与愿违，再放弃也可以，反正也用不坏你的脑袋瓜。好过你现在花那么多时间去找更好的编程法，白驹过隙，时间不等人啊！此趟旅游时间已过了约五分之三，再迟些用通用编程法就怕来不及了。你可要爱日惜力，别拖我们团队的后腿哟！”

文文的心有点动摇了，但嘴皮子还硬挺：“哦，你们是怕我拖后腿，才拉拢我学通用编程法啊。”“不是，是为你的学习、前程着想。即使你掉队了，对我们也毫无妨碍。但就是心里不好受，因为我们是同学，是一个团队的队友，是一家人。眼巴巴地看着你简易方法不用，却非要去追求所谓的高深方法，显示自己很有文化，你还配当我们班的博士吗？”

“不配就不配呗，我也不是非要当这个博士，我要真正考上博士。”“还考博士呢？连个程序都编不出来，本科生的料都不够。”乐乐忍不住了。“你胡说，你胡说。”文文气得胸脯一起一伏，怒得满脸通红：“我不用通用编程法就不用，我不当叛徒。明天我就编个程序给你们看看。”“看你用什么法术把程序编出来。”明明说。

同学们也都纷纷好心好意地劝导文文。“文文，你看我们科科成绩都不如你，但现在都能独立编程了。这个通用编程法确实很易学易用，因为它是按照大自然的规律、按照人的做事方法去指挥计算机工作的。人有人的做事方法，再按计算机的特性、编程语言的规定去编程，肯定是行得通的。回心转意吧！”

文文这个皮球开始有点瘪了，举棋不定。虽然同学们好说歹说，可他面子却拉不下来。“我再试试用其他方法编程看看吧！反正，没那么容易让我当叛徒。我可不像明明一样，当了叛徒没几天，就劝别人当叛徒。”明明和其他同学都说：“你好自为之吧！”

各人的成绩嘛，不消说，还保持原状。

乐乐凝思着说：“面向对象设计的程序好是好，但如果对这么多的对象编写程序，工作量还挺大的。可不可以将功能、特性相同的程序直接拿过来用？”明明答道：“按照大自然的规律，对象与对象之间确实存在着互相利用的关系，我想应该 OK！”“别不知天高地厚了，便宜了还想再便宜，人心不足蛇吞象。”文文在一旁又奚落开了。“要云消雾散，就勇往直前地游览吧！”明明昂首挺胸、信心百倍地高呼。

第 13 章 继承派生 繁衍游览

晶晶说："就像人类繁衍一样，动物、事物也有相应的继承与派生的特性，从某一类物体、事物中派生出的另一类物体和事物(或者该类物体、事物的衍生物)称为该物体、事物的从属类或细分类。所以在面向对象的程序设计当中，考虑到这些特性，更符合大自然和实际的事物，编写出的程序的可读性、可维护性、可移植性会更好，程序也更简洁明了。"

晶晶笑道："下面让我们来进行继承与派生的繁衍游览。"

13.1 随师游览：计算平均分及打印学生成绩清单之景点

1. 程序设计举例

【景点 13-1】 请设计一个程序，计算学生某科的平均分，并打印出学生的成绩清单和平均分。

"哎，这还不容易吗！"强强说。"但要用继承与派生的面向对象的程序设计方法编程。"晶晶提醒道。"哦，那就难住我了，谁当爷爷、父亲，谁当儿女、孙子呢？""通过'顺瓜摸根'法就简单明了啦。""是顺藤摸瓜吧？""在这里我们是'顺瓜摸根'，因为编程的最终目的，是要实现题目要求的功能，而且我们看到瓜(功能)时并不知道这个瓜是从哪里结出来的，也就是不知道这个瓜的根(基类)在哪里，所以要顺瓜(功能)摸根，初步确定基类、派生类。"例如，要求功能是摘个南瓜，采用**"顺瓜摸根"法**就要按图 13-1 进行。

注意：在"顺瓜摸根"中摸的是事、物、实体等实际对象，如支藤、主藤和根，**而不是想过程，**思想上要从以前面向过程编程时的那种思维方式扭转过来。

摘到南瓜→某条支藤结着这个南瓜→顺着这条支藤找到主藤→顺着主藤找到南瓜根

(功能)　　(第二派生类)　　(第一派生类)　　(基类)

图 13-1 "顺瓜摸根"图(类的继承层次图)

"那从图 13-1 上看，**继承方向按箭头方向进行，**是吗？"明明问晶晶。

"Yes！"

强强说："那派生方向就按反箭头方向啰？"乐乐抢着说："是的，然后**将最通用、最有共性的类作为基类，其他按共性的减少依次排列为第一派生类、第二派生类……最后一层派生类的原则考究类的继承层次图。**对证合理后，就可以继续下一步了。"

用"顺瓜摸根"法，景点 13-1 的继承层次图如图 13-2 所示。

瓜(打印成绩及平均分) → 打印 → 平均分 → 成绩(根)

(功能)　　(第二派生类)　(第一派生类)　　(基类)

图 13-2 景点 13-1 的"顺瓜摸根"图(类的继承层次图)

要摘到这个瓜(打印成绩及平均分)，就要有这个打印类(支藤)；要打印什么内容，就要继承平均分类(主藤)；要想得到平均分，就要有总成绩，有了成绩才能计算平均分，这就从瓜摸到根了。再从根到瓜逆序验证一遍，如果正确，就可以进行下一步了。

“分析和画的图都对，但这个继承层次图是唯一的吗？”晶晶问。明明回答导游：“不是吧？因为瓜和根是唯一的，但藤有多条。”“所以，在‘顺瓜摸根’中，要用大胆创新、灵活多变、开放进取的思想去全方位思考，就会得到多种方案。如有的瓜不是结在支藤上，而是直接结在主藤上，则类的继承层次图就有所不同，方案也会不同。先不管方案好或不好，多画几个‘顺瓜摸根’图，然后将这些‘顺瓜摸根’图编上方案号，并列在方案比较表中，如表 13-1 所示。在表 13-1 列出的多个方案中，按照人做事情的方法(即编程三部曲)去想，想什么？想把这些事情(题目要求的功能)放在哪些类里面更合理且更有利于编程，更有利于继承和派生，对程序的可读性、可维护性、可移植性更好，然后进行比较、分析和筛选，从中挑选出最优方案。”

表 13-1　方案比较表

方案号	继承与派生的合理性、有利性	可读性	可移植性	可维护性	编程方便性	备注
方案一						
方案二						
⋮						
方案N						

大家各自画继承层次图并进行方案比较选优，结果及分析如下：

按照面向对象的程序设计方法步骤，**先画“顺瓜摸根”(类的继承层次)图**，如图 13-3 所示。

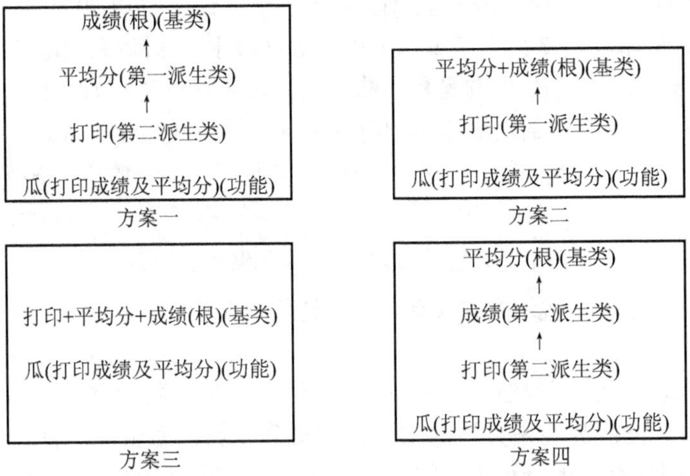

图 13-3　景点 13-1 的多种继承层次图

再按设置基类、派生类的原则考究类的继承层次图。初步筛选一下，方案四明显是本末倒置，因此初选就删除此方案。剩下的方案基本合理，但还不确定，将这些方案填写在方案比较表 13-2 中，进一步加以比较、分析。

表 13-2 景点 13-1 的方案比较表

方案	继承与派生的合理性、有利性	可读性	可移植性	可维护性	编程方便性	备注
方案一	好	好	好	好	好	
方案二	一般	一般	不太好	一般	中	
方案三	差(没继承)	不好	不好	不好	一般	

从表 13-2 中明显看出，方案一为优胜者，故选择该方案。此方案将其中的几个类分得很细，很有利于移植。例如有一个学生成绩存档软件，可以把成绩类移植过去；又如有一个学生成绩查询系统，可把成绩类和打印类移植过去，编程人员就省了很多事情。此外，该方案的派生类也分得很清楚，各方面的性能都很好。方案三最不好，打印、平均分和成员三者混在一起，既不清晰，移植性也不好，且其他方面的性能也较差。

“我问问大家，是不是用了继承层次图来设计继承与派生的程序，就不需要用通用编程法了？”“不是的。”明明说，“晶晶导游。您在上一章的游览中不是强调了通用编程法对任何编程语言和程序都是一通百通的吗?!”“通用编程法三大设计步骤中的第一大设计步骤**‘用心分析人想通’的第一小步**还是按三部曲想通人怎么做，但这时的人怎么做，不是想做事情的过程(是面向过程的程序设计)，**而是首先要想设置什么对象(瓜)，通过什么对象去实现题目要求的功能，这才是面向对象的程序设计。对象是从属于某个类的，即设置什么对象(瓜)的关键在于选择类及确定继承与派生，这是基本前提。**”

明明跟随晶晶导游的指引：“那就按上面学的‘顺瓜摸根’法设置类、继承和派生，多画一些‘顺瓜摸根’图，然后选优。”

“对。”

“有了这些基类、派生类，怎么画流程图呢？”“还没那么快画流程图，而是要进行**‘用心分析人想通’的第二小步**，就是要根据初步选出的最优方案，给每个类分配具体功能(函数成员)和配备所需的原材料(数据成员)，即按表 13-3 给每个类画个架构表，看是否可以实现题目要求的功能，如表 13-4 所示。”

表 13-3 架 构 表

基 类	
成 绩 类	
功能(函数成员)	原材料(数据成员)

表 13-4 基类架构表

基 类	
成 绩 类	
功能(函数成员)	原材料(数据成员)
输入成绩	成绩

“再按类架构表重新考究类的继承层次图是否合理，可以按照‘顺瓜摸根’法，头脑跟踪运行各个类架构表中分配的具体功能，通过一层层继承与派生的关系，调用各函数成员，并结合数据成员考虑，看能否实现题目要求的功能。经过分析，若类的继承层次图不合理，就重复上述几步；若合理，则转入**‘用心分析人想通’的第三小步**，即写提纲或画流程图。大家画画架构表游览一下。”

根据最优方案画出各个类架构表，如表 13-4～表 13-6 所示。这几个表中分配了具体功能，按照“顺瓜摸根”法，头脑跟踪运行表 13-4～表 13-6 分配的具体功能，通过一层层继承与派生的打印→平均分→成绩的关系，调用各函数成员并结合数据成员考虑，最后可知能实现题目要求的功能——打印成绩及平均分。由此证明，这些类的继承合理。

表 13-5　第一派生类架构表

第 一 派 生类	
平 均 分 类	
功能(函数成员)	原材料(数据成员)
计算平均分	平均分

表 13-6　第二派生类架构表

第 二 派 生 类	
打　印　类	
功能(函数成员)	原材料(数据成员)
打印成绩及平均分	

第三小步还是按机随人行写提纲和三部曲想通的各函数的人的详细做法分别写出提纲或画出流程图。

各函数成员的提纲和主函数的提纲如下：

基类：循环输入学生成绩。

第一派生类：循环调出学生成绩→计算平均分。

第二派生类：循环打印学生成绩→打印平均分。

主函数：开始→循环输入学生成绩→循环调出学生成绩→计算平均分→循环打印学生成绩→打印平均分。

“三到式”跟踪运行，正确后才转入通用编程法的第二大设计步骤。

在“对号入座写文章，头脑运行改文章”中，按选择的最优方案、类的继承层次图、类的架构表、各函数的提纲或流程图编写程序。编写程序时，一般将各个类的声明写成各个相应的头文件，最好一个头文件对应写一个类的声明和一个源文件定义类，也就是各个源文件对应其相应的头文件进行定义。而且，最好头文件和相应的源文件同名(**注意**：扩展名不同)，如学生类的头文件名为 student.h，源文件名为 student.cpp，最后再加个主文件(写主函数)。这样既一清二楚，又遥相呼应。

再经过头脑运行改文章，正确后转入通用编程法的第三大设计步骤。

“沉着应战善总结，人定胜机凯歌扬。”这第三大设计步骤与以前一样，只不过输入、调试时从最小的单元(即最少的程序代码)开始。调试通过一个程序单元后，再加下一个程序单元。

列写程序如下：

```
//ex13-1-1.cpp
#include<iostream.h>
#define NUM 3
class Sco1              //声明成绩类
{
protected:
    float scoa[NUM];
public:
    void dr2()          //输入考试成绩函数成员
    {
        cout<<"请输入"<<NUM<<"个学生的考试成绩"<<endl;
```

```
        for(int i=0;i<NUM;i++)
            {
                cin>>scoa[i];
                cout<<scoa[i]<<endl;        //最后，此句可注释掉
            }
            //dis();
            //usedis();
        }
};

class Ave1:protected Sco1                    //声明平均分类，并保护继承成绩类
{
protected:
    float avesco;

public:
    Ave1()                        //平均分的构造函数
    {
        avesco=0;                 //初始化放平均分的数据成员为 0，因为 avesco 要放累加和，
                                  //清 0 是累加和的初始化处理
        cout<<avesco<<'\n';       //最后，此句可注释掉
    }
    void a2()                     //计算平均分
    {
        dr2();                    //调用输入考试成绩函数成员
        //dis();
        cout<<avesco<<'\n';       //最后，此句可注释掉
        for(int i=0;i<NUM;i++)
        {                                           //最后，此句可注释掉
            cout<<scoa[i]<<'\t'<<avesco<<endl;      //最后，此句可注释掉
            avesco=avesco+scoa[i];
            cout<<scoa[i]<<endl;                    //最后，此句可注释掉
        }                                           //最后，此句可注释掉
        cout<<avesco<<endl;                         //最后，此句可注释掉
        avesco/=NUM;
    }
};

class Pri1:protected Ave1                           //声明打印类，并保护继承平均分类
```

```
{
protected:
      //float scoa[3];
      int i,j,k;
public:
      void dis()
      {
            a2();                      //调用计算平均分函数成员
            cout<<"考试成绩:"<<endl;
            for(int i=0;i<NUM;i++)
                  cout<<scoa[i]<<endl;
            cout<<"平均分:"<<endl;
            cout<<avesco<<endl;
      }
};

void main()
{
      Pri1 d1;                         //定义打印类的对象 d1
      d1.dis();
}
```

2. 程序调试记录与分析

因为平均分类继承了成绩类，所以成绩类的函数成员可大大方方地直接拿来用，如"dr2();//调用输入考试成绩函数成员"。同理，打印类中有"a2();//调用计算平均分函数成员"，因此不用通过声明一个对象，再用对象名来调用，非常方便。

注意：在程序中，凡是语句前有"//"的语句，就是去掉了中间调试用的语句或错句。此外，语句末有"//最后，此句可注释掉"的语句是最后完善时可去掉的语句。

"为什么声明派生类第一行的类名后有个 protected？"有位女生问导游。"这就要弄清楚怎样声明基类和派生类。这个 protected 是继承方式，它属于保护继承，可以访问被继承类的公有和保护成员，如 a2()或 scoa[i]。关于继承与派生的分类、基类的声明与定义、继承方式与继承范围，我们在游览要点时再系统理解和归纳。"明明点头说："哦，那就先上机试试看。"

同学们的调试记录综合如下：

1) 数据成员的初始化不正确

错误一：

error C2252: 'avesco' : pure specifier can only be specified for functions

"float avesco=0;"这个保护数据成员的初始化在声明这个数据成员时进行是错误的，应在特定的函数中初始化，因此应把此句放在 a2 函数中。

错误二：

error C2065: 'avesco' : undeclared identifier

执行 cl.exe 时出错.

双击错误信息行，光标指向打印类 Pri1 的“cout<<avesco<<endl;”处。因为在成员函数 a2 中声明了“float avesco=0;”，avesco 是局部变量，不是数据成员 avesco，Pri1 继承不到，所以，还是**要用构造函数为 avesco 赋初始值**。

错误三：

error C2380: type(s) preceding 'Ave1' (constructor with return type, or illegal redefinition of current class-name?)

改为：

```
void Ave1()
{
    float avesco=0;
}
```

因为构造函数是没有返回值的，所以去掉 void，此错即可纠正。

2) 结果不正确

第一次运行结果为：

```
100
90
80
考试成绩:
-1.07374e+008
-1.07374e+008
-1.07374e+008
平均分:
-3.57913e+007
```

结果不正确。

在 dr2 成员函数定义中的“cin>>scoa[i];”之后加一句“cout<<scoa[i]<<endl;”，再运行。

第二次运行结果为：

```
100
100
90
90
80
80
考试成绩:
-1.07374e+008
-1.07374e+008
-1.07374e+008
```

平均分:

−3.57913e+007

结果还不正确。

输入的成绩是正确的，但到了计算平均分和打印时，无论输入什么数，结果均一样，都是随机数，说明没有取到 scoa 数组的数据。

依照上述方法在多处加 “cout<<scoa[i]<<endl;” 和 “cout<<avesco<<'\n';” (这是**调试技巧**)，查出：

在求平均分类的构造函数中声明 “float avesco=0;”，把 avesco 作为平均分类构造函数中的局部变量，并初始化为 0。该局部变量 avesco 在构造函数运行完后就消失了，即并没有对平均分类的数据成员 avesco 初始化，因此数据成员 avesco 中就是随机数。**注意**：局部变量 avesco 与数据成员 avesco 是两个不同的数据。运行完计算平均分的 a2()函数后，数据成员 avesco 中变成随机数加上 3 个成绩再除以 NUM(此处是 3)的数，是不正确的数。所以，在打印类中继承平均分类的数据成员 avesco 的数据当然也就不正确了，应把平均分类构造函数中声明的 “float avesco=0;” 改为 “avesco=0;”。

在打印类中声明 “float scoa[3];”，使得派生类的成员与基类成员 scoa 同名。C++中允许这样的同名，在派生类中访问重名成员时会屏蔽基类的同名成员，即访问派生类自身定义的同名成员，因此此程序中访问的是打印类中声明的数据成员 scoa，但又没有给它赋值，所以当然也是随机数，导致 scoa 中的数据不正确。正确做法是删除打印类中声明的 “float scoa[3];”。

最后运行结果为：

```
0
请输入 3 个学生的考试成绩
100
100
90
90
80
80
0
100        0
100
90         100
90
80         190
80
270
考试成绩:
100
90
```

80

平均分:

90

结果正确。

注意在构造函数中赋初值时只赋初值，不要声明。一旦声明，就变成是构造函数的局部变量了。例如，不要在 avesco=0 之前再写 float。

此外，如果继承基类或上一层派生类的代码(包括数据成员和函数成员)，尽量不要再声明一个同样的代码(包括数据成员和函数成员)，例如 "float scoa[3];"，因为处理重名成员较麻烦。

13.2 自 行 游 览

13.2.1 繁衍游览之自游景点

1. 请用类的继承与派生编写计算圆面积和圆柱体体积的程序，然后用所编写的程序计算几个圆面积和圆柱体体积，并显示出来。

2. 编写计算每月工资的程序，工资由基本工资、补贴、水电费组成，试用类的继承与派生来设计。程序编写完成后，输入几个人的工资分项，计算每月工资。

3. 用类的继承与派生编写一个计算购买房屋的面积及其总金额的程序，并计算几套房屋的面积及总金额。

4. 以某学生的姓名为基类，各科学分为子类，编写一个程序计算其总学分。

5. 在第 4 章的自游景点 7 中，将产品的基本数据信息作为基类，将判别产品是合格品、次品还是废品作为派生类，分别继承基类，请编程完成该工作。

6. 在第 8 章的自游景点 6 中，试将图书数据结构中的"状态"作为派生类，其余信息作为基类，请用面向对象的方法编程完成该工作。

7. 在第 8 章的自游景点 7 中，将英语单词作为基类，游戏作为派生类，请用面向对象的方法编程。

8. 在第 8 章的自游景点 8 中，将数学题作为基类，游戏作为派生类，用面向对象的方法编程设计出这个智力竞赛游戏。

9. 在第 8 章的自游景点 9 中，将学生信息作为基类，插入作为派生类，请用面向对象的方法编程设计这道程序。

10. 在第 4 章的自游景点 8 中，将商品信息作为基类，打印价格条作为派生类，请用面向对象的方法编写设计程序。

13.2.2 繁衍游览之遐思景点

1. 试用继承与派生管理图书馆的图书。

2. 请用继承与派生解决一个实际对象的问题。

13.3 游 览 观 感

强强若有所思地问："乐乐，你继承了什么？""我继承了前人的知识和智慧结晶。""真了不起，这么聪明，会走捷径。"强强赞扬她。"人类聪明，C++也同样能干！C++的继承与派生是事半功倍，如虎添翼。"乐乐像雄鹰展翅高飞似地张开双臂。强强笑着说："那真要学好了，就能高飞了。"

"这章的景点，游得我懵懵懂懂。"明明拍拍这位同学的肩膀说："让我们先易后难，各个击破，就会令你茅塞顿开。"

13.3.1 繁衍游览之游览要点

1. 什么情况下用到继承、派生及面向对象程序设计方法

"是不是也像第12章的景点一样，最好都用继承与派生的面向对象的程序设计方法编程？"有位同学还搞不清楚。明明说："非也，当需要解决问题的物体、事物等对象中不包含继承与派生的关系时，就不用采用这个方法。反之……""包含继承与派生的关系时才用。""Yes！"

2. 关于继承与派生

"继承只是单继承吗？可否继承多个类？"乐乐请教强强。"可以单继承，也可以继承多个类。"继承与派生的关系示意图如图13-4所示。

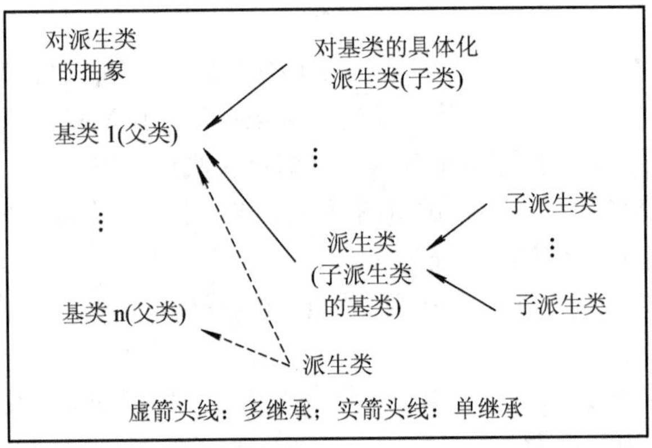

图 13-4　继承与派生的关系示意图

一般将父类称为基类，子类称为派生类，子子类称为子类的派生类。

基类不一定是一个，可能是两个以上，这叫多重继承。例如父亲是基类1，母亲是基类2，儿子是派生类，则儿子同时继承了基类1和基类2。

乐乐继续问强强："继承与派生有哪些分类呢？""**继承与派生的分类**(即继承方式)有3种，分别为公有继承(public)、保护继承(protected)和私有继承(private)。例如，在父亲留给独生子的遗产当中，电视机是公有继承，全家人都可以继承，可以看；电脑是保护继承，因为只有懂电脑的人可以用；银行存款是私有继承，因为只有自己才能管自己的私有存款。"

表 13-7　继承方式对应的被继承类成员在派生类中的访问属性

派生类的继承方式 / 被继承类成员	公有继承	保护继承	私有继承
公有成员	(公有成员)	(保护成员)	(私有成员)
保护成员	(保护成员)	(保护成员)	(私有成员)
私有成员	(不能访问)	(不能访问)	(不能访问)

3 种继承方式与上一章讲的访问属性之间有一定的关系，如表 13-7 所示。

从表 13-7 中可以看出，被继承类成员(除了私有成员外)在派生类中的访问属性是：公有继承不改变被继承类原有的访问属性，其他两种继承都相应地改变了被继承类的原有访问属性，外部不能访问这些派生类了。反之，外部能按被继承类原有的访问属性去访问的派生类的继承方式是公有继承，即一般来说，**若想用被继承类的程序代码(包括数据成员或函数成员)，就选用公有继承。另外，想让其他类继承或使用数据成员或函数成员，就不要设计成私有成员，因为，如表 13-7 所述，3 种继承方式对私有成员都是不能访问的。**

注：**被继承类**是指基类或被该派生类继承的派生类，**本书的"被继承类"均按此解释。**

基类的声明与定义和 12 章讲的类的声明与定义的方法完全一样，因为如果没有派生类，一个类或多个类都是基类。

派生类的声明与定义和基类的声明与定义的方法基本相同，只是要在类名后加上冒号"："，后跟继承方式和被继承类的类名。

【景点 13-2】　请写出声明单继承派生类的首行句。

```
class Ustu:public Stu          //派生类 Ustu 公有继承了基类 Stu。
```

如果是多重继承，将继承方式和被继承类的类名分别写在冒号"："后，各被继承类之间用逗号间隔。

【景点 13-3】　请写出声明多继承派生类的首行句。

```
class Student:protected English,protected Computer,protected Chinese
        //派生类 Student 分别保护继承了基类 English、Computer 和 Chinese。
```

"上述 3 种继承方式分别可以继承与派生些什么呢？"乐乐还没有完全明白。"你问的这个问题属于继承范围的问题。**继承范围**即派生类可以使用被继承类的成员的范围，**也称为访问属性。**"明明解释道。

访问属性也有 3 种，分别是公有成员(public)、保护成员(protected)和私有成员(private)。

随着被继承类和派生类的建立，被继承类的成员在派生类中的访问属性有些发生了变化，如表 13-7 所示。表中圆括号内的内容是在 3 种继承方式下被继承类成员在派生类中的访问属性(即访问范围，该访问范围的含义与 12 章的表 12-1 一致)，即继承了之后，被继承类的成员在派生类中可以被使用(访问)的范围，但被继承类的成员在其原有类中的属性不变。

注意表中的访问属性与派生类原有成员的属性无关，原有成员的属性在声明派生类时就确定了。

例如，表中第 2 行第 3 列圆括号中的内容(保护成员)是指被继承类的公有成员被派生类保护继承后，在派生类中变成了保护成员的访问属性，但在被继承类中还是公有成员。

由此可得出如下结论：

(1) 公有继承和保护继承可以访问被继承类的公有或保护成员。

(2) 无论何种继承方式，被继承类的私有成员都不能被访问。

“具体使用时**怎样选用这 3 种继承方式**呢？”乐乐问道。明明笑着回答乐乐：“**根据用途来选用，继承方式的用途**见表 13-8。继承就是想使用(访问)被继承类里面的东西(数据成员和函数成员)，**一般应选择公有继承或保护继承。大多数选择公有继承，私有继承是继承不到东西的。**”

表 13-8 继承方式的用途

继承方式	用 途
公有继承	当被继承类的成员(除了私有成员外)需要保持原访问属性时，选择此方式
保护继承	当被继承类的成员(除了私有成员外)均需要保护时，选择此方式
私有继承	当被继承类的成员(除了私有成员外)均需要变成私有成员时，选择此方式

13.3.2 繁衍游览之总结提高

明明开场道：“凡有继承与派生的关系时，就要用具有继承与派生的面向对象的程序设计，这样说，对不对？”“Yes！”同学们回答说。

明明又问：“假设现在不用通用编程法，你们能编写出这些牵涉到继承与派生的面向对象的程序吗？”强强回答道：“也许编得出，但很可能不优化、不全面，而且费时间、耗力气，最后可能还不成功。”乐乐深有体会：“是啊，我感觉这个通用编程法的能力实在是太大了，还生出了‘顺瓜摸根’法，把继承关系一目了然地摆在桌面上，使我们可以纵观全局，运筹帷幄，进行作战方案选优，还有什么打不赢胜仗的理由呢?!”“说到我心里去了，这通用编程法真好用。”某位同学也尝到了甜头。

强强考大家：“好，既然这章的景点那么美观，我问大家，具有继承与派生的面向对象的程序设计方法是怎样的？”“还是用通用编程法，通用编程法第一大设计步骤的**第一小步**是用‘顺瓜摸根’法确定基类与派生类，并画出继承层次图选优。”“**第二小步**是根据最优方案画出类架构表，给各个类分配具体功能(函数成员)和配备所需的原材料(数据成员)，重新考究类的继承层次图是否合理，能否优质实现题目要求的功能。可以按照‘顺瓜摸根’的方法，头脑跟踪运行各个类架构表中分配的具体功能，即通过一层层继承与派生的关系，调用各函数成员，并结合数据成员考虑，看类的继承层次图是否合理。No，就重复上述几步；Yes，则可进入第三小步。当然，可能会在后续各步骤中发现基类或派生类设置得不合理、不方便编程，对程序的可读性、可行性、可维护性、可移植性等性能带来不良影响，那也可按上述几步重新选择基类和派生类，直到合理为止。”“这**第三小步**嘛，就是按编程三部曲想通人的详细做法，分别对各函数成员写出提纲或画出流程图，且每个小步都要‘三到式’地在头脑中运行至正确。”

“第二大设计步骤的对号入座写文章，还要注意继承方式与范围。编写程序时，一般将各个类的声明写成各个相应的头文件，即最好一个头文件对应写一个类的声明和一个源文件定义类，也就是各个源文件对应其相应的头文件进行定义，而且最好头文件和相应的源文件同名。”

“第三大设计步骤与以前一样，只不过输入、调试时从最小的单元(即最少的程序代码)开始，调试通过一个程序单元后，再加下一个程序单元。”

“即这三大设计步骤只有‘顺瓜摸根’法和类架构表与之前不同，其余都一样。”

“哎，用得既轻松，又痛快！”

明明说：“让我们钻进孙大圣的肚子里，跟踪剖析构造函数的执行顺序，回味回味构造函数的构造过程和继承与派生的用法吧。”

【景点 13-4】 请设计一个继承、派生及面向对象的程序，其中有一个基类和两个派生类。要求一个继承一个，继承方式自己决定，以能继承为准，每个类均有一个字符串(自己设计)，程序能在构造函数中打印自己类中的字符串，以演示多继承的构造函数的构造(执行)过程。

根据前面所讲的知识，编写程序如下：

```
//ex13-10.cpp
#include<iostream>
#include<string>
using namespace std;

class Sco1                    //声明基类
{
protected:
    string str1;
public:
    Sco1()
    {
        str1="正在运行基类的构造函数";
        cout<<str1<<endl;
    }
};

class Ave1:public Sco1        //声明第一派生类，并公有继承基类
{
protected:
    string str2;
public:
    Ave1()
    {
        str2="接着运行第一派生类的构造函数";
        cout<<str2<<endl;
    }
};
```

```
class Pri1:protected Ave1          //声明第二派生类，并保护继承第一派生类
{
protected:
      string str3;
public:
      Pri1()
      {
            str3="最后运行定义该对象类的构造函数";
            cout<<str3<<endl;
      }
};

void main()
{
      Pri1 d1;          //定义打印类的对象，构造函数的过程也体现了继承与派生的关系
}
```

运行结果为：

正在运行基类的构造函数

接着运行第一派生类的构造函数

最后运行定义该对象类的构造函数

结果正确。

“你怎么知道结果正确？”明明向这位男生解释说：“因为我从运行结果中看出每次创建对象时**构造函数的执行顺序**均是从基类开始运行构造函数→第一派生类构造函数→第二派生类构造函数→…→最后运行定义该对象类的构造函数。”

明明问大家：“你们有没有实在想不通、调不通程序的时候？”“当然有喽！”有位同学答，紧接着追问，“你有什么高招？”“当运用了晶晶导游以前教我们的纸上做、实践做、参考书籍或请教、探讨等办法后，还不通时，我就采用缓兵之计。”“什么缓兵之计？”“打得赢就打，打不赢就跑。”“当逃兵啊？”“No！退一步海阔天空，歇一歇大显神通！休息休息或做做其他事，折个身回来再继续作战。”“高，实在是高！”“确实是智高计美，事半功倍！”刚才问明明的同学称赞道。

明明又问：“我们可以对大自然中的物体进行数学运算，那对象也是大自然中的物体，可不可以对对象进行运算？”乐乐说：“我认为可以。”“让我们边游边猜谜吧！”强强说。

第 14 章　运算对象　重载游览

“嘟嘟，我们升大学了！”强强拨着方向盘神采飞扬地喊着。“这话怎么说，难道我们以前是读中学、小学吗？”乐乐不解。“Yes，因为以前是面向过程编程，而现在呢？”“面向对象呗，有什么了不起的。”文文说。乐乐自豪地昂起头：“对，就是了不起。面向对象编程的良好的可移植性、可维护性、可读性、可操作性我们都已领略过了，而文文你却没此福分。”

文文不服气：“啊，你们有福分，但小学、中学里的数学运算有+、-、*、/等运算，数学运算中的数字不也是对象吗，你们这个对象(所谓的大学)可进行数学运算吗？”“Yes！”晶晶导游答。文文又反问：“怎么进行对象运算？”“先声明类，在该类中声明或定义参与运算的数据和对运算符重新定义的函数，再用这些类定义对象，然后就可以对这些对象进行数学运算了。”“这么神奇？”文文将信将疑地说。“Yes!”

文文不服气地嘟囔：“这么说，明明你料事如神啰。”晶晶关爱地劝道：“文文，你尽快用通用编程法去游览编程吧。当你用亲身游览的成果(程序)去尽享大自然时，你就会感受到其中的乐趣了。”“像乐乐他们一样？”“对呀！你的同学可是来 C++乐园游览后就乐在其中了，而你现在还在苦恼之中，快上岸吧，这里有广阔的蓝天和金灿灿的沙滩等待着你。”“我看看再说。”

“那我们就先驱车前往运算对象(又称为运算符重载)的景点。”晶晶说。

14.1　随师游览：计算全班所有科目的总平均分之景点

【景点 14-1】　假设已知全班各个单科的平均分，请计算全班所有科目的总平均分，要求使用运算符重载编程。

一位女同学问：“还用通用编程法编程吗？”“你说呢？”晶晶反问道。“我是多余问了。”

强强脱口而出：“人的详细做法很简单，将全班各个单科的平均分相加，然后除以科目数，就得到全班所有科目的总平均分了。”“Yes!”同学们都认同。

“但对号入座就难写文章了。”“也不难，按提纲和运算符重载的知识，该景点的运算一个是加法，另一个是除法。暂且设该景点只对加法进行运算符重载，则要设计一个全班各个单科的平均分类，然后在主程序中，有多少科目就声明多少个这种类的对象，对若干个对象使用运算符重载相加，再求平均分和打印输出结果。”晶晶给强强等同学解除了难点。

在类的设计中，应配备有上述功能的成员函数和数据成员，需要的数据成员有全班各个单科的平均分 ave 和全班的所有科目数 s，假设科目数 s 为 2。此景点的构造函数设计成带参数的。

创作程序代码如下：

```
//ex14-1-1.cpp
#include<iostream>
using namespace std;

class Ave                          //声明全班各个单科的平均分类
{
protected:
    double ave;                    //全班各个单科的平均分
    int s;//科目数
public:
    Ave(double ave1,int s1);       //声明 Ave 类的带参数的构造函数
    Ave avevalue(Ave b);           //声明求平均分成员函数
    Ave operator+(Ave &a);         //声明运算符重载"+"成员函数，用不用引用均可
    void display(Ave c);           //声明打印输出成员函数
};

Ave::Ave(double ave1,int s1)       //定义带参数的构造函数
{
    ave=ave1;                      //用形参初始化平均分和科目数
    s=s1;
}

Ave Ave::operator+(Ave &a)         //定义运算符重载“+”作为成员函数
{
    Ave a1(0,2);                   //为返回运算结果，声明一个 Ave 类的对象 a1，
                                   //对于此景点：实参的 0 可为任意值，2 却是必定的。
                                   //用此段或用下面的/*  */注释段代替均正确
    a1.ave=ave+a.ave;              //①某个对象的平均分+另一个对象的平均分
    return a1;                     //②返回对象 a1
  /*a.ave=ave+a.ave;               //①某个对象的平均分+另一个对象的平均分
    return a;                      //②返回对象 a*/
}

Ave Ave ::avevalue(Ave b)          //定义计算全班所有科目总平均分的成员函数。
                                   //形参是求得全班各个单科平均分的合计分的对象 b
```

```
{
    b.ave=b.ave/b.s;                //所有平均分的合计分/科目数=总平均分
    return b;
}

void Ave::display(Ave c)                //定义打印输出成员函数
{
    cout<<c.ave<<endl;
}

void main()
{
    Ave e1(80.6,2);                 //定义 3 个 Ave 类的对象，并初始化，
                                    //第 1 个实参是全班某科的平均分，第 2 个实参是科目数
    Ave e2(87.9,2.0);
    Ave e3(0,2.0);
    e3=e1+e2;                       //两个对象相加，即全班所有单科的平均分相加为合计分
    e3=e3.avevalue(e3);             //调用求总平均分成员函数
    e3.display(e3);
}
```

“等等，什么叫重载？”明明与晶晶互动问答。“重载就是重新定义、重新加载，**运算符重载就是重新定义 C++中原有的大部分运算符**。”“‘Ave operator+(Ave &a);’这句是声明运算符重载‘+’成员函数吗？”“是的。”晶晶点头。

“那运算符重载的声明格式是怎样的呢？”“声明和定义运算符重载就是声明和定义函数——运算符重载函数。”

运算符重载的声明格式是（以下运算符重载简称重载）：

函数返回的数据类型 operator 要重载的运算符([形参数据类型 1 形参 1,…,形参数据类型 n 形参 n])；

运算符重载的定义格式的第一句末加分号“;”，同函数的声明、定义规律一样，因为运算符重载函数就是函数中的一种。比较重载与函数二者的声明格式可知，**重载声明与函数声明写法基本一样，只是用“operator 要重载的运算符”代替了“函数名”**，没有什么新东西了。

“哦，这可好记，是没啥新鲜东西。”

“声明了运算符重载，但不知道这个函数做什么事情怎么办？”“那也就同样要定义运算符重载啊。”“哦，怎么定义呢？”“定义即写一个函数，**将重新定义的运算写在函数中。既然是函数，那么写法基本还像以前一样**，运算符重载的定义格式也类似于定义函数的格式，**只是用‘operator 要重载的运算符’代替了‘函数名’**。此外，函数定义中花括号中的‘编程三部曲’在这里变成了只有处理这部曲——对运算符重新定义，而可有可无的‘[return 返回的数据;]’在运算符重载的定义中变成了必须要有的‘return 返回运算结果;’。”

综上可知，**运算符重载的定义格式为**：

```
函数返回的数据类型 operator 要重载的运算符([形参数据类型1 形参1,…,形参
    数据类型n 形参n] )
{
    对运算符重新定义的运算
}
```

其中，**“对运算符重新定义的运算”的具体内容由两部分组成**：

(1) 进行具体操作的表达式。即把原来写在程序中做这种运算的功能语句搬到这个地方来，但参与运算的参数均是对象，或最起码有一个以上的对象再加数据成员、普通变量、常量，例如景点14-1的句①；

(2) 返回运算结果的句子。因为运算完后，肯定有结果答案，所以必须要有此类返回语句，如景点14-1的句②。

返回值(运算结果)的数据类型不一定是对象，也不一定与参与运算的形参的数据类型相同(景点14-1就是相同的，而景点14-2即不相同)。例如double Ave ::operator/(Ave f))，形参的数据类型是类类型Ave，返回值的数据类型是双精度型double。

这两部分进行运算符重载的具体运算操作并返回了运算结果，这样就将运算符重载具体定义好了。以后要用时，就可以像写数学公式一样来用。

明明理解了：“那还是先定义、后使用了，景点14-1中的e3=e1+e2就是使用运算符重载吗？”“Yes，很简单吧。”**就像日常生活中使用运算符一样，把对象看成是数据一样写成数学公式的形式就可以使用了**，即

存放重载运算结果的对象=某对象1 运算符 某对象2 运算符 … 某对象n;

注意：运算符重载不能改变运算符的优先级别和结合性，也不能改变运算符操作数的个数。运算符重载可作为友元函数，见景点17-1。

通过晶晶导游的指点，明明心领神会：“是真的，这些运算我们都早已会了，现在就是用对象代替以前的数据而已。”

“但好像实际用小学的数学运算或面向过程的程序设计编的程序还比这简单形象。”文文又在挑毛病了。“乍看起来似乎你说的对。但我们是用面向对象的方法设计程序，程序中都是对象，而要调用对象里的某些成员做数学运算，则用对象名.数据成员。编起程序来，这么多数据成员名相当于多个变量名，繁杂难记，不易书写，对可操作性、可维护性、可读性等均带来了不便，运算符重载相当于直接用对象做数学运算，直观明了，简便易行。”晶晶解释道。文文眨巴眨巴两眼，鸡蛋里也挑不出骨头来了，因为晶晶导游说的是事实且在理。

强强说：“说一千，道一万，还不如干一干！”“看，我们的武松上阵打虎了。”一位男生说。叭叭叭……消灭了多个errors，才打赢这仗。

此趟游览，景点险峻，值得回味，故整理成如表14-1所示的上机实验记录。

运行结果为：

```
84.25
```

结果正确。

表 14-1　上机实验记录表

出错现象	出错原因	解决办法

'ave' : cannot access protected member declared in class 'Ave'
int __thiscall Ave::avevalue(class Ave)' : overloaded function differs only by return type from ' class Ave __thiscall Ave:: avevalue(class Ave)'
see declaration of 'avevalue'
	Ave avevalue(Ave b)
	{
	b.ave=b.ave/b.s;
	}
	看声明句，才知道没加上限定类型Ave::，即把avevalue函数作为普通函数来定义，因此不能访问保护成员ave
		改为
		Ave::Ave avevalue(Ave b)

syntax error : missing ';' before identifier 'avevalue'	Ave::Ave avevalue(Ave b) 因为把作用域区分符“::”加在了两个Ave之间	改为： Ave Ave ::avevalue(Ave b) 此错纠正 **注意：紧挨着作用域定义符::的是其所属的类名，则第1个Ave是该函数返回的数据类型：类类型Ave**
'argument' : truncation from 'const double' to ' float'	变量从双精度到浮点型，被截去了数据	把ave的数据类型改为双精度型，此错纠正
' avevalue ' : undeclared identifier	在调用avevalue函数前未加上对象名	加上对象名e3，即e3=e3.avevalue(e3);
'Ave::operator+' : must return a value	operator+没有返回值	改为：　return a.ave;
'__thiscall Ave::Ave (const class Ave &)' : cannot convert parameter 1 from 'double' to 'const class Ave &' Reason: cannot convert from 'double' to 'const class Ave' No constructor could take the source type, or constructor overload resolution was ambiguous no legal conversion of return value to return type ' class Ave *'	从双精度型参数转换为类Ave的数据	改为： 如Ave　Ave::operator+(Ave &a)中的定义语句段的return a1;此错纠正

14.2 自 行 游 览

14.2.1 重载游览之自游景点

1．编写两个一维数组对应元素相加的程序，请运用重载运算符“+”。

2．写一个检查数组下标越界的程序。

3．运用运算符重载“+”来编写角度类的对象相加。

4．编写一个能对类的对象进行自加和自减的程序。

5．运用运算符重载“-”编写两个复数的减法程序。

6．计算全校各班高考成绩所有科目的总分和总平均分，并输出显示冠军、亚军和季军的班名称、总分和总平均分，请用运算符重载实现。

7．计算某工厂合格产品的月总产量，请运用运算符重载编程计算并显示出来。

8．计算某工厂全部产品的月合格率，请运用运算符重载编程计算并显示出来。

9．某顾客在商场购买了几种商品，请用运算符重载编程计算出该顾客应付的总金额，并显示出来。

10．在某次运动大赛上，要统计出分别获得金、银、铜牌最多的省队，并将其输出显示，请用运算符重载实现这些操作。

14.2.2 重载游览之遐思景点

1．设计两个直角坐标类对象间加法和减法运算的程序。

2．请用运算符重载计算全班成绩中优秀、良好、中等、合格和不合格各档次的百分比，并公布出来，以促进全班同学更努力学习。

14.3 游 览 观 感

“对象也可运算啦！”某位同学说。“对象运算使我们定义的对象没有白定义，能用于面向对象的程序设计，还使程序简单明了，各种方便应运而生。”明明总结道。这位同学也表示：“所以，要学好定义对象，用好定义的对象。”

14.3.1 重载游览之游览要点

“运算符重载可用在方方面面吗？”强强问。乐乐回答他：“No，当在对象之间进行+、-、*、/ 等运算时，才用运算符重载。”这个问题还要从以下两方面对运算符重载的应用范围予以说明：

一方面，参与运算符重载的数据是类这种数据类型的对象，即类不能直接参与任何操作，而只能由用这些类定义的对象来操作。也就是说，对象之间才可以应用运算符重载来进行运算。以前讲的所有数据类型，除了类之外，其余都不能单独(即没有类的对象参数加入重载)参与运算符重载，如 int、double、指针、数组等均不能单独作为进行运算符重载的数据类型。

另一方面，可以重载哪些运算符？表 3-6 中的 C++运算符中除了成员访问运算符“.”、类的作用域区分符“::”、成员指针访问运算符“.*”、条件运算符“?:”和长度运算符 sizeof 外，其余的运算符均可以用于运算符重载。

“让我们再游游景点 14-2 和景点 14-3。”乐乐提议道。“好啊，好啊，又去游览了。”正合了同学们的心意。

【景点 14-2】 将景点 14-1 求平均分的成员函数用运算符重载“/”代替，并且该函数返回值的数据类型与形参对象的数据类型不同，试编写程序。

游览写出的程序、调试记录及结果如下：

```
//ex14-2-1.cpp
#include<iostream>
using namespace std;

class Ave
{
protected:
      double ave;
       int s;

public:
       Ave(double ave1,int s1);
       Ave operator+(Ave a);
       double operator/(Ave f);
       void display(double ave2);
};

Ave::Ave(double ave1,int s1)
{
       ave=ave1;
       s=s1;
}

Ave Ave::operator+(Ave a)
{
       Ave a1(0,2);
       a1.ave=ave+a.ave;              //某个对象的平均分+另一个对象的平均分
       return a1;
}
```

```
double Ave ::operator/(Ave f)       //运算符重载"/"作为一个成员函数，
                                    //且返回值与形参的数据类型不一致
{
    ave=ave/f.s;
    return ave;
}

void Ave ::display(double ave2)
{
    cout<<ave2<<endl;
}

void main()
{
    double ave1;
    Ave e1(80.6,2);
    Ave e2(87.9,2);
    Ave e4(0,2);
    Ave   e3=e1+e2;
    ave1=e3/e4;
    e4.display(ave1);
}
```

调试记录如下：

调试程序时出现了下述错误现象：

error C2511: 'display' : overloaded member function 'void (double)' not found in 'Ave'

E:\C++\hC++\C++BOOK\十四章\ex14-2-1.cpp(5) : see declaration of 'Ave'

E:\C++\hC++\C++BOOK\十四章\ex14-2-1.cpp(51) : error C2664: 'display' : cannot convert parameter 1 from 'double' to 'class Ave'

No constructor could take the source type, or constructor overload resolution was ambiguous

执行 cl.exe 时出错。

将“void display(Ave c);”，改为“void display(double ave2);”后还是错：

error LNK2001: unresolved external symbol "public: void __thiscall Ave::display(double)" (?display@Ave@@QAEXN@Z)

Debug/ex14-2-1.exe : fatal error LNK1120: 1 unresolved externals

再将“void display(double ave2)”改为“void Ave ::display(double ave2)”，此错纠正。

运行结果为：

84.25

结果正确。

【景点 14-3】　将景点 14-1 求平均分的成员函数用运算符重载“/”代替，并且该函数返回值的数据类型与形参对象的数据类型相同，请编写程序实现。

程序如下：

```
//ex14-3-1.cpp
#include<iostream>
using namespace std;

class Ave
{
protected:
    double ave;
     int s;

public:
     Ave(double ave1,int s1);
     Ave operator+(Ave a);
     Ave operator/(Ave f);
     void display(Ave c);
};

Ave::Ave(double ave1,int s1)
{
     ave=ave1;
     s=s1;
}

Ave Ave::operator+(Ave a)
{
     Ave a1(0,2);
     a1.ave=ave+a.ave;//某个对象的平均分+另一个对象的平均分
     return a1;
}

Ave Ave ::operator/(Ave f)//运算符重载"/"作为一个成员函数
{
     f.ave=ave/f.s;
     return f;
}
```

```
void Ave::display(Ave c)
{
        cout<<c.ave<<endl;
}

void main()
{
        Ave e1(80.6,2);
        Ave e2(87.9,2);
        Ave e4(0,2);
        Ave e3=e1+e2;
        e4=e3/e4;
        e4.display(e4);
}
```

运行结果为：

```
84.25
```

结果正确。

14.3.2　重载游览之总结提高

乐乐挺直腰杆："现在用多了这些个类，也觉得面向对象的程序设计没那么可怕了。"明明说："熟能生巧嘛！其实这个类也没什么新鲜，不就是按大自然分门别类，再把要处理的实体或事情等实际对象定义成某类的对象，然后用对象去处理事情，而不是用过程去处理事情，所以简单明了。这就是用面向对象的程序设计的好处。""是的，要多用、敢用，就得心应手了。"强强也有同感。

"不要总是死抱着书本，而不去编程。"有个同学看着文文说。文文低下了头。明明接着这个同学的话头："不能只入不出，要出产品，出程序，办实事。也就是，**一定要记、要用，在学中记，在记中学；在用中学，在用中记；联系实际，学用结合；前后联系，综合运用；认真体会，总结提高**，方能达到心有灵'C'一点通。不但要学懂 C++知识，**还要学会学习 C++的方法、运用 C++的方法**，不是单纯地为了学习 C++而学习 C++，而是要达到举一反三、事半功倍的效果。""说的对。"一些同学也表态。文文的头更低了。

这章景点比较难，各人的成绩基本保持不变。

"我们去看场电影，奖励奖励这段时间的游览成果，好不好？"乐乐建议大家。"好啊，好啊！有电影看喽！"同学们都拍手称快。"我们带着'电影院统计入场人数'的程序去吧，免得电影院的工作人员统计错我班的人数，向我们多要电影票。"乐乐会精打细算。强强觉得不对劲，"景点 9-2 的程序是面向过程的，不爽，能否编个面向对象的程序去让电影院的工作人员使用使用？""但以前是用静态局部变量来保存电影院入场人数的，现在的数据成员没有保存前段数据的功能。"明明看出了问题。"那还是等我们学会使用此功能并编出程序，再奖励自己吧。"乐乐说。

第 15 章　保存数据　静态游览

乐乐问道："晶晶导游，面向过程的饭菜(数据)里有全局变量、全局常量、局部变量、局部常量，还有静态局部变量，这些数据统统都可以变成现在的面向对象的数据成员吗？""Yes，因为数据成员是在类中定义的，无所谓全局与局部之分。当要用到这些类的数据成员时，就定义所需类的对象或继承。"

明明举手提问："但静态局部变量也变成了数据成员，又怎么将其与其他的数据成员区分开呢？""想得真周到，C++会在数据成员的前面加上'静态'两字。""哦，这好记。""不单是静态数据成员，还有静态函数成员呢！这二者统称为静态成员。"

强强也来劲了，"那这些数据成员还和以前的饭的作用一样吗？""Yes！面向过程的变量或常量就是面向对象的数据成员，即原来的数据变量或常量就是现在的数据成员，原来的静态局部变量就是现在的静态数据成员。不论是静态局部变量还是静态数据成员，其作用都是一样的，需要用到前面运行的数据时才采用，以利于数据共享，避免使用全局变量带来的不安全性。但它们之间的书写和使用形式有些异同。"

明明高兴起来："好，让我们去亲身感受感受。"

15.1　随师游览：电影院统计入场人数之景点

【景点 15-1】　将景点 9-2 按面向对象的程序设计方法重新编写。

电影院用自动控制系统统计每场入场人数，例如，当有人从入口处进场时，光电传感器或其他传感器感应一次，传递一个信号给计算机或单片机，计数单元加 1。入场完毕，该计数单元的数字就是总入场人数。

人的详细做法还同景点 9-2，只是将饭菜分家的面向过程设计的程序变成饭菜打包的面向对象设计的程序而已，而且饭菜共享，省却了一些 return、局部变量、接收语句等，程序如下：

```
//ex15-1-14.cpp
#include<iostream>
using namespace std;

class Num                    //声明电影院入场人数的类
{
protected:
     static int num;         //声明存储入场人数的静态数据成员
```

```
public:
    static void total()        //定义统计入场人数的静态函数成员
    {
        char d;                //局部变量 d 用于接收键盘输入的字符
        cout<<"如果有人进场看电影时，请按键'1'。"
        <<"结束统计先按 Enter 键、再同时按下 Ctrl 键和 z 键、然后再按 Enter 键\n";
        while((d=cin.get())!=EOF)  //d 接收从键盘键入的字符，
                                   //并与结束符 EOF 比较决定循环与否
            if(d=='1')
                num++;             //累计入场人数，静态函数成员直接使用静态数据成员，
                                   //前面不加对象名
    }
    void display();                //声明打印函数成员
};
int Num::num=0;                    //num 初始化为 0

void Num :: display()              //定义打印函数成员
{
    cout<<"入场看电影的总人数是："<<num<<endl;    //Num 类中的函数成员 display()
                                                  //直接使用本类中的所有成员，
                                                  //前面不加对象名
}

void main()
{
    Num y;          //定义一个对象名为 y 的对象，它的数据类型为 Num 这个类类型，
                    // Num 是类名
    y.total();      //通过对象 y 去调用 Num 类的 total 函数成员
    y.display();    //再通过对象 y 去调用 Num 类的 display 函数成员
}
```

乐乐又举手了："为什么景点 9-2 的 num 这个静态局部变量不用初始化，默认其初始值为 0，而景点 15-1 却要加一句'int Num::num=0;'？""乐乐真细心，发现区别了。"明明赞扬道。晶晶领着同学们继续游览。

静态局部变量和静态数据成员的声明格式是一样的，**静态成员的声明格式**在原来成员(非静态成员)的前面加上关键字 static(英文含义是"静态的")即可。

静态局部变量的初始化可采用声明与定义合二为一的方式，若不进行初始化，就默认其初始值为 0，如景点 9-2。但**静态数据成员一定要进行初始化，且静态数据成员的初始化必须在类外进行，即在类的外部用此格式：**

数据类型 类名::静态数据成员名=初始值;

初始值可根据实际需要而定，不一定是 0 或 1。但如果不初始化，程序会出错，见景点 15-1 的调试记录。

“好，我装好‘int Num::num=0;’。”

运行结果为：

```
如果有人进场看电影时，请按键'1'。结束统计先按 Enter 键，再同时按下 Ctrl 键和 z 键，
然后再按 Enter 键
14914108251
2149231
^Z
入场看电影的总人数是：6
```

结果正确。

调试成功了上述程序，试着去掉“int Num::num=0;”这句，运行时出错：

```
error LNK2001: unresolved external symbol "protected:
static int Num::num" (?num@Num@@1HA)
Debug/ex15-1-1.exe : fatal error LNK1120: 1 unresolved externals
执行 link.exe 时出错.
ex15-1-1.exe - 1 error(s), 0 warning(s)
```

加回“int Num::num=0;”，此错纠正。

明明体会到：“**静态数据成员一定要初始化为某个值，否则调试就会出错**，这与静态局部变量不同。”

“不可违反家规啊！”文文说。同学们都带着出人意料的惊讶目光刷向文文。明明拍手跳着说：“哦，太阳从西边出来啰！好，文文，跟我们一起去自行游览吧！”

15.2　自 行 游 览

15.2.1　静态游览之自游景点

1．某商场中某种商品的销售跟踪软件要求一般情况下处于运行状态，不断显示现场的累计销售数量和累计销售金额，按下停止运行的按钮时程序才停止运行。用静态成员函数计算销售量和显示销售金额，试编写程序。

2．用面向对象的方法编写一个能显示系统当前日期与时间的程序。

3．使用对象设计计算楼房的造价程序，其中：

造价(元)＝整栋楼的长(米)×整栋楼的宽(米)×层数×价格(元)/平方米。

用静态成员函数记录所计算的楼房的数量。

运行计算：输入整栋楼的长(米)、宽(米)、层数和价格(元)/每平方米，计算多栋楼房的造价，然后分别显示所计算楼房的数量、每栋楼房的造价和所有楼房的总造价。

4．用类编写一个学生成绩档案输入程序，档案内容包括名字、性别、学号、两门课的成绩，用静态成员函数记录输入的学生人数，并打印出学生的成绩档案和输入的学生人数。

5. 有一个验证身份证号码的程序，其中由主函数调用验证身份证号码的函数成员，并且函数成员中有一个静态数据成员，用来记录身份证号码输入错误的次数。当输入错误次数大于 3 次时，就要拒绝再输入号码，且提示用户找有关部门处理。请编程实现。

6. 某商场搞优惠活动，凡是该商场的会员均可以按会员价购买 5 袋洗衣粉，当购买的数量累计超过 5 袋时，系统会提示：你购买的洗衣粉已超过 5 袋，5 袋之内按会员价付款，超过部分按原价付款。请设计程序实现该过程。

7. 在一个数学智力竞猜游戏中，当出现某道题目时，你就键入答案，若答对了，某静态数据成员就加 1，另外一个静态数据成员记录答题的总数。游戏结束时，显示回答正确的数量和百分比，请编程实现。

8. 某种产品的厚度尺寸标称值是 20 mm，当±0.1 mm(即 19.9～20.1 mm)≤公差<±0.5 mm 时为合格品，±0.5 mm≤公差<±1 mm 时为次品，±1 mm≤公差时为废品。请编程模拟在线检验及产品分类的工作，并分别显示合格品、次品、废品的数量和合格品率、次品率、废品率。

9. 假设从本科生中选拔保送读研究生的条件之一是在校期间被评为三好学生的次数大于等于两次，且无记过及以上的处分。请你从前 6 个学期的成绩当中，分别统计出某学生被评为三好学生和挨处分的次数，并将结果显示出来，以协助选拔保研的工作。

10. 仓库有某几种容易缺货且难于购买的材料，你能否在发放材料的过程中，跟踪显示这些材料的库存数量，以提示有关人员提前订货、适时购买呢？

15.2.2　静态游览之遐思景点

1. 在本章自游景点的第 4 个景点中，再加上按学号查询档案的功能，并用静态成员函数记录查询的学生人数。

2. 用面向对象的程序设计方法设计一个输入图书馆图书卡片信息的程序，信息包括书名、作者、出版日期和在馆数量，用静态成员函数记录输入的图书卡片数量和在馆数量。

15.3　游 览 观 感

同学们叽叽喳喳地倾诉着感想和体会，“C++也像银行一样可以保存资金(信息)了。”“当然可以。现在银行、金融机构有不少程序是用 C++或以 C++为基础演变出来的语言编写的。”“C++的静态成员就像银行一样把信息保存起来，免得你忘记、误算、丢失等。”“这个 C++银行还真的可靠无误呢！”“放心存储吧！”

15.3.1　静态游览之游览要点

明明说：“先来考考大家对静态成员的声明、定义和使用掌握得如何。”

【景点 15-2】　在类名为 Num 的类中声明一个名为 num 的静态数据成员。

乐乐举起记录本说：“我这样声明，对吗？”

```
static int num;            //声明静态数据成员 num
```

“Yes！再游览下一个景点。”

【景点 15-3】　在类名为 Num 的类中声明一个名为 num 的静态数据成员，请将 num 初始化为 0。

强强抢着答：

```
int Num::num=0;        //num 初始化为 0
```

"Right!"

"再各自游玩游玩景点 15-4，看看怎么使用静态成员。"

【景点 15-4】　将景点 15-1 中的静态数据成员 num 改为一般数据成员，请编程实现景点 15-1 的功能。

程序如下：

```
//ex15-1-4.cpp
#include<iostream>
using namespace std;

class Num
{
protected:
     int num;              //入场人数，这是一般的数据成员(非静态)
public:
     static int total();
     void display();
};

 int Num::total()          //统计入场人数
{
     Num s;
     int d;          //字符在 ASCII 码范围内，类型 char 和 int 可互换使用，但都表示字符
     s.num=0;        //先将入场人数清为 0，再统计入场人数。静态函数成员 total 使用非
          //静态的数据成员，前面要加对象名 s，可与景点 15-1 中的相应句加以比较
     cout<<"如果有人进场看电影时，请按键'1'。"
       <<"结束统计先按 Enter 车键，再同时按下 Ctrl 键和 z 键，然后再按 Enter 键\n";
     while((d=cin.get())!=EOF)
     {
          if(d=='1')
               s.num++;
     }
     return s.num;
}

void Num :: display()          //打印
```

```
{
    num=total();            //非静态函数成员 display 使用的所有成员(如 num、total)与以前一样，
                            //即前面不用加对象名
    cout<<"入场看电影的总人数是："<<num<<endl;
}

void main()
{
    Num y;
    y.display();
}
```

运行结果为：

```
如果有人进场看电影时，请按键'1'。结束统计先按 Enter 键，再同时按下 Ctrl 键和 z 键，
然后再按 Enter 键
1332432518515151
^Z
入场看电影的总人数是：5
```

结果正确。

“大家掌握得还不错，再接再厉，勇攀高峰！”晶晶表扬并鼓励同学们。

强强说：“游览景点 15-1 时，提到了静态成员还有静态函数成员。”明明接着说：“是的，静态函数成员的声明格式类同静态数据成员一样，在原来成员(非静态成员)的前面加上关键字 static 即可。静态函数成员的定义可在类内定义，也可在类外定义，与以前的函数成员定义方法基本相同，只是在使用非静态成员时，前面要加上‘对象名.’或‘对象名->’，例如景点 15-4 中的 s.num=0;等。但**静态函数成员最好只用静态数据成员的数据来操作，不要使用非静态数据成员。如果还要用到一些变量，则在静态函数成员中再声明一些局部变量**，这样编程会方便些，如景点 15-1 所示。”

明明总结道：“在景点 15-4 中，静态函数成员不用静态数据成员，编程时麻烦不简练。也就是说，**静态数据成员和静态函数成员的用法与一般成员的用法基本一样，只是要注意上述所讲的静态函数成员调用非静态成员时的特殊点。**”

“让我们一起来玩玩景点 15-5 的游戏。”

【景点 15-5】　在景点 15-1 的基础上多次小计入场人数，最后统计总的入场人数，请编写程序实现。

程序如下：

```
//ex15-1-62.cpp
#include<iostream>
using namespace std;

class Num
{
```

```
protected:
        static int num;         //存储入场人数的静态数据成员
public:
        static void total();
        void display();
};
int Num::num=0;                 //num 初始化为 0

void Num::total()               //统计入场人数
{
        int d;
        cout<<"如果有人进场看电影时，请按键'1';如暂时小计入场人数就按 k 键，"
                <<"然后按 Enter 键\n";
        while((d=cin.get())!='k')
                if(d=='1')
                        num++;  //用心观察每次进入此函数时的值
                                //与上次运行完此函数时的值的特点
}

void Num :: display()           //打印输出
{
        char c1;
        int stanum=0;           //存储统计次数的局部变量
        do
        {
                total();
                stanum++;
                cout<<"第"<<stanum<<"次累计"<<"入场看电影的人数是："<<num<<endl;
                cout<<"您还要统计吗(y/n)？(是就按 y 键，不是就按 n 键，"
                        <<"然后按 Enter 键)"<<endl;
                cin>>c1;
        }while(c1=='y');
        cout<<"最后统计入场看电影的总人数是："<<num<<endl;
}

void main()
{
        Num y;
        y.display();
```

}

运行结果为：

如果有人进场看电影时，请按键'1';如暂时小计入场人数就按 k 键，然后按 Enter 键

32`314812305

98147201

k

第 1 次累计入场看电影的人数是：4

您还要统计吗(y/n)？(是就按 y 键，不是就按 n 键，然后按 Enter 键)

y

如果有人进场看电影时，请按键'1';如暂时小计入场人数就按 k 键，然后按 Enter 键

23-12851253=41241511

k

第 2 次累计入场看电影的人数是：10

您还要统计吗(y/n)？(是就按 y 键，不是就按 n 键，然后按 Enter 键)

n

最后统计入场看电影的总人数是：10

结果正确。

15.3.2　静态游览之总结提高

大家再来看，通用编程法的第一大法则是**敬业奉献，勇往直前**。第二大法则是**人定胜机，机随人行**。第三大法则是**纸上谈兵，机上打仗**。该法则又包含**三大设计步骤**，第一大设计步骤是**用心分析人想通，机随人行写提纲**。第二大设计步骤是**对号入座写文章，头脑运行改文章**。第三大设计步骤是**沉着应战善总结，人定胜机凯歌扬**。

“**第一大法则是树立崇高的人生理想和职业目标，这样则会不畏艰险，勤学苦练，勇往直前，成功取胜！**第二大法则是信念和不懈努力的行为。这**人定胜机，机随人行**的坚定信念和符合自然规律的行为还能不使人打胜仗吗?!还有第三大法则首先就符合兵马未动、粮草先行的作战原则。第一大设计步骤的**用心分析人想通**是按人的详细做法去想通，而人的详细做法就是符合和顺应大自然的详细做法。**机随人行写提纲**则是让机器跟随人去顺应大自然之道，写出的提纲当然也符合大自然之道。”

“那第二大设计步骤又怎样符合大自然之道呢？”“**对号入座写文章**，对的是根据大自然之道写的提纲这个号，入的是 C++之座，而 C++之座也是人按大自然之道发明出来的。所以，不论是人写的提纲还是 C++语言都符合大自然之道，用这二者写成的文章(程序)也不用说了。”“又是符合大自然之道。”“至于**头脑运行改文章**嘛，人脑根据上述按大自然之道写出的提纲去跟踪运行写出的文章是否符合大自然之道。”“这也还是符合大自然之道啰！

“最后的第三大设计步骤又怎么符合大自然之道呢？”“**沉着应战善总结**，手持大自然之道上战场，当然是稳操胜券。所以无需紧张和害怕，既要沉着应战，又要善于总结，有总结才有提高。最后，肯定是回归大自然之道，**人定胜机凯歌扬**啰！”

“通用编程法既没有算法，也没有数学公式，更没有高深的哲理。”“简单是进行了抽象和提炼。目的是使人易学、易记、易用、可行、高效。”

明明又问我："那你找到更好的编程法了吗？""没有，但我还是顾虑重重，半信半疑。""要是你看不透，良莠不分，就看实践。""实践是明摆着的，从我们班同学们的学习效果就看得出来，通用编程法就是好。""那你还犹豫不决什么？真不知道你这个博士的脑袋聪明到哪去了。"

"别提博士这两个字了，对此我还有后顾之忧呢！""就为了当不成博士？""是的，我在班里的其他科目都是数一数二，但 C++编程这科却卡住我了，成了班里的倒数第一名。这还不说，找了这么久的更好的编程法，到头来却是竹篮打水一场空，遭到不少同学的嘲笑，叫我如何有脸面低头认错，重返归队？"

同学们真是迎头赶上了，成绩略有提高。只是文文刚归队，暂时还是 E。不过不能只看成绩，更要看到文文的进步，进步就是胜利！

乐乐嚷道："哎，明明，假设我们班新增加了一位同学，那放花名册的数组中的人数不是要改变了吗？""是的。""这就麻烦了。""麻烦什么？""增减数组元素都要改变程序，还不麻烦吗?!""这倒也是。""C++能自动改变数组元素吗？""我也不清楚。"明明说。"那就跟着往下游吧！车到山前必有路！"文文沉着镇定地说。

第 16 章 随意容量 堆之游览

“强强，你能在程序运行时改变数组元素的总个数吗？”文文说。“我可没那么大的本事。”“可以在程序运行时从键盘输入数组元素的总个数吗？”明明试探着说。“不可以。”乐乐说，“因为数组元素的总个数是常量表达式。”“但明明这个想法别出心裁，有先见之明，已接近 C++发明者的做法。”晶晶表扬道。“我明明可没那么高强。”

晶晶接着说：“C++发明者的做法是：在计算机的内部存储器里划分出一些区域来存放这种数组元素个数不确定的数据或运行中才需要确定存储容量大小的数据或对象。就拿一个晒谷子的晒坪来说吧，划分某个区域给张三晒谷子，又划分其他区域给李四晒谷子，划分的区域随你的需要可大可小，即存放数组元素的个数可以根据程序运行的需要而改变，这样的存储数据的区域，C++称为堆(或叫堆空间、堆内存)，它可以随着程序的运行存储或多或少的数据或对象，给编写程序和存放数据带来了极大的方便。对象中有数据成员，数据成员也可能是数组这种数据类型的成员，那同样也存在大小不确定的问题，既然堆可以解决数组大小不确定的问题，那么堆也可以解决对象大小不确定的问题。”

“那明明的想法怎么接近这个堆呢？”强强猜不到。晶晶公开了谜底：“因为堆的容量大小是由键盘上输入的容量大小决定的，只不过明明说的给数组输入容量大小是不行的，但给堆输入容量大小是可以的。”“哦，看来明明还很有眼光，深谋远虑啊！”强强赞叹道。

16.1 随师游览：运用堆存储和使用高考被录取者的成绩之景点

【景点 16-1】 某个学校要统计该年高考录取(入围)人数，并显示他们的成绩，请编程实现。

人想通的详细做法、设计思路及简易流程图如图 16-1 所示。

因为每年高考被录取的人数不定，所以考虑用堆来存储他们的成绩。

编写的程序如下：

```
//c16-1-4.cpp
#include<iostream.h>
#include<stdlib.h>
void main()
{
    int num1;            //数组元素的个数
    int pernum=0;        //入围人数，注意初始值设为 0
    int i=0;
```

```
    float *p1;              //存放返回堆地址的指针变量
    cout<<"请输入数组元素的个数";
    cin>>num1;              //按程序运行的需要从键盘输入数组元素的个数
    p1=new float [num1];  //申请一个浮点型的堆
    if(p1==NULL)            //检查申请是否成功
    {
        cout<<"分配不到堆空间，系统退出"<<endl;
        exit(1);            //不成功则退出
    }
    for(i=0;i<num1;i++)   //成功则使用堆：输入高考入围者的分数，并统计入围人数
    {
        cout<<"请输入高考入围者的分数";
        cin>>p1[i];
        if(p1[i]==0)
            break;
        pernum++;               //累计入围人数
    }
    cout<<"入围人数="<<pernum<<endl;          //显示入围人数
    cout<<"高考入围者的分数分别为："<<endl;
    for(i=0;i<pernum;i++)
        cout<<p1[i]<<";";       //显示入围者分数
    cout<<endl;
    delete []p1;
}
```

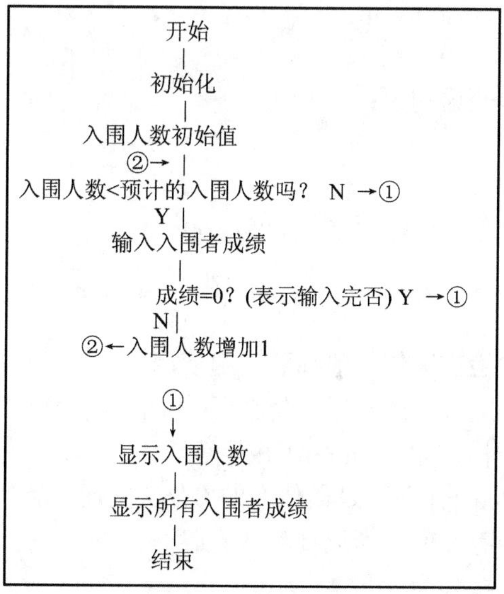

图 16-1　运用堆存储和使用高考被录取者的成绩的简易流程图

强强不解地问晶晶导游：“其中‘p1=new float [num1];’是做什么事呢？”“做的就是分配(申请)堆，这个堆分配给数组用。”“怎么分配出堆来呢？”

分配堆是这样进行的，当程序执行到分配堆的定义语句(如“p1=new float [num1];”)时，就在内存中分配了堆，并返回一个所分配的堆的起始地址。因为存放地址的变量是指针变量，所以用定义语句左边的指针变量来存放返回的堆地址。new 是分配堆的操作符。

堆中存放的数据类型要在 new 之后定义，“=”左边的指针变量或指针对象的数据类型要与“=”右边的数据类型相一致。

动态数组堆的申请和分配语句段如下所示：

```
数据类型(一般为 int) 数组元素的个数;
数组元素的数据类型 *存放返回堆地址的指针变量;
                    //定义存放返回堆地址的指针变量，注意：该指针的数据类型与存放的
                    //数组元素的数据类型必须相同
根据程序动态运行的需要从键盘输入数组元素的个数;
存放返回堆地址的指针变量名=new 数组元素的数据类型[数组元素的个数];
                    //按照申请的“数组元素的个数”分配了堆，相当于分配了一维动态数组，
                    //因为一级指针就是一维数组，并将堆地址返回给该指针变量
```

其中，“数组元素的个数”按程序运行中需要的数组元素的个数来确定，这个数一般是人工从键盘上输入给计算机的。

“那谁知道分配到堆没有？”晶晶继续为同学们排忧解难，“所以要进行堆的检查，申请书交了，批不批准呢？不知道。”看看有没有批准？通过下述语句去询问了解：

```
if(存放返回堆地址的指针变量名==NULL)//通过检查存放返回堆地址的指针变量名
  //是否为空，就一清二楚了，如果为空，则没批准，申请失败；否则申请成功！
{
    cout<<"分配不到堆空间，系统退出"<<endl;
    exit(1);          //系统退出
}
```

如景点 16-1，堆的检查语句为：

```
if(p1==NULL)
{
    cout<<"分配不到堆空间，系统退出"<<endl;
    exit(1);
}
```

以上这些申请语句和检查语句一般都要一起使用。

“有了堆，就可以玩晒谷子游戏了，怎么玩(使用)这个堆？”乐乐请教晶晶。“就像使用一维数组或一级指针一样，如‘cin>>p1[i];’等。”

“那最后一句‘delete [ ]p1;’又是做什么的？”文文问。晶晶热心解答：“分配出个堆，你不能总用这个堆霸占内存空间，所以要释放它。”

给数组释放堆的语句格式为：

```
delete[ ] 存放返回堆地址的指针变量名;
```

注意，要加上方括号“[ ]”。例如：

```
delete[ ] pscore;
```

晶晶继续说：“所以来个最后一闹(句)。”文文明白了：“哦，实际上，其中一种常用的堆就是一维动态数组，只是要加上申请、检查、释放堆这些高招，其他与原来用数组(现在用指针变量名代替)的玩法一样。”“Yes！文文真聪明，掌握得很快。继续努力吧！”导游赞扬并鼓励文文。

运行结果为：

```
请输入数组元素的个数 10
请输入高考入围者的分数 890.5
请输入高考入围者的分数 850.7
请输入高考入围者的分数 901.4
请输入高考入围者的分数 810.5
请输入高考入围者的分数 0
入围人数=4
高考入围者的分数分别为：
890.5; 850.7; 901.4; 810.5;
```

结果正确。

明明边跳边喊：“哎，真好玩，各自去堆里游览游览吧！”

16.2 自行游览

16.2.1 堆的游览之自游景点

1．将第 8 章的自游景点 1 改成使用堆来编写程序。
2．将第 7 章的自游景点 6 改成使用堆来编写程序。
3．将第 8 章的自游景点 2 改成使用堆来编写程序。
4．将第 8 章的自游景点 3 改成使用堆来编写程序。
5~7．将第 6 章的自游景点 5~7 全改成使用堆来编写程序。
8．将第 8 章的自游景点 6 改成使用堆来编写程序。
9．将第 8 章的自游景点 5 改成使用堆来编写程序。
10．将第 8 章的自游景点 9 改成使用堆来编写程序。

16.2.2 堆的游览之遐思景点

1．将第 8 章的遐思景点 1 改成使用堆来编写程序。
2．将第 8 章的自游景点 10 改成使用堆来编写程序。

16.3 游览观感

“你去旅游时有什么不便吗？”强强问一位男生。“就是买的东西、带的礼物太多，装不下，拿不了了。”“找 C++的堆吧，它可让你任意把旅行包扩大缩小。”“这么神奇？”“还不用费劲，编程也随心所欲了。”

16.3.1　堆的游览之游览要点

学习小组又碰头总结了，这群 C++学习团队的队友们进行了互问互答的游览。

“堆有什么用？”“**堆是用来存放数据或对象的空间**，可以随着程序的运行需要，人为地将这个空间变大或变小，就像吹气球一样，可大可小。”

“堆是怎么蹦出来的？”“堆是计算机内部存储器(简称内存)的一个区域，即计算机内的一些存储房间。”“堆的分配方法有数种，常用的一种是给数组分配堆。通过执行相应的 C++语句就可得到堆，并分配给需要堆的数据或对象使用。我们前面游览的堆是主要用到的一种。”

“那怎样分配出个堆呢？”“去景点 16-2 看看就明白了。”

【景点 16-2】　试设计一个存放在校学生成绩的变量。

学生的成绩高低是不固定的，而且有整数，也有小数。假设成绩均是浮点型数据，根据以前所学的知识，存放这一系列成绩的数据类型应该用数组，而且是浮点型数组。但这个数组的大小(成绩的数目)定为多少呢？定多了，占用的存储空间大；定少了，可能又存放不了所有成绩。根据本章知识，将这些成绩存放在堆中就可以解决这个问题了。

根据以上分析，编写例句如下：

```
int num1;           //此景点数组元素的个数 num1 就是预先估计的在校学生人数
float * pscore;     //定义存放返回堆地址的指针变量 pscore
                    //注意：该指针的数据类型与存放的数组元素的数据类型必须相同
cout<<"请输入数组元素的个数"<<endl;
cin>>num1;          //按程序运行的需要从键盘输入数组元素的个数
pscore=new float[num1];     //按照申请的“数组元素的个数”num1 分配了堆，相当于分
                            //配了一维动态数组，并将堆地址返回给浮点型指针 pscore
```

这样，就完成了申请存放成绩的堆——动态数组了。

强强乐了：“嗨！申请(分配)到个堆。”同学们都乐了。

“堆的大小是计算机运行时自动伸缩的吗？”“不是，堆的大小是在程序运行时，按照人申请(键入)的容量大小分配的，不是计算机在运行中自动给你申请大小无限制的堆。例如，当为数组申请堆时，如果人申请(键入)的容量大小为 51，堆就给你分配存放 51 个元素的数组；超出 51 个元素时，系统就会报错并退出。而不是说，你在输入数组元素时，输入到第 52 个时，堆会为你增大容量。这个问题要搞清楚。”

“我们再去景点 16-3 看看。”

【景点 16-3】　运用堆存储高考被录取者的姓名和成绩，并显示出来。

运用堆存储高考被录取者的姓名和成绩的简易流程图基本同图 16-1，只是初始化部分声明定义了一个结构变量，相应地申请的堆是结构数组空间。

编写出 C++源程序代码：

```
//c16-1-13.cpp
#include<iostream.h>
```

```
#include<stdlib.h>
void main()
{
    int num1;                //定义数组元素个数的变量
    int pernum=0,i=0;
    struct scor              //声明存储高考被录取者的姓名和成绩的结构
    {
        char name5[20]; //姓名
        float score5;        //成绩
    };
    scor *p5;                //定义存放返回堆地址的指针变量 p5,
                             //p5 的数据类型为 scor 结构
    cout<<"请输入数组元素的个数";
    cin>>num1;
    p5=new scor[num1];  //按照申请的“数组元素的个数”num1 分配了堆，相当于分配了
                             //一维动态结构数组，并将堆地址返回给 scor 类型的指针 p5
    if(p5==NULL)
    {
        cout<<"分配不到堆空间，系统退出"<<endl;
        exit(1);
    }
    for(i=0;i<num1;i++)
    {
        cout<<"请输入高考入围者的姓名和成绩：";
        cin>>p5[i].name5>>p5[i].score5;        //使用堆的方法同使用一维结构数组
                                               //的用法，注意加“.”取结构分量
        if(p5[i].score5==0)
            break;
        pernum++;
    }
    cout<<"入围人数="<<pern um<<endl;
    cout<<"高考入围者的姓名和成绩分别为："<<endl;
    for(i=0;i<pernum;i++)
    {
        cout<<p5[i].name5<<"："<<p5[i].score5;
        cout<<endl;
    }
    delete[ ]p5;
}
```

运行结果为：

请输入数组元素的个数 5

请输入高考入围者的姓名和成绩：张三

890

请输入高考入围者的姓名和成绩：李四

860

请输入高考入围者的姓名和成绩：王五

690

请输入高考入围者的姓名和成绩：孙玉

870

请输入高考入围者的姓名和成绩：刘英

810

入围人数=5

高考入围者的姓名和成绩分别为：

张三：890

李四：860

王五：690

孙玉：870

刘英：810

结果正确。

一位女生跳起来嚷道：“哇，可以查高考录取情况了，看看我妹妹考上大学没有。”

16.3.2　堆的游览之总结提高

文文感慨地说：“这通用编程法越用越得心应手了。”“是的，它带你走进 C++ 乐园，只要入了门，用习惯了，就会使你随心所欲，心想事成。”强强鼓励他。

“哎，你们猜猜，”文文问大家，“当我用通用编程法编出第一个程序时，是想笑还是想哭？”“笑。”“No！放声痛哭，我费那么大劲终于得到你了！”“通用编程法，正是踏破铁鞋无觅处，得来真是费工夫！”明明点头说：“是呀！用上通用编程法，就乘上编程快车喽！”

文文接着说：“在这个堆中游览，真的很随意，想怎么着就怎么着。可以把这个堆的使用变成一条应用链：**运用堆的过程是申请堆空间——检查申请到与否——申请到则使用——使用完释放该堆空间。**”明明竖起拇指赞扬文文：“呀，这博士学得又快又好。文文，加油！全团队，加油！”

文文说：“明明，我想你进步得这么快，可能是上机记录得详细，各景点的总结全面，能不能把你的日记本、上机记录本借给我学习学习？”明明答道：“完全可以。”“我还有个疑问，前面不是有个私有成员的，就像明明的日记本，那 C++ 的私有成员也可以借给别人用吗？”“这博士还蹦出个新点子了，要是可以就好了。Yes or no？等待明日的游览。”

第 17 章　友好使用　友元游览

“乐乐，你的手提电脑可以借给我用用吗？”强强问。“我自己也要用啊。”明明说：“那借给我用呢？”“这可以考虑考虑，因为我们是双赢队的队友。”“那我借呢？”文文试探乐乐。“为了帮助你，共同前进，也可以考虑考虑。”“看看，乐乐你真偏心，唯独不借给我。”“强强你已经很厉害了，就让让他们这些急需的同学吧！”

晶晶导游说：“这就牵涉到和谐友好、随意使用的问题。手提电脑是乐乐的私有成员或保护成员，一般都是不外借的。C++也是一样，在类里声明为保护或私有的成员都是外部不能访问的，也就是外部不能对这些保护、私有成员(包括数据成员和函数成员)进行赋值、修改、显示等所有操作。如果外部需要频繁地对这些保护、私有成员操作，而且还要兼顾保留一些其他性能时，可考虑设置友元函数(就像好朋友一样)。这些友元函数就可以与保护或私有成员和谐友好地相处，可以随意使用了。”

怎样才能成为 C++的好朋友呢？又怎样体现和谐友好？和 C++做做朋友，就能分享到这其中的快乐了。

17.1　随师游览：运用友元计算全班所有科目的总平均分之景点

【景点 17-1】 计算全班所有科目的总平均分，要求使用运算符重载、友元函数编程。

编程如下：

```
#include<iostream>
using namespace std;

class Ave
{
protected:
	double ave;
	int s;
public:
	Ave(double ave1,int s1);
	Ave operator+(Ave a);
	Ave avevalue(Ave b);
	friend void display(Ave c);//把 display 成员函数声明为友元函数
};
```

```
Ave::Ave(double ave1,int s1)
{
    ave=ave1;
    s=s1;
}

Ave Ave::operator+(Ave a)
{
    ave=ave+a.ave;
    Ave result(ave,s);
    return result;
}

Ave Ave ::avevalue(Ave b)
{
    ave=b.ave/b.s;
    Ave result(ave,s);
    return result;
}

void display(Ave c)//定义友元函数
{
    cout<<c.ave<<endl;
}

void main()
{
    Ave e1(80.6,2);
    Ave e2(87.9,2.0);
    Ave e3(0,2.0);
    e3=e1+e2;
    e3=e3.avevalue(e3);
    display(e3);
}
```

“为什么友元函数的声明句前加个 friend？”有位同学发现了特殊点。“哎，友元，友元，按照 C++是接近生活的高级语言，所以就用‘朋友’这个含义的英文单词啊！”晶晶告诉他。“那为什么在类里打包的这道菜(函数成员)的声明句前不加类名 Ave？”“因为友元不是类的成员函数，即使放在类中声明，它也是类的朋友，是友元函数了。很容易理解，有一个人不能既是某个家庭中的成员，又是这个家庭的朋友。而且这个友元函数是没有返回值的，所以没有 Ave，而有 void。**友元**是一种函数，它能访问类中的全部成员。**友元函数的声明与成员函数的声明方法基本一样**，只是在原有的成员函数前加上关键字 friend，且友元函数只能放在类的内部声明，类中的任何区域声明均可(例如：保护、私有、公有区域均可)。”

“声明了以后还要定义吧？”强强肯定了这位同学，并联系已有知识讲述了定义方法，“是的。**友元函数的定义与普通函数的定义方法一样**，第一行不要写 friend、类名及类的作用域区分符‘::’，像普通函数一样书写就可以了。还有，友元函数与普通函数都要放在类的外部定义，但友元函数的定义一般放在声明它的类成员函数的外部定义区。”“哦，怪不得放在这个 Ave 类外的最后一部分来定义。好，就打个友谊之仗！”强强嚷嚷道。

明明的上机实验记录如表 17-1 所示。

表 17-1　上机实验记录表

出错现象	出错原因	解决办法
'Ace' : is not a class or namespace name	在display函数前加了Ace	去掉此Ace，改为Ave此错纠正
‘display' : is not a member of 'Ave'	display不是Ave的成员，而其既然作为友员函数，就不属于Ave类了	去掉display前的Ave，此错纠正

最后得到正确的运行结果：

84.25。

“哎，这个友元真好，容易学，易编程，让我们大家 friend 起来吧！”乐乐和同学们相互握手庆贺。

17.2　自 行 游 览

17.2.1　友元游览之自游景点

1．在商场购物时，只要在计算机上输入商品的名称，计算机就能输出该商品的现有数量和单价以供选择，请用类编写一个程序实现该操作。

2．有几个不同类型的用户共享一台打印机。使用时，必须先调用一个检测程序，检测打印机是否有人在使用，请用友元函数编写这个检测程序。

3．某商场通过商品自动销售情况软件来预计进货量，该软件能显示商品名称、销售时间、销售量和库存量，试编写程序实现。

4．把加法运算符重载为友元函数，该函数做复数相加的工作。

5．将第 7 章的自游景点 5 用友元函数编写程序。

6．将第 7 章的自游景点 6 用友元函数编写程序。

7．将第 7 章的自游景点 4 用友元函数编写程序。

8．试用友元函数编写一道程序，用来查询某校在校学生人数、教职工人数、学校面积、所设专业等学校的公开情况。

9．将第 8 章的自游景点 8 用友元函数编写程序。

10．将第 7 章的自游景点 10 用友元函数编写程序。

17.2.2　友元游览之遐思景点

1．输入以 2009 年 1 月 1 日为基准的天数，编写一个程序计算出该年某天数的日期。

2．可设想、模仿一些生活、工作等场合的游览、查询或打印公共数据的操作，用友元函数编写程序来实现。

17.3　游 览 观 感

“我们的朋友遍天下，我们的歌声传四方……”乐乐唱起了《我们走在大路上》这首歌。强强说：“C++的朋友也遍天下，通用编程法的凯歌传四方，友元这个好朋友，慷慨解囊，团结协作。”

17.3.1　友元游览之游览要点

“我还搞不清楚，什么时候用友元？是不是一定要用友元？”一位女生向乐乐请教。“不是，而是**当需要频繁使用类中的保护成员或私有成员，想提高程序的运行效率，使得编程方便，但又对这些成员的某些操作还保留其保护或私有的权限，即对类的整体操作性和程序的封装性不会有完全性的破坏时，可以考虑用友元函数**。”

强强对乐乐说：“举个例子吧！”“例如，在商场货物的类中，把商品的名称、型号、规格、数量、单价等设置为私有或保护成员，顾客查询商品的操作用友元函数，而对商品的其他操作设计为函数成员，这样就基本上符合上述应用友元的原则了。”

“友元不是类的成员函数，那它是不是普通函数？”文文请教强强。“它也不是普通函数，因为普通函数不可以访问类中的所有成员。”“那它是不伦不类的函数啰。”“可以这样说吧，它就是一个友元函数。”

“也要先声明定义了友元函数，才能运用吗？”有位同学问明明。“Yes，就像你一样，你不起名字，就不让你报户口。”“我成了黑人黑户啦！”

“怎么声明友元函数呢？”还有一些同学有些混淆。

“友元函数的声明与成员函数的声明方法基本一样，只是在原有的成员函数前加上关键字 friend，且友元函数只能放在类的内部声明，类中的任何区域声明均可(例如：保护、私有、公有区域均可)。”明明为他们做了解释。

【景点 17-2】　请声明一个显示类 Ave 的数据的友元函数。

```
friend void display(Ave c);//把显示(display)成员函数声明为友元函数
```

“声明句中的首个单词写 friend，定义时写不写这个单词？”又有位同学需要落实在何处放这个 friend。明明让他彻底弄清楚：“不写，而且类名及类的作用域区分符‘::’都不要写，就用普通函数的定义格式书写。友元函数的定义与普通函数的定义方法一样，二者均放在类的外部定义。但友元函数的定义一般放在声明它的类成员函数的外部定义区，见景点 17-1。”

【景点 17-3】 请定义一个显示类 Ave 的数据的友元函数。

```
void display(Ave c)          //定义显示类 Ave 的数据的友元函数，并定义了类的对象 c 作为形参
{
    cout<<c.ave<<endl;   //通过对象 c 显示类 Ave 的数据成员 ave 的值
}
```

“使用方法呢？”这位女同学直达目标——学以致用。“它的使用方法与普通函数一样，必须加上对象名才能使用类中的所有成员，也如景点 17-1 所示。”明明回答了她。

17.3.2　友元游览之总结提高

“友元函数可使用类中的保护或私有成员，在一定程度上缩小了类中的保护范围，是吗？”强强与明明切磋。“是的，所以要慎重考虑用不用友元函数，切记不要滥用。要根据 C++的规则用友元函数与 C++交朋友，还要交成好朋友。”明明总结道：“即要在编写、调试和运行程序时都看看友元函数有没有触犯 C++交朋友的规则，有没有伤害程序的整体性能等。有则修改，直到和谐友好，见景点 17-1。”

文文说：“这通用编程法不用不知道，一用吓一跳，学用效率高，自然成功到！”

“这个学期的成绩单输入完了，人事档案又要输入这个学期的成绩，那不是要重复做这些工作了吗？输完了成绩又要检查，稍有疏忽，把成绩搞错了，岂不是误人子弟。”乐乐说。强强歪着头：“不能像 Word 文档那样，输完了保存吗？”“我想可以，在网上购物，选完了后，就可以保存嘛。”“真聪明，还是人定胜机啊！”文文赞扬道。“看看 C++是怎么保存信息的吧。”明明说。

第 18 章　管理信息　流的游览

文文疑惑地问道：“以前游览过的几个学生的成绩管理程序，每运行一次程序都要重新把这几个学生的所有成绩从键盘上敲进去(假设用 cin 语句)，真是太麻烦、太耗时了。如果一个学校有几千名学生，每运行一次就要全部从键盘输入，那就输到下班也未必能输完，还怎么去运行程序、管理成绩呢？”“干脆就用赋值语句对这些数据信息进行初始化赋值。”强强说。明明反驳道：“这也不实用，因为有些学生的成绩需要修改、添加、删除等，还随时会面临着学生人数的增加、减少。另外，有些学生的信息不正确，还要修改等，而运行程序的人员一般都不会改程序，一般也不允许这些运行人员改程序，这样，下一次运行的程序还是原来未改动的程序，即信息未被修改，所以此法不实用。”大家你看看我，我望望你。乐乐开口了：“这左也为难，右也为难，怎么办才好呢？”

晶晶出来解围了，“没有难，船到桥头自会直。”文文急了：“怎么个直法？”“先问问大家，信息可否也像程序那样，用文件保存起来，供日后随意使用呢？”大家说：“可以吧？”“Yes！”“C++可以，因为人可以。”明明接道。

18.1　随 师 游 览

18.1.1　采用文件 I/O 流实现字符串的写入与读出之景点

【景点 18-1】　试用 C++文件 I/O 流的方法编程，将字符串“I am a C++　champion!”写入文本文件，并将写入的文本内容读出，然后在屏幕上显示出来。

乐乐给出了她的详细做法，“写入：找到一本记录本——打开记录本——写入该字符串——合上记录本。”“读出：找到该记录本——打开记录本——读出该字符串——抄在一张纸上(显示出来)——合上记录本。”强强也来了一段。“人的详细做法都对。在对号入座时，要打起十二分精神来认真游览。”晶晶强调说。

程序设计思路是：

对应于上述提纲，记录本就是文件，打开记录本就是打开文件，合上记录本就是关闭文件，其余同提纲。

这是运用文件 I/O 流的方法，通过文本文件对一个字符串进行操作的程序，也宜采用顺序结构。

“什么叫 I/O 流？”强强笑着问导游。“I、O 各取了英文单词 Input(输入)和 Output(输出)的首字母，I/O 流即输入/输出流，是 C++程序对输入/输出信息的管理。这些管理包括对输入/输出流的设备、使用(如打开文件、关闭文件、读出或写入文件信息)等方面的管理。

它主要分为三类，此景点将用到其中的一类——文件 I/O 流的管理方法。”

程序执行过程是：

首先，在主程序中调用写入文件子函数，实现将字符串“I am a C++　champion!”写入文本文件的功能；再在主程序中调用读出文件子函数，将字符串“I am a C++　champion!”的内容读出到缓冲区；最后将读取的一行字符串“I am a C++　champion!”输出到屏幕显示。

编写程序代码如下：

```
//ex18-1.cpp
#include<fstream.h>
#include<iostream.h>
#include<stdlib.h>

void ord(fstream f1)//判断文件是否能打开的子函数
{
     if(!f1)//如果打开文件失败，该文件对象名返回 0 值，!0=1，
          //然后执行 if 中的这段复合语句
     {
          cerr<<"文件打不开"<<endl;//cerr 输出错误信息：文件打不开
          exit(1);//退出
     }
}

void ffout()//写入文件子函数
{
     fstream f1("e:\\VCbook\\wf3.txt",ios::out);//fstream f1 是既定义了 I/O 流的对象
                                   //f1，又以写方式(ios::out)打开文本文件 wf3.txt，
                                   //双引号内是文件路径(即文件夹)\\文件全名
     ord(f1);//调用判断文件是否能打开的子函数
     f1<<"I am a C++  champion! \n";    //可以打开文件，就写入文本信息(字符串的内
                                        //容)到文件中
     f1.close();//关闭文件
}

void ffint()//读出文件子函数
{
     char a[100];
     fstream f1("e:\\VCbook\\wf3.txt",ios::in);//fstream f1 是既定义了 I/O 流的对象
                                        //f1，又以读方式(ios::in)打开文本文件 wf3.txt，
     ord(f1);//调用判断文件是否能打开的子函数
     while(!f1.eof())//当不是文件末尾时读出文本信息，
```

```
    //eof 函数表示“文件末尾”，没到文件末尾时，f1.eof()=0，!0=1，继续循环(读)；
    //否则，结束循环
        {
            f1.getline(a,70);//用 I/O 流成员函数 getline 读取一行文本，并存入变量 a 中
            cout<<a<<endl;//将读取到 a 中的一行文本输出到屏幕
        }
        f1.close();
}

void main()
{
    ffout();//调用写入文件子函数
    ffint();//调用读出文件子函数
}
```

“新鲜的东西并不多，但也有几处。例如 fstream 这个数据类型在哪里声明呢？”乐乐问晶晶导游。“在头文件 fstream.h 中声明。”“哦，所以有#include<fstream.h>这句。”乐乐接着说，“那也就不用声明这个类，拿现成的来用了。”“Yes!”“这个类有什么用呢？”“可以用它来读文件、写文件或又读又写文件，但一定要注明读方式 ios::in 或写方式 ios::out(见景点 18-1)或二者同时存在的方式 ios::in | ios::out。”“是哦，写入文件子函数中注明了 ios::out。前面一大串是什么？”“这是定义文件 I/O 流(具体格式可见 18.3.1 节)。”“呕，上机打仗见分晓。”

“哦，我是 C++冠军啰！”“我也是。”……同学们都争当冠军了。

运行结果出来了：

```
I am a C++  champion!
```

“把我的调试记录表 18-1 借给你们参考。”“谢谢你，乐乐！”明明接过记录表。

表 18-1　上机实验记录表

出错现象	出错原因	解决办法
syntax error : missing ';' before '<'	没#号	加#号，此错纠正

乐乐提醒同学们：“**注意**：全家出门(使用完文件)后，一定要锁门(关闭文件)！”

“好，我们跟着导游再游游景点 18-2。”明明说。

18.1.2　采用文件 I/O 流管理学生成绩档案之景点

【景点 18-2】　请用文件 I/O 流的方法对学生成绩档案进行管理，学生成绩档案数据采用二进制文件进行存储，信息包括学号、姓名、英语、计算机和中文成绩，并显示出来。

“咦，这个景点我们好像游览过。”乐乐说。“是的，在景点 8-1 中游览过。”强强也想起来了。“不过，那是用结构游览的，而现在要用 I/O 流来游览。”明明说，“我想，某个学生的信息还是要用结构表示，但数组可能就不需要了。因为在文件中就按输入信息的顺序排列放置或按修改的顺序排列放置，是吗，晶晶导游？”“Yes!”“那就再添加一些 I/O 流

的有关语句就行了？”文文说。晶晶又点头评判，“Yes！”

程序代码如下：

```
//ex18-2.cpp
#include<iostream.h>
#include<iomanip.h>
#include<fstream.h>
#include<stdlib.h>
#define MAX 3                   //宏定义 MAX 代表课程的数目
#define NUM 2                   //宏定义 NUM 代表学生的人数
struct student                  //声明结构 student
{
    int id;                     //学号
    char name[10];              //姓名
    int score[MAX];             //成绩数组
};
void main()
{
    long endpos;
    student stu;                //定义 student 这种结构类型的变量 stu
    ofstream wr("e:\\VCbook\\mat3\\s6.dat",ios::binary|ios::app);
                                //ios::binary 表示以写方式打开二进制文件 s6.dat,
                                //ios::app 表示将文件输出的内容追加到文件末尾
    if(!wr)//判断文件是否能打开
    {
        cerr<<"文件打不开"<<endl;
        exit(1);
    }
    for(int i=0;i<NUM;i++)      //输入数据到 stu 中，并写入文件 s6.dat 中
    {
        cout<<"学号：";
        cin>>stu.id;
        cout<<"姓名：";
        cin>>stu.name;
        cout<<"英语    计算机    中文成绩:";
        for(int j=0;j<MAX;j++)
            cin>>stu.score[j];
        wr.write((char*)& stu,sizeof(student));        //写入数据到文件 s6.dat
    }
    wr.close();           //关闭文件
```

```
    cout<<setiosflags(ios::left)  //左对齐显示 stu 中的数据的字段名栏
        <<setw(10)<<"学号"  //每个字段的长度为 10 个字符
        <<setw(10)<<"姓名"
        <<setw(10)<<"英语"
        <<setw(10)<<"计算机"
        <<setw(10)<<"中文成绩"<<endl;
    ifstream rr("e:\\VCbook\\mat3\\s6.dat",ios::binary);
                                //以读方式打开二进制文件 s6.dat
    if(!rr)
    {
        cerr<<"文件打不开"<<endl;
        exit(1);
    }
    rr.seekg(0,ios::end);       //读指针移到文件末尾
    endpos=rr.tellg();          //记录文件末尾位置
    i=0;
    rr.seekg(0,ios::beg);       //读指针移到文件头
    while(rr.tellg()!=endpos)   //读出文件 s6.dat 中的数据并左对齐显示，直到最后一条记录
    {
        rr.read((char*)& stu,sizeof(student));        //从文件读出数据
        cout<<setw(10)<<stu.id
            <<setw(10)<<stu.name;
        for(int j=0;j<MAX;j++)
            cout<<setw(10)<<stu.score[j];
        cout<<endl;
    }
    rr.close();//关闭文件
}
```

“看个究竟……”乐乐盼望着。

运行结果(此次运行前该文本文件已写入了 8 位学生的数据)为：

学号：9

姓名：王五

英语　　计算机　　中文成绩:77 88 99

学号：10

姓名：孙六

英语　　计算机　　中文成绩:55 66 77

学号	姓名	英语	计算机	中文成绩
1	张一	30	40	50
2	李二	0	40	50

3	a	71	81	91
4	b	72	82	92
5	c	83	93	100
6	d	65	75	85
7	e	76	86	96
0	8	88	78	98
9	王五	77	88	99
10	孙六	55	66	77

结果正确。

“哇塞，真的好漂亮哎！”乐乐高兴得边蹦边扬手呼喊。

明明看看文文：“文文，这回解决了你的疑惑了吧！”

“C++真帅！”

“是人帅！”

18.2　自 行 游 览

18.2.1　流的游览之自游景点

1．将一段文本信息写入文本文件中，再将写入的信息读出，并显示读出的结果。请编程实现。

2．用二进制文件存储一些数据或信息，并读出这些被存储的数据或信息。请编写程序实现这些功能。

3．请您对某个单位的职工工资数据进行读、写操作。职工工资数据用二进制文件存储，信息包括职工号、职工姓名、职工工资，并使用格式控制符打印输出显示这些数据。请编写实现上述功能的程序。

4．请将自游景点 3 的文件用文本文件存储。

5．在自游景点 3 的二进制文件的末尾添加一条新调入的职工的数据。

6．在自游景点 3 的职工工资文件中，假设某职工调动工作不在此单位了，请将该职工的数据删除。

7．在自游景点 3 的职工工资文件中，某职工增加了工资，请做修改，并在改完后保存到文件中，请编写程序实现。

8．在自游景点 3 的职工工资文件中，只想显示最后一位职工的数据，请编写程序完成此工作。

9．在自游景点 3 中，把读、写函数写成子函数形式，并判断文件是否能打开。用主函数调用这些子函数完成自游景点 3 的工作。

10．对 10 个学生的简单档案进行文件存储，档案的数据项目有学生姓名、学号、出生年月、性别、籍贯、政治面貌，请选择最佳的 I/O 流方式完成这项工作。

18.2.2 流的游览之遐思景点

1．对自游景点 3 的职工工资数据进行插入、查询操作，并用文件保存和取出这些数据，请编写程序实现。

2．请编写程序，对景点 18-2 的学生成绩数据进行修改、删除等操作，并使用二进制文件存储学生成绩数据。

18.3 游 览 观 感

乐乐轻快地说：“C++的输入/输出流真的像物流管理公司，把信息管理得井井有条，称心如意。”“使你坐享家中，却像走遍天下。”强强洋洋得意。明明乐道：“这回不用操心了。要管理信息，就找这个物流公司——C++的输入/输出流。”

18.3.1 流的游览之游览要点

乐乐问：“C++对输入/输出信息有哪些管理？”明明答：“**C++对输入/输出的信息管理主要分为三大类。**”“哪三大类？”“第一类是仓储式管理——文件 I/O 流，第二类是运输式管理——标准设备 I/O 流，第三类是临时内存管理——字符串 I/O 流。我们游览的是前两类。”

1．在什么情况下要用到输入/输出流(I/O 流)

“什么情况下用第一类呢？”强强问明明。“**C++对文件的管理无非是打开、关闭、读、写等**，如景点 18-1 和 18-2。当需要用文件保存管理信息、使用时像打开和关闭程序文件一样方便时用此。例如，数据库类型的数据、文字等信息，实际中有学生档案信息、学生成绩信息、仓库物品信息、商场商品信息等；一些要保存的特殊信息，如身份证号码、密码等，用文件 I/O 流管理为好。”

文文要弄明白：“那标准设备 I/O 流又用在什么场合呢？”“当在指定的标准输入或输出设备中管理信息时用此。这一类也不新鲜，大家都游览过。”明明说。“我们都游览过？”同学们面面相觑。明明提示道：“所谓标准，就是这些对象输入或输出的文件是指定好的。计算机有哪些硬件可以作为输入或输出设备？”“键盘。”“显示器。”“我们在这个战场上打仗的冲锋枪是什么？”“键盘。”“你们利用这个标准输入设备输入过信息吗？”“用得多了——cin 语句。”“是啊！”“显示器可以做眼睛，因为眼睛是心灵的窗户，用这个眼睛了解战情——计算机的程序运行结果和内部状况等。”“那向标准输出设备——显示器输出信息的语句……”“就不用说了，差不多每个景点都有 cout 语句。”

“还有 cerr 是输出错误信息到屏幕。”明明补充道。

2．关于输入/输出流(I/O 流)

“景点 18-1 用的是文本文件，而景点 18-2 用的是二进制文件，这二者是怎么回事？”乐乐问明明。“按文件信息的组织形式来分类，有 ASCII 码文件和二进制文件两种。ASCII 码文件也叫做文本文件(Text)文件或叫做字符文件，二进制文件也称为内部格式文件或字节文件。”

当文件用于显示、打印或阅读时，用 ASCII 码文件。二进制文件用于暂存，即经常要在程序运行时把数据保存进磁盘或从磁盘中取出来时用此。

两种文件的使用也没有绝对的界限，当两种用途均有且某种用途多于另一种时，就采纳用途多的文件，或二者适时适地地使用。

“怎么定义文件 I/O 流呢？”这个问题还没刨根问到底。明明给乐乐解答：“首先，**要搞清楚输出(写)、输入(读)这些概念是均以计算机的内存为基准点的。**”

写(到文件) = 输出(内存——>文件)。

读(出文件) = 输入(内存<——文件)。

“这回好记了，写就是从内存输出到文件，读则相反。”乐乐归纳说。“真聪明。”

文件 I/O 流的定义：

这里的类还是第 12 章中讲的类。大家都知道，对类是不能直接用类名操作的，要定义类的对象，用对象来操作。C++对其管理的所有 I/O 流都已定义了管理条例，这些管理条例分别声明在类里面，所有 I/O 流的基类是 ios，其下有许多派生类，其中有管理文件 I/O 流的派生类、声明这些派生类的头文件。那么，要对文件进行操作，也同样要定义这些类的对象，才能使用 C++已制定的文件管理条例。即要先定义对象，再通过对象调用文件类的成员函数，然后才能对文件进行操作。另外，调用文件类的成员函数时还有一些规定，如文件是输入还是输出、怎样打开、是文本文件还是二进制文件等。归纳起来，**定义文件 I/O 流有两种方式(通式)：**

方式一：

```
类名 对象名;//定义对象的格式与第 12 章中讲的类知识一样
对象名.成员函数名(“文件名”, [输入输出方式][打开方式][二进制 binary]);
                    //对象调用类的成员的格式也与第 12 章中讲的类知识一样
```

方式二：

即将方式一的两句合二为一，一般多用此方式。

```
类名 对象名(“文件名”, [输入输出方式][打开方式][二进制 binary]);
```

上述两种方式中，有几点要注意：

- **类名**主要用到 3 种：

ifstream——读文件时用此。若不注明读方式，则取其默认方式 ios::in。

ofstream——写文件时用此。若不注明写方式，则取其默认方式 ios::out 和 ios::trunc (见表 18-2)，见景点 18-3。

fstream——读、写或又读又写文件时都可以用此，但一定要注明读方式 ios::in 或写方式 ios::out(见景点 18-1)或又读又写的二者同时存在方式 ios::in | ios::out。

这 3 个类名若在头文件 fstream.h 中声明，则**要加上此包含命令“#include<fstream.h>”**。

- **文件名**包含了文件路径。**注意：**转路径要用两个反斜杠(\\)表示，见景点 18-3 等。
- **输入/输出方式和打开方式**的定义见表 18-2，文件名后若有选项，应以逗号“,”与第一个选项相隔；选项中若有多种方式则用按位或的符号“|”分隔。

【景点 18-3】 用方式一定义输出文件流对象，以写方式打开文本文件，调用判断文件是否能打开的子函数。

```
ofstream out1;                    //定义输出文件流对象 out1
```

```
out1.open("e:\\VCbook\\stu1.txt");        //以写方式打开文本文件 stu1.txt，因为没注明方式，
//所以用默认的写方式 ios::out 和 ios::trunc(见表 18-2)方式打开文件
ord(out1);                                 //调用判断文件是否能打开子函数
```

表 18-2 文件读(输入)/写(输出)和打开方式定义表

方　式	作　用
ios::in	读方式打开文件
ios::out	写方式打开文件(这是默认方式)。如原有此名文件，则全部删除原有内容
ios::app	写方式打开文件，在文件的末尾写入数据
ios::ate	打开已有的一个文件，文件指针指向文件末尾
ios::trunc	打开一个文件。如原有此名文件，则全部删除原有内容；如文件不存在，就建立新文件
ios::binary	以二进制方式打开文件，如没此项，则默认是ASCII方式
ios::nocreate	打开一个已有的文件。如文件不存在，则打开失败；但不建立新文件
ios::noreplace	如果文件不存在，则建立新文件；否则操作失败，也不去更新原来的文件
ios::in| ios::out	读和写方式打开文件，文件可读又可写
ios::out| ios::binary	以二进制方式打开并写文件
ios::in| ios::binary	以二进制方式打开并读文件

【景点 18-4】 用方式二定义输入文件流对象，以读方式打开文本文件。

```
ifstream out2("e:\\VCbook\\stu1.txt");  //定义输入文件流对象 out2，同景点 18-3 理，以
                                        //默认的读方式 ios::in 打开文本文件 stu1.txt
```

【景点 18-5】 用方式一定义输入文件流对象，以读方式打开二进制文件。

```
ifstream out2;
out2.open("e:\\VCbook\\p2.dat",ios::binary);        //以读方式打开二进制文件 p2.dat
```

【景点 18-6】 用方式二定义输出文件流对象，以写方式打开二进制文件。

```
ofstream out1("e:\\VCbook\\p2.dat",ios::binary);    //定义输出文件流对象，以写方式打开
                                                    //二进制文件 p2.dat
```

【景点 18-7】 用方式二定义输入/输出流对象，以读/写方式打开文本文件。

```
fstream f1("e:\\VCbook\\wf1.txt",ios::in|ios::out);  //定义输入/输出流对象，以读/写方式
        //打开文本文件 wf1.txt，使用 fstream 必须指明什么方式打开文件，此处同时指明两
        //种方式，即读方式 ios::in 和写方式 ios::out
```

【景点 18-8】 用方式二定义输入/输出流对象，以读/写方式打开二进制文件，并将数据追加到文件末尾。

```
fstream wr("e:\\VCbook\\mat3\\s6.dat",ios::in|ios::out|ios::binary|ios::app);
      //以读/写方式打开二进制文件 s6.dat，并将数据追加到文件末尾
```

“定义了，又怎么用呢？”强强还未弄清楚。明明给他解释如下：

- **文件 I/O 流的使用：**

例如，已经用的司空见惯的输出语句 cout 和输入语句 cin 实际上分别是 ostream 等流类的对象，在 iostream.h 头文件中已做了定义，所以在程序中加上此头文件的包含语句

#include<iostream.h>即可。

输入/输出的方法有几种，但要注意的是，除了已有的 I/O 流对象外，均要先用定义文件 I/O 流的两种方式之一定义对象，再进行下述操作：

方法一：文件 I/O 流的使用同 cin、cout 的使用方法一样，只不过对象换了，不是 cin 和 cout 了。**文本文件和二进制文件均可用此法。**

输出(写文件)就用：

对象名<<要输出的信息或其存储单元

【景点 18-9】　用对象名输出信息。

```
cout<<"学习 C++";
```

对应景点 18-3 有：

```
out1<<12;//写入 12 到文件中
```

对应景点 18-7 有：

```
f1<<"I am a C++  champion! \n";        //写入文本信息到文件
```

输入(读文件)就用：

对象名>>被输入的信息的存储单元;

【景点 18-10】　用对象名输入信息。

```
cin>>y;
```

对应景点 18-4 有：

```
out2>>a;//用 I/O 流成员对象 out2 读取文本文件 stul.txt 的内容 12 到内存变量 a 中
```

方法二：

二进制文件主要用 read(输入)和 write(输出)成员函数读写：

成员函数 read(输入)的使用方法为：

对象名. read((char*)& 被读信息的首地址，sizeof(首地址的数据类型);

成员函数 write(输出)的使用方法为：

对象名. write((char*)& 写入信息的首地址，sizeof(首地址的数据类型);

其中，(char*)是将读/写的信息强制转换成字符指针；sizeof(首地址的数据类型)是一次读/写文件的字节数(也可用其他方式表达此项)。

详见景点 18-2 的这两种语句。

“写完、读完文件一定要关闭吗？”强强搞不清楚。乐乐马上回答他：“Yes!”

关闭文件的格式：

对象名.close( );

【景点 18-11】　关闭文件。

```
f1.close();        //关闭文件，f1 是文件对象名
```

文文举起手来：“怎么知道文件打开了没有？”

判断文件是否能打开主要有三种方法：

注意：**以下各种方法中均要包含此头文件：“#include<stdlib.h>**。

方法一：

```
① if(!文件对象名)          //如果打开文件失败，该文件对象名返回 0 值，!0=1，
                           //然后就执行 if 中的这段复合语句
```

```
        {
②           cerr<<"文件打不开"<<endl;          //cerr 输出错误信息：文件打不开
③           exit(1);                           //退出
        }
```

【景点 18-12】 判断文件是否是能打开子函数。

```
void ord(ofstream f)
{
    if(!f)//如果打开文件失败，该文件对象名 f 返回 0 值，!0=1，
          //然后就执行 if 中的这段复合语句
    {
        cerr<<"文件打不开"<<endl;//cerr 输出错误信息：文件打不开
        exit(1);//退出
    }
}
```

方法二：

换方法一的②句为：

```
cout<<"文件打不开"<<endl;
```

即

```
①   if(!文件对象名)  //如果打开文件失败，该文件对象名返回 0 值，!0=1，
                     //然后就执行 if 中的这段复合语句
     {
②        cout<<"文件打不开"<<endl;
③        exit(1);        //退出
     }
```

方法三：

换方法一或方法二的③句为：

```
abort();
```

即

```
①   if(!文件对象名)         //如果打开文件失败，该文件对象名返回 0 值，!0=1，
                            //然后就执行 if 中的这段复合语句
     {
②        cerr<<"文件打不开"<<endl;  //cerr 输出错误信息：文件打不开
③        abort();
     }
```

或

```
①   if(!文件对象名)         //如果打开文件失败，该文件对象名返回 0 值，!0=1，
                            //然后就执行 if 中的这段复合语句
     {
②        cout<<"文件打不开"<<endl;
```

```
③        abort();
    }
```

还有其他一些方法，这里不再赘述。

“如果我不想全部访问那些数据，或只访问其中某个位置的数据，怎么办？”文文还未全弄懂。“这属于文件的随机访问。一般文本文件的定位不准确，所以文件需要准确定位的随机访问时，使用二进制文件较合适。它是靠文件中的一个文件指针来导引的。文件流中与文件指针关联的定位等成员函数见表 18-3，其中的一些运用见景点 18-2。”明明让文文彻底明白。

表 18-3　文件流中与文件指针关联的定位等成员函数

文件操作分类	成员函数	功　　能
读文件(输入)	tellg()	返回读文件指针的当前位置
	seekg(在文件中的位置)	将读文件指针移到指定的位置
	seekg(位移量，参考位置)	读文件指针以参考位置为基准，按位移量(字节数)移动
	gcount()	返回最后一次读文件时所读入的字节数
写文件(输出)	tellp()	返回写文件指针的当前位置
	seekp(在文件中的位置)	将写文件指针移到指定的位置
	seekp(位移量，参考位置)	写文件指针以参考位置为基准，按位移量(字节数)移动

注意，在表 18-3 中：

• 先区分文件操作分类是读(输入)还是写(输出)，再选用对应的成员函数。
• 既可以读(输入)又可以写(输出)的文件，则可以不用区分。
• 读(输入)的成员函数的末尾是 g——(get，除了 gcount()外)。
• 写(输出)的成员函数的末尾是 p——(put)。
• 参考位置即文件中的参考点，共有 3 个：

① ios::beg 指文件的开头处，这是默认的。
② ios::cur 指指针目前的位置。
③ ios::end 指文件的末尾处。

• 位移量是指以参考位置为基准移动的字节数量，即移动多少字节。

使用表 18-3 中成员函数的方法与以前讲的使用类的成员函数的方法一样，即：

```
I/O 流对象名.成员函数([实参]);
```

以下几个景点假设已定义了输入流对象 rr 和输出流对象 wr。

【景点 18-13】　把写指针移到文件开头。

```
wr.seekp(0,ios::beg);       //因为参考位置已是开头处，所以位移量为 0 个字节；
                            //又因为写是进行输出操作，所以用 seek 后带 p(=put)的成员函数
```

【景点 18-14】　返回景点 18-13 的写指针的位置。

```
long curpos3=wr.tellp();    //返回了写指针的开头位置；因为 tellp()函数的返回值为长整型，
                            //所以存放写指针的位置值的变量 curpos3 用长整型
```

【景点 18-15】 返回输入文件的倒数第 56 个字节的位置。

```
rr.seekg(-56,ios:end);        //先把输入文件的指针移到倒数第 56 个字节的位置。又因为是
                              //对输入文件进行操作，所以用 seek 后带 g (=get)的成员函数
long curpos=rr.tellg();       //再返回该指针当前的位置值
```

【景点 18-16】 返回最后一次输入时的开始位置。

```
long endinput=rr.gcount();  //返回最后一次输入所读入的字节数
rr.seekg(-endinput,ios::end); //从文件末尾起往后移动最后一次输入所读入的字节数
long curpos2=rr.tellg();    //返回当前的指针位置值
```

【景点 18-17】 将输出文件的指针向前移动到 84 字节位置，并返回该指针的当前位置值。

```
wr.seekp(84);               //将输出文件的指针向前移动到 84 个字节的位置
long curpos3=wr.tellp();    //返回该指针的当前位置值
cout<<curpos3<<endl;        //显示该指针的当前位置值
```

【景点 18-18】 读入到 112 字节时，中间 56 个字节的内容不要，请移动读指针位置，并返回该指针的当前位置值。

```
if(long currun=rr.tellg()==112)   //当读指针读入到 112 字节时
{
    rr.seekg(56,ios::cur);        //将读指针向前移 56 个字节
    long inpos=rr.tellg();        //返回该指针的当前位置值
    cout<<inpos<<endl;            //显示该指针的当前位置值
}
```

“写入了文件内容，不知对否，有什么招？”“总原则是：在能打开文本文件的所有软件中查看文本文件内容，而且可以大致看看二进制文件中有否写入一些乱码。”明明讲给这位同学听。

可通过以下七种方法查看写入的文本文件，第七种方法还可查看二进制文件。

方法一：直接双击该文本文件的图标查看。

方法二：用 windows 的记事本打开查看。

方法三：在 VC 6.0 中，打开文件查看。

方法四：用 windows 的写字板打开查看。

方法五：在 windows 中用其他打开文本文件的方式查看。

方法六：在 DOS 界面下找到文件路径，键入“type 全文件名”，然后按<Enter>键，就可以查看。

方法七：用 C++编写程序打开文件、读出文件内容并显示出来，见景点 18-1 和景点 18-2。

除了前面所述的标准 I/O 流外，还可用 get、getline、put 等输入/输出的公有成员函数提取和插入信息等。

【景点 18-19】 将键盘读入的内容存放在变量中，并显示存放的内容。然后用 I/O 流成员函数 getline 读取一行文本。

```
c2=cin.get();     //将键盘读入的内容存放在变量 c2 中
```

```
cout.put(c2);      //把变量 c2 的内容显示在屏幕上
```

对应景点 18-1 有：

```
f1.getline(a,70); //用 I/O 流成员函数 getline 读取一行文本。
```

3. 如何运用输入/输出流(I/O 流)

“我们还是通过游览来消化吸收 I/O 流的运用吧！”明明说。

下面的景点 18-20 就是关于文本信息的景点。

【景点 18-20】　将“我爱中国”这段文字信息写入二进制的数据文件中，然后从该文件中读出其内容，并显示在屏幕上。

人的详细做法是：

(1) 写入：找到一本记录本——打开记录本——写入“我爱中国”——合上记录本。

(2) 读出：找到该本记录本——打开记录本——读出“我爱中国”——抄在一张纸上(显示出来)——合上记录本。

翻译成文字就是：首先，在主程序中调用写入文件子函数，将字符串“我爱中国”写入二进制文件；再在主程序中调用读出文件子函数，将字符串“我爱中国”的内容读出到缓冲区；最后将读取的一行字符串“我爱中国”输出到屏幕显示。

程序代码如下：

```
//ex18-10.cpp
#include<fstream.h>
#include<iostream.h>
#include<stdlib.h>
void ord(fstream f1)          //判断文件是否能打开的子函数
{
    if(!f1)
    {
        cerr<<"文件打不开"<<endl;
        exit(1);
    }
}

void ffout()                  //写入文件子函数
{
    fstream f1("e:\\VCbook\\wf2.dat",ios::out|ios::binary|ios::ate|ios::trunc);
            //以写方式打开二进制文件 wf2.dat; ios::ate 表示文件指针指向文件末尾;
            // ios::trunc 表示全部删除原有内容；如文件不存在，就建立新文件
    ord(f1);    //调用判断文件是否能打开的子函数
    f1<<"我爱中国！ \n"; //写入文本信息到文件
    f1.close();           //关闭文件
}
```

```
void ffint()        //读出文件子函数
{
    char a[100];
    fstream f1("e:\\VCbook\\wf2.dat",ios::in|ios::binary);
                            //以读方式打开二进制文件 wf2.dat
    ord(f1);                //调用判断文件是否能打开的子函数
    while(!f1.eof())        //当不是文件末尾时读出文本信息
    {
        f1.getline(a,70);   //用 I/O 流成员函数 getline 读取一行文本
        cout<<a<<endl;      //将读取的一行文本输出到屏幕
    }
    f1.close();
}

void main()
{
    ffout();                //调用写入文件子函数
    ffint();                //调用读出文件子函数
}
```

运行结果为：

```
我爱中国！
```

结果正确。

景点 18-21 是关于数字信息的景点。

【景点 18-21】 将某数组信息在主函数中赋值，在子函数中将该数组信息写入二进制的数据文件中，并以带参数的方式传递数组信息；然后再用另一个子函数从该文件中读出其内容，并显示在屏幕上。

人的详细做法是：

(1) 在主函数中声明一个数组并赋值——调用写入文件子函数，并将该数组信息以实参方式传递给写入文件子函数——再调用读出文件子函数。

(2) 写入文件子函数：找到一本记录本——打开记录本——写入该数组信息——合上记录本。

(3) 读出文件子函数：找到该本记录本——打开记录本——读出该数组信息——抄在一张纸上(显示出来)——合上记录本。

程序设计思路如下：

用文件 I/O 流的方法通过二进制文件对一个数组进行操作：也可采用顺序结构。

程序代码如下：

```
//ex18-18.cpp
#include <iostream>
```

```
#include <fstream>
using namespace std;
//#include <stdlib.h>
#define N 10

void fread()                          //文件数据读取
{
    ifstream infile("date12.dat",ios::in|ios::binary);
    if(!infile)
    {
        cout<<"error"<<endl;
        exit(1);
    }
    int b[N];                         //声明存放读出的文件数据的数组 b
    for (int i=0;i<N;i++)
    {
        infile>>b[i];                 //将文件数据一个个地读出，并存放在数组的对应元素中
    }
    infile.close();
    for (int j=0;j<N;j++)
        cout<<b[j]<<endl;
}

void fwrite(int a[])                  //文件数据写入
{
    fstream outfile("date12.dat",ios::out|ios::binary);
    if(!outfile)
    {
        cout<<"error"<<endl;
        exit(1);
    }
    for(int i=0;i<N;i++)
        outfile<<a[i]<<" ";           //将数组 a 中的元素一个个地写入到文件中
    outfile.close();
}

int main()                            //主函数
{
    int a[N];
```

```
    for(int i=0;i<N;i++)     //给数组a赋值
        a[i]=10*i;
    fwrite(a);               //带着实际参数(数组a)调用写文件子函数
    fread();                 //调用读文件子函数
    return 0;
}
```

运行结果为：

```
0
10
20
30
40
50
60
70
80
90
```

结果正确。

用 DOS 查看：

```
Microsoft Windows XP [版本 5.1.2600]
(C) 版权所有 1985-2001 Microsoft Corp.

C:\Documents and Settings\new>type e:\20100724 备份大 U\hC++\C++BOOK\十八章
\date12.dat
0 10 20 30 40 50 60 70 80 90 12FF58 0012FF5C 0012FF60 0012FF64 0012FF68
0012FF6C 0012FF70 58993460 -858993460
C:\Documents and Settings\new>
```

这是由于写文件名是 data1b.dat，而读文件名是 data12.dat。改成同一文件名 date12.dat 后，再看就不会出现上述错误了。

18.3.2　流的游览之总结提高

明明开场了：“总的来说，运用输入/输出流(I/O 流)的亮点是什么呢？”

文文一马当先：“**首先，按照题意、任务要求设计规划、采用合适的输入/输出流(I/O 流)方式，并规划好在程序的何处设置输入、输出**。例如，采用文件 I/O 流方式时，若添加或修改数据，就应更新文件，即要写入文件；若要显示、打印，就应从文件中读出信息。”

强强补充道：“**按各种 I/0 流的格式，正确书写和使用**。”

大家都争着抢答，“也就是说，以前的程序中的信息没有保存在文件里，而现在用了文件后，程序中的信息……”“被保存在文件里了。”“对，而不是在程序运行时保存在内存的变量、常量、数据成员中。断电后，这些信息就没有了。”“那既然要保存在断电后还存在的信息，以前编程和现在的区别在于要加入文件的操作，即使用文件的步骤为先定义——再打开——后使用(读或写)——最后关闭。”“以前单单是程序，现在是程序+磁盘(文件)，成双枪勇士啰！”乐乐拍手笑道。

“生活中出现了异常情况可以打‘110’报警，那程序中出现了异常情况又怎么办呢？”乐乐问。强强答道：“我想也可以打‘110’报警，但这个‘110’不知是什么名堂。”“我们钻进异常，试试报警不就明白了吗？”“好你个明明。”文文赞扬明明道。“那我们就去探异常险啰！”乐乐说道。

第 19 章　突发事件　异常游览

明明说："智者千虑，必有一失。再是 C++的高手，设计开发出的 C++程序在运行中也可能会出现一些预料不到的错误，例如死机(即程序停在某处，不往下执行了)，程序死循环(即程序不停地在某段执行)，程序运行时跑飞了(即不按预定程序运行)，人为输入信息错误，误操作，或计算机本身出现某些故障等，这些异常情况都可能出现。"

"发现敌情，情况告急，那该咋办呢？晶晶导游，C++有什么高招随机应变吗？"乐乐着急求教。"这个问题问得好！C++的高招就是扬长弃短，即把这些异常情况抛弃掉，然后继续执行或转到其他处执行，甚至停机处理突发事件等。别小看了这个异常处理，它可是在程序的可行性、可靠性、稳定性、实用性等性能上起到了至关重要的作用，甚至是决定性的作用。细节决定成功。"

"C++这么能啊！"强强惊喜道。乐乐也庆幸："哦，C++可以打'110'报警了，想得真周到。""要不然什么重大程序、复杂设备、高科技装置等怎么能得以正常运行。"文文想当然地说。"嗯，看来这个异常处理可是举足轻重啊！"明明悟道。"是啊，没有它，程序的可行性、可靠性、稳定性、实用性等性能都无从谈起。"文文附和且问道："那异常处理真是起到决定性作用啰！""没错。"晶晶斩钉截铁地回答。

强强喊道："好，那么就来看看这个'110'——异常处理——怎么个高超法。"

19.1　随师游览：错误输入了所规定字符的异常情况处理之景点

晶晶问强强："你有没有出现什么异常情况呢？""有啊，有时候想输入数字，不小心会敲到旁边的字母或中文，反之也一样。要是调试程序时没发现，就会带病运行，导致出现异常。""好，那我们就来游览游览景点 19-1，看看怎么把这个病治好。"

【景点 19-1】　要求在程序运行时输入十进制数字的字符，并打印出来。如果误输入了非十进制数字的字符，请对这种情况进行异常处理，试编写程序实现。

"哎，容易极了：输入一个字符，看这个字符是不是十进制数字，是，则写下来；不是，则抛掷异常，即提示输入了非十进制数字。""说起来容易，但写程序就难了。"强强说。明明精神抖擞地站起来："人定胜机就不难了！"

"接下来我们看 C++有没有给我们准备现成的饭菜。"强强说道。乐乐马上翻起了《C++程序设计教程：化难为易地学习 C++》这本书，查找标准函数。"找到了，用 isdigit 标准函数判别非十进制数字。”明明笑道：“真是眼疾手快，谁也抵不上你，乐乐。”乐乐神气地说：“如果输入了非十进制数字，就抛弃这个异常数字。”明明问：“怎么抛？”

晶晶说：“C++处理异常的过程是检查异常——抛掷异常——捕捉、处理异常，因此先定义一个测试异常的 try 语句块，然后再定义另一个处理异常的 catch 语句块，这个 catch 语句块对 try 语句块测试到的且由‘throw ab;’语句抛掷过来的异常情况进行处理。”“啊，用 throw 抛 ab 这个异常球过去。”明明说。“然后 catch 就抓住这个异常球。”乐乐插嘴道。

接着，乐乐说：“最好程序运行正常，不出现异常球。”“心想不一定事成哟，实际需要常备不懈，警钟长鸣！”明明提醒她。

整理出程序代码如下：

```
//ex19-1.cpp
#include<ctype.h>
#include<iostream>
using namespace std;

void dig()
{
    char ab;
    try//定义测试异常的 try 语句块
    {
        cout<<"请输入一位十进制数字"<<endl;
        cin>>ab;
        if (isdigit (ab)==0)    //如果输入的字符是非十进制数字
            throw   ab;         //抛掷异常变量 ab
        cout<<ab<<endl;
    }
    catch(char)                 //定义处理异常的 catch 语句块，处理异常变量 ab 带来的异常
    {
        cout<<"输入了非十进制数字，应该在西文方式输入十进制数字"<<endl;
                                //进行异常处理
    }
}

void main()
{
    dig();
}
```

上机实验记录如表 19-1 所示。

表 19-1　上机实验记录表

出错现象	出错原因	解决办法
: identifier 'isdigit'	没有包含ctype.h	加“#include<ctype>”
Cannot open include file: 'ctype': No such file or directory missing ';' before type 'char' E:\VCbook\Cex\exyc.cpp(83) : error C2061: syntax error : identifier 'ab' E:\VCbook\Cex\exyc.cpp(83) : error C2310: catch handlers must specify one type E:\VCbook\Cex\exyc.cpp(88) : error C2317: 'try' block starting on line '77' has no catch handlers	不能打开包含文件ctype	将“#include<ctype>”改成“#include<ctype.h>”，并改另一段为： throw char ab; } catch(char ab)

missing ';' before type 'char'	在类型char之前丢失了分号	改成：
		char ab;
		try
		{
		if(isdigit(i)==0)
		throw ab;
		cout<<ab<<endl;
		}
		catch(char ab)

输入qw可异常处理，但输入汉字“一切从实际出发”后程序终止(即还是原来的异常)
"i":undeclared identifier
	没有声明i	改成：
		char ab;
		try
		{
		cin>>ab;
		if(isdigit(ab)==0)
		throw ab;
		cout<<ab<<endl;
		}
		catch(char ab)
		此错纠正

试图在“cout<<"输入了非十进制数字，应该在西文方式输入十进制数字"<<endl;”语句后加“cin>>i;”是不行的	因为这是唤醒，而异常处理是不唤醒机制	改为
		catch(char ab)
		{
		cout<<"输入了非十进制数字，应该在西文方式输入十进制数字"<<endl;
		}

warning C4101: 'ab' : unreferenced local variable warning C4700: local variable 'ab' used without having been initialized	因为没有参考和利用到ab的值	去掉catch(char ab)中的ab

运行结果为：

```
请输入一位十进制数字
d
输入了非十进制数字，应该在西文方式输入十进制数字
请输入一位十进制数字
的
输入了非十进制数字，应该在西文方式输入十进制数字
请输入一位十进制数字
#
输入了非十进制数字，应该在西文方式输入十进制数字
请输入一位十进制数字
6
6
```

结果正确。

19.2　自行游览

19.2.1　异常游览之自游景点

1. 若规定输入身份证号码出错次数大于 3 次时为异常情况，请您对这种异常情况进行处理，并显示处理后的结果。

2. 有一个程序声明数组为“int array1[10];”，当使用数组元素 array1[10]时，会发生什么情况？这种情况如何处理？试编写程序。

在程序中不仅试运行 int array1[10]这种情况，还要多设几种情况验证程序。

3. 规定在银行自动取款机取款时，若取款金额大于存款余额，则为异常情况。为了避免银行损失，请用异常处理设计一个程序解决这个问题。

仿照上述情形多试运行几次，以保证程序能可靠、正确地工作，使银行自动取款机系统能安全运行。

4. 程序中要求输入大写字母，却误输入了小写字母，而有时又反之。如何让计算机自动地进行异常处理？请您编写程序来处理。

分别输入大、小写字母观察异常处理的结果，直至程序能正确地处理这些异常情况。

5. 程序运行时要求输入名称，却误操作键入了 Enter，此异常处理如何进行？请编程实现。

6. 在程序中当应该输入数字时却输入了其他字符，怎么办？请解决。

7. 在程序运行中错输入了某个键，又按 Enter 键确认了，使得输入的信息不正确。假设这种情况下想当场挽救，你如何处理？请编写程序解决这个问题。

8. 在程序第一次运行时想读文件，往往文件打不开。请问您如何处理该异常，而使程序能正常运行？

9. 当用堆申请动态空间却申请不到时，如何处理这种异常情况？

10. 在网上购物，当扣款金额扣多了或扣少了时，你如何处理才能使顾客和商场避免不必要的损失，使系统正常运行？请编程解决这些实际异常问题。

19.2.2　异常游览之遐思景点

1. 当除数为 0 产生溢出时，如何用异常处理解决它？

2. 当计算数据的结果超出了预料的大致范围时，您如何处理？请编写程序。

19.3　游 览 观 感

“遇到有人抢劫我们肯定知道要拨‘110’。”某位男生说。“C++也不赖，它的‘110’就是异常处理。”强强接上话茬：“它可排除疑难杂症，使程序顺利运行，系统安全稳当。”“可要把握好‘110’，否则功亏一篑。”明明警示道。同学们像讲相声似地热闹开了。

19.3.1　异常游览之游览要点

1. 什么情况下用异常处理

“因为随时随地都可能出现异常，所以这支异常处理的枪就要长扛不放，正所谓不打无准备之仗，有备无患。何况计算机的运行速度那么快，计算机软、硬件控制的生产、工作、生活等过程那么重要，更加不能疏忽。当然，平时编写较小的程序也可以不考虑，但是对实时控制系统、实际应用软件等不但不可或缺，而且还必须严阵以待。”

2. 关于异常处理

文文问：“那么，异常处理的定义是什么呢？”明明解释如下：

异常处理就是处理事先估计到的阻碍程序正确运行的错误。

异常处理是通过执行一段程序(或函数)对异常情况进行处理的。所谓处理，并不像编译、连接、调试程序时把语法错误全部改正，而是抛弃掉这个异常(运行时的错误)，让这些异常情况不再干扰整个程序的运行，然后继续执行或转到其它处执行。也就是像人一样带病坚持工作，例如，脚痛时可用手工作。

但有时异常太严重了，无法带病坚持工作时，异常处理会把这些异常抛给系统，系统就会采取终止程序运行等办法来处理异常了。

“按前面讲的异常处理过程编出的异常处理的程序结构也是一个三部曲哦。”乐乐感觉到。

明明笑着点点头：“Yes，即检查异常——抛掷异常——捕捉、处理异常。”

“具体程序的书写格式又是怎样的？”乐乐要问清楚。

异常处理的书写格式如下：

```
try//检查异常
{
    要检查异常情况的程序段
     if(是异常情况)
```

```
        throw 发生异常的任一个变量名;//把发生异常的变量名抛掷掉
    [else](不是异常情况)//else 视情况加或不加
    {正常情况下的程序段②}
}
catch(throw 抛掷来的变量名的数据类型 [接收异常变量值的变量名③])
        //捕捉、处理 throw 抛掷来的异常，③在需要用该值时才加上
{
    进行异常处理的程序段
}
后续语句段
```

注意：

(1) try 和 catch 语句块的花括号必不可少。

(2) throw(抛掷)语句必在 try 语句块中，即一发现异常目标就马上抛掷出去。

(3) 必须要有 catch 语句块，而且 catch 语句块必须紧跟在 try 语句块之后，才能快速捕捉到异常目标进行异常处理。

(4) 在某个异常处理的 try…catch 语句块中，只能有一个 try，即 try 语句块不能嵌套；但 catch 语句块可以有多个，即只能由一个检验人员(try)检查，并抛掷(throw)给一个或多个处理部门(catch)去处理。但 try…catch 语句块可以多个并列，即可以有多个检查人员去分头检查、处理多种异常情况。

(5) try、throw 和 catch 三者缺一不可，它们是一个完整的异常处理的结构，必须携手并肩，才能取胜。

(6) 当低一层的处理部门处理不了某个异常情况时，这一层的处理部门(catch)就会**把这个异常情况抛掷给高一层的部门去处理**，但也要遵循上述原则，这种情况的**书写示意格式**是：

```
主函数或高层子函数：
…
try
{
    …
    调用被检查的低一层某子函数
}
catch ②//高一层的异常处理
{
    处理下一层抛掷来的异常
}
```

```
低一层子函数
…
try
 {
 …
      throw    //抛掷给本层的 catch ①
}
catch ①        //低一层的异常处理
{
    …
    throw      //转抛掷给高一层的 catch②
}
```

这种形式可以有多层。

“异常处理的程序段写些什么呢？”有位同学想知道怎样设计异常处理的程序。乐乐回答了他的问题。

异常处理的程序段要与 try 程序段、正常情况下的程序段②和后续语句段等通盘设计，主要有几种处理对策：

(1) 上策为治好此病并运行原来有病的程序段。例如，人为输入数据错误时，若因此而终止程序的运行或整个系统停机，再重新开始运行，一是不合理，二是有时会造成更大的不良影响。景点 19-3 即采用此策，当 try 检查到输入的学生人数不是十进制正整数时，就抛掷异常给 catch；catch 捕捉到 throw 抛掷来的异常后进行异常处理(治病)，提示“输入了非十进制正整数，应该在西文方式输入十进制正整数，请重新输入”；紧接着执行“goto in1;”，即再去运行原来输入学生人数的程序段，如此循环往复，直到治好病(用西文方式输入十进制正整数)为止。治好病后程序就继续按原有的正常情况执行了。

(2) 中策为带病转去运行其他语句段。例如，转去执行有病程序段的备用程序段或其他程序。大家也可将景点 19-3 和 19-4 改写为这种方式的程序。

(3) 下策为终止程序的运行。例如，用 exit(1)、exit(0)、abort 等终止程序的运行。

“按**异常处理**语法格式写的程序，它具体是**怎样运行**的？”强强急着要弄清异常球怎么被消灭。明明急强强所急，马上回答如下：

从 try 进入异常处理程序运行，先检查有无异常情况：

1) *如果发现敌情(异常情况)*

(1) 抛掷(throw)出现异常的变量名给捕捉、处理敌情(异常)的部门(catch)处理。

(2) catch 捕捉到这个敌情后，进行异常处理。

(3) 异常处理完后就不再执行正常情况下的程序段②了，而是从 catch 语句块之后的后续语句段往下执行。

2) *如果没有敌情*

(1) 执行正常情况下的程序段②。

(2) 执行完后从 try 语句块里出来，但不执行 catch 语句块，而是直接从 catch 语句块之后的后续语句段往下执行。

【景点 19-2】　有一个表达式 $y=\sqrt{x}$ $(x\geqslant 0)$，请求解并显示 y 值。x 是在程序执行时从键盘输入的，有可能运行时会输入负数给 x 等。这是一种人为引起的异常错误，应进行处理。假设使用异常处理，请编写程序实现。

人的详细做法是：输入一个数，看这个数是不是大于等于 0 的十进制数，若是，则输入正确，并求解并显示 y 值；若不是，则抛掷异常，提示输入的不是大于等于 0 的十进制数。

编写的异常处理程序如下：

```
//ex19-2.cpp
#include<math.h>
#include<iostream>
using namespace std;

void dig()
```

```
{
    double x;
    double y;
    try                     //定义测试异常的 try 语句块
    {
        cout<<"请输入大于等于 0 的十进制数"<<endl;
        cin>>x;
        if (x<0)            //如果输入的不是大于等于 0 的十进制数
            throw x;        //抛掷异常
        y=sqrt(x);
        cout<<"y="<<y<<endl;
    }
    catch(double)           //定义处理异常的 catch 语句块
    {
        cout<<"输入的不是大于等于 0 的十进制数"<<endl;
    }

}

void main()
{
    dig();
}
```

运行结果为：

```
请输入大于等于 0 的十进制数
-1
输入的不是大于等于 0 的十进制数
```

再次运行，结果为：

```
请输入大于等于 0 的十进制数
4
y=2
```

结果均正确。

19.3.2　异常游览之总结提高

明明总结道："也就是说，要千方百计地撒下天罗地网，把异常情况消灭在萌芽状态。就像宇宙飞船等装置一样，成功运行的其中一个重要原因就是将一切不利因素、情况、异常都未雨绸缪地考虑到，并设计防范这些异常情况的各种硬件装置和软件程序。**同样，设计开发 C++程序软件也应该这样去严阵以待，认真负责，科学谨慎，'先知先觉'地把一切隐患找出来，采取对策进行异常处理。**"

具体分 5 步走：

(1) 软件程序开发人员要有高尚的道德和严谨的品质，在软件开发阶段尽可能多地找出异常情况，设置尽可能多的异常处理。

(2) 请专家、行家和顾客等来鉴定、提意见、找异常，不断改进提高。

(3) 软件开发人员要在实际使用环境中按程序要求的数据、环境等因素的变化范围多次运行，查找尽可能多的异常并进行处理。

(4) 让实际操作软件的人员在实际使用环境中按程序要求的数据、环境等因素的变化范围多次运行，查找尽可能多的异常并反馈给设计开发者。

(5) 软件程序开发人员综合分析多种异常情况，周密地制订异常处理的规划、任务，做到多次运行试验、多方论证评价、全面分析研究、反馈提高功效，最后在软件调试中调整、定案。

软件投入实际运行后，还要多次重复上述 5 步，不断优化软件。

【景点 19-3】　对求 n 个学生成绩平均分的程序的异常情况进行处理。设这 n 个学生的成绩从键盘输入，并存放在数组中，学生人数也从键盘输入。

例如，可以对以下异常情况进行处理：

(1) 输入的学生人数不是十进制正整数，有可能输入了非数字、0、负数、小数、汉字、字母等。

(2) 输入的学生成绩不是大于等于 0 的十进制数。

游览如下：

同样是人先想通：

(1) 对于题目中的第一种异常，人的详细做法有两种：

做法一：输入一个数，看这个数是不是十进制正数，再看其是否是十进制整数，是，则正确；不是，则抛掷异常，进行异常处理。异常处理的方法是：先提示"输入了非十进制正整数，应该用西文方式输入十进制正整数，请重新输入"；紧接着转到原来的输入数据程序段，重新输入数据；重复这个过程，直至输入的数正确(用西文方式输入了十进制正整数)为止。

做法二：输入一个数，先判别第一位字符是否为数字 1～9，若不是，则抛掷异常，进行异常处理。若是，则继续判断该数第二位及其之后的字符，若全是数字 0～9，则该数是十进制正整数；否则，抛掷异常，进行异常处理。其中，异常处理的方法同做法一。

可以看出，用做法二简单些。

(2) 对于题目中的第二种异常，因为成绩采用的是大于等于 0 的十进制数，而大于等于 0 的十进制数是由 10 个阿拉伯数字(0～9)和小数点(可能有也可能没有)组成的，所以，人的详细做法是：输入一个数，判别该数是否由 10 个阿拉伯数字或小数点组成，是，就正确；不是，则抛掷异常，提示输入大于等于 0 的十进制数。重复上述过程直至输入正确为止。

(3) 求平均分。人的详细做法是：把每个学生的分数相加得总分，平均分=总分/学生人数，然后输出平均分。

这也就是人想通的详细做法、设计思路及提纲了。

程序代码如下：

```
//ex19-3-6.cpp
```

```
#include<stdlib.h>
#include<iostream.h>
#include<string.h>
const int N=10;

void delay1(int dtime)                          //延时
{
    for(int i=0;i<dtime;i++)
        for(int j=0;j<100000;j++);
}

double scoave(double *strp2,int n1)             //计算平均分
{
    double ave1=0;
    for(int i=0;i<n1;i++)
        ave1+=strp2[i];
    ave1/=n1;
    return ave1;
}

void main()
{
    int n;
    double ave;
    char c[10];
    char *strp;
    strp=c;
    size_t len1;
    in1: try                  //定义测试输入人数的异常情况的 try 语句块
    {
        cout<<"请输入学生人数"<<endl;
        cin>>c;
        strp=c;               //指针回移到字符数组的首部
        delay1(1000);
        len1=strlen(strp);
        for(int i=0;i<2;i++)
        {
            if(*strp>=49&&*strp<=57)
                for(int j=0;j<len1;j++)
```

```
                if(*strp>=48&&*strp<=57)
                    strp++;
                else
                    throw strp; //如果所输入数据的第二位及其之后的字符不
                                //是数字 0~9，就抛掷异常
        else
            throw strp;         //如果所输入数据的第一位字符不是数字 1~9，
                                //就抛掷异常
        strp=c;
    }
    strp=c;                     //指针回移到字符数组的首部
    n=atoi(strp);               //将字符串转换成整数赋给 n
    cout<<"人数="<<n<<endl;
}
catch(char *)                   //定义处理输入人数的异常情况的 catch 语句块
{
    cout<<"输入了非十进制正整数，应该用西文方式输入十进制正整数，"
        <<"请重新输入"<<endl;   //进行异常处理
    goto in1;
}

double scof[N];
double *strp2;
strp2=scof;
char c2[10];
char *p;
p=c2;
size_t len2;
cout<<"请按人数输入每个学生的成绩"<<endl;
for(int i=0;i<n;i++)
{
  in2: try              //定义测试输入成绩的异常情况的 try 语句块
    {
        cin>>c2;
        delay1(1000);
        len2=strlen(p);
        for(int j=0;j<len2;j++)
            if(*p>=48&&*p<=57||*p==46)
                p++;
```

```
                else
                    throw p;
                        //如果输入的字符不是数字 0~9 或小数点，就抛掷异常
            p=c2;       //指针往回移到 c2 这个字符串的首部
            strp2[i]=atof(p); //将字符串转换成双精度数赋给 strp2[i]
        }
        catch(char *)           //定义处理输入成绩的异常情况的 catch 语句块
        {
            cout<<"输入了非大于等于 0 的十进制数，应该用西文方式输入大于"
                <<"等于 0 的十进制数，请重新输入"<<endl;      //进行异常处理
            goto in2;
        }
    }
    for(int i=0;i<n;i++)
        cout<<strp2[i]<<"      ";
    cout<<endl;

    ave=scoave(strp2,n);        //调用计算平均分的子函数
    cout<<"平均分="<<ave<<endl;
}
```

头脑运行改文章：

(1) 在异常处理中，因为要判别是否是阿拉伯数字或小数点，而且要一个数字一个数字地来判别，所以先用字符数组接收从键盘输入的信息，并且用字符数组 c 来接收。为了方便判别，用字符指针 strp 指向该字符数组 c，即对接收的信息一位一位地判别。

(2) 为保险起见，第一种异常情况的处理加多一个外循环，共判别两大轮。

(3) 在输入人数时，若第一位字符是数字 1～9，且第二位及其之后的字符全是数字 0～9，就用 atoi(strp)将其转换成整数；在输入成绩时，若字符全是 0～9 的阿拉伯数字和小数点，就用 atof(p)将字符串转换成双精度数。

(4) 为防止数据还未接收完程序就进入下一句，增加了延时[delay1(1000)]。

运行结果为：

```
请输入学生人数
10
人数=10
请按人数输入每个学生的成绩
60
r
输入了非大于等于 0 的十进制数，应该用西文方式输入大于等于 0 的十进制数，请重新输入
90
88
```

```
79
57
91
82
94
68
80
60    90    88    79    57    91    82    94    68    80
平均分=78.9
```

结果正确。

【景点 19-4】 题目和要求均同景点 19-3，只是把输入人数的程序写成子函数，对该子函数的异常处理分成两层来完成。请大家对照分层处理异常的程序书写格式来细细品味。

程序如下：

```
//ex19-3-7.cpp
#include<stdlib.h>
#include<iostream.h>
#include<string.h>
#include<process.h>
const int N=10;
void delay1(int dtime)                //延时
{
	for(int i=0;i<dtime;i++)
		for(int j=0;j<100000;j++);
}

double scoave(double *strp2,int n1)     //计算平均分
{
	double ave1=0;
	for(int i=0;i<n1;i++)
		ave1+=strp2[i];
	ave1/=n1;
	return ave1;
}

int inpeop()                     //输入人数子函数
{
	int n1;
	char c[10];
	char *strp;
```

```
        strp=c;
        size_t len1;
        try          //定义测试输入人数的异常情况的低层 try 语句块
        {
            cout<<"请输入学生人数"<<endl;
            cin>>c;
            delay1(1000);
            len1=strlen(strp);
            for(int i=0;i<2;i++)
            {
                if(*strp>=49&&*strp<=57)
                    for(unsigned int j=0;j<len1;j++)
                        if(*strp>=48&&*strp<=57)
                            strp++;
                        else
                            throw strp;        //如果所输入数据的第二位及其之后的字符不
                                               //是数字 0～9，就抛掷异常
                else
                    throw strp;                //如果所输入数据的第一位字符不是数字 1~9，
                                               //就抛掷异常
                strp=c;
            }
            strp=c;
            n1=atoi(strp);                     //将字符串转换成整数赋给 n1
            cout<<"人数="<<n1<<endl;
            return n1;
        }

        catch(char *)                  //定义处理输入人数的异常情况的低层 catch 语句块
        {
          cout<<"输入了非十进制正整数，应该用西文方式输入十进制"
              <<"正整数，请重新输入"<<endl;      //进行异常处理
            throw (strp);              //将本层的异常处理抛掷给高一层处理
        }
    }

    void main()
    {
        int n;
```

```
double ave;
try                     //定义测试输入人数的异常情况的高层 try 语句块
{
  in1:n=inpeop();
}
catch(char *)           //定义处理输入人数的异常情况的高层 catch 语句块
{
     goto in1;
}

double scof[N];
double *strp2;
strp2=scof;
char c2[10];
char *p;
p=c2;
size_t len2;
cout<"请按人数输入每个学生的成绩"<<<endl;
for(int i=0;i<n;i++)
{
     in2:try                         //定义测试输入成绩的异常情况的 try 语句块
          {
               cin>>c2;
               delay1(1000);
               len2=strlen(p);
               for(unsigned int j=0;j<len2;j++)
                    if(*p>=48&&*p<=57||*p==46)
                         p++;
                    else
                         throw p;    //如果输入的字符不是数字 0~9 或小数点，
                                     //就抛掷异常
               p=c2;                 //指针往回移到 c2 这个字符串的首部
               strp2[i]=atof(p);     //将字符串转换成双精度数赋给 strp2[i]
          }
          catch(char *)              //定义处理输入成绩的异常情况的 catch 语句块
          {
              cout<<"输入了非大于等于 0 的十进制数，应该用西文方式输入"
               <<"大于等于 0 的十进制数，请重新输入"<<endl;     //进行异常处理
               goto in2;
```

```
            }
        }
        for(int i=0;i<n;i++)
            cout<<strp2[i]<<"      ";
        cout<<endl;

        ave=scoave(strp2,n);                  //调用计算平均分的子函数
        cout<<"平均分="<<ave<<endl;
    }
```

运行结果为：

```
请输入学生人数
10
人数=10
请按人数输入每个学生的成绩
60
r
输入了非大于等于 0 的十进制数，应该用西文方式输入大于等于 0 的十进制数，请重新输入
90
88
79
57
91
82
94
68
80
60    90    88    79    57    91    82    94    68    80
平均分=78.9
```

结果正确。

再一次运行，结果为：

```
请输入学生人数
w
输入了非十进制正整数，应该用西文方式输入十进制正整数，请重新输入
请输入学生人数
2
人数=2
请按人数输入每个学生的成绩
在
输入了非大于等于 0 的十进制数，应该用西文方式输入大于等于 0 的十进制数，请重新输入
```

90。50

输入了非大于等于 0 的十进制数，应该用西文方式输入大于等于 0 的十进制数，请重新输入

90.5

87.62

90.5　　87.62

平均分=89.06

结果正确。

综合篇

第 20 章　综合设计　全景游览

晶晶问大家："你们已游览了 18 类景点了，底气如何？"明明洋洋得意地说："我们已过五关斩六将，基本上可以编一些中小型程序了。""敢不敢冲刺大观园？""是不是红楼梦的大观园啊？"明明故意问道。"有些类似，如仓库材料管理软件、商场货物管理软件、购物软件等。"

"还没走稳就想飞呀！"文文觉得有些不可思议。"你们基本走稳了，已经试飞了一些中型景观了，如景点 5-7 的循环显示字幕，景点 5-8 的智力竞猜游戏，第 8 章的输入、创建、添加、删除链表，景点 18-2 的管理学生成绩档案，景点 19-3 和景点 19-4 的异常情况处理等。我看你们可以到 C++大观园里高飞了。"

明明底气十足地站起来说："不高飞怎么知道自己不能高飞？海阔凭鱼跃，天高任鸟飞。难得有大显身手的机会，机不可失，时不再来。好，有晶晶导游的引导，我们就飞，在飞中学，在学中飞。""对，这才真正能学以致用，解决生产、工作、生活等实际问题。"

20.1　随师游览：面向对象的综合设计景点——仓库材料管理软件

"我们来游览游览面向对象的综合设计景点。"晶晶微笑着说。

【景点 20-1】　请编程设计一个仓库材料管理软件，综合设计的内容如下：

(1) 界面设计有主菜单、子菜单，其中主菜单项有输入、修改、查询、统计、输出、退出，各主菜单项之下有相应的子菜单，例如查询菜单下有按材料代号、材料名称、材料分类、材料单价、结存数量小于 3 的材料名称查询和返回上层等子菜单。

(2) 管理规模为：一个仓库、3 种分类、至少 5 种以上的材料、每种材料至少 3 个。

(3) 每种材料的数据包括分类号、材料代号、材料名称、材料单价、收入数量和金额、发出数量和金额、结存数量和金额等。

(4) 统计菜单应有计算某个仓库或某类材料的收入数量和金额、发出数量和金额、结存数量和金额的功能。

综合设计的要求如下：

(1) 用面向对象的程序设计方法，并采用多个类、类的继承与派生等面向对象的技术，用多文件的工程文件实现。

(2) 各功能除了能用 C++或 C 语言的标准类库和标准函数之外，均用自定义类库和自定义函数定义。

(3) 程序交互性要友好。

(4) 操作使用方便。

(5) 可行性、可靠性、可读性、可维护性和可移植性要好。

1．用心分析人想通，机随人行写提纲

文文惊叫："哇！这么多要设计的内容，要求又这么高，比红楼梦的大观园还要壮观啊！""我们不管它是大观园还是小麻雀，总之，能完成任务就 OK！用什么方法可以打胜仗？"晶晶导游问大家。许多同学都异口同声地回答："通用编程法。"

文文满脸疑问地说："小问题或一般的问题用通用编程法可以解决，这么复杂大型的软件用通用编程法可以解决吗？"晶晶导游回答文文道："之所以前面解决的是小问题或一般的问题，是为了让大家先入门。不管问题大小，都是人先处理解决了问题再去编程，才能让计算机跟着人这个指挥棒转，对不对？""Yes!""那么，通用编程法的关键就是将人的详细做法编成程序。人能做到的，通用编程法就可以将人的详细做法表达出来，那问题能否用计算机解决呢？""肯定能。""好吧，是真是假，我们用火炼真金试试看。"晶晶导游满怀胜利的心情鼓励大家。

"在充分理解要设计的仓库材料管理软件的内容及要求后，大家都先想想人应该怎么做。"晶晶导游说。只见大家都忙开了，有的在纸上谈兵，有的在分析讨论。

明明看着写完的提纲说："好像人的详细做法很普通哟！""是没什么特别，管理仓库嘛，说来听听。""人工管理仓库材料时有一本仓库记账本，进了材料就在记账本上记入材料名称、收入数量等；发放材料则在记账本的该材料栏上登记发出了多少数量，并统计该材料的收入数量及金额、发出数量及金额和结存数量及金额等；查询或修改时可以按材料号或材料名称查找，先查找到该材料，然后查看或修改；输出就是打开记账本来查看(当然也可以进行专项输出，如查询时进行输出显示等)。"

"那转换成计算机，人工记账本就是计算机中的数据存储单元，其他的人的动作可用流程图描绘出，再用 C++语言编程实现。"乐乐补充道。

晶晶问："这个软件要求采用什么程序设计方法？""面向对象的程序设计方法。"强强答。文文想了想说："这是第 12 章游览过的方法。""还有 13 章。"乐乐加以完善。晶晶点头笑了，"记得真清楚。那首先要用其中的什么方法？""'顺瓜摸根'法。""顺藤摸瓜法吧？""不对，是'顺瓜摸根'法。"同学们嚷嚷并纠正道。晶晶叫大家，"好，那就先用'顺瓜摸根'法，看看你们摸出个什么名堂。"大家都分头去摸了。

最后，大家整理如下：

1) 择优选择仓库材料管理软件的总体设计方案

根据高级算法语言 C++面向对象的程序设计方法和本综合设计的要求，结合仓库材料管理软件的综合设计内容，进行择优选择总体设计方案，步骤如下：

(1) 初步确定类及派生类。

按照面向对象的程序设计方法画出“顺瓜摸根”(类的继承层次)图，方法是先头脑风暴出多个方案，再初步筛选出两个方案，如图 20-1 和图 20-2 所示。

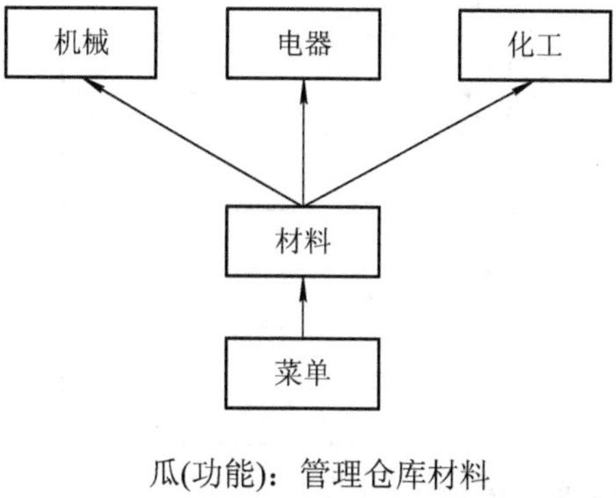

图 20-1　方案一的类的继承层次图

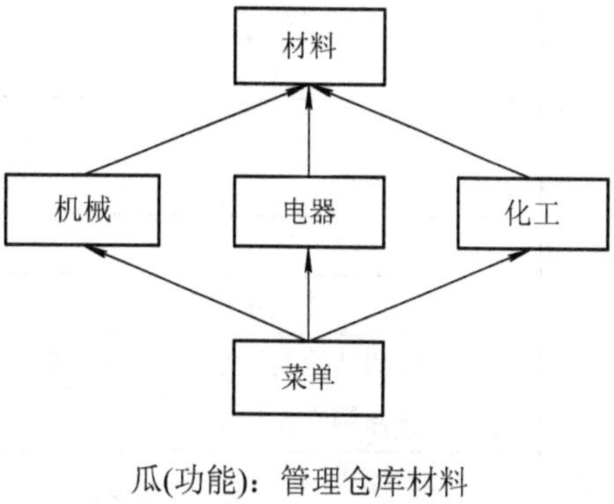

图 20-2　方案二的类的继承层次图

将方案一和方案二填写在方案比较表 20-1 中，进一步加以比较、分析和方案选优。

如果再加一类材料，假设用方案一，则菜单类、材料类均要修改；而方案二呢，只需修改菜单类即可，比方案一要方便，而且方案二符合实际的瓜、根分布规则，故暂且选择方案二。

表 20-1　方案比较表

方案	继承与派生的合理性、有利性	可读性	可移植性	可维护性	编程方便性	备注
方案一	一般	一般	不太好	一般	中	
方案二	好	好	好	好	好	

(2) 绘制类架构表。

根据暂选的最优方案，画出各个类架构表，如表 20-2～表 20-4 所示。在这几个表中，给每个类分配具体功能(函数成员)，配备所需的原材料(数据成员)，然后按照“顺瓜摸根”法，头脑跟踪运行各个类架构表中分配的具体功能，通过一层层继承与派生的关系，调用各函数成员，并结合数据成员考虑，看能否实现题目要求的功能。例如，从菜单类的“运行”这个函数成员开始，进入该软件主菜单的运行界面，当要对机械类材料进行输入操作时，就选择主菜单的“输入”操作，因为主菜单继承了机械类，机械类又继承了材料类，故可以“顺瓜摸根”地执行到材料类的“输入”这个函数成员，完成输入机械类材料的功能。依此类推地头脑跟踪运行其余具体功能，最后可知能实现题目要求的功能，因此这些类的继承和派生关系是合理的。

表 20-2 基类架构表

基 类	
材 料 类	
功能(函数成员)	原材料(数据成员)
输入	将材料的所有基本参数声明为材料类结构数组
修改	材料种类的最小值
查询	材料种类的最大值
统计	一些菜单和项目名称栏用的字符或字符串数组
输出	
构造函数	
一些辅助功能的函数(如显示菜单、询问、选择等操作)	

表 20-3 第一派生类架构表

第 一 派 生 类	
机 械 类	
功能(函数成员)	原材料(数据成员)
构造函数	机械类材料的结构数组
	机械类材料的种类总数

电器和化工类基本同机械类的架构表一样。

表 20-4 第二派生类架构表

第 二 派 生 类	
菜 单 类	
功能(函数成员)	原材料(数据成员)
构造函数	主菜单的字符串
运行	各子分类字符串
显示分类状态	

(3) 重新组织类的继承。

根据以上几步，重新考虑继承关系是否合理。根据已画出的类的继承层次图和类架构表，再三分析，认为方案二合理，故选择方案二。

(4) 确定总体设计方案如下。

该仓库材料管理软件是对仓库材料这个数据库进行管理的，可通过主程序显示出主菜单，并在主菜单下显示出各子菜单，完成相应的管理工作；每一个子菜单均有返回上层菜单的功能，只要选择退出就可结束本次的管理工作。

本方案设计的类的继承层次关系如图 20-2 所示，接口关系如表 20-2～表 20-4 所示。

按照接口关系的描述，最终每一个类都由功能(函数成员，又称为接口)和原材料(数据成员)组成，外部接口由公有函数成员组成，而函数成员表示的就是算法，所以该程序的结构为：由算法加数据结构组成类，在若干个类中定义若干个对象，再由若干个对象组成程序。

“这回可以画流程图了。”强强急不可待地说。

2) 画流程图

根据最优方案，画出仓库材料管理的总流程图，再画出各种管理操作的流程图，然后对照综合设计内容，运用人脑跟踪运行法检验流程图，直至初步合理。

(1) 仓库材料管理的总流程图。

仓库材料管理的总流程图如图 20-3 所示。

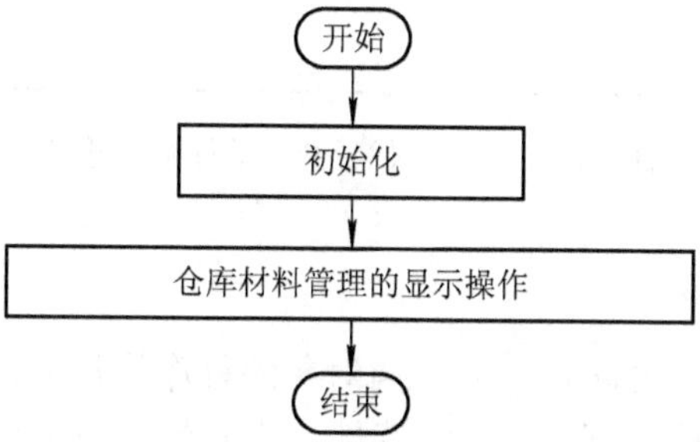

图 20-3　仓库材料管理的总流程图

(2) 仓库材料管理的显示操作流程图。

仓库材料管理的显示操作流程图如图 20-4 所示。

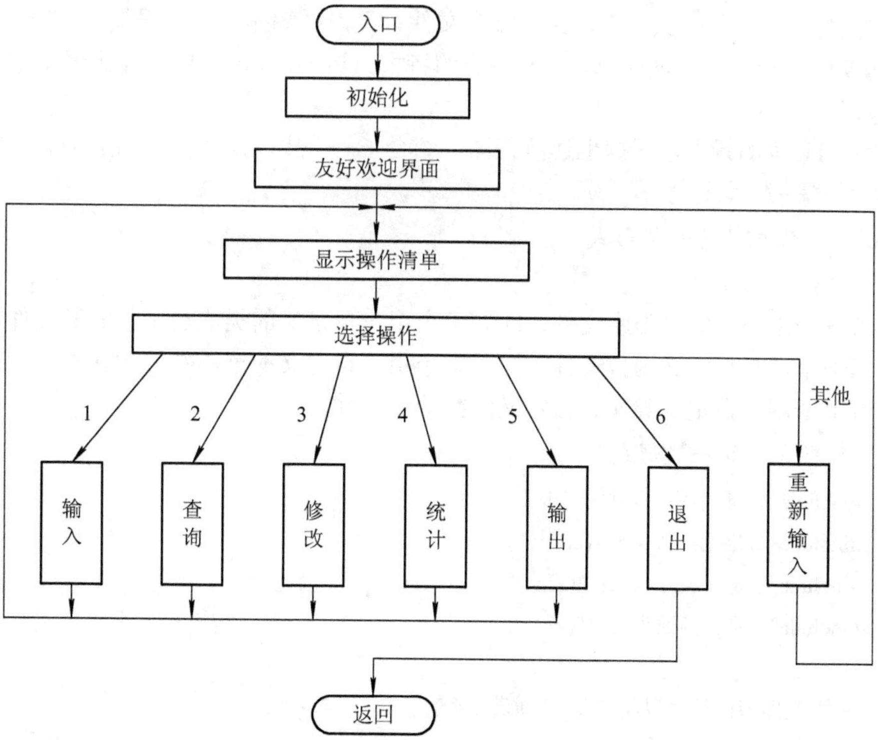

图 20-4　仓库材料管理的显示操作流程图

(3) 按材料代号查询的流程图。

按材料代号查询的简易流程图如图 20-5 所示。

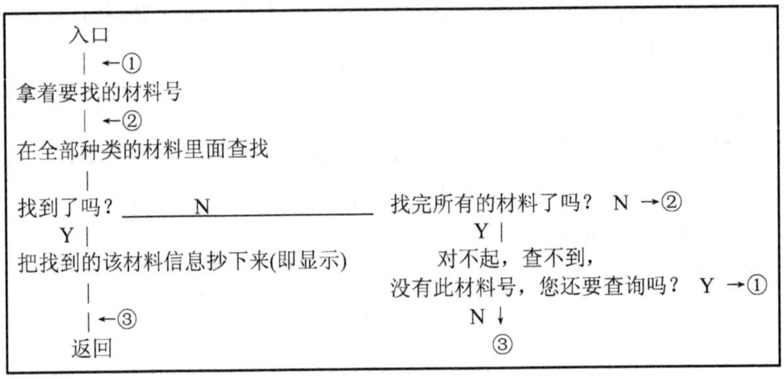

图 20-5　按材料代号查询的简易流程图

其余流程图略。

3) 修改检查设计方案

对照设计内容及要求，根据 C++和面向对象的程序设计的知识，反复推敲验证上述各流程框图的正确性、可行性、可靠性、可读性、交互性、方便性、可维护性和可移植性，直至符合要求。

2．对号入座写文章，头脑运行改文章

“好了，可进入到通用编程法第三大法则的第二大设计步骤了。”晶晶说。“这么多文件，有主文件、子文件、头文件，先写哪个文件？又怎样编排呢？”强强说。“不用急，这个大观园要一部分一部分地游览，八月十五的特大月饼要一口一口地吃，最终，怎么样？”“victory！”

参考第 11 章的景点，根据上述流程图，结合 C++的语句，用 C++语句对号入座写文章——编写 C++源程序代码。

1) C++工程文件的一般形式

- 一个主函数文件。
- 若干个用户自定义类库文件，即若干个用户自定义的类成员函数的源文件。
- 若干个用户自定义函数文件，即若干个用户自定义的子函数的源文件。
- 若干个用户自定义类库或自定义函数的头文件。

2) 主函数文件的一般形式

```
#include<标准类库头文件>(若干个)
#include<标准函数头文件>(若干个)
#include"自定义类库头文件"(若干个)
#include"自定义函数头文件"(若干个)


函数原型(或函数原型及定义一体)(若干个)
全局数据定义(若干个)
```

```
void main()(一个主函数 main)
{
    …
}

函数定义(若干个)
```

主函数文件的扩展名为 cpp。

3) 子函数文件的一般形式

```
#include<标准类库头文件>(若干个)
#include<标准函数头文件>(若干个)
#include"自定义类库头文件"(若干个)
#include"自定义函数头文件"(若干个)

函数原型(或函数原型及定义一体)(若干个)

返回的数据类型  子函数名 ([形式参数])
{
    …
}

函数定义(若干个)
```

类成员函数文件的一般形式与此大致相同，只是要加上类名及作用域区分符::子函数文件(或类成员函数文件)的扩展名为 cpp，可有若干个。

4) 自定义类库和自定义函数的头文件的一般形式

- 类型声明
- 函数声明
- 内联函数定义
- 常量定义
- 数据声明
- 枚举
- 包含指令
- 宏定义
- 注释

头文件扩展名为 h。头文件也可有若干个。另外，不可对头文件进行编译。

以上各部分不一定都要有，但至少要有主函数文件(不可或缺且唯一的)、一个子函数文件(或类成员函数文件)和一个头文件。另外，上述 2)、3)、4)中的各种细分成分也不一定都要有。

编程中要注意：

(1) 选择合适的数据类型构造该软件中的数据结构。

(2) 再用恰当的方法，采用友好的对话方式构造主菜单和各子菜单。

(3) 各种功能都选用较优的算法和操作。

(4) 打印格式要合理，方便观察。

程序写好后，就进入头脑运行改文章阶段了。将写出的程序和与上述流程图进行分析对比，并用人脑跟踪运行，直至认为正确(既能完成题目的功能，又符合 C++ 的语法及规定)，就可以转入第三大设计步骤了。

3. 沉着应战善总结，人定胜机凯歌扬

(1) 由纸上谈兵的软件进入输入调试三部曲——输入、编译、连接。

(2) 运行工程文件，详细记录运行的过程，包括数据、结果、出错现象、出错原因和解决办法。若达不到要求就重复上述步骤，直到调试成功，运行正确。

(3) 完善整个软件，直至程序能可靠运行，维护、使用方便，可读性好，交互性好，可移植性好。

"最后调试成功的'仓库材料管理软件'的程序代码基本同景点 20-2 的大部分程序代码(除了 I/O 文件、异常处理、延时程序和少许语句改动之外)一样，运行结果也基本同景点 20-2 的运行结果一样。所以，此处不再列出程序和运行结果。"晶晶做了说明。

"哇，这个大月饼不容易吃，也不容易消化，回去要好好品味品味、研究研究，练好功夫上战场。"明明说。

20.2 自 行 游 览

20.2.1 全景游览之自游景点

1. 学生成绩管理软件

1) 综合设计内容

请设计一个学生成绩管理软件，包含内容有：

(1) 界面设计有主菜单、子菜单，其中主菜单项有输入、修改、查询、统计、输出、退出，各主菜单项之下有相应的子菜单，例如查询菜单下有按姓名、科目、学号、班级、分数段查询和具有返回上层功能的子菜单。

(2) 可对一个班级至少 10 个以上的学生进行上述管理。

(3) 每个学生的信息包括学号、姓名、班级、科目及至少 5 科以上的成绩。

(4) 统计菜单应该有计算某人或全班所有科目的平均分、全班单科目的平均分、单科成绩的最高分和最低分、某个分数段人数的功能。

2) 综合设计要求(下述各景点的综合设计要求均同此)

(1) 采用面向对象的程序设计方法，使用多个类、类的继承等面向对象的技术，并用多文件的工程文件实现。

(2) 各功能除了使用 C++ 或 C 语言的标准类库和标准函数之外，均用自定义类库和自定义函数定义。

(3) 程序交互性要友好。

(4) 操作和使用该软件方便。

(5) 可行性、可靠性、可读性、可维护性和可移植性要好。

2．仓库材料管理软件

1) 综合设计内容

请设计一个仓库材料管理软件，包含内容有：

(1) 界面设计有主菜单、子菜单，其中主菜单项有输入、修改、查询、统计、输出、退出，各主菜单项之下有相应的子菜单，例如查询菜单下有按材料代号、材料名称、分类、单价、结存数量小于 3 的材料名称查询和具有返回上层功能的子菜单。

(2) 管理规模为：一个仓库、3 种分类、至少 5 种以上的材料、每种材料至少 3 个。

(3) 每种材料的信息包括分类号、材料代号、材料名称、单价、收入数量和金额、发出数量和金额、结存数量和金额。

(4) 统计菜单应该有计算某个仓库或某类材料的收入数量和金额、发出数量和金额、结存数量和金额的功能。

2) 综合设计要求

同第 1 个景点。

3．工资管理软件

1) 综合设计内容

请设计一个工资管理软件，包含内容有：

(1) 界面设计有主菜单、子菜单，其中主菜单项有输入、修改、查询、统计、输出、退出，各主菜单项之下可有相应的子菜单，例如查询菜单下可有按职工号、职工姓名、部门、应发工资、实发工资查询和具有返回上层功能的子菜单。

(2) 对两个部门、至少 10 人进行上述管理。

(3) 每个职工的信息包括职工号、职工姓名、部门、基本工资、补贴工资、水电费、其他、应发工资、实发工资。

(4) 统计菜单应该有计算本单位或某个部门的应发工资和实发工资的功能。

2) 综合设计要求

同第 1 个景点。

4．人事档案管理软件

1) 综合设计内容

请设计一个人事档案管理软件，包含内容有：

(1) 界面设计有主菜单、子菜单，其中主菜单项有输入、修改、查询、统计、输出、退出，各主菜单项之下有相应的子菜单，例如查询菜单下可有按职工号、职工姓名、出生年月、籍贯、部门、职称、政治面貌、基本工资查询和具有返回上层功能的子菜单。

(2) 对两个部门和至少 10 人进行上述管理。

(3) 每个职工的信息包括职工号、职工姓名、出生年月、籍贯、部门、职称、政治面貌、基本工资。

(4) 统计菜单应该有计算本单位或某个部门的人数、某种职称的人数、某种政治面貌的人数的功能。

2) 综合设计要求

同第 1 个景点。

5. 商场货物管理软件

1) 综合设计内容

请设计一个商场货物管理软件，包含内容有：

(1) 界面设计有主菜单、子菜单，其中主菜单项有输入、修改、查询、统计、输出、退出，各主菜单项之下有相应的子菜单，例如查询菜单下可有按货架号、货物代号、货物名称、分类、购买地、购买时间、单价、结存数量小于 10 的材料名称查询和具有返回上层功能的子菜单。

(2) 对两个货架、4 种分类、至少 10 种以上的货物、每种货物至少 5 个进行上述管理。

(3) 每种货物的数据包括货架号、分类号、货物代号、货物名称、型号规格、主要功能特点、单价、收入数量和金额、卖出数量和金额、结存数量和金额、购买地、购买时间。

(4) 统计菜单应该有计算某个货架或某类货物的收入数量和金额、卖出数量和金额、结存数量和金额等功能。

2) 综合设计要求

同第 1 个景点。

6. 文件档案管理软件

1) 综合设计内容

请设计一个文件档案管理软件，包含内容有：

(1) 界面设计有主菜单、子菜单，其中主菜单项有：输入、修改、查询、统计、输出、退出，各主菜单项之下有相应的子菜单，例如查询菜单下可有按文件柜、文件夹、文件号、文件发出日期、文件执行日期、文件检查日期、文件分类名称查询和具有返回上层功能的子菜单。

(2) 对两个文件柜、至少 5 个文件夹、10 份文件进行上述管理。

(3) 每份文件的数据包括文件柜号、文件夹号、文件号、文件发出日期、文件执行日期、文件检查日期、文件分类名称。

(4) 统计菜单应有计算某个文件柜或某个文件夹的文件数、某天发出的文件数的功能。

2) 综合设计要求

同第 1 个景点。

7. 课程表编排软件

1) 综合设计内容

请设计一个课程表编排软件，包含内容有：

(1) 界面设计有主菜单、子菜单，其中主菜单项有教师授课状况、课程表编排、退出，各主菜单项之下有相应的子菜单，例如输入、修改、查询、统计、输出、返回上层等各子菜单，在各子菜单下还可有相应的子菜单，例如查询菜单下可有按姓名、日期查询和具有返回上层功能的子菜单。

(2) 可对一个班的课程表且该班至少7门功课进行编排。

(3) 教师授课状况数据库包括教师姓名、课程名称、教师空闲状况(1～18 周每周一到周五的空闲状况)、备注；课程表的信息包括班级、专业、人数、课程名称、上课时间、上课地点、任课教师姓名、备注。

(4) 每门课的授课时间为15周，排课时间为第1～18周；每周一到周五全天上课，上午4节课，下午4节课，节假日和“十一”长假周不排课；课程表画成表格形式。

2) 综合设计要求

同第1个景点。

8．购物软件

1) 综合设计内容

请设计一个购物软件(假设已有本章自游景点第5个景点“商场货物管理软件”的支持)，包含内容有：

(1) 界面设计有主菜单、子菜单，其中主菜单项有购物、售后服务、退出，各主菜单项之下有相应的子菜单，购物的子菜单有选购、刷卡、返回上层三个选项，售后服务的子菜单有送货方式、顾客意见、返回上层三个选项；在选购的子菜单下又有按商品大类分类的子菜单。

(2) 至少有三大类、每种分类下有两种商品，每种商品至少有5个。

(3) 每种商品的信息包括货物代号、货物名称、型号规格、主要功能特点、单价、数量。

程序包含一个购物表，购物表中有卡号、密码、选购物品的货物代号、货物名称、单价、每种商品的购买数量及购买金额、购买总数量、购买总金额、原来余额、扣除金额、现在余额、取货方式、顾客意见。

(4) 顾客购物的步骤如下：

① 当顾客进入购物菜单再进入选购子菜单后，先在购物表上键入卡号，按需求进入相应的子菜单选购，选购完时自动计算并显示各种商品的购买数量及购买金额、购买的全部商品的购买总数量及购买总金额；顾客如果要修改，则在购物菜单内再继续选购、修改，直至心满意足，再去刷卡。

② 选购完后进入刷卡子菜单，输入卡号和密码，刷卡扣钱。

③ 进入售后服务子菜单，选择自己取货或送货方式，最后打印出除购物表中的卡号和密码外的所有项目清单。

④ 完成后退出。

2) 综合设计要求

同第1个景点。

9．简单图书馆借书、还书管理软件

1) 综合设计内容

请设计一个简单图书馆借书、还书管理软件，包含内容有：

(1) 界面设计有主菜单、子菜单，其中主菜单项有：选书、借书、还书、退出，选书菜单下有文学、数理化、科技、返回上层4个子菜单。

(2) 设有文学、数理化、科技三大类书籍，每类中又至少有10本不同的书籍可供选择。

(3) 每本书的数据包括代号、书名、第一作者、出版社名称、出版时间、馆藏状态。

程序包含读者卡，读者卡的数据有卡号、读者姓名、所借书籍代号、书名、借书日期、还书日期。

(4) 选书、借书、还书的操作步骤如下：

① 读者凭读者卡号进入该软件，再进入选书菜单，根据分类进入相应的子菜单选借书籍；每位读者最多可借3本书，选好书后，读者再凭借书证进图书库自己取书。

② 读者拿着要借的书到图书管理员处借书，管理员输入管理员名和密码，进入借书菜单办理借书手续。

③ 读者还书时也将书交给管理员，管理员输入管理员名和密码，进入还书菜单办理还书手续。

2) 综合设计要求

同第1个景点。

10. 考勤打卡机管理软件

1) 综合设计内容

请设计一个考勤打卡机管理软件，包含内容有：

(1) 界面设计有主菜单、子菜单，其中主菜单项有：考勤打卡、考勤统计、退出，各主菜单项之下有相应的子菜单，考勤打卡菜单下有上班、下班、请假、返回上层的子菜单，考勤统计菜单下有月统计、年统计、返回上层的子菜单。

(2) 设单位人数为10人，两个部门，对10人的考勤进行上述管理。

(3) 考勤卡的信息包括部门、姓名、职工号、正常出勤、迟到、早退、旷工、事假、病假、休假。

(4) 考勤打卡菜单中的各项操作如下：

① 请假人向有关批准人员请假，批准后，由批准人员键入管理人员名和密码后才可以进入请假菜单进行登记。

② 职工进入考勤打卡菜单时，按上班、下班进入相应的子菜单，输入本人的职工号，验证无误后确认，就可将对应的考勤登记起来，并输出该职工的考勤状况。

③ 假设8时上班，16时下班，小于等于8时打卡、大于等于16时打卡的登记正常出勤，大于8时且小于等于8:30时打卡的登记迟到，大于等于15:30时且小于16时打卡的登记早退，8:31时至15:29时打卡且又不是请假的，则登记旷工。

(5) 考勤统计菜单中应能统计(只能由管理员操作)：

① 某职工的考勤情况，包括上述第③点中的各种考勤情况。

② 各部门全勤职工的人数和姓名。

③ 各部门旷工两天以上的职工人数和姓名。

④ 各部门迟到或早退5次以上的职工人数和姓名。

(6) 还可附加考勤查询、考勤输出、考勤修改(由管理员操作)等功能。

2) 综合设计要求

同第 1 个景点。

11. 自动电镀生产线的简单生产工序操作控制软件

1) 综合设计内容

请设计一个自动电镀生产线的简单生产工序操作控制软件。假设这是一条悬臂式环形自动电镀生产线，其主要结构是：在环形自动生产线的上方是一条环形运行的吊臂，吊臂上有挂具，挂具可以夹持零件，吊臂的下方由数个固定的处理槽组成。电镀过程是：吊臂吊着零件，通过提升、前进、下降，在不同的处理槽进行不同的工艺操作；走完一圈，即一个循环，就完成了电镀任务；卸下电镀好的成品，又挂上待电镀的零件进入下一次循环。

生产线的主要生产工艺流程为：装待电镀零件→热(或化学)去油→电解去油→清洗→活化→预镀→电镀→清洗→干燥→成品→卸下已电镀好的零件→装待电镀零件，依次循环。每次电镀由 11 道工序完成。

假设每一个处理槽的处理时间平均为 3 分钟(调试程序时可调小该时间，如几秒)，提升、下降时间各为 3 秒，前进时间为 15 秒。

该自动电镀生产线的简单生产工序操作控制软件包含的内容有：

(1) 界面设计有主菜单、子菜单，其中主菜单项有生产运行、参数调整、统计、程序修改、退出，各主菜单项之下有相应的子菜单，各子菜单有返回主菜单的子项，请设计主菜单、各子菜单，以完成所要求的功能。

(2) 设每次电镀 20 个零件，电镀过程不断循环，直到停机。

(3) 该软件应完成的功能如下：

① 生产运行：根据该自动电镀生产线的主要生产工艺流程完成循环生产过程的各项操作。每当完成一个工序，以打印显示该工序的名称来表示模拟；具有统计产品数量的功能，利用操作“卸下已电镀好的零件”该道工序的时间，采用产生一组随机数的方法，把该组随机数中的数进行划分，将合格品、次品和废品的成品数量进行累计，求出合格率、次品率、废品率，并打印显示出这些统计数据；此外，随时可以干预生产线进行某个动作或进入某道工序。

② 参数调整：进行一些简单的参数调整。该功能只能由生产当班负责人操作。在线中途调整参数的过程应是：停机(返回主菜单)→参数调整→接着停机前的动作继续运行，即再次进入了生产运行菜单。例如，可进行处理时间的调整。

③ 程序修改：此功能的权限仅属于程序管理员。中途修改的过程是：停机(返回主菜单)→程序修改→按照停机前的工序结合修改的程序决定应该接着什么工序进行操作，即再次进入了生产运行菜单。

④ 统计：在其下的子菜单中可查看各批次的统计情况，包括班统计、日统计、周统计、月统计和年统计。其中后 5 个子菜单均可以统计生产量(包括合格品数量、次品数量、废品数量)、产品率(包括合格品率、次品率、废品率)，并将以上数据打印出来。

(4) 对软件中某些对象进行设置。例如，某对象的数据成员 A 的值分别对应的模拟动作如表 20-5 所示。

表 20-5 数据成员 A 的值分别对应的模拟动作

A值	0	1	2	3	4	5	6
模拟动作	复位	启动	提升	下降	前进	处理	停机

2) 综合设计要求

同第 1 个景点。

20.2.2 全景游览之遐思景点

1. 在本章自游景点第 1 个景点的综合设计中：

(1) 如果要对任意个班级的学生成绩进行管理，如何设计？

(2) 如果有任意个学生，又如何设计？

(3) 如何增减科目？

2. 在本章自游景点第 2 个景点的综合设计中：

(1) 如果要对任意个仓库的材料进行管理，如何设计？

(2) 可增加一些什么功能？

3. 在本章自游景点第 3 个景点的综合设计中：

(1) 如果要对任意个部门的职工工资进行管理，如何设计？

(2) 可增加一些什么功能？

4. 在本章自游景点第 4 个景点的综合设计中：

(1) 如果要对任意个部门的职工人事档案进行管理，如何设计？

(2) 可增加一些什么功能？

5. 在本章自游景点第 5 个景点的综合设计中：

(1) 如果要对任意个货架的货物进行管理，如何设计？

(2) 可增加一些什么功能？

6. 在本章自游景点第 6 个景点的综合设计中：

(1) 如果要对任意个文件柜进行管理，如何设计？

(2) 可增加一些什么功能？

7. 在本章自游景点第 7 个景点的综合设计中：

(1)如果要对任意个班级的课程表进行编排，如何设计？

(2) 可增加一些什么功能？

8. 在本章自游景点第 8 个景点的综合设计中：

(1) 如果要对任意个分类的物品进行选购，如何设计？

(2) 可增加一些什么功能？

9. 在本章自游景点第 9 个景点的综合设计中：

(1) 如果要对超过还书期限的读者罚款，如何设计？

(2) 可增加一些什么功能？

10. 在本章自游景点第 10 个景点的综合设计中：

(1) 可增加一些什么功能？例如增加查询和修改功能等。

(2) 请你对该考勤打卡机的异常情况进行实际观察，并设计异常处理程序来解决这些异常问题。

11．在本章自游景点第 11 个景点的综合设计中：

(1) 通过该实验，你对 C++语言在自动控制中的初步应用有什么认识？

(2) 通过 C++综合程序设计实验，您对设计综合软件有什么认识？在设计软件方面有什么提高？

20.3　游览观感

在即将胜利收兵之际，同学们对通用编程法已深信不疑，运用自如了。“通用编程法能给您插上翅膀，遨游太空。”“这 C++乐园真是美不胜收，令人流连忘返。”“C++的综合设计使得各行各业都可编程，无所不能控制。”“所以，要争当 C++高手、能手！”“要多做贡献！”

20.3.1　全景游览之游览要点

明明大声宣布：“让我们冲刺大观园——景点 20-2。”

【景点 20-2】　请在景点 20-1 的基础上进行优化，以提高程序的可靠性、可行性和稳定性等性能。

“到了大显身手的时候了。”“是好是孬，将见分晓。”“能圆编程梦，我豁出去了。”“成为 C++高手，指日可待啰！”同学们争先恐后地在电脑上奋战起来。为什么？打它个快速歼灭战，因为大家都从以前的游览中得出一个结论，要用大块的时间连续编程、快速编程，趁热打铁才能成功！

此时正是 6 月大热天，明明点着蚊香伏案疾书；强强光着膀子在战场上挥汗成雨地作战；乐乐呢，一手摇着扇子，另一手托着腮帮沉思；文文显得最忙了，不停地查找相关知识，不是请教明明，就是向强强讨经，或向乐乐等同学咨询，边学边做边上进……功夫不负有心人，他们终于独立自主地完善了“仓库材料管理新软件”，并编写出了“商场货物管理软件”、“购物软件”等大型综合设计软件。

但打起仗来，发现了一些敌情。例如，在要求输入数字时，误输入了非数字(如在中文输入方式下输入了汉字，在西文方式下输入了字母等)，就会出现乱码的死循环；运行操作很麻烦，每次运行时都要重新输入数据，如若采用初始化赋值，修改的数据不能更新，添加的数据又不能加入。

“怎么消灭这些敌人？”文文请教道。“用第 19 章游览的异常处理消灭死循环这个敌人，我加了判断输入非数字的异常处理。”明明答。强强补充说：“我设置了第一次使用此软件时打不开文件的异常处理。”“那这些异常处理设在哪个类中呢？”文文又问道。“我想设置在基类 Mater 中较合适。因为继承 Mater 的派生类均可使用这些异常处理的成员函数，将异常处理设置在有可能发生异常的多个语句处。”乐乐答道。

同学们议论了一阵说，以上想法都可以歼灭敌军。好，就这么试试看。

文文还有问题：“那怎么用文件来打败处理数据类的敌军呢？”强强答：“文文，人是怎么做的？”“首先，要拿出原来已保存的数据。”“那就对了。我设置了当进入主菜单时，在显示主菜单前的初始化部分的末尾就加上调用打开文件的成员函数，以读出数据。”

文文继续问：“那如果同时使用此软件的不止一个人，在运行中数据随时会被更新，又怎么反击它？”乐乐答道：“我的做法是在进入每个子菜单操作时，均要打开文件读取最新的数据。假设操作中改变或添加了数据，结束此操作前还必须写入数据到文件中。”文文说：“哦，这行得通。”“再保险一些，就是退出此软件之前，再将数据写入到文件中，以防万一。”“我把读文件和写文件的成员函数设在基类 Mater 中。”明明接着乐乐的解答补充了一句。

有位同学又问：“那设置多少个文件较适宜呢？”“我想 3 个吧，因为有 3 个材料大分类，所以机械、化工和电子分别有各自的数据文件。”文文答。

“I/O 文件用什么文件为好？”文文还在问。强强答：“我采用二进制文件，因为存取数据方便。”文文打破砂锅问到底：“那这些 I/O 文件可以存储哪些数据？”“我存储了 3 个派生类(机械、化工、电子)结构数组的数据，即 mmate、cmate、emate。”明明答道。

“好了，大家可以分头作战了。”

在调试中文文又有了新发现：人工从键盘输入的速度与程序运行的速度不协调，导致程序运行出错。于是他跑去请教明明。明明也发现了同样的问题，因此在多处增加了调用延时成员函数。此延时成员函数也加在基类 Mater 中，从而消灭了这个敌人。

文文说，“啊，这就设计出一个 C++面向对象综合程序啦！”

强强挥舞指挥棒——钢笔，一声令下：“冲啊！”“杀！”大家闻风而起，齐奔战场，嗒嗒嗒开起了机关枪，连续扫荡。最后，调试完善成功的“仓库材料管理新软件”源程序(含有文件和异常处理等功能)如下：

```
//材料类的头文件 mat.h
    #include<iostream>
    #include<string>
    #include<iomanip>
    #include <fstream>
    #include<stdlib.h>
    using namespace std;
    #define MAX_ITEMS 6                  //主菜单中的子菜单数目
    #define MAX_ITEMS1 3                 //分类状态的分类数目
    #define NUM 10000                    //为定义堆空间初设的元素数目
    #define SORTID 3                     //各子分类字符串的数目
    #define MAX_ITline9 3                //输出项目名称栏的最大行数
   #define MAX_ITrow9 10                 //输出项目名称栏的最大列数
    #define ASQ1 "没有此材料号，"         //一些字符串的定义
    #define ASQ2 "没有此材料名称，"
    #define ASQ3 "您还要修改吗？(y/n)"
    #define ASQ4 "您还要查询吗？(y/n)"
    #define ASQ5 "您记得要修改的"
    #define ASQ6 "材料号吗？(y/n)"
```

```
#define ASQ7 "材料名称吗？(y/n)"
#define ASQ8 "您还要修改"
#define ASQ9 "其他项目吗？(y/n)"
#define ASQ10 "其他材料吗？(y/n)"
#define ASQ11 "请您从下表中查找，请按 y 键，再按 Enter 键"
#define ASQ12 "请您核对，"
#define ASQ13 "没有此材料或不记得此材料，"

struct Mt                    //声明材料结构
{
    int sortid;              //材料分类号
    int matid;               //材料号
    char name[10];           //材料名称
    double price;            //材料单价
    double datain;           //收入材料数量
    double amountin;         //收入材料金额
    double dataout;          //发出材料数量
    double amountout;        //发出材料金额
    double remain;           //结存材料数量
    double amremain;         //结存材料金额
};

class Mater                  //声明材料类
{
public:
    Mater();//材料类的构造函数
    int getdata(Mt *& mate,int mummax);                  //输入的成员函数
    void modify(Mt *& mate,int mummax);                  //修改的成员函数
    void inquiry(Mt *mate,int mummax);                   //查询的成员函数
    void stati(Mt *& mate,int mummax);                   //统计的成员函数
    void disp(Mt *mate,int mnummin, int mnummax);  //输出的成员函数
    char cyn();//接收键盘输入的 y 或 n 字符并返回该字符的成员函数
    char asq(const string   ASQZ,const string ASQY);  //询问的成员函数
    void displaymenu(string menutitle,char * menuitems3[],int menunum);
                                                         //显示菜单的成员函数
    int chooseoption();//选择操作的成员函数
    int fread(const char* rfile1,Mt *&mate);                    //文件数据读出
    void fwrite(const char* wfile1,Mt *& mate,int mummax);      //文件数据写入
    double Mater::dig1 ();//输入非数字的异常处理
```

```
    void delay1(int dtime1);                //延时成员函数

protected:
    Mt *mate;                               //存放材料类的数据成员
    int mummin,mummax;                      //材料种类的最小值、材料种类的最大值
    string menutitle,menutitle1;            //"主菜单"的形参、"查询子菜单"的字串
    char * menuitems3[MAX_ITEMS1];          //主菜单下的各子菜单的形参
    char * menuitems1[MAX_ITEMS1];          //存放查询子菜单的数据成员
    string itemname[MAX_ITline9][MAX_ITrow9];    //输出各项目名称栏的字符串
    int dtime1;//控制延迟时间
};

//机械、化工、电子类的头文件 che.h

#include"mat.h"              //包含材料类的头文件

class Mac:public Mater       //声明机械类，并公有继承材料类
{
public:
    Mac();
    Mt * mmate;              //机械类材料的数据成员
    int mnum;                //机械类材料的种类总数
    const char * mfile;      //常字符指针，声明机械类二进制文件名
};

class Che:public Mater       //声明化工类，并公有继承材料类
{
public:
    Che();
    Mt *cmate;               //化工类材料的数据成员
    int cnum;                //化工类材料的种类总数
    const char *cfile;       //常字符指针，声明化工类二进制文件名
};

class Ele:public Mater       //声明电子类，并公有继承材料类
{
public:
    Ele();
    Mt *emate;               //电子类材料的数据成员
```

```
    int elenum;              //电子类材料的种类总数
    const char *efile;       //常字符指针，声明电子类二进制文件名
};

//菜单类的头文件 menu.h

#include"che.h"

class Menu:public Che,public Mac,public Ele
{
public:
    Menu();
    void displaysort();                    //显示分类状态
    void run();                            //运行成员函数

private:
    char * sortnum[SORTID];                //分类显示的各子分类字符串
    string menutitle0;                     //“主菜单”字符串
    char * menuitems[MAX_ITEMS];           //主菜单中的各子菜单字符串
};

//材料类的源文件 mat.cpp

#include"mat.h"

Mater::Mater()                             //材料类 Mater 的构造函数
{
    menutitle1="查询子菜单";               //一些用到的字符串
    menuitems1[0]="1.按材料号查询";
    menuitems1[1]="2.按材料名称查询";
    menuitems1[2]="3.返回";
    itemname[0][0]="分  ";
    itemname[0][1]="材  ";
    itemname[0][2]="材料           ";
    itemname[0][3]="单       ";
    itemname[0][4]="     收入   ";
    itemname[0][5]="收入         ";
    itemname[0][6]="发出   ";
    itemname[0][7]="发出         ";
```

```
    itemname[0][8]="结存    ";
    itemname[0][9]="结存          ";
    itemname[1][0]="类 ";
    itemname[1][1]="料 ";
    itemname[1][2]="名称           ";
    itemname[1][3]="价       ";
    itemname[1][4]="     数量    ";
    itemname[1][5]="金额         ";
    itemname[1][6]="数量    ";
    itemname[1][7]="金额         ";
    itemname[1][8]="数量    ";
    itemname[1][9]="金额         ";
    itemname[2][0]="号 ";
    itemname[2][1]="号 ";
    itemname[2][2]="                ";
    itemname[2][3]="(元) ";
    itemname[2][4]="      (个)";
    itemname[2][5]="(元)       ";
    itemname[2][6]="(个)";
    itemname[2][7]="(元)       ";
    itemname[2][8]="(个)";
    itemname[2][9]="(元)       ";
    if((mate=new Mt[NUM])==NULL)//分配存放材料形参的堆空间
    {
        cout<<"can't allocate more memory,terminating.\n";
        exit(1);
    }
}

int Mater::getdata(Mt *& mate,int mnummax)//定义输入成员函数
{
    int i=mnummax;
    char ini='y';
    while(ini=='y')
    {
        cout<<"请输入材料分类号(阿拉伯数字)：";
        mate[i].sortid=dig1();
        cout<<"请输入材料号(阿拉伯数字)：";
        mate[i].matid=dig1();
```

```
            cout<<"请输入材料名称(字符串)：";
            cin>>mate[i].name;
            cout<<"请输入材料单价(保留小数点后两位)：";
            mate[i].price=dig1();
            cout<<"请输入材料的收入数量：";
            mate[i].datain=dig1();
            cout<<"请输入材料的发出数量：";
            mate[i].dataout=dig1();
            i++;
            cout<<"(您还要输入吗？(y/n)"<<endl;
            ini=cyn();
        }
        mummax=i;                          //材料种数
        return mummax;                     //返回材料种数
}

void Mater::disp(Mt *mate,int mnummin, int mnummax)          //定义输出成员函数
{
        int i,j;
        for(i=0;i<MAX_ITline9;i++)
        {
            for(j=0;j<MAX_ITrow9;j++)
                cout<<itemname[i][j];
            cout<<endl;
        }
        cout<<setiosflags(ios::left);
        cout.precision(10);
        for(i=mnummin;i<mnummax;i++)
        {
            cout<<setw(3)<<mate[i].sortid
                <<setw(3)<<mate[i].matid
                <<setw(12)<<mate[i].name
                <<setw(10)<<mate[i].price
                <<setw(6)<<mate[i].datain
                <<setw(10)<<mate[i].amountin
                <<setw(6)<<mate[i].dataout
                <<setw(10)<<mate[i].amountout
                <<setw(6)<<mate[i].remain
                <<setw(10)<<mate[i].amremain
```

```
				<<endl;
		}
}

void Mater::stati(Mt *& mate,int mummax)			//定义统计成员函数
{
		for(int i=0;i<mummax;i++)
		{
			mate[i].remain=mate[i].datain-mate[i].dataout;
			mate[i].amountin=mate[i].datain*mate[i].price;
			mate[i].amountout=mate[i].dataout*mate[i].price;
			mate[i].amremain=mate[i].remain*mate[i].price;
		}
}

void Mater::inquiry(Mt *mate,int mummax)			//定义查询成员函数
{
		int i,mtid,c,choiceinqu=2000;
		char d='y';
		string name1;
		while(choiceinqu!=3||d=='y')
		{
			displaymenu(menutitle1,menuitems1,MAX_ITEMS1);
			choiceinqu=chooseoption();
			switch(choiceinqu)
			{
				case 1:cout<<"请输入材料号："<<endl;
						mtid=dig1();
						c=1;
						for (i=0;i<mummax;i++)
							if(mate[i].matid==mtid)
							{
								disp(mate,i,i+1);
								c=0;
							}
						if(c!=0)
						{
							cout<<"对不起，查不到，";
							d=asq(ASQ1,ASQ4);
```

```
                    }
                    break;
            case 2:cout<<"请输入材料名称："<<endl;
                    cin>>name1;
                    delay1(1000);
                    c=1;
                    for (i=0;i<mummax;i++)
                        if(mate[i].name==name1)
                        {
                            disp(mate,i,i+1);
                            c=0;
                        }
                    if(c!=0)
                    {
                        cout<<"对不起，查不到，";
                        d=asq(ASQ2,ASQ4);
                    }
                    break;
            case 3:cout<<"您要返回吗？(y/n)"<<endl;
                    d=cyn();
                    if(d=='y')
                        d='n';
                    else
                    d='y';
                    break;
        }
    }
}

void Mater::modify(Mt *& mate,int mummax)          //定义修改成员函数
{
    int i,k,m,mtid;
    string name1,cname;
    char d='y';
    char b,c,e='y',f='y';
    while(d=='y')
    {
        m=0;
        b=asq(ASQ5,ASQ6);
```

```
if(b=='y')
{
      cout<<"请输入要修改的材料号：";
      mtid=dig1();
      for (i=0;i<mummax;i++)
            if(mate[i].matid==mtid)
            {
                  disp(mate,i,i+1);
                  m=1;
                  break;
            }
}
else
{
      c=asq(ASQ5,ASQ7);
      if(c=='y')
      {
            cout<<"请输入要修改的材料名称：";
            cin>>name1;
            delay1(1000);
            for (i=0;i<mummax;i++)
                  if(mate[i].name==name1)
                  {
                        disp(mate,i,i+1);
                        m=1;
                        break;
                  }
      }
}
if(m!=1)
{
      asq(ASQ13,ASQ11);
      disp(mate,0,mummax);
      f='n';
}
while(f=='y')
{
      while(e=='y')
      {
```

```
cout<<"请输入要修改的项目名称：";
cin>>cname;
delay1(1000);
if(cname=="收入金额" || cname=="发出金额"
    || cname=="结存数量" || cname=="结存金额")
{
    cout<<"这些项目不能修改，请您重新输入";
    continue;
}
if(cname=="分类号")
    k=1;
else
    if(cname=="材料号")
        k=2;
    else
        if(cname=="材料名称")
            k=3;
        else
            if(cname=="单价")
                k=4;
            else
                if(cname=="收入数量")
                    k=5;
                else
                    if(cname=="发出数量")
                        k=6;
                    else
                    {
                        cout<<"没有该项目名称，"
                        <<"请重新输入"<<endl;
                        continue;
                    }
cout<<"请输入要修改的数据信息：";
switch(k)
{
    case 1:mate[i].sortid=dig1();
        break;
    case 2:mate[i].matid=dig1();
        break;
```

```
                    case 3:cin>>mate[i].name;
                          break;
                    case 4:mate[i].price=dig1();
                          break;
                    case 5:mate[i].datain=dig1();
                          break;
                    case 6:mate[i].dataout=dig1();
                          break;
                }
                e=asq(ASQ8,ASQ9);
                if (e=='n')
                      break;
            }
            e='y';
            while(m==1)
            {
                stati(mate,mummax);
                disp(mate,i,i+1);
                break;
            }
            f=asq(ASQ12,ASQ3);
            if (f=='n')
                break;
        }
        d=asq(ASQ8,ASQ10);
        e='y';
        f='y';
    }
}

char Mater::cyn()//定义接收键盘输入的 y 或 n 字符并返回该字符的成员函数
{
  char w;
  cin>>w;
  while(w!= 'y'&&w!= 'n')
  {
     cout<<"请输入小写字母 y 或 n"<<endl;
     cin>>w;
  }
```

```
    return w;
}

char Mater::asq(const string ASQZ,const string ASQY)//定义询问返回答案成员函数
{
    char b;
    cout<<ASQZ;
    cout<<ASQY;
    b=cyn();
    return b;
}

int Mater::chooseoption()//定义选择功能并返回选择结果成员函数
{
    int choice;
    cout<<"请您选择所需要的功能按下对应的数字键：";
    choice=dig1();
    return choice;
}

void Mater::displaymenu(string menutitle,char * menuitems3[],int menunum)
    //定义显示菜单成员函数
{
    cout<<endl;
    cout<<"__________________";
    cout<<menutitle;
    cout<<"__________________";
    cout<<endl;
    for(int i=0;i<menunum;i++)
        cout<<menuitems3[i]<<endl;
}

int Mater::fread(const char* rfile1,Mt *&mate)//文件数据读出
{
    long endpos,curpos;
    ifstream infile(rfile1,ios::binary);
    try//对文件异常处理的 try 语句块和判别文件是否能打开
    {
        char rf;
```

```
            if(!infile)
            {
                cout<<"要打开该大类材料的文件吗？(y/n)"<<endl;
                rf=cyn();
                if(rf=='y')
                {
                    fwrite(rfile1,mate,mummax);
                    //如果是首次进行该大类的软件操作，创建该大类的文件
                }
                else
                    throw(rf);            //否则，抛掷文件打不开的异常
            }
        }
        catch(char)                       //文件打不开的异常处理 catch 语句块
        {
            cerr<<"Don't open file!"<<endl;   //文件打不开
            exit(1);
        }
        infile.seekg(0,ios::end);         //读指针移到文件末尾
        endpos=infile.tellg();            //记录文件末尾位置
        int i=0;
        infile.seekg(0,ios::beg);         //读指针移到文件头
        curpos=infile.tellg();            //记录读指针的当前位置
        while(curpos!=endpos)             //读出文件中的数据，直到最后一条记录
        {
            infile.read((char*)& mate[i],sizeof(Mt));    //从文件读出数据
            i++;
            curpos=infile.tellg();
        }
        mummax=i;                         //保存文件中的材料种数值
        infile.close();
        return mummax;
    }

    void Mater::fwrite(const char* wfile1,Mt *&mate,int mummax)      //文件数据写入
    {
        ofstream outfile(wfile1,ios::binary);
        if(!outfile)
        {
```

```
            cout<<"Don't open file!"<<endl;
            exit(1);
        }
        for(int i=0;i<mummax;i++)
            outfile.write((char*)& mate[i],sizeof(Mt));
        outfile.close();
}

double Mater::dig1()          //输入非数字的异常处理
{
        char c1[10];
        char *strp;
        char *endptr;
        strp=c1;
        size_t len1;
in1:try                        //异常处理的 try 语句块
        {
            cin>>c1;
            strp=c1;
            delay1(1000);
            len1=strlen(strp);
            for(int i=0;i<2;i++)
            {
                for(int i=0;i<len1;i++)
                {
                    if((*strp>=48)&&(*strp<=57)||(*strp==46))
                                        //判别是否为阿拉伯数字 0～9 或小数点
                        strp++;
                    else
                        throw    strp;   //如果输入的字符不是阿拉伯数字 0～9
                                        //或小数点，就抛掷此异常
                }
                strp=c1;
            }
            strp=c1;
            return strtod(strp,&endptr);     //字符串转换为双精度值，并返回该值
        }
        catch(char *)                   //异常处理的 catch 语句块
        {
```

```
            cout<<"输入了非数字，应该用西文方式输入数字，请重新输入"<<endl;
                //进行异常处理
            goto in1;
        }
}

void Mater::delay1(int dtime)                       //延时成员函数
{
        for(int i=0;i<dtime;i++)
            for(int j=0;j<100000;j++);
}

//机械、化工、电子类的源文件 che.cpp

#include"che.h"

Mac::Mac()//机械类的构造函数
{
        if((mmate=new Mt[NUM])==NULL)               //分配存放机械材料的堆空间
        {
            cout<<"can't allocate more memory,terminating.\n";
            exit(1);
        }
        mfile="mmatf2.dat";                         //机械类二进制文件名
}

Che::Che()//化工类的构造函数
{
        if((cmate=new Mt[NUM])==NULL)               //分配存放化工材料的堆空间
        {
            cout<<"can't allocate more memory,terminating.\n";
            exit(1);
        }
        cfile="cmatf2.dat";                         //化工类二进制文件名
}

Ele::Ele()                                          //电子类的构造函数
{
        if((emate=new Mt[NUM])==NULL)               //分配存放电子材料的堆空间
```

```
    {
        cout<<"can't allocate more memory,terminating.\n";
        exit(1);
    }
        efile="ematf2.dat";          //电子类二进制文件名
}

//菜单类的源文件 menu.cpp
#include"menu.h"

Menu::Menu()                         //菜单类 Menu 的构造函数
{
    menutitle0="主菜单";
    menuitems[0]="1.输入";
    menuitems[1]="2.查询";
    menuitems[2]="3.修改";
    menuitems[3]="4.统计";
    menuitems[4]="5.输出";
    menuitems[5]="6.退出";
    sortnum[0]="机械——1";
    sortnum[1]="化工——2";
    sortnum[2]="电子——3";
}

void Menu::displaysort()             //显示分类状态
{
    cout<<endl;
    cout<<"分类号："<<endl;
    for(int i=0;i<SORTID;i++)
        cout<<sortnum[i]<<endl;
    cout<<"请输入分类号，";
}

void Menu::run()//运行
{
    int choice1=1;
    Mac m;
    Che c;
    Ele e;
```

```
int sort;
cout<<"            欢迎您使用仓库材料管理软件"<<endl;
mnum=m.fread(mfile,mmate);          //读机械类文件
cnum=c.fread(cfile,cmate);          //读化工类文件
elenum=e.fread(efile,emate);        //读电子类文件
while(choice1!=6)
{
    m.displaymenu(menutitle0,menuitems,MAX_ITEMS);   //显示主菜单
    choice1=m.chooseoption();       //选择何种操作
    if( choice1==6)                 //当选择“退出”时，询问“您真的要退出吗？”
    {
        cout<<"您真的要退出吗？(y/n)";
        char yn;
        yn=m.cyn();
        if(yn=='n')                 //如果不退出
        {
            m.displaymenu(menutitle0,menuitems,MAX_ITEMS);   //显示主菜单
            choice1=m.chooseoption();       //又选择何种操作
        }
    }
    switch(choice1)                 //根据选择进入各项操作
    {
        case 1:displaysort();       //显示分类状态
                sort=c.chooseoption();
                switch(sort)        //输入
                {
                    case 1:mnum=m.fread(mfile,mmate);    //读机械类文件
                            m.delay1(1000);
                            mnum=m.getdata(mmate,mnum);
                                //进入机械分类进行输入操作
                            m.stati(mmate,mnum);        //调用统计成员函数
                            m.disp(mmate,0,mnum);       //调用输出成员函数
                            m.fwrite(mfile,mmate,mnum);     //写机械类文件
                            break;
                    case 2:cnum=c.fread(cfile,cmate);
                            c.delay1(1000);
                            cnum=c.getdata(cmate,cnum);
                                //进入化工分类进行输入操作
                            c.stati(cmate,cnum);
```

```
                    c.disp(cmate,0,cnum);
                    c.fwrite(cfile,cmate,cnum);
                    break;
            case 3:elenum=e.fread(efile,emate);
                    e.delay1(1000);
                    elenum=e.getdata(emate,elenum);
                        //进入电子分类进行输入操作
                    e.stati(emate,elenum);
                    e.disp(emate,0,elenum);
                    e.fwrite(efile,emate,elenum);
                    break;
            default:cout<<"无效的选择，重新输入";
                        //处理超出 1～3 的数字的选择
                    cout<<endl;
        }
        break;
case 2:displaysort();//显示分类状态
        sort=c.chooseoption();
        switch(sort)//查询
        {
            case 1:mnum=m.fread(mfile,mmate);
                    m.delay1(1000);
                    m.inquiry(mmate,mnum);
                    break;
            case 2:cnum=c.fread(cfile,cmate);
                    c.delay1(1000);
                    c.inquiry(cmate,cnum);
                    break;
            case 3:elenum=e.fread(efile,emate);
                    e.delay1(1000);
                    e.inquiry(emate,elenum);
                    break;
            default:cout<<"无效的选择，重新输入";
                            //处理超出 1～3 的数字的选择
                    cout<<endl;
        }
        break;
case 3:displaysort();        //显示分类状态
        sort=c.chooseoption();
```

```
            switch(sort)        //修改
            {
                case 1:mnum=m.fread(mfile,mmate);
                        m.delay1(1000);
                        m.modify(mmate,mnum);
                        m.fwrite(mfile,mmate,mnum);
                        break;
                case 2:cnum=c.fread(cfile,cmate);
                        c.delay1(100);
                        c.modify(cmate,cnum);
                        c.fwrite(cfile,cmate,cnum);
                        break;
                case 3:elenum=e.fread(efile,emate);
                        e.delay1(1000);
                        e.modify(emate,elenum);
                        e.fwrite(efile,emate,elenum);
                        break;
                default:cout<<"无效的选择，重新输入";
                                    //处理超出 1～3 的数字的选择
                        cout<<endl;
            }
            break;
    case 4:displaysort();        //显示分类状态
            sort=c.chooseoption();
            switch(sort)        //统计
            {
                case 1:mnum=m.fread(mfile,mmate);
                        m.delay1(1000);
                        m.stati(mmate,mnum);
                        m.disp(mmate,0,mnum);
                        m.fwrite(mfile,mmate,mnum);
                        break;
                case 2:cnum=c.fread(cfile,cmate);
                        c.delay1(1000);
                        c.stati(cmate,cnum);
                        c.disp(cmate,0,cnum);
                        c.fwrite(cfile,cmate,cnum);
                        break;
                case 3:elenum=e.fread(efile,emate);
```

```
                    e.delay1(1000);
                    e.stati(emate,elenum);
                    e.disp(emate,0,elenum);
                    e.fwrite(efile,emate,elenum);
                    break;
                default:cout<<"无效的选择，重新输入";
                                        //处理超出 1～3 的数字的选择
                    cout<<endl;
            }
            break;
        case 5:displaysort();           //显示分类状态
            sort=c.chooseoption();
            switch(sort)        //输出
            {
                case 1:mnum=m.fread(mfile,mmate);
                    m.delay1(1000);
                    m.disp(mmate,0,mnum);
                    break;
            case 2:cnum=c.fread(cfile,cmate);
                    c.delay1(1000);
                    c.disp(cmate,0,cnum);
                    break;
                case 3:elenum=e.fread(efile,emate);
                    e.delay1(1000);
                    e.disp(emate,0,elenum);
                    break;
                default:cout<<"无效的选择，重新输入";
                                    //处理超出 1～3 的数字的选择
                    cout<<endl;
            }
            break;
        case 6:m.fwrite(mfile,mmate,mnum);          //写机械类文件
            c.fwrite(cfile,cmate,cnum);             //写化工类文件
            e.fwrite(efile,emate,elenum);           //写电子类文件
            break;                                  //退出
        default:cout<<"无效的选择，重新输入";       //处理超出 1～6 的数字的选择
            cout<<endl;
    }
}
```

```
}

//主函数的源文件 m1.cpp

#include"menu.h"

void main()          //主函数
{
    Menu me;         //定义菜单类 Menu 的对象 me
    me.run();        //通过对象 me 调用 Menu 类的运行成员函数 run
}
```

运行结果一(初次使用该软件或删除了 3 个数据文件)：

```
        欢迎您使用仓库材料管理软件
要打开该大类材料的文件吗？(y/n)
y
要打开该大类材料的文件吗？(y/n)
y
要打开该大类材料的文件吗？(y/n)
y
_________________主菜单_________________
1. 输入
2. 查询
3. 修改
4. 统计
5. 输出
6. 退出
要选择所需要的功能，请按下对应的数字键：5
分类号：
机械——1
化工——2
电子——3
请输入分类号。要选择所需要的功能，请按下对应的数字键：1
分 材 材料      单     收入  收入    发出  发出     结存  结存
类 料 名称      价     数量  金额    数量  金额     数量  金额
号 号          (元)    (个)  (元)    (个)  (元)     (个)  (元)
```

结果正确。

运行结果二(多次使用该软件后)：

```
        欢迎您使用仓库材料管理软件
```

________________主菜单________________

1. 输入
2. 查询
3. 修改
4. 统计
5. 输出
6. 退出

要选择所需要的功能，请按下对应的数字键：3

分类号：

机械——1

化工——2

电子——3

请输入分类号。要选择所需要的功能，请按下对应的数字键：2

您记得要修改的材料号吗？(y/n)y

请输入要修改的材料号：1

分类号	材料号	材料名称	单价(元)	收入数量(个)	收入金额(元)	发出数量(个)	发出金额(元)	结存数量(个)	结存金额(元)
2	1	酒精	28.7	100	2870	10	287	90	2583

请输入要修改的项目名称：发出数量

请输入要修改的数据信息：30。9

输入了非数字，应该用西文方式输入数字，请重新输入

30

您还要修改其他项目吗？(y/n) n

分类号	材料号	材料名称	单价(元)	收入数量(个)	收入金额(元)	发出数量(个)	发出金额(元)	结存数量(个)	结存金额(元)
2	1	酒精	28.7	100	2870	30	861	70	2009

请您核对，您还要修改吗？(y/n)n

您还要修改其他材料吗？(y/n)n

________________主菜单________________

1. 输入
2. 查询
3. 修改
4. 统计
5. 输出
6. 退出

要选择所需要的功能，请按下对应的数字键：5

分类号：

机械——1

化工——2

电子——3

请输入分类号。要选择所需要的功能，请按下对应的数字键：3

分类号	材料号	材料名称	单价 (元)	收入数量 (个)	收入金额 (元)	发出数量 (个)	发出金额 (元)	结存数量 (个)	结存金额 (元)
3	1	平板电视	3500	20	70000	10	35000	10	35000
3	2	音箱	300.5	10	3005	2	601	8	2404
3	9	电风扇	400	20	8000	20	8000	0	0
3	13	电磁炉	356	10	3560	8	2848	2	712
3	41	VCD	0	9	0	8	0	1	0

结果正确。

“哦，大功告成，凯歌扬了！”强强威风凛凛地挥舞着记录本，就像挥舞着战旗一般在实验室里奔跑。乐乐跟着跳起来：“愉快的歌声满天飞，3 5 6 3 5，6 5 3 1 2……”大家沉浸在喜悦中。

20.3.2　全景游览之总结提高

明明笑着说：“好，胜利之余，我们来好好总结一下。在什么情况下用面向对象的综合设计？”

强强大手一挥：“什么情况都最好用面向对象的设计方法设计程序，大的、问题多的就自然是综合设计的程序。”

“为什么说成是面向对象的程序设计？”文文问道。

因为**最终把程序设计成**：

程序= (对象 + 对象 + …)

　　= (类或某些类 + 类或某些类 + …)

　　= ((算法 + 数据结构) + (算法 + 数据结构) + …)

这样的形式。

“什么时候要考虑方案选优？”有位同学问乐乐。“**方案选优体现在各个环节中，既有大方案的选优，也有小方案和技术、调试等方面的选优。总之，要善于运用 C++的知识，开阔思路，勇于创新，充分发挥你的聪明才智，尽力体现你的优势特长。**”

“如何运用面向对象的综合程序设计方法？”又有位同学问道。明明答道：“运用面向对象的综合程序设计方法是：首先用通用编程法结合第 12 章和第 13 章的面向对象的程序设计方法的知识进行开发设计。然后，**在投入实际运行前要多运行、多调试**，不但运行程序中的各种情况，还要设想实际运行中会出现什么情况，**尤其是一些异常情况**。**特别要多运行一些边界情况**，如初始情况、末尾情况、临界情况、特殊情况、关键情况、转折情况、容易出错或不稳定的情况等。对这些妨碍程序可靠运行的情况进行预先处理和设置异常处理，以保证程序的优良性能。”

“真够呛！这个海陆空大战役把我们都打得有点蒙头转向了，回去好好梳理梳理，掌握好其中的战略战术。”文文感叹道。

同学们的成绩都持平或略有下降。“没关系，我们会好好学习，努力研究，准备冲刺这次旅游的总决战——总考试。”明明鼓励大家。

尾　声

晶晶导游宣布："大家经过 19 个景点的摸爬滚打锻炼，今天就在 C++ 乐园游览总考试上比试高低。这个总考试的内容是在你们已经编写运行成功的'购物软件'上增加一些其他功能。""好哇，好哇，看看我们能跑多快，能飞多高。"同学们胸有成竹。"那就各就各位，预备起。"

同学们全神贯注，哗哗哗地翻阅自己原来写好的实验报告，运用通用编程法先在纸上谈兵，然后在战场上八仙过海，各显神通，基本上都能在自己原已编写的"购物软件"中运行新添加的程序，获得了新的功能。

"时间到。"晶晶导游当场检验评分。评分完毕，晶晶喜上眉梢、神采奕奕地大声说："祝贺大家，整个团队的队员都获得了合格以上的好成绩。""哈哈哈，皆大欢喜啰！""满堂红喽！"同学们欢呼雀跃。"梦寐以求的编程梦圆喽！""我当上 C++ 高手了！""我当上 C++ 能手了！""我是好渔民喽！""我成了打鱼高手啦！"……明明也融入在这鱼满仓的喜庆丰收中。

晶晶统计后，总结道："全体同学都学得很好，认真按照通用编程法去做，敬业奉献，勤奋学习，践行《C++程序设计教程：化难为易地学习 C++》这本书的内容，积极探索，勇于创新，设计出许多不同模式、不同效果的程序。学习效果非常好，涌现出了一些 C++ 初级高手、能手，这是特别值得表扬和庆贺的。包括你们这个旅游团队在内的整个年级 C++ 学习团队 254 人的成绩比例(A 的百分比(%)～E 的百分比(%))如表 1 所示。"

表 1　No.2、No.3、No.4、No.5 和总评的实验成绩统计表

实验次号	实验内容	A / (%)	B / (%)	C / (%)	D / (%)	E / (%)
No.2	选择、循环	25.6	22.4	21.7	21.3	9.0
No.3	数组、指针	32.0	33.6	15	11.9	7.5
No.4	结构、函数、引用、多文件	15.4	19.0	26.1	32.8	6.7
No.5	类、对象、面向对象的程序设计	46.1	25.2	18.5	9.1	1.2
实验总成绩	实验考试成绩+奖励分	19.6	44.7	29.4	6.3	0.0

晶晶继续总结道："整个年级的 C++ 学习团队互帮互学，团结协作，切实践行通用编程法，并学以致用，大胆创新，取得了长足的进步。其中多人多次获得'积极双赢'奖，全年级获奖人数为 237 人，更可喜的是有 4 个双赢队荣获'积极双赢队'奖，获奖情况如表 2 所示。"

表 2 全年级获奖情况

获奖总分/分	40	30	20	10	合计
获奖比例/(%)	1.6	16.5	38.6	36.6	93.3
获奖人数/人	4	42	98	93	237

晶晶导游开心地说："特别值得表扬的是明明，他后来者居上。在这次游览期过半时，不再迷信专家、学者，转向走通用编程法这条捷径，急起直追，日夜奋战，并带领好整个团队，最终获得了优秀(A)的成绩。祝贺你，明明！没想到你还挺有创新精神的，成为了后起之秀、C++高手。还有强强和乐乐，一直以来坚信通用编程法，并积极思考，努力学习，踊跃发言，团结互助，获得了良好(B)的成绩，你们是常胜将军、C++能手。还有谁值得特别表扬的？""文文呗！"许多同学齐声喊道。"这个大家担心已久的拖后腿的心病去除了。文文从迷信专家、学者转向了坚信通用编程法，这个痛苦的过程磨炼了他，促进了他的成长，能在剩余的 1/3 时间内获得合格(D)的成绩，已经是相当不错了。祝贺你，文文！将来你们团队的 C++博士还非你莫属啊！"

文文感慨万千地说："谢谢晶晶导游、明明、强强、乐乐和全团队队友对我的关心、教导和帮助！同学们，我们不能迷信专家、学者，只要经得起实践检验的方法，就是灵丹妙药。还有，做人不要图名图利，知错要勇于快改，浪子回头金不换！""谁换你了，文文，谁也不敢换你这个博士！你啊，博士还是博士，要不了几个星期，你就会跃居 C++博士了。""谢谢同学们的鼓励！"

强强说："文文，你能坚信并使用通用编程法就是金不换。在设计综合景点时我心想，那么多的纸上兵要谈，什么顺瓜摸根、方案选优、类的继承层次图、类架构表、流程图、写程序等都要纸上谈兵，谈到猴年马月，不如边打仗边在战场(电脑)上谈兵。结果，我这个创新不但不成功，反而赔了夫人又折兵，程序调试不通。真是不磨刀就误了砍柴工。赶紧用会了通用编程法，很快就打赢了这一仗。我从心底里感谢通用编程法这个好方法，圆了我的编程梦。"

乐乐也来掺和了："从网上、哪里搜都搜不到的程序，但在通用编程法里游览就可编出称心如意、人定胜机的程序。还有，何时何地都要乐呵呵地游览，才能助你成功。"

晶晶导游鼓励同学们："继续争当 C++高手、能手，希望你们能发明出比通用编程法还要好的编程法，以造福人类和世界！"同学们热烈鼓掌，从心底里感谢晶晶导游的悉心关爱与指导帮助！

大家都兴致勃勃地畅谈着心得体会和经验总结。从以下至"尾声"的倒数第五段末是从本科生的实验报告和反馈总结中摘录的心得体会和经验总结。其中，本科生讲的"三部曲"或"三步走"、"三步"、"三步法"、"三步骤"、"三部"均是指本书的"三大设计步骤"或"三大法则"。

"学习 C++，不仅能学到编程知识，也学到了许多做事的方法思路，还锻炼了自己的耐心，考验了自己的细心。觉得 C++三部曲很有用。希望以后在 C++上能取得进步。"

"我按照三部曲来做，思路就豁然开朗了。"

"这次大作业是综合能力的体现。纸上谈兵很重要，人脑跟踪运行，巩固所学的知识，才能熟练掌握 C++。"

“通过一个学期 C++ 的学习，我发现信心、自我激励以及持之以恒的耐心很重要！这些同样适用于其他科目的学习。”

“这个程序下来，这个学期以来，学会了很多，耐心、仔细、不怕困难，这些在其他学科也同样适用。希望自己有正确的学习方法和崇高的目标，在人生路上不断努力、进步。”

“一学期的 C++ 乐园的经历，也让我喜欢上了这门艺术。我相信在我的努力下，一定会早日成为 C++ 高手。”

“一学期以来，C++ 并没有带走什么，却带给了我很多，教会了我如何去解决问题，让我明白了最简单的道理，即追求你想要的东西时要坚持不懈。C++ 课程虽然结束了，但是 C++ 的学习之路永无止境，我会带着老师的教诲继续我的 C++ 高手之路。”

“按照三部曲一步步编写程序，调试成功后，再不断修改程序小细节问题。在以后的 C++ 学习中，我会继续认真对待程序设计，笑对 error，成为一个 C++ 高手！”

“通过一学期的 C++ 实验学习，对 C++ 语言编程有了一定了解，对纸上谈兵和上机打仗的方法坚信不疑。面向对象和面向过程是截然不同的思维方式，面向对象设计程序更简洁方便，可移植性好。对于 C++ 实验，要做好实验记录，同样的错误不犯第二遍，有条不紊、循序渐进地学好编程。”

“完成了一个大程序的编译后，感觉既兴奋又喜悦。按照老师的教授，按‘画流程——写程序——上机打仗’的顺序一步步来，用心分析，认真对待就一定能取得成功。多体会，多练习，从基础部分一点点运行，积少成多，在心中树立‘人定胜机’的观念，并运用‘顺瓜摸根’等一些方法去主动学习，就一定可以成为 C++ 高手！”

“在认真做完 C++ 大作业后，我发现一个人的心理素质对于编程很重要，不要被貌似困难的事物吓倒，相信自己是一名 C++ 高手很重要。‘三大步骤’是解决一切问题的关键所在；很多东西、知识在你经常使用时，才能更好地为你所用。”

“通过这次程序的设计，我将所学知识融为一体，对 C++ 编程有了更加深刻的认识与体会，尤其是编程三步走的思想。虽然在编程前花了一点时间，但是在编程时速度快了，准确率高了，整体的效率有了，是一种比较好的编程方法。总之，C++ 虽然有一定的难度，但是我相信用编程三步走的理念多加练习，一定会成为 C++ 高手！”

“学习了一年的 C++ 编程，所有成果都集中在这几十行的程序中，也许不是完美，但自己很满意；也许并不是完全的自创，但其中也有许多自己改进和添加的东西。发现‘三大步骤’是个好东西，没有一个好的思路就好像一场战争没有一个好的军师，注定不能完美收场。思路是 C++ 的灵魂，而思路的第一步是‘用心分析人想通，机随人行写提纲。’这一次的大作业跟随三步走，一样是顺利地展开。这一次的实验让我看到了自己的一些不足，也让我对自己的 C++ 能力有了自信，自己已经能看懂整个程序，能够在已有程序上做出创新。发现 C++ 学习是一个有趣的事情，看着那些从自己手中诞生的一个个程序，心中不胜喜悦，不时会运行一下，满足一下自己。”

“用 C++ 三步法写程序，有一种居高临下的感觉。调试成功后，心情会很舒畅，有种飘飘欲仙的感觉。这就是 C++ 三步法的魅力所在。”

“我所收获的不仅仅是一个程序，还有一种久违的成就感，有点出乎意料，没想到自己能写出这么一个程序。但后来想了一下，写程序犹如走路，一步一个脚印，路也是人走出来的。非常感谢本学期的 C++ 实验课，让我深深地体会到了编程三部曲的有效性和无限乐趣。它让我不仅学到了诸多知识，更重要的是教会了很多做人的道理，真正做到寓德于教，即要学会做事必先学会做人！”

“这次C++的大作业可以说是十分费时费力，但它让我把之前学过的东西都巩固了一遍。按照三大步骤继续学习，我一定会成为C++高手！”

“在编写程序的时候严格按照老师指导的三部曲来操作，能达到事半功倍的效果。同时，我们在编程序时，应有足够的细心、耐心。”

“本学期学习C++编程，更多的是收获知识的喜悦。现在已经摆脱了从前由机器出发的思考方式，能够从人的思路出发编程，更直接。”

“一学期下来，学会了不少C++的知识。以前总觉得C++很难很抽象，现在却没这感觉了。”

“C++要有坚实的基础，但更多的是品质的修养。一个浮躁的人永远也成为不了高手，要敢于尝试，要有创新精神，这样才能让C++为己所用，机随人行。”

“我认为以后一定要严格走三步，不能投机取巧。”

“实验课的准备和实验课后的总结对于巩固已学的知识起了很大的帮助，每一次上课都收获和提高。而且，‘纸上谈兵’很奏效，在设计复杂程序前很好地帮我们理清了思路，不至于在程序中出现混乱。”

“在一个学期的学习中，我的进步很大，最大的收获是学会了运用三大步骤法写程序。”

“在实践的过程中，我发现‘三步走’对于解决一些问题是很有帮助的。我想，有了这些方法论，再加上我的决心和努力，我一定能够成为C++高手。”

“我这学期没能很好地学好C++，但是这学期学不好，并不代表我以后不能成为C++好手，甚至是高手。我早已将三大步骤牢记于心，且希望在将来成为C++高手的那天，也能将三大步骤铭记于心，用三大步骤圆我C++高手之梦。”

“三大步骤可以使工作学习变得更加顺畅，使人生也变得有条不紊。总的来说，功夫不负有心人，我收获了很多C++知识与人生哲理。”

“我感觉我不仅在程序设计方面有了很大提高，自己的意志品质也有所提高。”

“我觉得用三部曲，C++确实能化难为易，它让我们站在一个更高的高度来编程。”

“我在C++的学习中也没有贪多，学到的知识要及时运用，对于老师布置的作业一定要独立完成，严格按照三大步骤编写。画流程图这一步骤是十分关键的。三大步骤在我熟练掌握C++的设计中，起到了十分重要的作用。”

“通过这次综合作业的练习，复习和巩固了以前所学的C++知识，使我的编程水平有了很大的提高。C++课程是一门实践性很强的学科，在课后要多加练习，努力提高自身水平。书山有路勤为径，学海无涯苦作舟。通过这次练习，我认识到了应用的重要性，学习C++这门课可以运用于社会生产中，为祖国的发展做出自己的贡献，也体会到了‘寓德于学，以德促学’的重要意义。这一笔财富将会使我受益终身！”

“在本学期学习中，三步骤使我受益匪浅，这不仅是学习C++的三步骤，也是个人生活学习工作的三步骤。”

“‘边做边学，边学边做’是十分有用的。程序之间的继承与派生关系与自然界中事物关系具有许多相似之处，往往恰到好处的分类可以节省不少的资源。还有就是，用了这么久‘三步走’，我从刚开始觉得繁琐不堪，到后来发现越来越离不开它，尤其是当程序变得越来越庞大，数据结构逐渐复杂，一个清晰的思路，一张明晰规划图，都将使后续设计变得异常愉快。C++ 为我打开了一个新视野，给了我一种新的思考方式。”

“C++ 编程三步走的理念让我编程更有效率，而且准确率越来越高。这一学期的学习让我逐渐地深入到 C++ 的学习与实践中，对 C++ 有了更加深刻的了解，对编程的流程更加熟悉，越来越觉得，C++ 编程并不难，只要我们用心去做，按照三步走的方法来做，任何 C++ 程序都可以很快地找到突破口，很快而且准确地完成。当然最重要的还是自己的努力与刻苦练习。运用三步走的编程理念进行编程练习对我的提高很大，现在心里已经有了一套成熟的编程理念与方法，形成了良好的编程习惯，并且具备了一定的编程能力，可以很好地编出大多数中小型程序。其实编程的理念与思想才是最重要的。”

“我一直认为那些千姿百态的程序是多么复杂和神奇。在我看来，写程序一定是一项艰巨的任务。但是通过这一个学期的学习，让我觉得，自己一样可以写出各种各样的程序，内心有种成就感。其次，通过这个学期的学习，我变得更加擅长同他人交流了，提高了协作解决问题的能力，可谓一举两得。”

“三步走灌输了一种全新的思考方式，让我豁然开朗。原来，学习 C++ 不能一步登天，必须按部就班，一个萝卜一个坑。我按照人怎么去做，画出流程图，再去想 C++ 的东西，果然，困难顿时消失了。接着就可以用 C++ 的知识，先纸上谈兵，写下程序。尽管有问题，但随后的机上打仗可以让 C++ 帮助且裁判，用 debug 清除错误。之后的 C++ 学习，我一直紧跟三步走的步骤，发觉在 C++ 编程当中思维更活跃，实在获益良多。今后，还要继续努力学习，实现我的目标，我一定能学习好 C++，我一定能成为 C++ 高手！三步法，特别是到学习类以及绘制继承层次图时，这些方法虽然前期准备工作烦琐，但对之后的编程无疑起到了指引作用，清晰了思路，这是上这一学期实验课最大的收获。拥有一颗谨慎仔细的心，这也是今后工作、学习、生活必须予以重视、培养的品质。”

“对于 C++，我的收获是编程‘三部曲’，比较简单易懂。”

“学习 C++ 不仅让我学会了知识，同时也让我学习体验到了一些做人的道理，必须不怕苦，不怕枯燥，要认真地完成一件事，必须下定决心。‘三大步骤’是一个很好的方法，老师应该很好地贯彻，让同学们放弃那种排斥心理。”

“我感觉编程三部曲十分有用。以前我编程都是直接在电脑上编程，虽说有目的，但没有构架。后来用了纸上谈兵后，有了构架，上机的时间少了，但效率却提高了，出错也少了。C++ 内容总共有数组、指针、结构、函数、类等多个部分。一个学期下来，我对于数组和指针的基础知识掌握得很不牢固，经常要翻书，追究原因，是那段时间不够认真，浪费了时间，现在总算是补回了一点，挺后悔的。所以我现在上课真的很认真了。浪子回头金不换，我相信我一定能成为 C++ 高手的。”

“长此以往，我们真的会成为一代 C++ 高手！”

“我相信只要我们努力，就一定会成为 C++ 高手！”

“我特别喜欢画流程图，一画出来，很多问题都能解决。”

“我觉得不仅是编程，还有生活中很多事也需要先纸上谈兵。这就相当于我们的方案，这样做事就不会丢三落四。”

“通过这么久的学习，对 C++ 也有了一定的了解，发现也没有想象中的难，只要严格按照十六字方针，遵循编程三部曲，坚持独立自主完成程序设计，上机调试，想学好 C++ 是不困难的。在学习过程中，没什么诀窍，就是多看、多想、多上机，每天花半小时学习 C++，在学习中，要始终以优良的思想作引导，严格按照三大步骤完成，并注意课外拓展。”

“一定要坚持‘纸上谈兵’这一过程，它真的很重要，因为它可以减少一些不必要的错误，从而节省‘上机作战’的时间。它还可以使我们对编写的程序一目了然；‘上机打仗’时一定不能紧张，不能一遇到难题就兵荒马乱，要从容不迫。”

明明说：“总而言之，我感觉，不是，是全团队的队友都感觉，这通用编程法真是自驾游的编程快车，不但教会了我们编程，能让我们成为编程能手、高手，而且还教会了我们做事要努力，要坚持。”

明明心潮澎湃，斗志昂扬：“想得高，说得好，更要做得到！我们要以实际行动为全人类和全世界多做贡献打牢基础，当好接班人！”大家蹦起来高喊着：“当好接班人！”“当好接班人！”……乐乐兴奋得引吭高歌：“我们是共产主义接班人……”同学们都跟随着乐乐，慷慨激昂地共同唱响了《我们是共产主义接班人》。

明明心上那块石头也随着欢歌入云，“哐当”一声巨响，四平八稳地落地。

晶晶导游沉浸在欢乐激情的海洋中，忍不住涌出了百感交集的泪花……

附　　录

附录 A　常用的 C/C++标准库函数

1．数学函数(使用时要包含头文件 math.h)

int abs(int n); 求 n 的绝对值。

double acos(double x); 求 arccos x(x 的反余弦)的值，–1≤x≤1。

long double acosl(long double x)；同上(以下的“同上”均指的是含义同上，但可能数据类型等会有差异)。

double asin(double x); 求 arcsin x(x 的反正弦)的值，–1≤x≤1。

long double asinl(long double x) ;同上。

double atan(double x); 求 arctan x(x 的反正切)的值。

long double atanl(long double x)； 同上。

double atan2(double x, double y)； 求 arctan(x/y)((x/y)的反正切)的值。

long double atan2l(long double x, long double y); 同上。

double ceil(double x); 对 x 向上取整，计算且返回一个 double 型的大于或等于 x 的最小整数。

long double ceill(long double x); 同上。

double cos(double x); 计算 cos x 的值，x 采用弧度值。

long double cosl(long double x); 同上。

double cosh(double x); 求 x 的双曲余弦值。

long double coshl(long double x); 同上。

double exp(double x); 计算 e^x 的值。

long double expl(long double x); 同上。

double fabs(double n); 返回 n 的绝对值。

long double fabsl(long double n); 同上。

double floor(double x); 对 x 向下取整，计算并返回一个 double 型的小于或等于 x 的最大整数。

long double floorl(long double x); 同上。

double fmod(double x, double y); 计算整除 x/y 的余数。

long double fmodl(long double x, long double y); 同上。

double hypot(double x, double y); 求直角三角形的斜边长。

long int labs(long int n); 计算长整型 n 的绝对值。

double log(double x); 计算 ln x 的值。

long double logl(long double x); 同上。

double log10(double x); 计算 lg x 的值。

long double log10l(long double x); 同上。

double pow(double x,double y); 求 x^y 的值。

long double powl(long double x, long double y); 同上。

double sin(double x); 求 sin x 的值，x 采用弧度值。

long double sinl(long double x); 同上。

double sinh(double x); 求 x 的双曲正弦值。

long double sinhl(long double x); 同上。

double sqrt(double x); 求 x 的平方根值。

long double sqrtl(long double x); 同上。

double tan(double x); 求 tan x 的值，x 采用弧度值。

long double tanl(long double x); 同上。

double tanh(double x); 求 x 的双曲正切值。

long double tanhl(long double x); 同上。

2．字符测试函数(使用时要包含头文件 ctype.h)

int isalnum(int ch); 测试字符 ch 是否为字母或数字。如果 ch 在 A～Z、a～z 或 0～9 的范围内，返回非 0 值；否则，返回 0 值。

int isalpha(int ch); 测试字符 ch 是否为字母。如果 ch 在 A～Z 或 a～z 的范围内，则返回非 0 值；否则，返回 0 值。

int iscntrl(int ch); 测试字符 ch 是否为控制字符(ASCII 码 0~0X1F)或者 DEL(ASCII 码 0X7F)。如果是，就返回非 0 值；否则，返回 0 值。

int isdigit(int ch); 测试 ch 字符是否为十进制数字。如果 ch 是一个十进制数字(0～9)，返回非 0 值；否则，返回 0 值。

int isgraph(int ch); 测试字符 ch 是否为除空格外的可打印字符(ASCII 码 0X21~0X7E)。如果是，返回非 0 值；否则，返回 0 值。

int islower(int ch); 测试字符 ch 是否为小写字母。如果 ch 是小写字母，返回非 0 值；否则，返回 0 值。

int isprint(int ch); 测试字符 ch 是否为可打印字符(ASCII 码为 0X20～0X7E)。如果是，返回非 0 值；否则，返回 0 值。

int ispunct(int ch); 测试字符 ch 是否非空格、字母和数字的可打印字符。如果是，返回非 0 值；否则，返回 0 值。

int isspace(int ch); 测试字符 ch 是否空白字符(包括 ASCII 码为 0X09~0X0D)，包括空格、水平制表符、垂直制表符、换页、回车或换行符。如果是，返回非 0 值；否则，返回 0 值。

int isupper(int ch); 测试字符 ch 是否为大写字母。如果 ch 是大写字母，返回非 0 值；

否则，返回 0 值。

int isxdigit(int ch); 测试字符 ch 是否为十六进制数字。如果 ch 是一个十六进制数字(0～9、A～F 或 a～f)，返回非 0 值；否则，返回 0 值。

int tolower(int ch); 把 ch 转换为小写字母。

int toupper(int ch); 把 ch 转换为大写字母。

3．字符串函数(使用时要包含头文件 string.h)

类型 size_t 为 unsigned int。

void *memchr(const void*s,int ch,size_t n); 在前 n 个字符中查找字符 ch，并返回找到的地址，否则，返回 NULL。

int memcmp(const void*s1, const void*s2,size_t n); 比较由 s1 和 s2 指出的两个块的前 n 个字节。如果 s1 小于 s2，返回值小于 0；如果 s1 等于 s2，返回值等于 0；如果 s1 大于 s2，返回值大于 0。

int memicmp(const void*s1, const void*s2,size_t n); 比较由 s1 和 s2 指出的两个块的前 n 个字节。与 memcmp()的区别是：memicmp()忽略大小写。

void *memcpy(void*dest, const void*src,size_t n); 从源 src 中复制 n 个字节到目标 dest 中，返回 dest 值。如果 src 与 dest 地址有重叠，则 memcpy 的动作未定义。

void *memmove(void*dest, const void*src,size_t n); 从源 src 中复制 n 个字节到目标 dest 中，返回 dest 值。与 memcpy()的区别是：即使 src 与 dest 地址有重叠，重叠处的字节也能正确复制。

void *memset(void*s,int ch,size_t n); 设置内存块中的 n 个字节为 ch，并返回 s。

char *strcat(char*dest, const char*src); 将 src 复制到 dest 的尾部，结果串的长度为 strlen(dest)+strlen(src)。返回指向合并串的首指针。

char *strncat(char*dest, const char*src, size_t n); 将 src 中至多 n 个字符复制到 dest 的尾部，然后附加一个空字符，结果串的最大长度为 strlen(dest)+ n。

char *strchr(const char*s, int c); 在一个串中查找给定字符的第一个匹配之处，返回该匹配字符的指针，如果没有，则返回 NULL，NULL 被认为是串中的一部分，则“strchr(str,NULL)”将返回指向串 str 的空终结符的指针。

int strcmp(const char*s1, const char*s2); 执行 s1 和 s2 的无符号比较，从每个串的第一个字符开始顺序比较，一直比到有某个字符不同或串结束为止。

int strcmpi(const char*s1, const char*s2); 执行 s1 和 s2 的无符号比较，比较中不区分大小写。

int stricmp(const char*s1, const char*s2); 同上。

int strncmp(const char*s1, const char*s2, size_t maxlen); 执行 s1 和 s2 的无符号比较，从每个串的第一个字符开始按顺序比较，一直比到有某个字符不同或已比较了 maxlen 个字符为止。其余同 strcmp()。

char *strcpy(char*dest, char*src); 复制串 src 到 dest，一直遇到 NULL 才终止，返回 dest。

char strncpy(char*dest, const char*src, size_t maxlen); 若 src 的长度小于 maxlen，从 src 中复制至多 maxlen 个字符到 dest 中，截去 dest 中在 maxlen 长度以外的字符，或用

NULL 字符填补 dest；若 src 的长度等于或大于 maxlen，则结束串 dest 可能不以 NULL 字符结束。

char* strdup(const char*s); 创建串 s 的副本，它用 malloc()分配空间，被分配的空间为 strlen(s)+1 个字符，当不再使用该空间时，由用户释放 strdup 所占用的空间。返回指向包含串副本的空间的指针，或当没有足够空间时，它将返回 NULL。

size_t strlen(const char*s); 计算串 s 的长度，并返回串 s 的字符个数，不包括 NULL 字符。

char* strlwr(char*s); 将串转换为小写形式。

char* strupr(char*s); 将串转换为大写形式。

char* strset(char*s,int ch); 将串中的所有字符都设置成指定字符 ch。遇到 NULL 字符时则终止。

char* strnset(char*s,int ch，size_t n); 将串中的前 n 个字符都设置成指定字符 ch。若 n>strlen(s),则用 strlen(s)取代 n。遇到 NULL 字符时就终止。

char* strrev(char*s); 串的逆转。

char*strstr(const char*s1, const char*s2); 在字符串 s1 中扫描字符串 s2 的第一次出现。返回出现 s2 时 s1 中的指针，如果 s2 不在 s1 中，则返回 NULL。

4．时间函数(使用时要包含头文件 time.h)

在 time.h 中定义：

```
typedef long clock_t;
typedef long time_t;
```

time.h 中声明了 tm 结构：其中有日期和时间的细分成员。

```
struct tm
{
    int tm_sec;      //秒
    int tm_min;      //分
    int tm_hour;     //时(0～23)
    int tm_mday;     //日(1～31)
    int tm_mon;      //月(0～11)
    int tm_year;     //年(日历年份减去 1900)
    int tm_wdqy;     //星期几(0～6)，星期天为 0
    int tm_yday;     //从 1 月 1 日算起的天数
    int tm_isdst;    //夏时制信息
};
```

char* asctime(const struct tm *tb); 将在 tb 中作为结构存储的时间转换为与 ctime 串格式相同的 26 字符长串。

clock_t clock(); 确定两次事件之间的时间间隔。若除以 CLK_TCK，则为秒数。

char* ctime(const time_t *time); 把参数指定的时间值转换成时间字符串。

double difftime(time_t time2, time_t time1); 计算 time1～time2 的时间，单位为秒。

struct tm*gmtime(const time_t *timer); 把时间和日期转换为格林威治时间的 tm 结构形式分解的时间格式。

long time(long *timer); 取一天的时间，且把它存在 timer 所指的位置中。

struct tm*localtime(const time_t *timer); 把时间和日期转换为本地时间的 tm 结构形式分解的时间格式。

time_t mktime(struct tm*t); 将 t 所指的时间转换为日历时间，与 time 函数使用的时间格式相同。各个字段 tm_sec、tm_min、tm_hour、tm_mday 和 tm_mon 的原值并不局限于 tm 结构中描述的范围，若这些域不在正确范围内，就会得到调整。在上述域的值调整后，再计算 tm_wday 和 tm_yday 的值。若本函数未能将时间信息表示为合法的日历时间，则 mktime 返回 -1。(日历年份范围为 1970—2030 年)。

5. C++ 中的 I/O 流(使用 I/O 流和通用 I/O 函数时要包含头文件 iostream.h，使用控制符时要包含头文件 iomanip.h)

1) 使用 I/O 流

因为在 C++的 I/O 新库 iostream.h 中定义了输入流对象 cin 和输出流对象 cout，所以使用 I/O 流时，应写上“#include<iostream.h>”这个包含命令。

输出显示时：

```
cout<<插入操作符(即要输出的内容);
```

即输出语句 cout 的书写格式为

```
cout<<被输出的信息 1[<<被输出的信息 2<<…<<被输出的信息 n];
```

其中，被输出的信息包括表达式、字符信息和 endl(回车换行)。

键盘输入时：

```
cin>>抽取操作符(即要存放键盘输入的内容);
```

即键盘输入语句 cin 的书写格式为

```
cin>>变量名 1[>>变量名 2>>…变量名 n];
```

2) 使用控制符

控制符是在头文件 iomanip.h 中定义的，它可以对 I/O 流的格式进行控制。使用控制符时，应写上“#include<iomanip.h>”，并直接将控制符插入流中(即“cout<<控制符;”)。常用的控制符如下：

(1) 控制浮点数值显示。

浮点形式：setprecision(n))，n 表示全部有效数字。

定点形式：(setiosflags(ios::fixed))setprecision(n)，n 表示小数位数。

指数形式：(setiosflags(ios::scientific)),setprecision(n)，n 表示小数位数。

系统默认设置为 setprecision(6)。

(2) 设置值的输出宽度。

setw(n)；设置字段宽度为 n 个字符。如果实际输出宽度比 n 大，则按实际输出宽度输出；如果实际输出宽度比 n 小，则前补空格。

(3) 输出 16 进制数。

setiosflags(ios::uppercase); 控制十六进制大写输出。

(4) 设置填充字符。

setfill(c); 设置填充字符为 c，即在所设置的域宽范围内，后部是数据。如果数据填不满，则前部填满字符 c。

(5) 左右对齐输出。

setiosflags(ios::left); 设置左对齐。

setiosflags(ios::right); 设置右对齐。

(6) 强制显示小数点和符号。

setiosflags(ios::showpoint); 显示小数点。

setiosflags(ios::showpos); 显示正号。

(7) 终止原有输出格式。

resetiosflags(原有输出格式); 终止原有输出格式。“原有输出格式”要填写内容，如 ios::showpos、ios::dec 等。

6．标准库函数(使用时要包含头文件 stdlib.h)

double atof(const char*str); 将 str 串转换为 double 值。

int atoi(const char*str); 将 str 串转换为 int 值。

char*itoa(int num,char*str,int radix); 将整数 num 转换成与其等价的字串，且将结果存在 str 指向的字串中，输出串的进制数由 radix 决定。

long atol(const char*str); 将 str 串转换成 long int 值。

char*ltoa(long num, char*str,int radix); 把长整数 num 转换成与其等价的字串，且将结果存在 str 指向的字串中，输出串的进制数由 radix 决定。

void exit(int status); 程序无条件终止。

void abort(void); 程序异常终止。

int rand (void); 返回一个随机数。

void srand (unsigned x); 用一个无符号整数 x 对随机数发生器进行初始化。

7．文本窗口显示函数(使用时要包含头文件 conio.h)

int getch(void); 读取一个键盘字符，不回显。

int getche(void); 读取一个键盘字符，回显。

int putch(int ch); 输出字符 ch 在当前窗口中。

int kbhit(); 检测键盘是否有按键按下，若是，返回非 0 值；否则，返回 0 值。

注意：其他的 C/C++标准函数和命令(语句)可在 Visual C++ 6.0 的帮助(Help)和一些 C/C++标准函数手册中找到。

另外，还可以使用 DOS 命令，程序书写格式如下：

```
#include<windows.h>//加上包含的头文件
system("DOS 命令");//注意：转路径要用两个反斜杠表示
```

例如：

```
#include<windows.h>
system("cls");//清屏幕
system("type d:\\6df\\test2.txt");//显示该路径下的 test2 文本文件的内容
```

附录 B　ASCII 码表

ASCII 码	字符	十六进制	ASCII 码	字符	十六进制	ASCII 码	字符	十六进制
0	NUL	00	43	+	2B	86	V	56
1	SOH	01	44	,	2C	87	W	57
2	STX	02	45	-	2D	88	X	58
3	ETX	03	46	.	2E	89	Y	59
4	EOT	04	47	/	2F	90	Z	5A
5	ENQ	05	48	0	30	91	[	5B
6	ACK	06	49	1	31	92	\	5C
7	BEL	07	50	2	32	93	]	5D
8	BS	08	51	3	33	94	^	5E
9	HT	09	52	4	34	95	_	5F
10	LF	0A	53	5	35	96	`	60
11	VT	0B	54	6	36	97	a	61
12	FF	0C	55	7	37	98	b	62
13	CR	0D	56	8	38	99	c	63
14	SO	0E	57	9	39	100	d	64
15	SI	0F	58	:	3A	101	e	65
16	DLE	10	59	;	3B	102	f	66
17	DC1	11	60	<	3C	103	g	67
18	DC2	12	61	=	3D	104	h	68
19	DC3	13	62	>	3E	105	i	69
20	DC4	14	63	?	3F	106	j	6A
21	NAK	15	64	@	40	107	k	6B
22	SYN	16	65	A	41	108	l	6C
23	ETB	17	66	B	42	109	m	6D
24	CAN	18	67	C	43	110	n	6E
25	EM	19	68	D	44	111	o	6F
26	SUB	1A	69	E	45	112	p	70
27	ESC	1B	70	F	46	113	q	71
28	FS	1C	71	G	47	114	r	72
29	GS	1D	72	H	48	115	s	73
30	RS	1E	73	I	49	116	t	74
31	US	1F	74	J	4A	117	u	75
32	Space	20	75	K	4B	118	v	76

续表

ASCII 码	字符	十六进制	ASCII 码	字符	十六进制	ASCII 码	字符	十六进制
33	!	21	76	L	4C	119	w	77
34	"	22	77	M	4D	120	x	78
35	#	23	78	N	4E	121	y	79
36	$	24	79	O	4F	122	z	7A
37	%	25	80	P	50	123	{	7B
38	&	26	81	Q	51	124	|	7C
39	'	27	82	R	52	125	}	7D
40	(	28	83	S	53	126	~	7E
41	)	29	84	T	54	127	DEL	7F
42	*	2A	85	U	55			

注：0～31 是控制字符。

附录 C　Visual C++的集成开发环境及 Visual C++ 6.0 的基本操作

C.1　Visual C++的集成开发环境

1．Visual C++ 6.0 的安装与配置

Visual C++是 Microsoft 公司推出的 C++编译器，是一个实用高效的、面向对象的程序开发工具，它提供了完全可视化的集成开发环境。运行 Visual C++一般要求至少 586 以上的处理器，32MB 以上的内存，Windows 9x 及其以上版本的操作系统，要有足够的硬盘空间，其大小根据所选择安装的版本和形式确定。安装形式分为最小安装、典型安装和选择安装，最小系统安装占用的硬盘空间不小于 125MB，最大系统安装占用的硬盘空间不小于 600MB。

在 Visual C++6.0 系统中有自动安装程序 Setup.exe。读者可以在安装程序的引导下，采用典型安装方式和默认路径或其他安装方式，按照提示逐步完成安装。

Visual C++6.0 的联机帮助使用 MSDN 文档。该文档与 Visual C++6.0 系统不在同一张光盘上，而是与 Visual Studio 6.0 产品的帮助文档集合在同一张光盘上。安装过程中，按照提示安装 MSDN。以下的缩写“VC”表示“Visual C++。”

2．VC 6.0 窗口简介

在 VC 6.0 中打开一个工程之后的典型界面如图 C-1 所示。

在图 C-1 中，VC 6.0 的窗口被分成了几部分，最上边是标题栏、菜单栏和工具栏；中间左边是工作区(Workspace)窗口，中部是代码编辑窗口(显示正在编辑的文本文件(或资

源))，右边是 C++程序运行时的窗口；下方是输出(Output)窗口和状态栏。

图 C-1　VC 6.0 主窗口和运行窗口

其中工作区(Workspace)窗口有两栏。单击“FileView”标签，可观看到该工程文件的文件分类及文件名。双击某文件名时，在代码编辑窗口，就会打开该文件；若单击“ClassView”标签，则可观看到该工程文件定义的所有类及各个类中的函数成员名和数据成员名。双击这些类及各个类中的函数成员名和数据成员名时，在代码编辑窗口，不仅会打开含有这些类及各个类中的函数成员名和数据成员名的文件，而且光标还会停在这些类或各个类中的函数成员名和数据成员名的所在行。这些操作给调试程序带来了许多方便。

除了主菜单和工具栏外，VC 6.0 开发环境还有大量的上下文关联菜单，只要用鼠标右键点击窗口中的对应项目，就会弹出一个与该项目相关的关联菜单或工具条，其中包含各种命令，对开发与操作带来了极大的方便。

3. VC 6.0 工具条

没有工具，寸步难行，所以要熟悉和熟练使用 VC 6.0 的工具条。工具条有常用工具、一般工具等。以下对各工具图标均采用从左至右、从上至下的顺序加以说明。

(1) Standard 工具条用来建立项目(工程文件)和项目(工程)工作区，如图 C-2 所示，其中包括以下工具：New Text File(新建文本文件)、Open(打开)、Save(保存)、Save All(保存全部)、Cut　(剪切)、Copy(复制)、Paste(粘贴)、Undo(取消上次操作)、Redo(重复上次操作)、Workspace　(显示 / 隐藏工作区窗口)、Output(显示 / 隐藏输出窗口)、Windows list(窗口管理)、Find in Files(在文件中搜索)、Find(查找字符串)、Search(搜索联机文档)。

图 C-2　Standard 工具条

(2) Build Minibar 工具条用来编译、连接、调试和运行程序，如图 C-3 所示，其中包括以下工具：Compile(编译)、Build(建立项目)、Stop Build(停止建立)、Execute Program(运行)、Go(F5)(从当前语句开始运行到断点或程序结束，快捷键为 F5)、Insert / Remove Breakpoint (插入或删除断点)。

图 C-3　Build MiniBar 工具条

(3) Build 工具条比 Build Minibar 多了两项：选择项目和配置，如图 C-4 所示，其中包括以下工具：Select Active Project(选择活动项目)、Select Active Configuration(选择活动配置(Debug 或 Release))。

图 C-4　Build 工具条

(4) Debug 工具条用来调试程序，如图 C-5 所示，其中包括以下工具：Restart(重新执行，处于调试)、Stop Debugging(停止调试)、Break Execution(停止运行)、Apply Code Changes(应用改变后的代码)、Show Next Statement(显示下条语句)、Step Into (进入函数内单步执行)、Step Over(单步执行(跳过函数))、Step Out(跳出函数)、Run to Cursor (运行到光标处)、Quick Watch(快速查看调试状态)、Watch(查看变量)等。

图 C-5　Debug 工具条

(5) Resource 工具条用来控制资源的创建，如图 C-6 所示，其中包括以下工具：New Dialog(建立新对话框)、New Menu(新建菜单)、New Cursor(新建光标)、New Icon (新建图标)、New Bitmap(新建位图)、New Toolbar(新建工具条)、New Accelerator(新建快捷键)、New String Table(新建字符串表)、New Version(新建版本信息)、Resource Symbols (获得资源符号)。

图 C-6　Resource 工具条

(6) WizardBar 工具条用来进行类的操作，如图 C-7 所示，其中包括以下工具：WizardBtr C++ Class(选择类)、WizardBtr C++ Filter(选择过滤事件)、WizardBtr C++ Members(选择类成员)、WizardBlr Actions(执行具体操作)。

图 C-7　WizardBar 工具条

4．VC 6.0 菜单栏

其实工具条上有许多是菜单栏的内容，只不过把常用功能挑选出来作为工具罢了。

(1) File 菜单用于文件操作，如图 C-8 所示，其中包括以下命令：New(新建)、Open(打开)、Close(关闭)、Open Workspace(打开工作空间)、Save Workspace(保存工作空间)、Close Workspace(关闭工作空间)、Save(保存)、Save As(文件另存)、Save All(保存全部)、Page Setup(页面设置)、Print(打印)、Recent Files(最近文件)、Recent Workspaces(最近工作空间)、Exit(退出)。

(2) Edit 菜单用作代码编辑，如图 C-9 所示，其中包括以下命令：Undo(取消上次操作)、Redo(恢复上次操作)、Cut(剪切)、Copy(复制)、Paste(粘贴)、Delete(删除)、Select All(全选)、Find(查找)、Find in Files(在文件中搜索)、Replace(替换)、Go To(光标移到指定处)等。

图 C-8　File 菜单

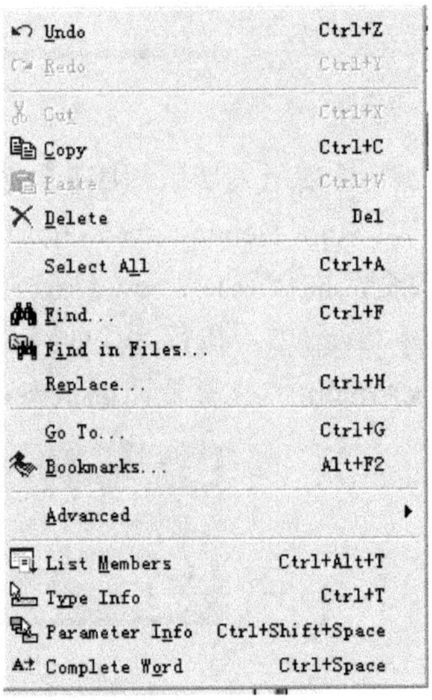

图 C-9　Edit 菜单

(3) View 菜单用来改变窗口的显示方式，如图 C-10 所示，其中包括以下命令：Class Wizard(建立类向导)、Resource Symbols(浏览资源符号)、Resource Includes(编辑资源文件名)、Full screen(全屏显示)、Workspace(显示工作区窗口)、Output(显示输出窗口)、Debug Windows(显示调试窗口)、Refresh(更新)、Properties(属性)。

(4) Insert 菜单用来添加工程、文件或资源，如图 C-11 所示，其中包括以下命令：New Class(创建新类)、New Form(创建新表)、Resource(创建资源)、Resource Copy(复制资源)、File As Text(在源文件中插入文件)、New ATL Object(创建 ATL 对象)。

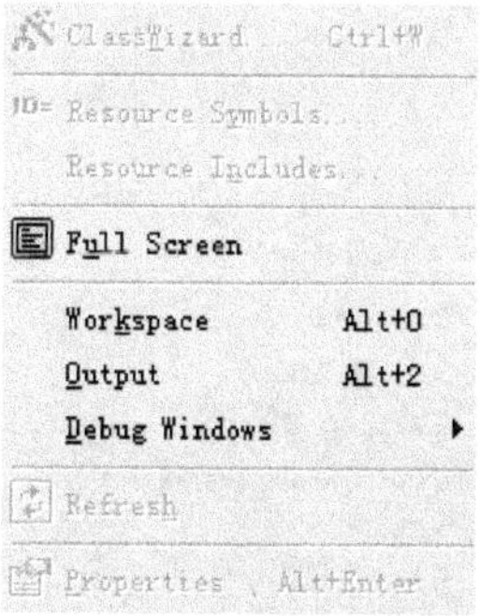

图 C-10 View 菜单

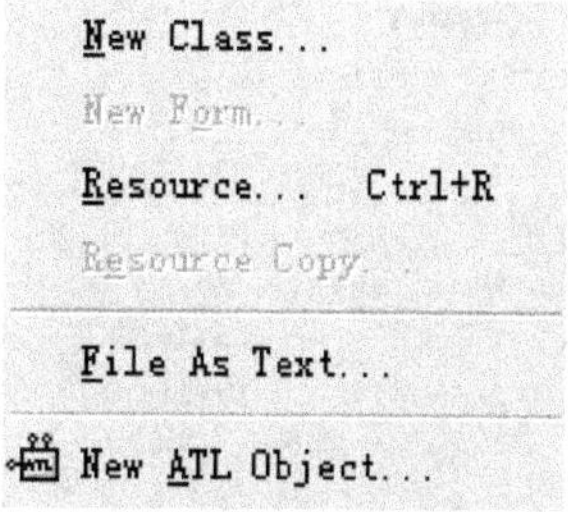

图 C-11 Insert 菜单

(5) Project 菜单用于工程文件中的相关操作，如图 C-12 所示，其中包括以下命令：Set Active Project(设置活动工程)、Add To Project(增加到工程)、Dependencies(编辑工程组件)、Settings(编译设置)、Export Makefile(生成 Makefile 形式的工程)、Insert Project into Workspace(把工程加入工作空间)。

(6) Build 菜单用来编译、联结、调试和运行程序，如图 C-13 所示。选择 Start Debug 时，即进入调试状态后，Build 菜单自动被 Debug 菜单取代。Build 菜单包括以下命令：Compile(编译)、Build(组建(编译和连接))、Rebuild A11(全部重建)、Batch Build(批组建)、Clean(清除)、Start Debug(开始调试)、Debugger Remote Connection(远程调试设置)、Execute(运行)、Set Active Configuration(设置工程配置)、Configurations(配置)、Profile(配置文件)。

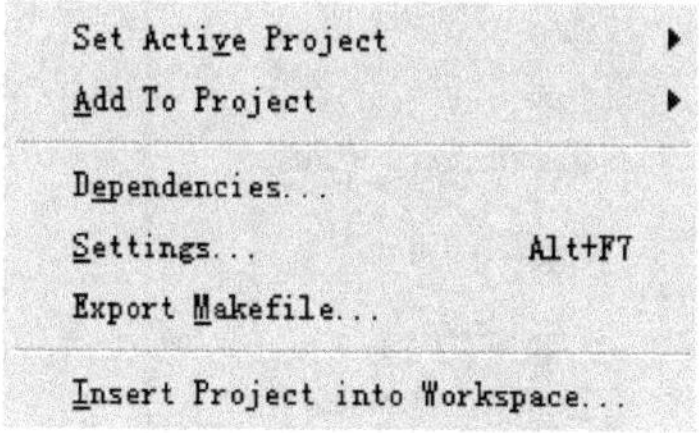

图 C-12 Project 菜单

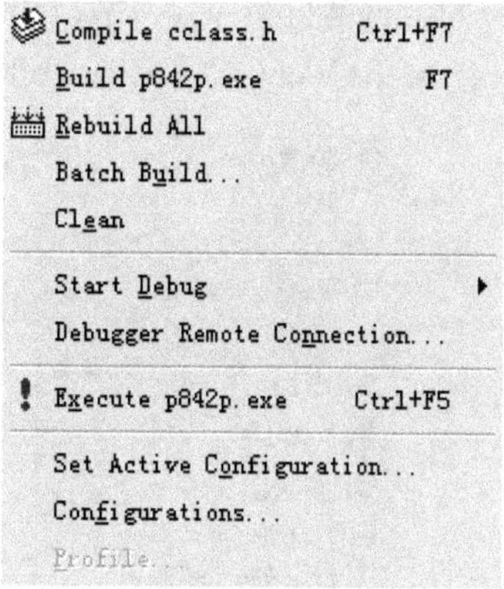

图 C-13 Build 菜单

(7) Debug 菜单用于程序的调试工作，只有在调试状态下才会出现此菜单，如图 C-14 所示，其中包括以下命令：Go(开始调试)、Exceptions(跳出设置)、Threads(线程设置)、Modules(工作表设置)、其他同 Debug 工具条中所述。

(8) Tools 菜单用于选择定制工具以及改变窗口的显示方式，如图 C-15 所示，其中包括以下命令：Register Control(注册控制)、Error Lookup(错误处理)、ActiveX Control Test Container(组件应用)、OLE/COM Object Viewer(OLE 或 COM 目标文件)、Spy++(监视器)、MFC Tracer(MFC 跟踪器)、Customize(定制工具条和 Tools 菜单)、Options(设置)、Macro(编辑宏)、Record Quick Macro(记录宏)、Play Quick Macro(运行宏)。

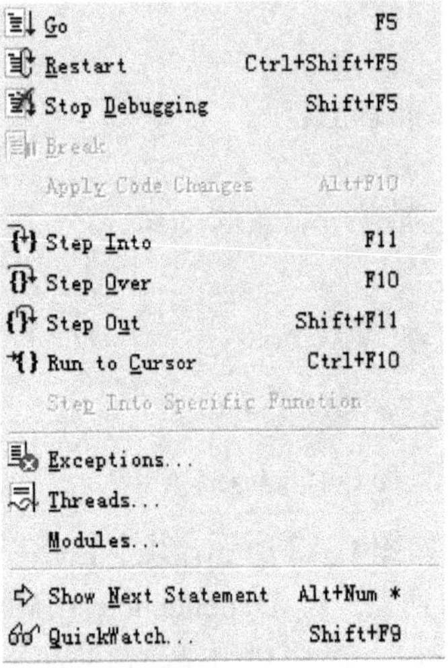

图 C-14　Debug 菜单

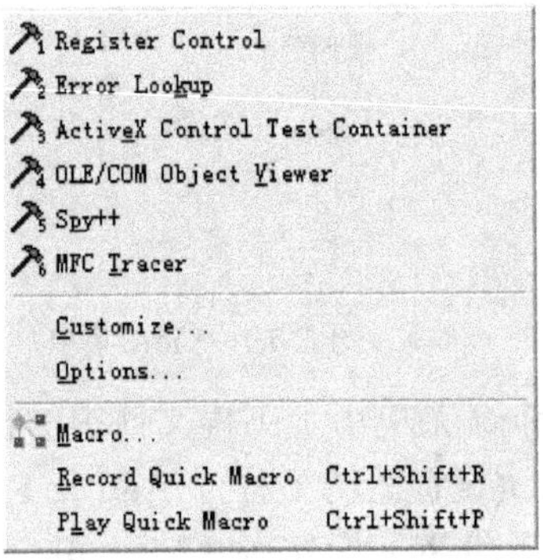

图 C-15　Tools 菜单

(9) Window 菜单用来管理窗口，如图 C-16 所示，其中包括以下命令：New Window(新窗口)、Split(分割窗口)、Docking View(启用/关闭 Docking View 模式)、Close(关闭窗口)、Close All(关闭所有窗口)、Next(下一个窗口)、Previous(上一个窗口)、Cascade(重叠显示)、Tile Horizontally(窗口水平排列)、Tile Vertically(窗口竖直排列)、Window(窗口管理)。

(10) Help 菜单用来说明 VC、提供帮助信息，如图 C-17 所示，其中包括以下命令：Contents(显示帮助内容)、Search(查询)、Index(索引)、Use Extension Help(使用/关闭扩展帮助)、Keyboard Map(键盘命令)、Tip of the Day(显示信息框)、Technical Support(显示支持信息)、Microsoft on the Web(显示 Microsoft 产品页)、About Visual C++(显示版本信息)。

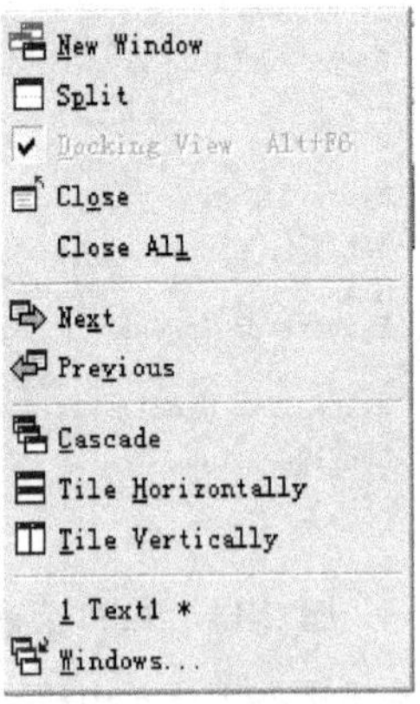

图 C-16　Window 菜单

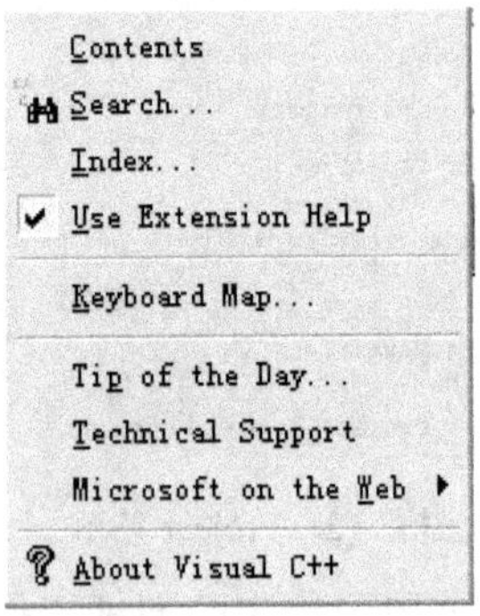

图 C-17　Help 菜单

5. 调试程序时常用的功能键

调试程序时常用的功能键如下：

(1) <F9>键：设置/取消断点。

(2) <F5>键：从当前语句开始运行到遇到断点或程序结束。

(3) <F 11>键：单步运行，可跟踪进入函数内部。

(4) <F 10>键：单步运行，不能跟踪进入函数内部。

(5) <Shift> + <F5>组合键：终止程序的调试运行。

C.2 Visual C++ 6.0 的基本操作

单击“开始”按钮，选择“所有程序”→“Microsoft Visual Studio 6.0”→“Microsoft Visual C++ 6.0”命令，如图 C-18 所示，就进入 Visual C++ 6.0 的开发环境了，如图 C-19 所示。这一步也可以在桌面双击 Visual C++ 6.0 的图标，进入 Visual C++ 6.0 的开发环境。

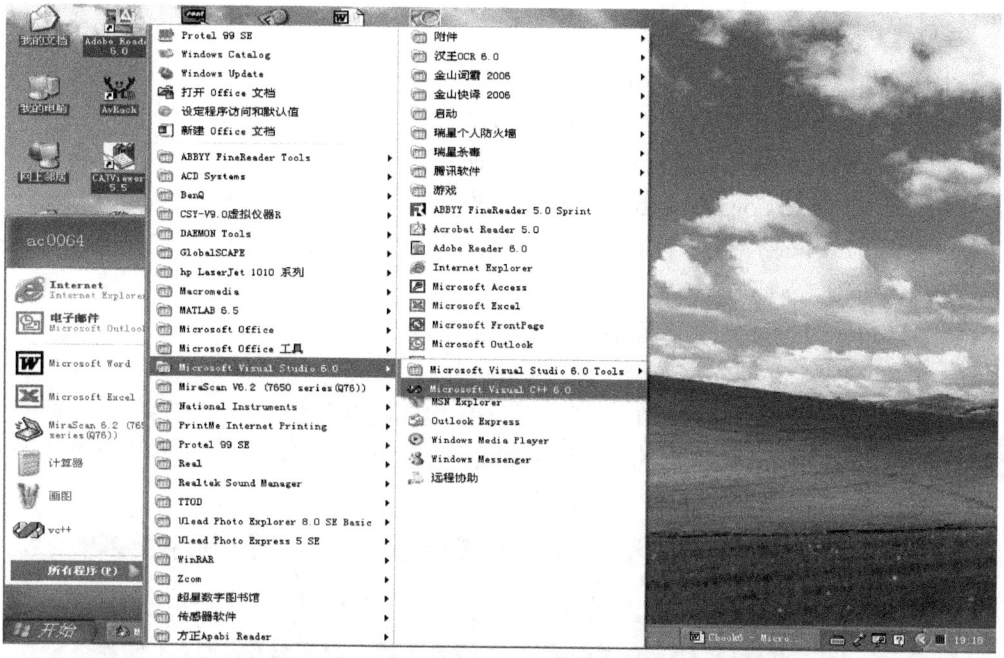

图 C-18　选择进入 Visual C++ 6.0 的开发环境的操作

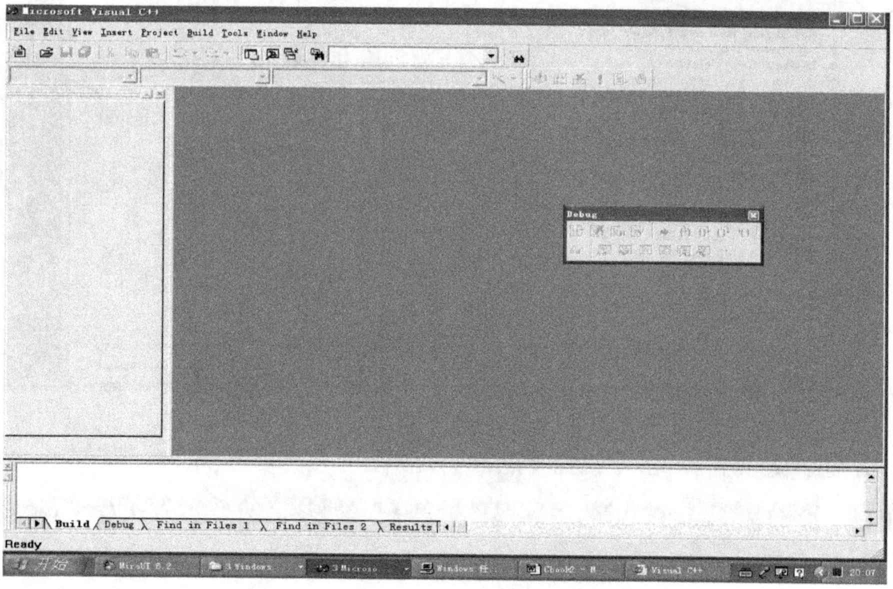

图 C-19　进入 Visual C++ 6.0 的开发环境

输入调试程序是三部曲：输入源程序→编译→连接。**切记**：C++源程序代码(除了字符串和注释句外)一定要在英文输入法下输入，包括标点符号。到程序没有错误，就调试成功了，就可以运行程序了。下面分步叙述。

注意：以下各种操作均按标号(如①、②等)从小到大依次操作。如果有图示对应时，标号(如①、②等)对应图中的椭圆箭头框标注的号数。

1．创建 C++新工程项目文件

1) 创建 C++新工程项目

按图 C-20～图 C-22 所示操作，步骤如下：

(1) 在菜单栏中选择“File”→“New”命令。

(2) 将弹出的“New”对话框切换到“Projects”选项卡。

(3) 选择“Win32 Console Application”选项。

(4) 单击“Location”文本框右侧的按钮，选择存放工程的文件夹(在 Drives 中选驱动器，在上框中选子文件夹)。

(5) 在“Project name”文本框中填写工程文件名(例如 a1)。

(6) 单击“OK”按钮。

(7) 按图 C-21 所示，在弹出的对话框中单击“Finish”按钮。

(8) 按图 C-22 所示，在弹出的对话框中单击“OK”按钮，就创建了 C++新工程项目了。

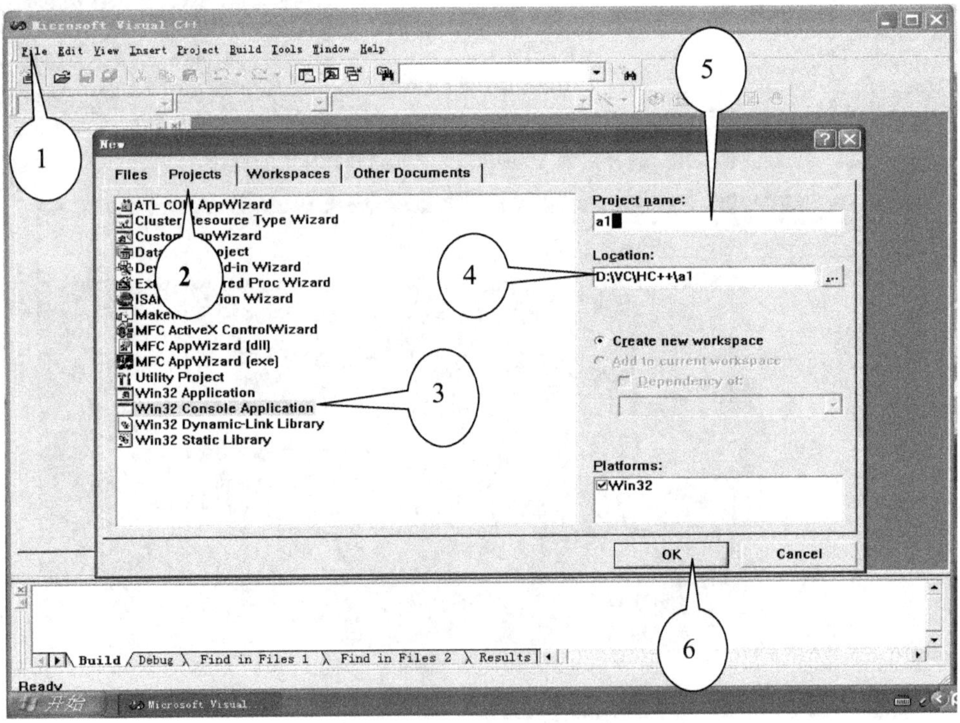

图 C-20　创建 C++新工程项目的初始阶段

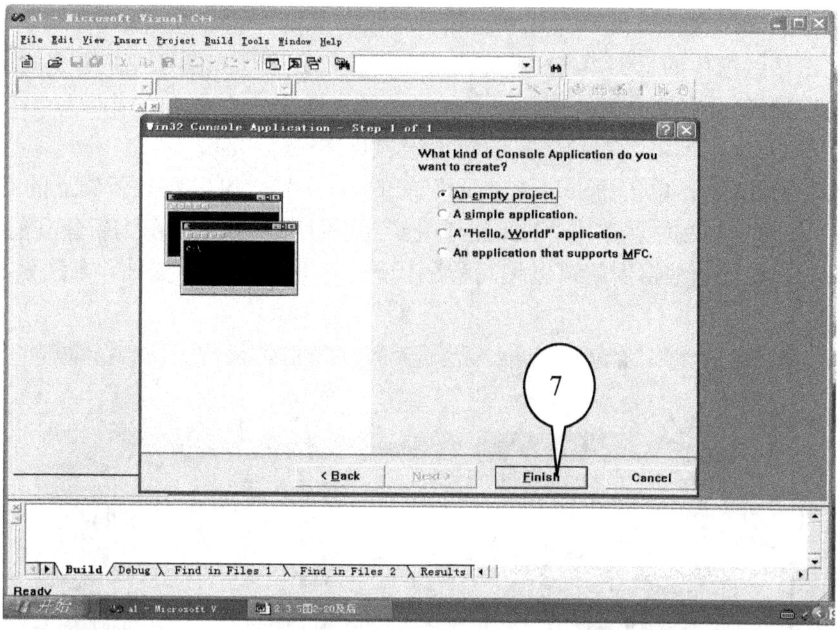

图 C-21　创建 C++新工程项目的中间阶段

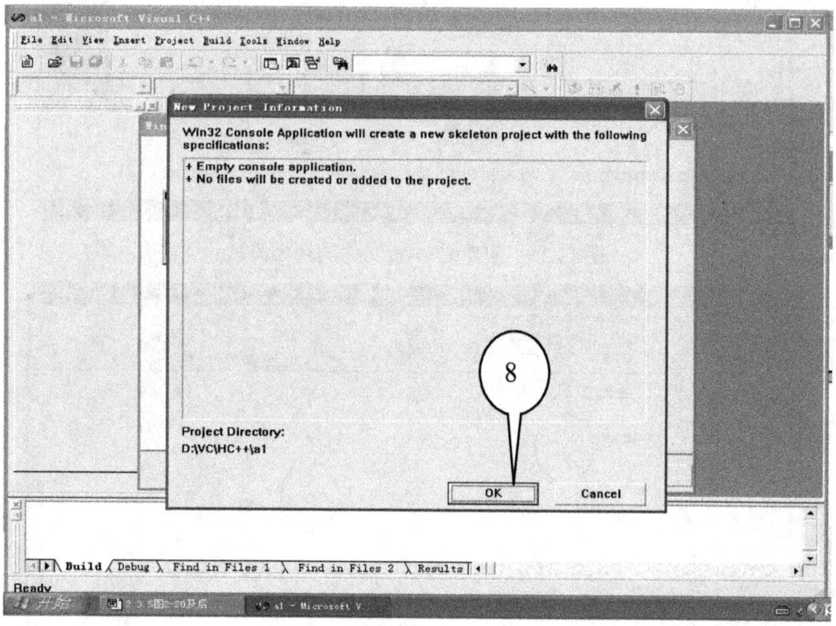

图 C-22　创建 C++新工程项目的完成阶段并显示该工程项目信息

2) 建立 C++新文件

按图 C-23 和图 C-24 所示操作，步骤如下：

(1) 在菜单栏中选择"File"→"New"命令。

(2) 将弹出的"New"对话框切换到"Files"选项卡。

(3) 选择"C++ Source File"选项。若建立头文件，则选"C/C++ Header File"选项。

(4) 在"File"框中输入 C++源文件名(若建立头文件，则输入 C++头文件名)，例如 stu。

(5) 单击“OK”按钮。

(6) 在工作区窗口的下部单击“FileView”标签，会出现如图 C-24 所示的窗口，可看到新建立的工程项目文件的树视图。

(7) 在图 C-24 中，可以看到建立的新工程项目文件名：a1。

(8) 在图 C-24 中，单击“Source Files”前的“+”号，可以看到新建立的 C++源文件名 stu.cpp。若建立头文件就单击“Header Files”前的“+”号，可看到新建立的头文件名。

(9) 此时，在代码编辑窗就可以编写程序代码了。切记要保存文件，方法见本节的“保存 C++文件”。

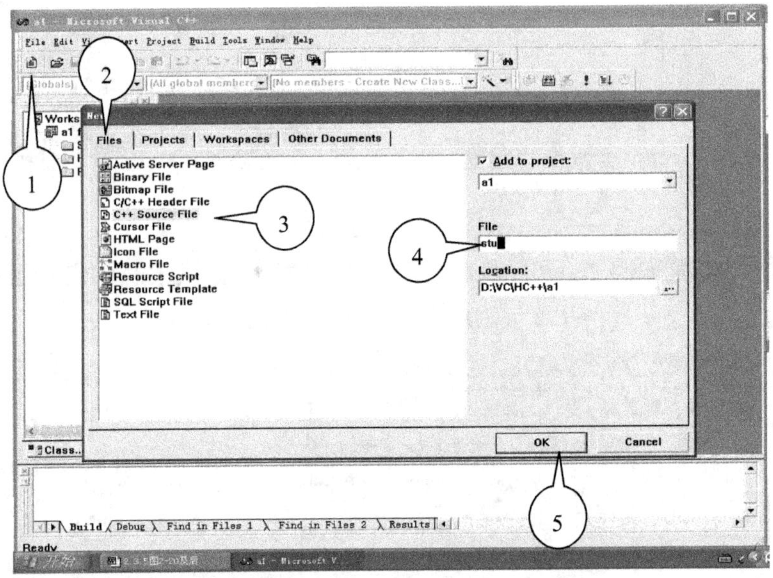

图 C-23　创建 C++新文件的初始阶段

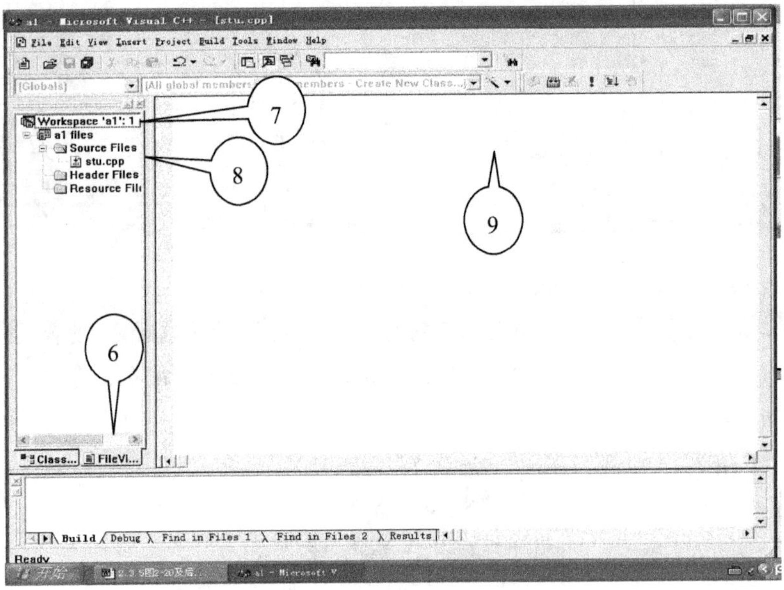

图 C-24　创建了 C++新工程文件

3) 添加 C++文件

按图 C-25 所示操作，步骤如下：

(1) 单击“Project”菜单。

(2) 选择“Add To Projet”→“New”命令。如果添加原来已有的文件，就选择“Add To Projet”→“Files”命令然后在弹出的“Insert Files into Project”对话框中双击要添加的文件名就完成添加文件了。

(3) 之后的操作同本节“建立 C++新文件”的方法一样。

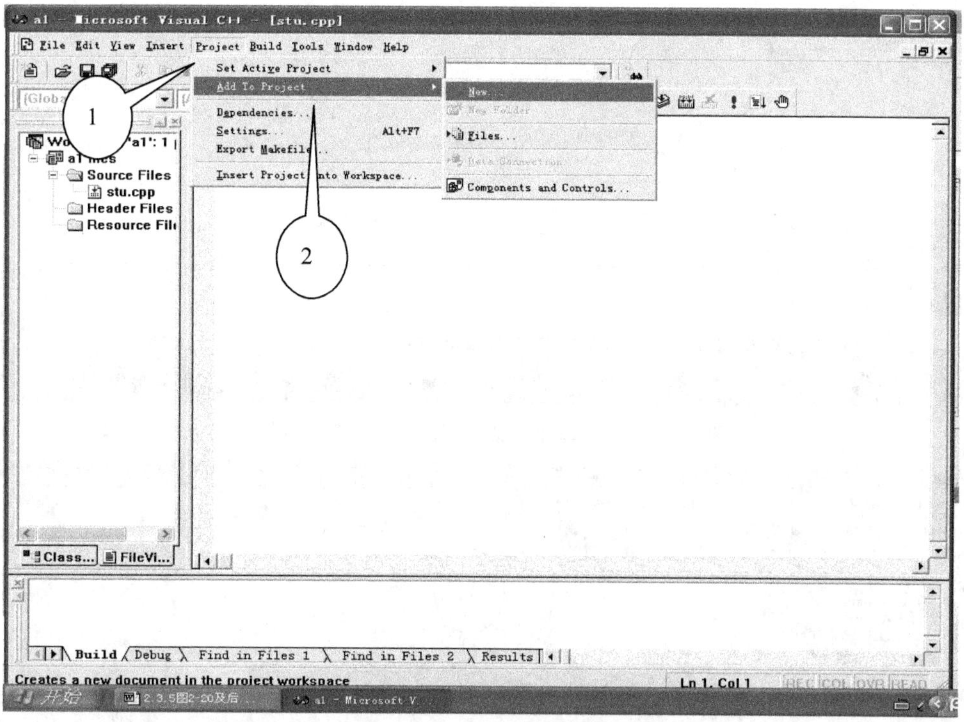

图 C-25　添加 C++文件的初始阶段

2. 保存 C++文件

编写程序时最好养成一边输入一边保存文件的习惯。每输入几个字符就点击保存，这样可防止因意外情况造成文件丢失。

保存 C++文件按图 C-26 和图 C-27 所示操作，步骤如下：

(1) 输入了几个字符。

(2) 选择“File”→“Save”命令；或者选择“File”→“Save as”命令，当另外选择保存路径或文件名时选择“另存为”操作。

按图 C-27 所示，在“保存为”对话框中继续操作：

(3) 选择文件的保存路径。

(4) 填写文件全名，即“文件名.扩展名”。例如，对文件名为 st2 的 C++源文件，就填写 st2.cpp。若扩展名为 txt，会被保存为文本文件，这时可以将文件改名为所需的扩展名。

(5) 单击“保存”按钮，标题栏就会显示被保存的文件名。

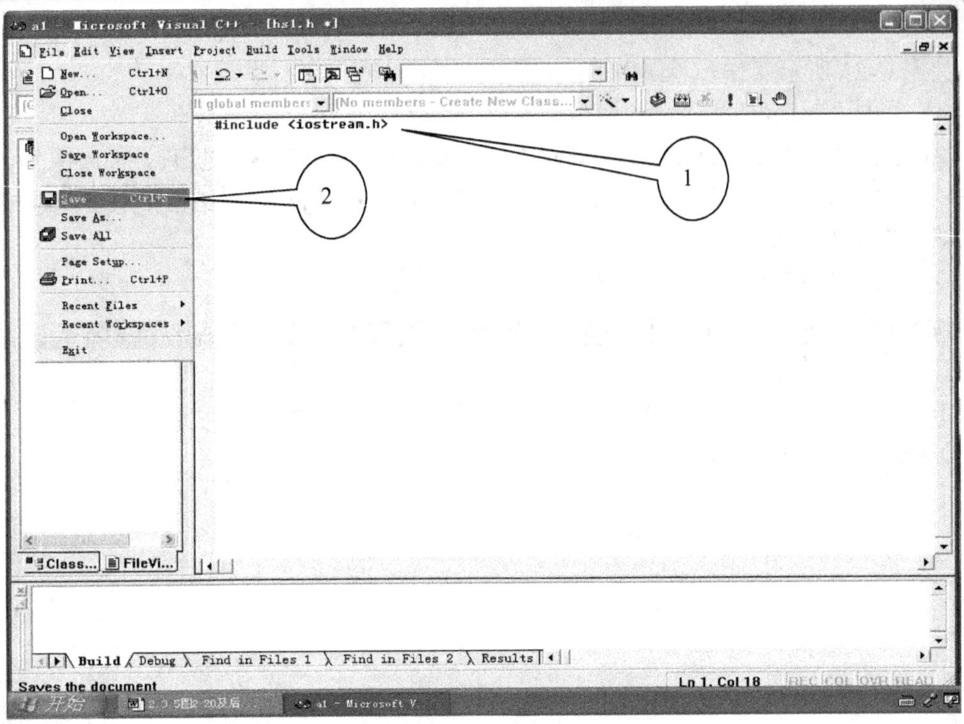

图 C-26　输入 C++头文件和保存文件的初始阶段

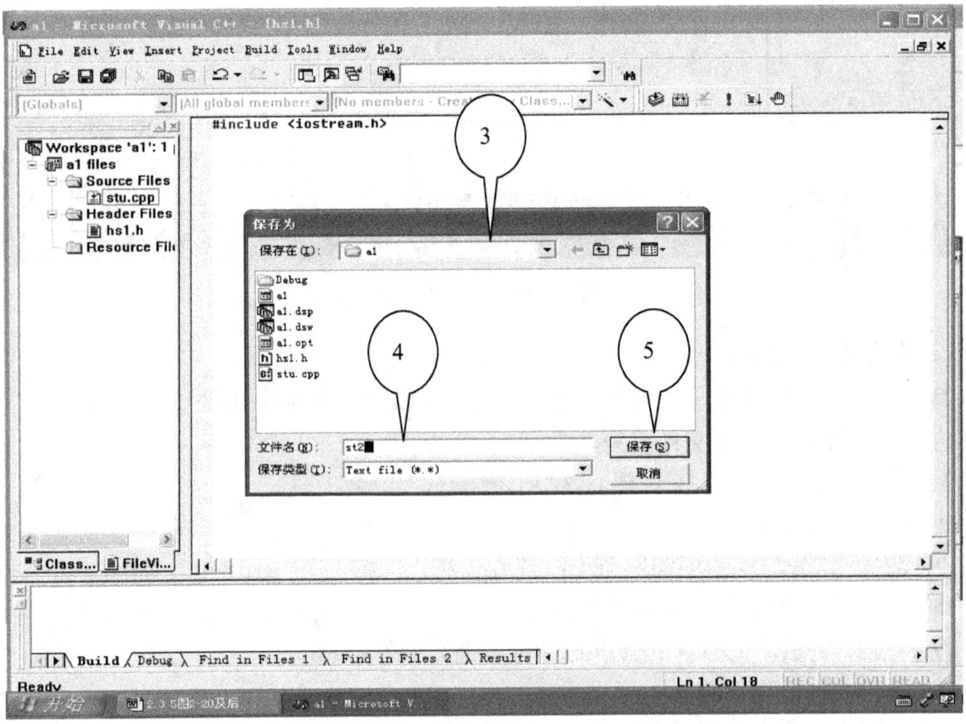

图 C-27　保存 C++文件阶段

当保存原有路径下的文件名时，单击工具栏左起第 3 个按钮(或者单击“File”→“Save”命令)，即可随时保存文件；当保存所有文件时，单击“File”→“Save all”命令。

3. 关闭 C++工程文件及退出 Visual C++ 6.0

在输入程序、编译等调试运行工作告一段落或要编写调试另一个程序时，需要关闭 C++工程文件或退出 Visual C++ 6.0，这时要先做好保存工作，可选择“File”→“Save all”命令或选择“File”→“Save Workspace”命令，然后按图 C-28 所示操作。

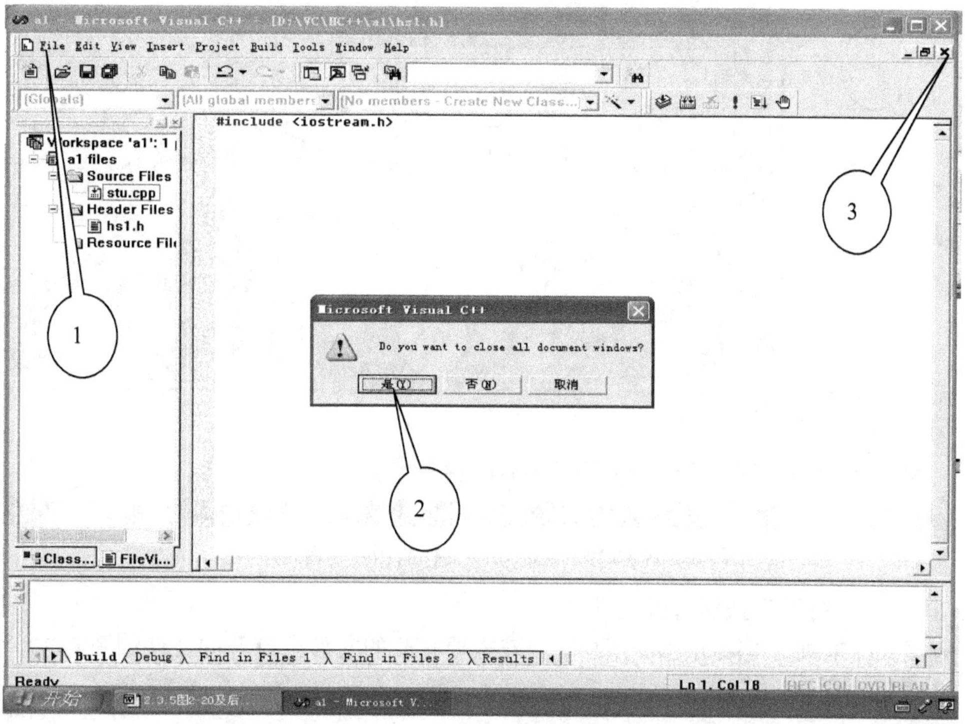

图 C-28　关闭 C++工程文件并退出 Visual C++ 6.0 阶段

1) 关闭 C++工程文件

(1) 选择“File”→“Close Workspace”命令。

(2) 在弹出的对话框中单击“是”按钮。

2) 退出 Visual C++ 6.0

单击右上角的“关闭”按钮✕或选择“File”→“Exit”命令。

4. 打开 C++文件

方法一：按图 C-29 所示操作，步骤如下：

(1) 单击工具栏左起第 2 个按钮，或选择“File”→“Open”命令，或选择“File”→“OpenWorkspace”命令。

(2) 在弹出的“打开”对话框中选择文件路径。

(3) 选择文件类型。

(4) 选择文件。若找不到时，还可重复第②步和第③步。

(5) 所选择文件的文件名显示在“文件名”文本框中。或者在此步双击该文件名，就打开该文件了。

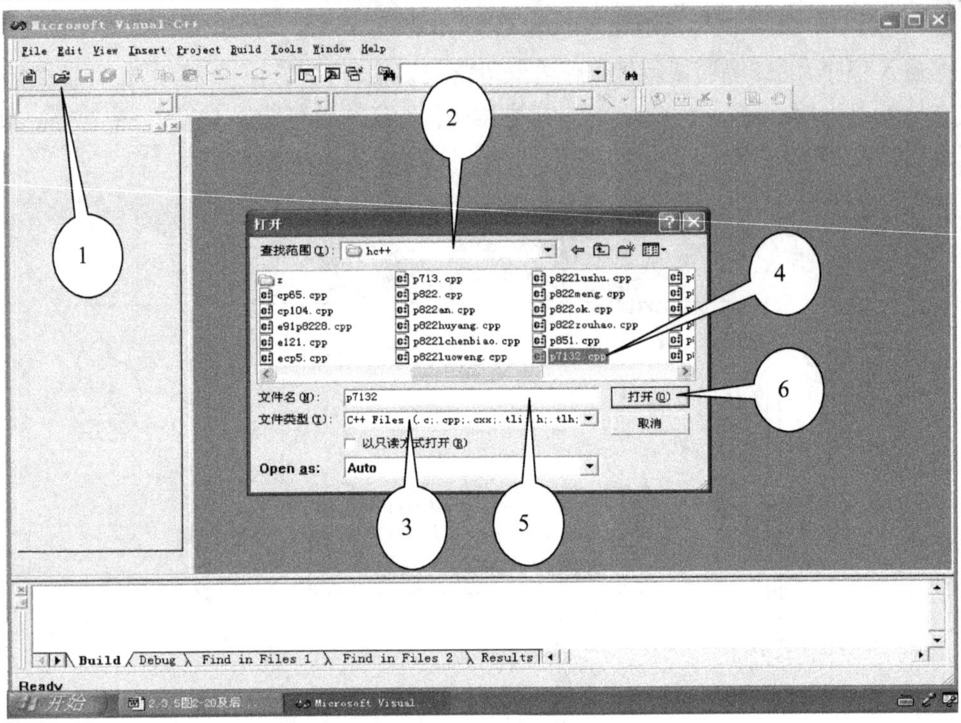

图 C-29　打开 C++文件的初始阶段

(6) 单击“打开”按钮打开文件。

方法二：未进入 Visual C++ 6.0 时，双击要打开的文件。打开的文件如图 C-30 所示。

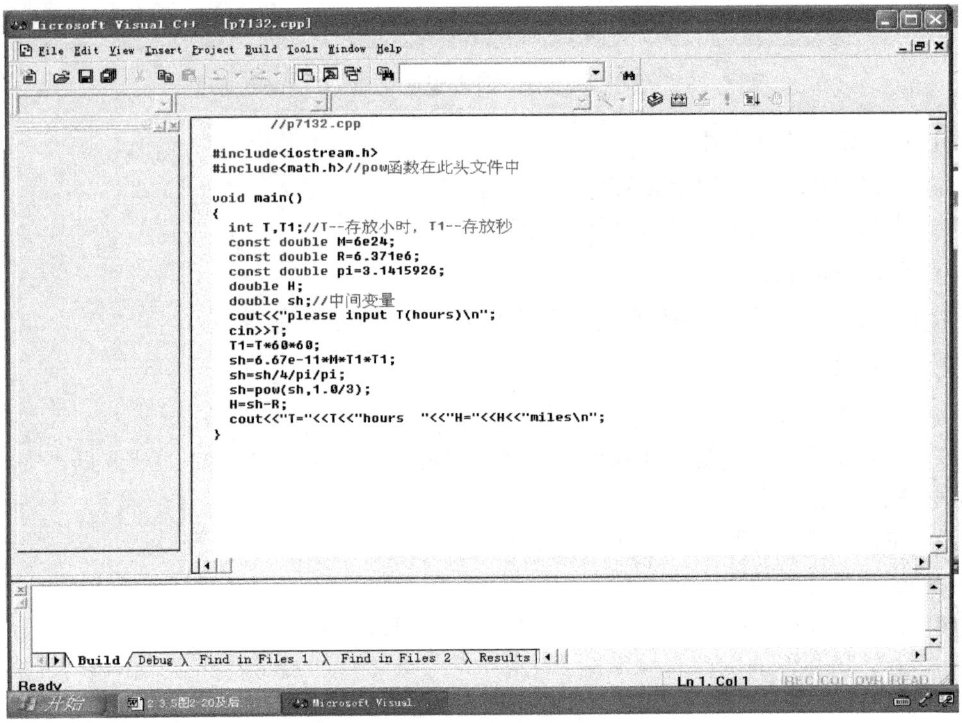

图 C-30　打开的 C++文件

5. 在已有的 C++ 工程文件中添加文件

按图 C-29 所示操作，步骤如下：

(1) 打开该工程文件，在“打开”对话框中，文件类型选择“Workspaces(dsw.mdp)”，双击要打开的工程文件名，其扩展名是 dsw(或者直接双击扩展名为 dsw 的文件名)。

(2) 之后的操作同“添加 C++ 文件”的方法一样。

6. 建立 C++ 文件的其他方法

建立 C++ 文件的其他方法还有：

(1) 单击工具栏左起第一个图标。

(2) 在代码编辑窗编写代码。

(3) 保存文件。

其他方法还有多种，可以在记事本等任何编辑文本文件的软件中编写 C++ 文件，并保存为 C++ 规定的各种文件全名，如 C++ 源文件的扩展名是 cpp，切记！

7. 在已有 C++ 源文件上建立工程文件

(1) 打开已建立的 C++ 源文件。

(2) 单击 Build MiniBar 工具条上的，在“Microsoft Visual C++”对话窗中单击“是”，就创建了一个 C++ 默认的工程文件了，例如创建一个工程文件名为“Text1.dsw”的工程文件。

(3) 保存所有文件。

8. 删除 C++ 工程文件中的文件

方法一：

(1) 在工作区窗口中，选择“FileView”选项卡。

(2) 在树视图中单击选择要删除的文件。

(3) 按键盘上的<Delete>键(或选择“Edit”→“Delete”命令)删除文件。

方法二：

直接右击要删除的文件的图标，然后在弹出的快捷菜单中选择“删除(Delete)”命令。

9. 修改程序文件

(1) 打开程序文件，或在编译、连接和调试等操作中已有打开了的程序文件。

(2) 修改程序。

(3) 保存所有文件。

10. 编译

按图 C-31 所示操作，步骤如下：

(1) 单击 Build MiniBar 工具条上的按钮，也可以按组合键(Ctrl + F7)或选择“Build”→“Compile”命令，进行编译。

(2) 观察输出窗口，有错误时按图 C-32 修改，即用鼠标左键双击错误信息，光带就指在错误行上，或者错误在光带行之前，然后分析错误并分析程序；修改完程序后再按第(1)步和第(2)步操作，循环往复，直至没有错误。编译没错误时如图 C-31 所示，从输出窗口可看到有“p7132.obj”的文件名，这就是编译后得到的目标文件，其扩展名为 obj。

目标文件是用机器语言表示的文件，也就是计算机可以识别的文件。编译阶段就是检查 C++ 的语法等错误，并生成目标文件，即将 C++ 源文件翻译成目标文件，但是这类目标文件还不能直接运行，因为就像研发团队研究科研项目一样，一般需要各方面的人力物力协助合作，才能得以成功。所以，目标文件还必须进行连接，即把目标文件与运行时所需要的一些配套文件连接在一起，方可运行该程序。因此必须进入下一步的连接。

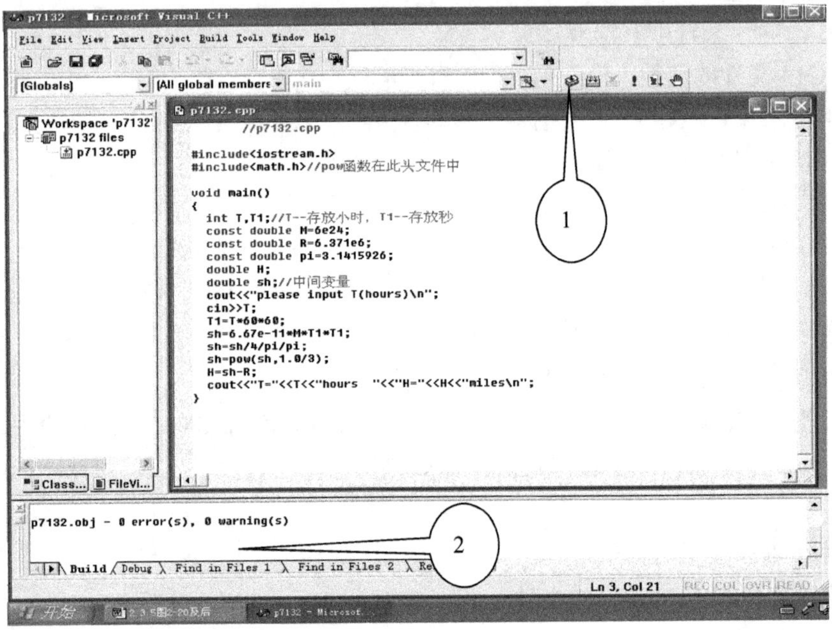

图 C-31　编译 C++ 文件

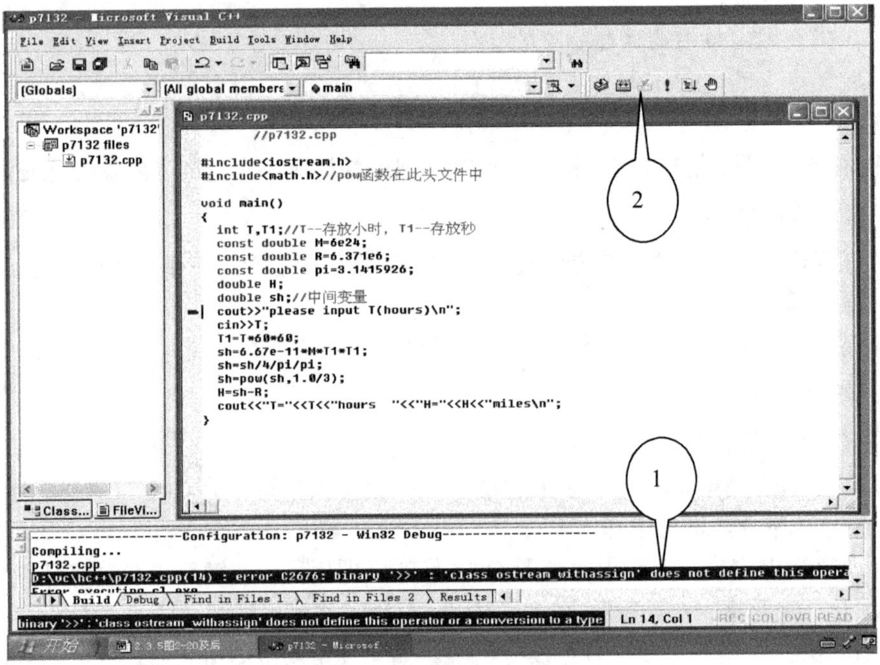

图 C-32　编译和连接 C++ 文件阶段

11. 连接

在编译没有错误之后，就可以连接了，如图 C-32 所示，单击 Build MiniBar 工具条上的按钮，也可以按<F7>键或选择“Build”→“Build”命令，就进入连接了(或者称为组建)。连接后没有错误的窗口如图 C-33 所示，从输出窗口可看到有“p7132.exe“的文件名，这就是连接后得到的可执行文件，其扩展名为 exe。可执行文件就是可以直接运行该程序的文件，这与平时可以直接运行的其他文件是同一类型的文件。随后，就可以进入下一步的运行了。

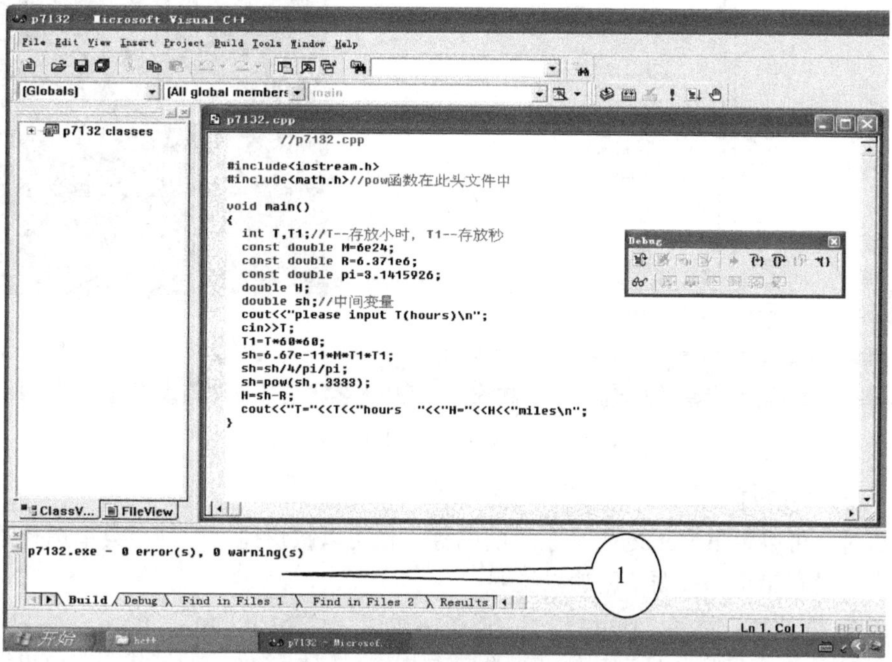

图 C-33　连接后没有错误的窗口

注意：编译无错，但连接时有此错：“LINK : fatal error LNK1168: cannot open Debug/ex15-1-2.exe for writing”时，是因为运行窗口还没有运行结束所致。结束程序的运行或关闭运行窗口后再连接就不再出现该错。

还有一个速调办法，即将编译和连接合二为一，直接单击 Build MiniBar 工具条上的按钮，VC 6.0 会自动先编译而后连接。若有错误，会像分开操作时一样给出提示，按原来的调试操作进行就可以了。

12. 运行

连接后没有错误时就可以运行了，如图 C-34 所示，单击 Build MiniBar 工具条上的 ! 按钮，也可以按组合键(Ctrl+F5)或选择“Build”→“Execute”命令，程序就开始运行了。程序运行完的窗口如图 C-34 所示，就可以对运行窗口的结果进行分析了。若结果不正确，就重复调试直至成功。当程序的错误不易查找时，可借助于 Debug 调试工具，请进入下一步。

注意：在正常运行结束时，会出现如图 C-34 所示的运行窗口，最后一行有一句英语句子：Press any key to continue(按任意键继续)。按任意键或单击右上角的，此窗口都关闭；非正常运行结束单击右上角的，此窗口也关闭。但是运行窗口最好不要马上关闭，可留待分析结果、修改程序、比较前后运行结果以及学习体会时使用。另外，本书的运行结果中均不列出“Press any key to continue”这句话。

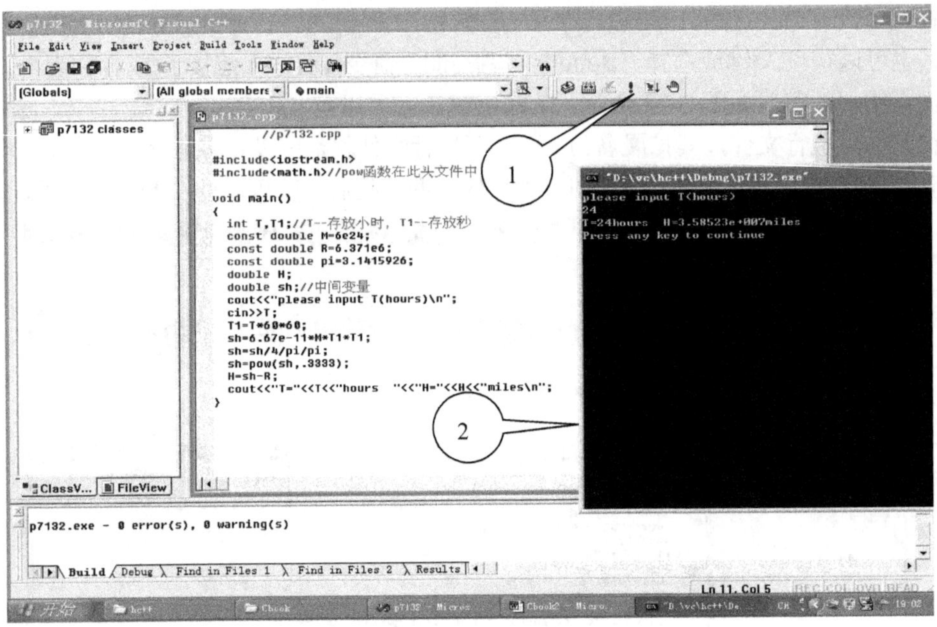

图 C-34　程序运行完毕且显示运行窗口

13. Debug 调试

调试时，可以单击 Debug 工具条上的图标，也可以按快捷键或利用菜单选择某些调试功能，直至没有错误。下面举例加以说明。

如图 C-35 所示，选择“Build”→“Start Debug”→“Step Into”命令；也可以按<F11>键或单击 Debug 工具条上的按钮，重新执行程序，使程序处于调试状态。也可以单击按钮(<F11>键)或按钮(<F10>键)单步运行，使程序处于单步运行状态，如图 C-36 所示。还可以设断点，单击 Build MiniBar 工具条上的按钮(<F5>键)，从当前语句开始运行到遇

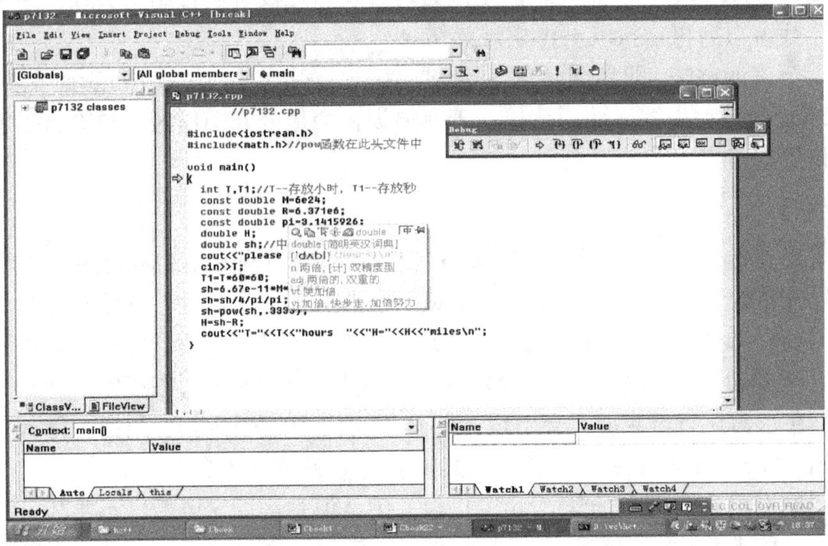

图 C-35　重新运行程序，处于调试状态

到断点或程序结束，如图 C-37 所示。设断点是鼠标单击一下断点句，单击 Build MiniBar 工具条上的按钮或按<F9>键一下，就在光标处设置了断点，显示为一个红圆点(再单击 Build MiniBar 工具条上的按钮或按<F9>键一下，就取消断点)。当单步或 F5 执行到最后一步时，光标停在最后一句，如图 C-38 所示。此时单击 Build MiniBar 工具条上的!按钮，运行窗口出现运行结果，如图 C-39 所示。在右下角的 Watch 窗口左栏中输入要了解的变量或常量名称，然后按<Enter>键，则可在右栏中看到对应的值，如图 C-40 所示。若结果不正确，就重复调试直至成功。**注意**：每修改一次，都要编译、连接或用 Debug 调试后才能运行。

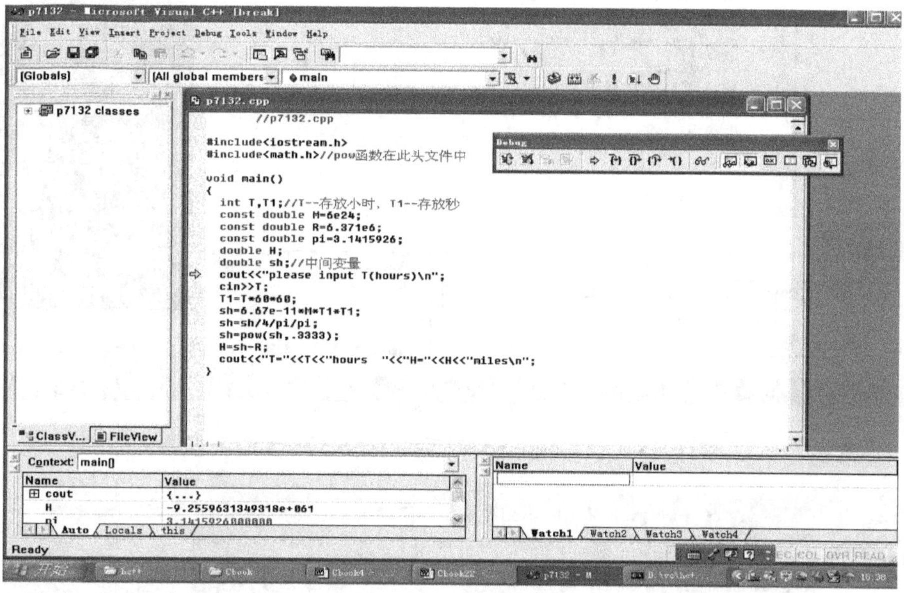

图 C-36　单步运行状态

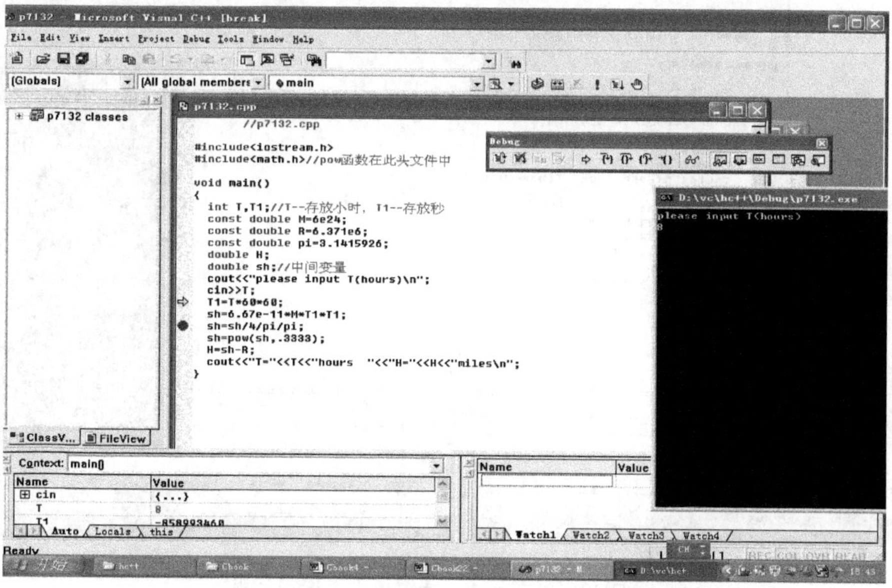

图 C-37　设了断点的单步或按<F5>键后的运行状态

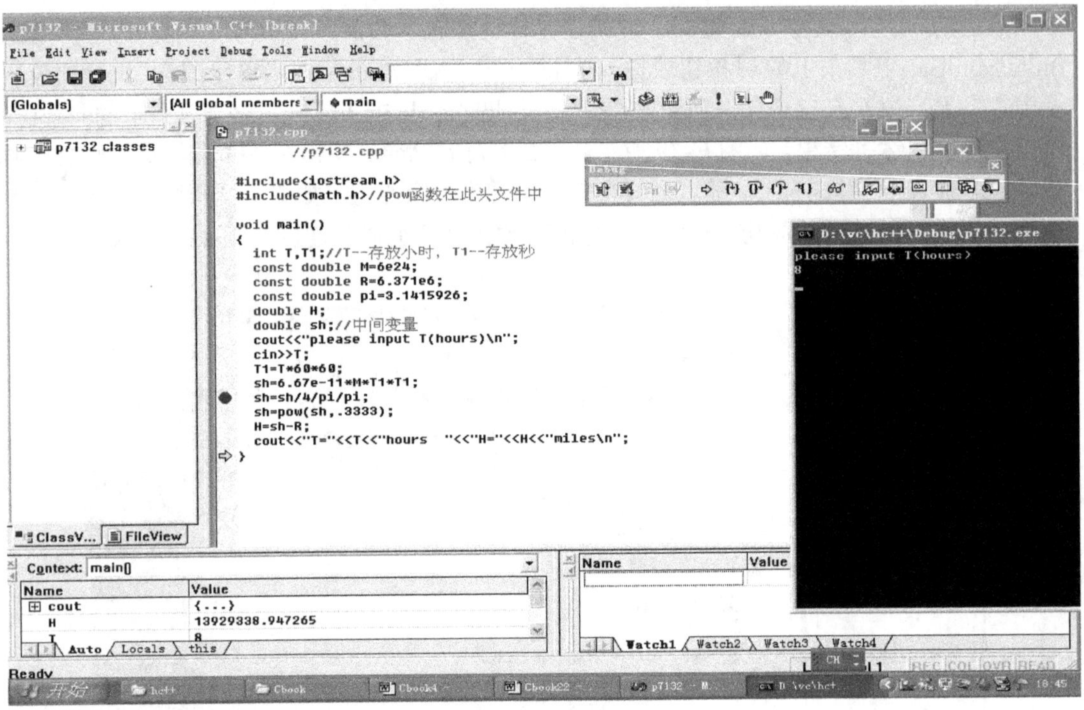

图 C-38　单步或按<F5>键后执行到最后一步的状态

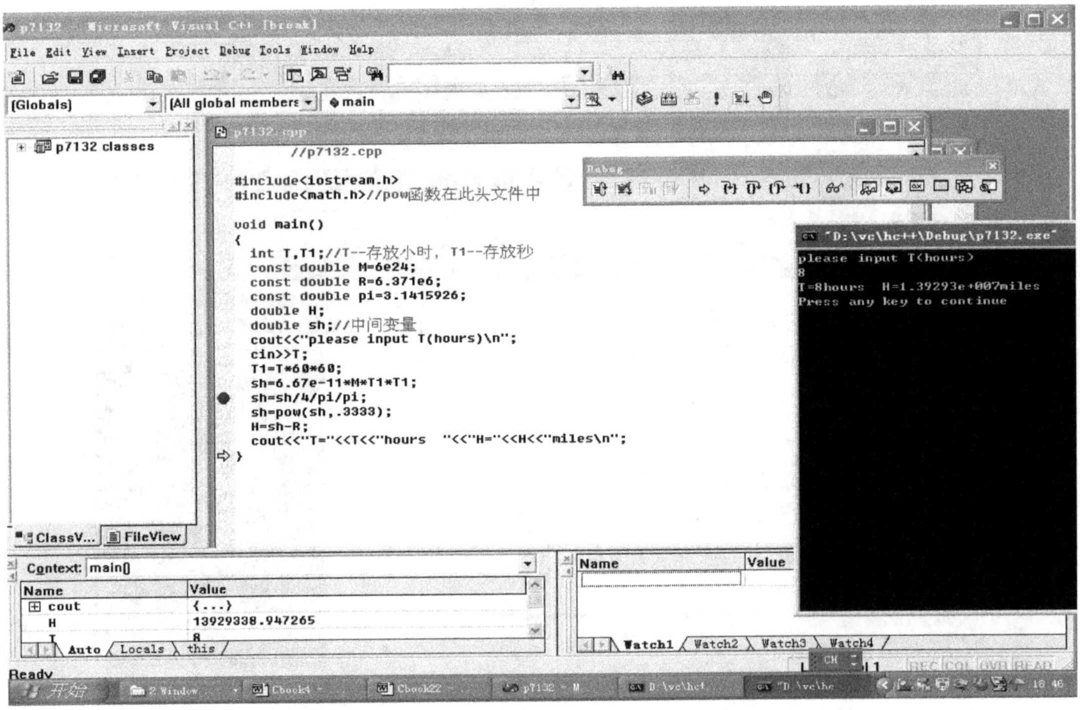

图 C-39　单击 **!**，运行窗口出现运行结果

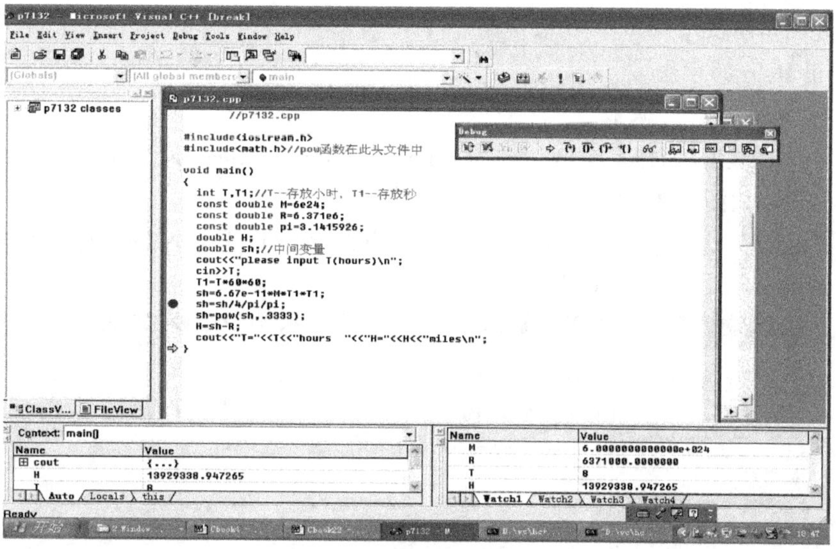

图 C-40　查看变量或常量值

14．C++的帮助——Help

在 MSDN 联机帮助中，包含有 V isual C++ 6.0 的帮助(Help)信息，其中有 Visual C++ Programmer's Guide (Visual C++ 程序员指南)、C/C++ Language and C++ Libraries(C/C++ 语言和 C++库信息)、Microsoft Foundation Class Library and Templates(微软基础类库和模板参考信息)等信息。这些帮助信息对大家学好 C/C++有参考帮助作用。

如图 C-41 所示，MSDN 联机帮助主界面分三大部分：第一大部分是上面的 3 栏，从上至下依次是标题栏、菜单栏和工具栏。第二大部分是左边窗框，该窗框中有“contents”(目录)、“Index”(索引)、“search”(搜索)和“Favorites”(书签) 4 个选项卡。通过这 4 个选项卡，可以查找到各种信息。第三大部分是右边窗框，该窗框显示帮助的内容。

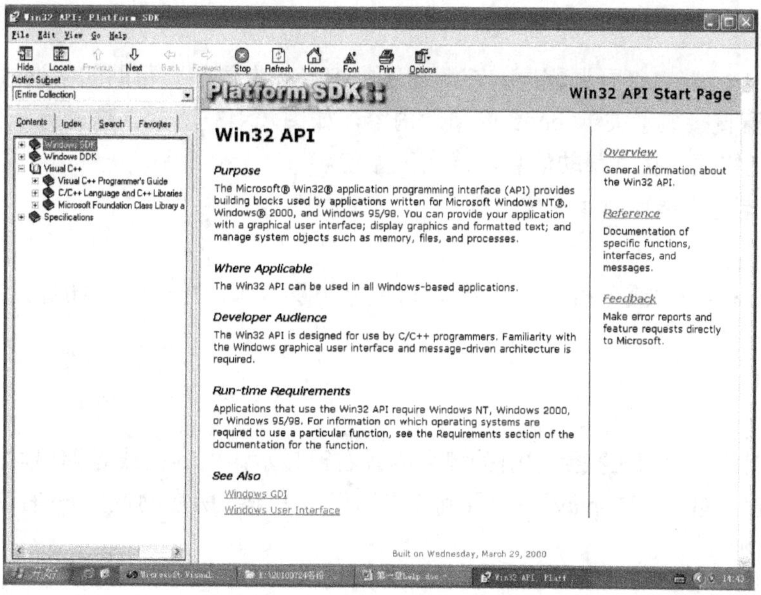

图 C-41　MSDN 联机帮助主界面

下面介绍如何使用 MSDN 联机帮助。

1) 使用 Help 的方法

方法一：

进入 VC++ 6.0，选择“Help”→“Contents(或 Index、Search)”命令，进入 MSDN 联机帮助主界面，如图 C-41 所示。

选择“Index”选项卡→在索引框键入关键字(如 main)→单击“Display”按钮，右窗显示出有关 main 的帮助信息，如图 C-42 所示。

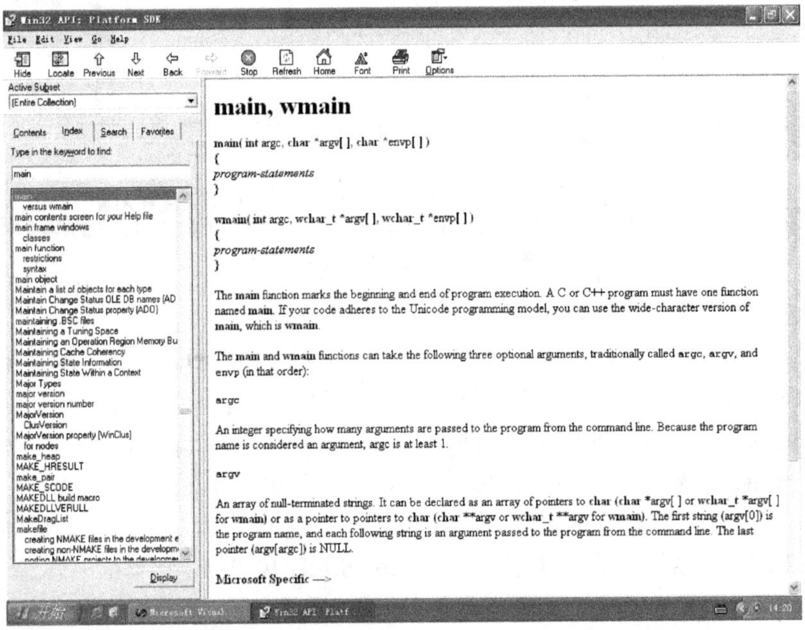

图 C-42　显示出有关 main 的帮助内容

方法二：

进入 VC++ 6.0，打开源程序，在源程序中把光标定位在要帮助的字词(如 cout)上→按<F1>键→右窗直接显示关于 cout 的帮助内容，如图 C-43 所示。这种方法很常用，因为一边调试就能快速查找到帮助信息，确实很方便。

2) 关于左边窗框中的 4 个选项卡

(1) 目录。

双击非文档图标(或单击“＋”号)，可展开下层目录。单击文档图标，在右窗打开该文档内容。

(2) 索引。

方法一：

查看索引列表，双击找到索引关键字或者右窗显示该内容；或者弹出对话框，选择该关键字的位置→单击“Display”按钮(或双击选择该关键字所在的位置)→右窗显示该内容，如图 C-42 所示。

方法二：

在索引框填写关键字→单击“Display”按钮→右窗显示该内容。

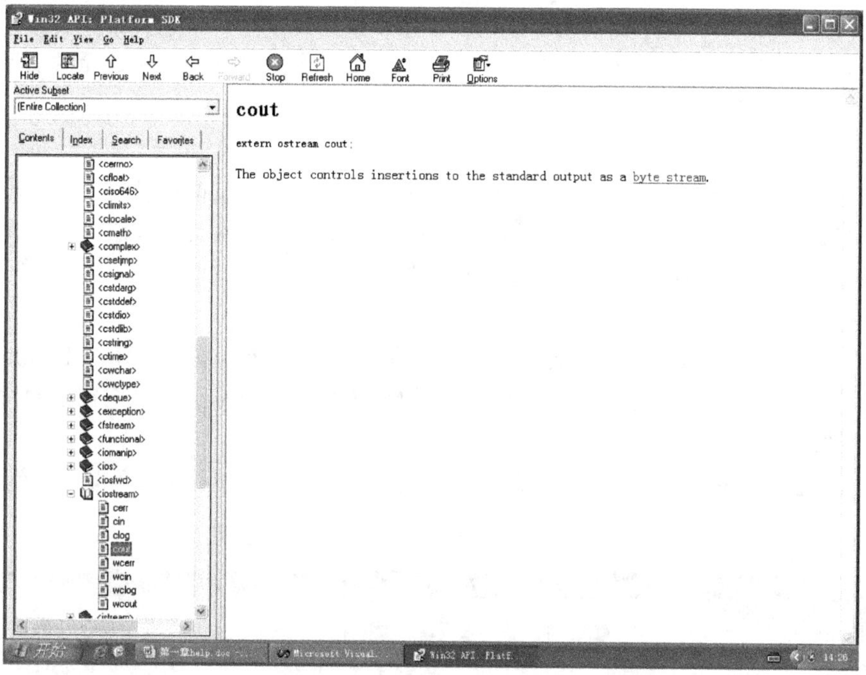

图 C-43　显示关于 cout 的帮助内容

(3) 搜索。

在搜索框中键入要搜索的词组或短语(如 struct)→单击“List Topics”按钮→列出主题，选择要搜索的主题所在位置→单击“Display”按钮→右窗显示该内容，如图 C-44 所示是搜索 struct 的页面。

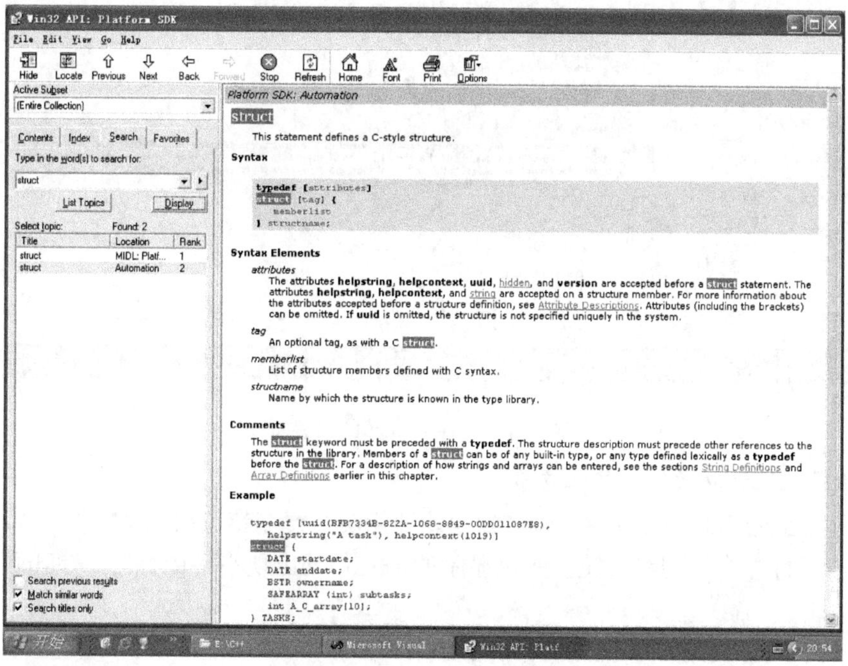

图 C-44　搜索 struct 的页面

(4) 书签。

书签即相当于平时看书时，插个卡片、小字条或折个角，以利于快速重复查找到该页。

书签的使用方法如下所示：

① 添加书签。

当右窗显示了要准备插书签的内容时(如 struct 的内容)，左窗切换到“Favorites”选项卡，在“Current topic”文本框中填写书签名(st)，然后单击“Add”按钮，就在“Topics”列表框中加入了一个“st”书签(是关于 struct 内容的)。

② 使用书签。

使用书签时，切换到“Favorites”选项卡，选择书签(如 st)，然后单击“Display”按钮，右窗就会显示 struct 内容，如图 C-45 所示。图 C-45 是使用 struct 的书签 st 的页面。

③ 删除书签。

切换到“Favorites”选项卡，选择书签(如 st)，然后单击“Remove”按钮，就删除书签“st”了。

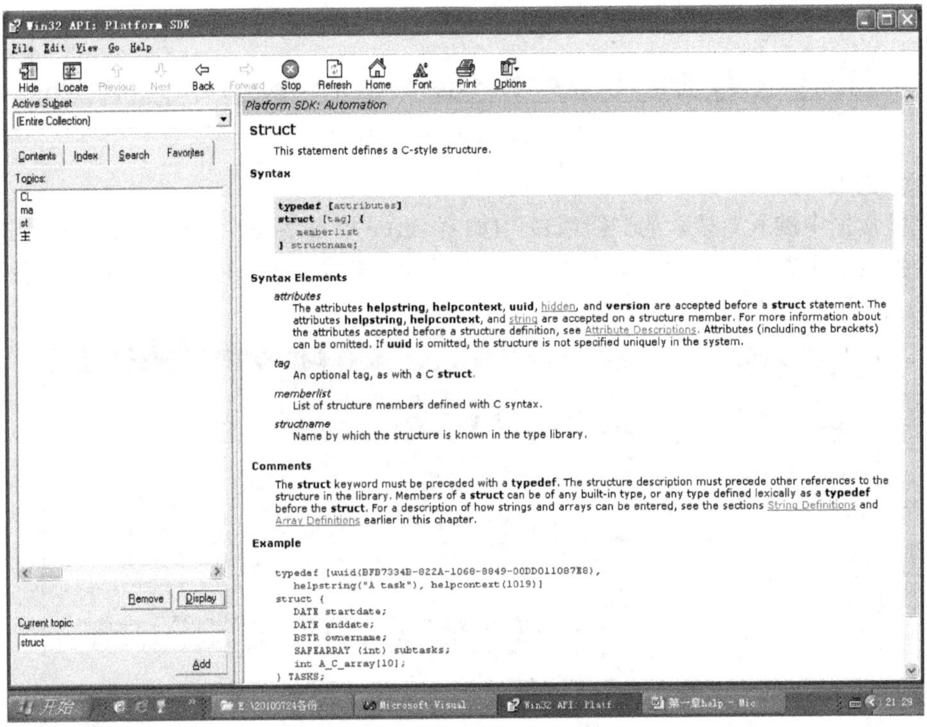

图 C-45　使用 struct 的书签 st

3) 使用联机帮助时的一些注意事项

(1) 搜索或索引时键入的字、词和短语均要用英文；书签可用中文。

(2) 当鼠标在有下划线或突出颜色显示的词、句处出现小手图标时，单击可链接到相关主题。

这样，就可以使用 C++提供的帮助信息了。

参 考 文 献

[1] Bjarne S. The C++ Programming Language[M]. 北京：高等教育出版社，2001.
[2] 谭浩强. C++程序设计[M]. 北京：清华大学出版社，2004.
[3] 钱能. C++程序设计教程[M]. 北京：清华大学出版社，1999.
[4] 求是科技. Visual C++ 6.0 程序设计与开发技术大全[M]. 北京:人民邮电出版社,2004.
[5] 张曜，郭立山，谭超强. C++函数实用手册[M]. 北京：冶金工业出版社，2003.
[6] 钱能. C++程序设计实验指导[M]. 北京：清华大学出版社，1999.
[7] 黄品梅. 以道德品质为引领，促创新人才之培养[J]. 电气电子教学学报，2009(31)：102-105.
[8] 黄品梅. 学习 C++的方法[J]. 电脑学习，2008(5)：29-30.
[9] 黄品梅. 解决面向对象设计的关键问题：设置类及继承[J]. 电脑开发与应用，2008，21(6)：36-37.
[10] 黄品梅. C++程序设计教程：化难为易地学习 C++ [M]. 北京：机械工业出版社, 2011.